建造·性能·人文与设计系列丛书
国家自然科学基金资助项目"基于LCA的轻型结构工业化建筑碳排放协同仿真方法研究"(51708282)
国家"十二五"科技支撑计划课题"水网密集地区村镇宜居社区与工业化小康住宅建设关键技术与集成示范"(2013BAJ10B13)

U0778118

工业化住宅全生命周期管理模式

蒋博雅　著

东南大学出版社
南　京

内容提要

在当前住宅产业化背景下，基本建设领域中高成本、低效率和浪费现象迫使人们不得不积极寻求建设工程的生产方式和组织方式的变革。

从国内的工程建设管理模式来看，仍延续的是以设计—招标—建造模式为基本组织模式的项目管理方法，不仅不适应建筑工业化的发展，相反这一管理模式势必成为建筑工业化的阻碍，制约建筑工业化的进步。高科技含量、高度的信息化技术及成熟的管理经验使制造业全面实现了产品全生命周期管理，也带来了极大的经济效益。因此，如何借鉴制造业的管理理念、管理方法来帮助实施工业化住宅产品全生命周期管理，是本书的重要研究内容。

本书首先进行工业化住宅全生命周期管理模式的基础性研究，完整构建了工业化住宅产品生命周期模型。其次，分析工业化住宅全生命周期管理模式的组织集成，建立了基于过程管理理念的工业化住宅产品的过程模型，并提出了工业化住宅产品信息集成的三个模型：工业化住宅产品信息集成模型、工业化住宅产品过程信息集成项目管理模型和工业化住宅产品全生命周期信息集成模型，最后设计和定义了工业化住宅产品系统集成架构与功能。

图书在版编目(CIP)数据

工业化住宅全生命周期管理模式 / 蒋博雅著. —南京 ：东南大学出版社，2017.7

（建造·性能·人文与设计系列丛书 / 张宏主编）

ISBN 978-7-5641-7271-8

Ⅰ.①工… Ⅱ.①蒋… Ⅲ.①住宅—产品生命周期—管理模式 Ⅳ.①F293.33

中国版本图书馆 CIP 数据核字(2017)第 167459 号

书　　名：工业化住宅全生命周期管理模式
著　　者：蒋博雅
责任编辑：戴　丽
文字编辑：贺玮玮　魏晓平
出版发行：东南大学出版社
社　　址：南京市四牌楼 2 号　　　邮编：210096
网　　址：http://www.seupress.com
出 版 人：江建中

印　　刷：南京玉河印刷厂
排　　版：南京布克文化发展有限公司
开　　本：889mm×1194mm　1/16　　印张：15.25　　字数：480 千字
版　　次：2017 年 7 月第 1 版　　2017 年 7 月第 1 次印刷
书　　号：ISBN 978-7-5641-7271-8
定　　价：68.00 元
经　　销：全国各地新华书店
发行热线：025-83790519　83791830

---

* 版权所有，侵权必究

* 本社图书若有印装质量问题，请直接与营销部联系。电话：025-83791830

序一

2013年秋天，我在参加江苏省科技论坛“建筑工业化与城乡可持续发展论坛”上提出：建筑工业化是建筑学进一步发展的重要抓手，也是建筑行业转型升级的重要推动力量。会上我深感建筑工业化对中国城乡建设的可持续发展将起到重要促进作用。2016年3月5日，第十二届全国人民代表大会第四次会议政府工作报告中指出，我国应积极推广绿色建筑，大力发展装配式建筑，提高建筑技术水平和工程质量。可见，中国的建筑行业正面临着由粗放型向可持续型发展的重大转变。新型建筑工业化是促进这一转变的重要保证，建筑院校要引领建筑工业化领域的发展方向，及时地为建设行业培养新型建筑学人才。

张宏教授是我的学生，曾在东南大学建筑研究所工作近20年。在到东南大学建筑学院后，张宏教授带领团队潜心钻研建筑工业化技术研发与应用十多年，参加了多项建筑工业化方向的国家级和省级科研项目，并取得了丰硕的成果，建造·性能·人文与设计系列丛书就是阶段性成果，后续还会有系列图书出版发行。

我和张宏经常讨论建筑工业化的相关问题，从技术、科研到教学、新型建筑学人才培养等等，见证了他和他的团队一路走来的艰辛与努力。作为老师，为他能取得今天的成果而高兴。

此丛书只是记录了一个开始，希望张宏教授带领团队在未来做得更好，培养更多的新型建筑工业化人才，推进新型建筑学的发展，为城乡建设可持续发展做出贡献。

2016年3月

序二

建筑构件的制作、生产、装配,建造成各种类型建筑的方法、模式和过程,不仅涉及过程中获取和消耗自然资源和能源的量以及产生的温室气体排放量(碳排放控制),而且通过产业链与经济发展模式高度关联,更与在建筑建造、营销、运营、维护等建筑全生命周期各环节中的社会个体和社会群体的权力、利益和责任相关联。所以,以基于建筑产业现代化的绿色建材工业化生产——建筑构件、设备和装备的工业化制造——建筑构件机械化装配建成建筑——建筑的智能化运营、维护——最后安全拆除建筑构件、材料再利用的新知识体系,不仅是建筑工业化发展战略目标的重要组成部分,而且构成了新型建筑学(Next Generation Architecture)的内容。换言之,经典建筑学(Classic Architecture)知识体系长期以来主要局限在为"建筑施工"而设计的形式、空间与功能层面,需要进一步扩展,才能培养出支撑城乡建设在社会、环境、经济三个方面可持续发展的新型建筑学人才,实现我国建筑产业现代化转型升级,从而推动新型城镇化的进程,进而通过"一带一路"战略影响世界的可持续发展。

建筑工业化发展战略目标是将经典建筑学的知识体系扩展为新型建筑学的知识体系,在如下五个方面拓展研究:

(1) 开展基于构件分类组合的标准化建筑设计理论与应用研究。

(2) 开展建造、性能、人文与设计的新型建筑学知识体系拓展理论与人才培养方法研究。

(3) 开展装配式建造技术及其建造设计理论与应用研究。

(4) 开展开放的 BIM(Building Information Modeling,建筑信息模型)技术应用和理论研究。

(5) 开展从 BIM 到 CIM(City Information Modeling,城市信息模型)技术扩展应用和理论研究。

本系列丛书作为国家"十二五"科技支撑计划项目 2012BAJ16B00"保障性住房工业化设计建造关键技术研究与示范",以及 2013BAJ10B13 课题"水网密集地区村镇宜居社区与工业化小康住宅建设关键技术与集成示范"的研究成果,凝聚了以中国建设科技集团有限公司为首的科研项目大团队的智慧和力量,得到了科技部、住房和城乡建设部有关部门的关心、支持和帮助。江苏省住房和城乡建设厅、南京市住房和城乡建设委员会以及常州武进区江苏省绿色建筑博览园,在示范工程的建设和科研成果的转化、推广方面给予了大力支持。"保障性住房新型工业化建造施工关键技术研究与示范"课题 2012BAJ16B03 参与单位南京建工集团有限公司、常州市建筑科学研究院有限公司及课题合作单位南京长江都市建筑设计股份有限公司、深圳市建筑设计研究总院有限公司、南京市兴华建筑设计研究院股份有限公司、江苏省邮电规划设计院有限责任公司、北京中外建建筑设计有限公司江苏分公司、江苏圣乐建设工程有限公司、江苏建设集团有限公司、中国建材（江苏）产业研究院有限公司、江苏生态屋住工股份有限公司、南京大地建设集团有限责任公司、南京思丹鼎建筑科技有限公司、江苏大才建设集团有限公司、南京筑道智能科技有限公司、苏州科逸住宅设备股份有限公司、浙江正合建筑网模有限公司、南京嘉翼建筑科技有限公司、南京翼合华建筑数字化科技有限公司、江苏金砼预制装配建筑发展有限公司、无锡泛亚环保科技有限公司，给予了课题研究在设计、研发和建造方面的全力配合。东南大学各相关管理部门以及由建筑学院、土木工程学院、材料学院、能源与环境学院、交通学院、机械学院、计算机学院组成的课题高校研究团队紧密协同配合，高水平地完成了国家支撑计划课题研究。最终，整个团队的协同创新科研成果："基于构件法的刚性钢筋笼免拆模混凝土保障性住房新型工业化设计建造技术系统"，参加了"十二五"国家科技创新成就展，得到了社会各界的高度关注和好评。

最后感谢我的导师齐康院士为本丛书写序，并高屋建瓴地提出了新型建筑学的概念和目标。感谢东南大学出版社及戴丽老师在本书出版上的大力支持，并共同策划了这套建造·性能·人文与设计丛书，同时感谢贺玮玮老师在出版工作中所付出的努力，相信通过系统的出版工作，必将推动新型建筑学的发展，培养支撑城乡建设可持续发展的新型建筑学人才。

东南大学建筑学院建筑技术与科学研究所

东南大学工业化住宅与建筑工业研究所

东南大学 BIM-CIM 技术研究所

东南大学建筑设计研究院有限公司建筑工业化工程设计研究院

2016 年 10 月 1 日于容园·南京

前　　言

在当前住宅产业化背景下，基本建设领域中高成本、低效率和浪费现象迫使人们不得不积极寻求建设工程中生产方式和组织方式的变革，同时，与之齐头并进的密不可分的工程管理问题也备受重视，已被前建设部纳入《中国建筑业改革与发展研究报告(2007)：构建和谐与创新发展》一书中，将其列为重要研究方向之一。

从国内的工程建设管理模式来看，仍延续的是以设计—招标—建造模式为基本组织模式的项目管理方法，不仅不适应建筑工业化的发展，相反这一管理模式势必成为建筑工业化的障碍，制约建筑工业化的进步，导致建筑业与制造业相比生产效率低下。高科技含量、高度的信息化技术及成熟的管理经验使制造业全面实现了产品全生命周期管理，也带来了极大的经济效益。因此，如何借鉴制造业的管理理念、管理方法，来帮助实施工业化住宅全生命周期管理就成为建筑业诸多方面变革的重要研究内容，本书的研究目的也在此。

工业化住宅产品与制造业产品有一定趋同性和差异性，差异性表现为工业化住宅拥有建设工程本身具有的特征。因此，工业化建筑产品也应有不同于制造业管理的内涵，包括基本理念、实现基础、实现方法等。本书研究的主要内容如下：

(1) 进行工业化住宅全生命周期管理模式的基础性研究，区别传统的生命周期定义，完整构建了工业化住宅全生命周期模型，并将工业化住宅产品与建设工程产品、制造业产品对比，分析了工业化住宅全生命周期管理模式应具备的内涵和主要理念。

(2) 分析工业化住宅全生命周期管理模式的组织集成，总结全过程的资源浪费和价值损失，提出工业化住宅产品组织界面管理方法，并构建了基于过程的工业化住宅产品组织结构、管理职能分工体系，实现了协同组织集成，即虚拟组织/产业链联盟。

(3) 建立基于过程管理理念的工业化住宅产品的过程模型。基于对过程的总体改进的考虑，将工业化住宅全生命周期总体模型系统地分为三个层级，即顶级层级、二级层级、三级层级。整个模型是一组按阶梯层次分解的图形，共四个层次。

(4) 提出工业化住宅产品信息集成的三个模型：工业化住宅产品信息集成模型、工业化住宅产品过程信息集成项目管理模型和工业化住宅产品全生命周期信息集成模型，并设计和定义了工业化住宅产品系统集成架构与功能。

目　录

前　言

第一章　绪论　1

第一节　研究背景　1

一、建筑产业化的必然性　1

二、传统建筑工程管理模式与工业化发展的矛盾　3

三、工业化住宅产业标准体系现状　5

四、工业化迟迟未深入建筑业开展的原因　8

第二节　研究和解决的主要问题　9

第三节　研究的范围界定　10

第四节　研究架构和主要内容　10

一、研究方法　10

二、研究架构　11

三、主要内容　12

第五节　研究的意义　16

第二章　工业化住宅全生命周期管理模式和相关理论研究　19

第一节　工业化住宅全生命周期管理的基础研究　19

一、工业化住宅建造过程全生命周期的概念　19

二、管理模式的概念　24

三、工业化住宅系统的根本属性　28

四、工业化住宅与制造业的生产特征比较　37

第二节　建设工程全生命周期组织管理模式　41

一、工程项目总承包　41

二、Partnering 模式　43

三、全寿命集成化管理　44

第三节　工业化住宅全生命周期管理模式　46

一、集成管理模式的定义　46

二、工业化住宅产品的集成管理模式　47

第四节　工业化住宅全生命周期管理研究中应用的相关理论　49

一、系统理论　49

二、集成理论　50

三、精益思想　53

本章小结　55

第三章　工业化住宅全生命周期的组织集成 58
第一节　组织管理的理论基础 58
一、基于模块化的生产特征 58
二、供应链协同管理 59
三、建设供业链 59
四、协同理论 61
五、工业化住宅产品全过程的浪费与价值损失 62
第二节　建设工程组织管理模式 67
一、建设工程全生命周期集成化的组织管理 67
二、网络/虚拟组织 68
第三节　工业化住宅全过程的组织界面管理 69
一、建设工程项目的组织界面管理 69
二、工业化住宅产品的组织界面管理 74
第四节　基于过程的工业化住宅产品组织结构、管理职能分工 78
一、总承包模式下工业化住宅产品工作任务分工 78
二、工业化住宅产品组织结构 81
三、工业化住宅产品管理职能分工表 89
第五节　工业化住宅产品的组织协同工作 92
一、工业化住宅产品的标准化工作 92
二、工业化住宅产品的组织集成——虚拟企业/产业链联盟 93
本章小结 100
第四章　工业化住宅全生命周期的过程集成 103
第一节　过程管理的理论基础 103
一、工作流管理和过程管理 103
二、过程管理和项目管理 105
三、过程建模和过程改进方法 105
第二节　工业化住宅 WBS 体系的构成 110
第三节　工业化住宅产品过程实施思想 113
第四节　工业化住宅全生命周期过程模型 116
一、工业化住宅全生命周期过程模型基本要素 116
二、工业化住宅全生命周期过程模型的结构 117
三、工业化住宅全生命周期总体模型 119
四、工业化住宅全生命周期过程顶级层级分解模型 121
五、工业化住宅全生命周期过程二级层级分解模型 127
六、工业化住宅全生命周期过程三级层级分解模型 134
本章小结 138

第五章　工业化住宅全生命周期的信息及系统集成　140
第一节　工业化住宅全生命周期信息特征　140
一、工业化住宅全生命周期信息的总体特征　140
二、工业化住宅全生命周期各阶段信息特征　142
第二节　工业化住宅全生命周期信息集成　143
一、工业化住宅产品信息集成模型——BIM　144
二、工业化住宅过程信息集成项目管理模型　149
三、工业化住宅全生命周期信息集成模型　156
第三节　工业化住宅全生命周期系统集成　164
一、工业化住宅产品系统集成的要求　164
二、工业化住宅产品系统集成的架构与功能　166
本章小结　170
第六章　案例实施研究　173
第一节　轻型结构工业化住宅产品组织集成案例　177
一、建设产业链组织　177
二、工业化住宅产品管理职能分工表　185
第二节　轻型结构工业化住宅产品过程集成案例　186
第三节　轻型结构与重型结构工业化住宅产品信息集成案例　204
一、Revit Architecture 与模块化部品信息的构建　204
二、基于表系统的产品动态管理模式　207
第七章　结论与展望　224
参考文献　226

第一章　绪论

第一节　研究背景

为了从根本上探求适合工业化住宅系统全生命周期管理模式的途径，有必要对建筑业企业现状及其面临的问题进行分析，为本书研究的展开奠定基础。下面结合我国建筑业现状，说明本研究的必要性。

一、建筑产业化的必然性

现代社会建筑的商品属性为建筑行业提出了新的课题。在现代的建筑工地上可以轻易发现很多问题，如场地杂乱、高空作业多、危险性大、限制因素多、检测容易出现疏漏、品质难以均一等；此外，由于传统的住宅建造技术和粗放型的生产方式，存在建筑质量缺陷率高、资源消耗高、循环利用率低、环境污染大等问题，并已经开始制约着行业的发展。美国和欧洲国家房地产的工业化程度平均超过 50%，日本达到 70%以上，颠覆传统建筑业的粗放模式，走住宅产业化道路是必然趋势。

（一）传统建筑业现状

首先，传统建筑行业对环境的影响破坏是相当巨大的，工地扬尘的污染是雾霾严重最主要的一个原因。

其次，传统建筑中大量木模板的应用对水资源、森林资源的破坏也是相当严重的。比如，建筑模板生产厂家每年要消耗大量的木材，在制成模板使用后又会产生大量建筑垃圾。随着城镇化进程的加快，建筑行业的蓬勃发展，每年都会有大量废旧的建筑木模板积存和报废，而大多数施工单位的处理方式是进行燃烧或者直接以垃圾进行清理，这不仅对环境产生严重的污染，同时造成大量的资源浪费。如果从根本上改变建筑行业这一粗放式的生产方式，可以节约模板材料成本，同时减少污染，是一项真正意义的节约能源、减少排放的方式。

第三，传统建筑工程的施工工期往往较长。工期的长短在很大程度上直接影响到建筑企业的经济效益。尤其在建筑材料成本、人力成本等不断上升的阶段，无形中让房屋成本增加，导致企业承担的经济风险过大，这里面还未包括无法预料的气候等影响因素。

第四，劳动力成本增长。现在中国已经到了一个拐点的时代。我国人口红利的时代已经结束了，劳动力的成本也越来越高，而且建筑工人年龄大多集中在50～60岁，所以建筑工业化是降低劳动成本的有效途径。

第五，脚手架高空作业方式存在弊端。支搭脚手架高空作业方式已经持续了多年，几乎每年都会发生类似的事故，却没有很好的解决方法。希望能通过精细化生产方式的研究对这一方式从根本上改观，尊重生命，保证安全。

第六，行业环境在不断变化。建筑行业市场在逐渐从供小于求向供大于求过渡。在未来的5～10年，房地产的供应市场可能趋于饱和，以寻求可持续发展的管理模式为趋势。行业整合的时代也已经到来，不能局限于本专业的发展，未来是产业群互联网化的时代，跨专业整合是趋势，房地产生存环境压力加剧。

第七，业主的要求正在发生转变。斯蒂芬·基兰、詹姆斯·廷伯莱克的《再造建筑》一文中，提到目前建筑生产的范式是 $Q \times S = C \times T$[1]（质量×功能＝成本×时间），即你能获得的质量和功能与你投入的成本和工期相平衡。从这一经典的流程设计来看，要想获得更好的质量和更多的功能，途径就是投入更多的时间和金钱。但在制造业领域随着流程设计师的出现，汽车业、造船业和飞机制造业正在摆脱成本和时间引力的束缚，打破传统的生产范式，建筑业也一定如此，随着业主要求用更少花费获得更多的收益，这个范式正在或未来会发生改变，即 $Q \times S > C \times T$（质量×功能＞成本×时间）。

（二）城市增长主义的终结

我国城乡发展刚进行30年，经历这个快速发展的30年后，近几年逐渐迈进一个很重要的拐点，即城乡发展呈现出增长主义的终结这一新的态势。以南京为例，南京江宁在过去15年的发展中，规模急剧扩张了25倍，在15年的过程中，这么巨大的一个发展实际上也代表了中国城乡现代化发展的固有模式就是增长主义模式。在这种模式下，粗放型的高增长带来了多种问题，如城市风貌的雷同，可以发现南京、郑州、深圳、石家庄和南宁等全国各地城市，建筑风貌都非常类似。

其次，城市开发程度过高导致城市化品质的降低。在许多城市中心地区，大量高密度的、容积率达到5及以上的“小曼哈顿”的地区比比皆是。并且建筑形态紊乱，没有独特的城市印记。

同时，粗放式的高增长也带来很多环境问题，比如热岛效应的加剧。可以看到最近几年，热岛的分布较原来有了急速的增长，并且有大量污染物和雾霾，实际上空气污染程度的加剧和我们高度城市化带来的高密度空间导致的通风差、热岛效应、高噪音、污染物沉积、光污染都有密不可分的联系[2]。

（三）政府也越来越重视建筑产业化发展

国务院办公厅发〔2013〕1号文《绿色建筑行动方案》中：“加快建立促进建筑工业化的设计、施工、部品生产等环节的标准体系，推动结构件、部品、部件的标准化，丰富标准件的种类，提高通用性和可置换性。推广适合工业化生产的预制装配式混凝土、钢结构等建筑体系，加快发展建设工程的预制和装配技术，提高建筑工业化技术集成水平。支持集设计、生产、施工于一体的工业化基地建设，开展工业化建筑示范试点。”[3]

报告中明确提到推进“建筑工业化”“新型工业化道路”，即现在的工业化与传统相比，应是新型的工业化。因此，为了与传统建筑工业化相区别，我们现在倡导的预制装配式钢筋混凝土结构体系以及钢结构建筑等，暂称为新型建筑工业化[4]。

住宅产业现代化（Housing Industrialization）是借鉴日本的概念，而建筑工业化（Building Industrialization）是学习前苏联的做法和称呼[4]。住宅产业现代化注重的是全产业链、全系统的组织和全寿命周期的发展进程，即包括规划设计、投融资、开发、施工建设、部品部件生产、运营与管理、更新改造以及再利用等相关单位的生产经营活动。因此，住宅产业现代化既不是单指某一个环节的发展评价，也不是单指某一项技术的进步与应用。研究住宅产业现代化，必须把其放在一个全寿命、大系统中进行考量。

简单概括住宅产业现代化概念，即标准化基础上的多样化、工厂化生产基础上的装配化、模数化基础上的通用化、设计施工装修的一体化、全过程管理的信息化[4]。

2014 年 5 月，住建部王宁副部长在全国建筑业改革发展暨工程质量安全会议[5]上的讲话，强调建筑业改革发展需要重点研究解决的问题中有：统一开放的建筑市场，提高建筑设计水平，建设建筑市场诚信体系，建设建筑产业工人队伍，推进建筑产业现代化，落实工程质量安全监督。

2014 年 5 月《住房城乡建设部关于开展建筑业改革发展试点工作的通知》中提出建筑产业化试点：辽宁、江苏、合肥、绍兴[4]。建筑工程质量安全管理试点包括三方面：质量标准化、安全生产标准化考评和起重机械一体化。

2014 年 7 月《住房城乡建设部关于推进建筑业发展和改革的若干意见》明确了建筑业发展和改革的三大主线[6]。主线一：建立统一开放的建筑市场体系。其中包括改革招投标监管方式，推荐市场监管信息化与诚信体系建设，建立与市场积极相适应的工程造价体系。主线二：强化工程质量安全管理，完善工程质量的检测制度。推荐质量安全标准化建设，强化施工安全。主线三：促进建筑业发展方式转变。推进建筑产业现代化，构成产业工人队伍的长效机制。提升建筑设计水平，加大工程总承包推行力度，提升建筑技术能力。

二、传统建筑工程管理模式与工业化发展的矛盾

建筑工业化一直是我国建筑业发展的基本目标之一[6]，建筑工业化的发展最终导致建筑业管理模式的改变。中华人民共和国成立以来，建造生产技术日益成熟和完善，一些原属于施工企业内部的工艺过程，如装饰装修、防水施工、混凝土生产等已经逐步形成独立的行业。但是传统工程项目管理则因为专业化的分工而导致系统管理和集成管理的滞后，如从事施工生产管理的不同岗位的员工缺乏交流，专注于本职工作，对内部协调管理和系统满足业主需求方面产生负面效应[7]。因此，传统工程管理已不能满足工业化发展的需要。

在传统建筑的建造项目中，建筑业和制造业往往是两个互不相关的行业，这主要源于传统建筑业粗放型的生产特征，传统建筑业有着自身的特殊性。

（一）传统建筑业的生产特征

1. 空间的固定性

无论哪种类型的建筑，都必须对现场场地考察后，在选定的场地上建造并使用，从建造开始到拆除都不可移动。

2. 多样性

建筑不光满足使用功能的要求，还要根据场地所处的地理环境、社会文化背景、自然状况等诸多因素的限制，使建筑在结构、构造、材料、装饰等诸多方面呈现多样化，因此至今不存在两栋完全相同的建筑。

3. 单件性

一般的建筑是在国家或地区的统一规划内，根据建筑的使用功能，在选定的场地上进行单独设计和单独施工。

（二）建筑项目传统管理过程的不合理

1. 时序性为特点的时间消耗模式

对于建筑业来说，完成项目传统的过程是强调时序性的，而忽略了过程的重复性和子过程的并行设计。并且传统的粗放型的作业模式现场湿作业多，必然导致一个工序结束后才能进入下一步工序，并行作业少，所以劳动强度大、生产效率低、生产周期长。

解决问题的方法是实现过程的同时进行，如在工业化住宅建造准备阶段，工厂与现场准备可以同时进行，减少串行中所耗费的时间。并且每一个设计都从全局全过程考虑，上游过程和下游过程应当相互支持，如预制、预装配、模块化等在子过程的一开始就要考虑。这一设计的实现，围绕产品生命周期的项目管理过程中需要的工序、信息和人力资源归整并同步，包括来自市场、计划、设计、建造、采购、服务、供应商和客户等子过程的协同活动。有计划的整体管理可以避免事后处理的财力、物力、人力无价值的损失，甚至可以避免因事后处理中组织间产生的矛盾。

2. 传统工程项目的一次性活动

在建筑业中项目通常是一次性活动，往往为实施某一特定承包项目而临时设立项目管理组织，完成后自动撤销，且建设项目之间存在不同的管理系统，建设项目之间没有特定的联系，项目系统之间是孤立的。所以，很难取得不断的进步。而且由于建筑设计与施工的独立性，导致临时性的特征中增加了分散性的特点，造成建设参与方多，建设规模庞大，建设周期长，不确定因素多等情况。

因此，实施项目管理的过程管理原则意味着：自始至终根据业主的需求进行项目管理，针对业主实施过程整体化，实现项目到项目的持续进步和创新。

3. 传统工程项目生产过程的不连续

在中国建筑业内，到目前为止，“建筑设计”“建筑施工”都被人为地划分成单独的行业。在具体实践中，多数建筑设计者、结构工程师只通过图纸与施工现场发生联系，设计人员不了解现场的具体操作流程，不能随时根据施工过程调节设计方案，经常由于沟通不及时导致施工偏差问题以及返工过程中工期延误问题，无形中也增加了建造成本。或由于长期远离建筑施工现场，出于保证项目安全的考虑，往往采用保守的设计方案，使得位于行业发展前沿的工业化建筑技术不被采用。

因此，建筑产品从决策、设计到生产全过程和生产的程序、系统的管理密切相关，只有整个产品的研发按照合理设计、施工顺序和衔接连续，才能保证高质量、低成本、有效的建筑产品设计开发，因此对工业化住宅产品全过程的管理方法与模式研究很重要。只有通过逻辑性的科学化的管理策略，才能应对更为复杂的工业化建筑产品。

（三）建筑项目传统管理体制的落后

建筑工业化的管理体制跟现有的管理体制相违背。传统建设项目的运营有很多部门对项目进行监督管理，其中包括建筑项目立项、项目规划、建筑设计、建筑施工图审查、监理施工、质量监督、造价管理、招投标等十几个部门管理，这与住宅产品工业化是相互矛盾的。例如建筑产品质量监督方面，我们实行的实际是过程监督，如钢筋运进现场要抽样检测，水泥运进来也要抽样检测等。但工业化以后是预制构件到现场，有时候是整个盒子，里面装修已完善，整个模块部品到现场，那么质量如何控制？在现行的质量管理体系中，原有建筑项目管理体制不能适用于现有的新型工业化建筑的开发管理。江苏省住房和城乡建设厅提出要像造汽车一样造房子，很关键的问题就是管理体制要变的问题[8]。在产品制造业中，特别是汽车制造厂，所有的生产装配、材料的选用等是由厂商决定的，最后由厂商对汽车负责，在制造环节中没有监理对其操作过程实行监督，譬如不会派专人监督拧螺丝，所以推行新型建筑工业化的同时，关键就是改变原有的项目管理体制。

三、工业化住宅产业标准体系现状

只有实现标准化，才可能实现大范围的社会化的合作与协作体系。现阶段，我国的标准化体系缺失严重，不论是设计还是制造以及验收，都没有标准可循，已然严重阻碍了住宅产业化的发展。

（一）国内住宅产业化标准体系现状

20世纪50年代，我国第一次工业化高潮，编制了《建筑统一模数制》（标准104—1955）和《厂房结构统一化基本规则》（标准105—1956）两套规范[9]。第二次工业化高潮在20世纪70年代，对标准进行了调整。20世纪80年代我国进入住宅建设高潮，吸取了日本的建设经验，初步形成四个层次的标准体系，分别有《建筑模数协调统一标准》[10]《住宅建筑模数协调标准》《建筑楼梯模数协调标准》[11]《建筑门窗洞口尺寸系列》[12]《住宅卫生间功能及尺寸系列》[13]等专门部位的标准以及建筑构配件和各种产品或零部件的标准。这一阶段广泛采用预制装配大板结构，编制了《装配式大板居住建筑设计和施工规程》（JGJ1—1991）[14]。

我国近几年结合住宅产业化的工作编制了若干国家及行业标准、地方标准和企业标准。有建筑施工国家标准、工程结构国家标准、建工行业建设标准、北京现有装配式建筑相关标准等，但现有标准仍远远达不到预制装配化的要求。就这一现状，国家颁布了〔2013〕1 号文《绿色建筑行动方案》，引起了各地方政府的高度重视，各地开展并积极探讨标准的制定，大力推进建筑工业化。上海、广东、深圳、山东及辽宁沈阳已在编制住宅产业化地方标准。江苏省当时计划于 2014 年出台一个推进建筑工业化发展、大力发展绿色建筑的文件，并对省里目前的工业化技术的现状进行了调研，拟制定江苏省地方标准(表 1-1)[3]。

表 1-1　江苏省组织攻关技术目录

名称	技术分类	项目名称	主要攻关技术内容和成果
标准化技术	1	江苏省装配式建筑模数协调标准编制研究	研究编制全省装配式建筑模数协调标准的可行性；结合现有标准，编制模数协调标准，标准中对装配式建筑的空间尺寸进行模数化、系列化的规定；针对保障房编制江苏省保障房建筑户型设计图集
	2	保障房标准户型图编制研究	研究江苏省编制保障房标准户型图集的可行性；标准户型图对保障房中的户型、构件尺寸进行明确的规定，方便设计单位选用和生产厂家生产
	3	江苏省主要预制构件产品标准编制研究	结合现有实际研究编制江苏省预制墙板、预制楼板产品标准(或图集)

江苏省住房和城乡建设厅关于印发《2010 年度江苏省工程建设标准和标准设计编制、修订计划》(第一批)的通知(苏建科〔2010〕198 号)中说明：编制组经广泛调查研究、试验验证，认真总结实践经验，参考有关国内外标准，并在广泛征求意见的基础上，制定了预制装配整体式剪力墙结构体系技术规程。主要内容包含建筑设计、结构设计、结构计算分析、结构构件计算、结构构造、预制构件制作、施工安装、成品保护、质量验收。其中南京长江都市建筑设计股份有限公司于 2015 年 3 月拟定钢筋桁架混凝土叠合板和预制钢筋混凝土板式楼梯标准图集立项文件。

(二) 国内住宅产业标准化的问题

总的来看，我国的标准化处于起步阶段，还存在很多问题。

我国的住宅建设基本上仍处于粗放型阶段。现阶段，住宅行业标准化工作落后，从建筑到部品都没有形成成套的体系技术，标准设计文件、建筑的模数标准、住宅部件产品标准还不健全[15]，存在建筑模数标准之间不协调、建筑模数标准与其他规范不协调、建筑模数标准与结构体系不协调、建筑模数标准灵活性差等问题。

现有结构体系技术标准之间的模数协调性比较差，虽有《住宅建筑模数协调标准》，但其规定并未深化到结构预制构件、部品部件及设备管路等方面，仍然给工厂化、规模化生产造成了障碍。由于缺乏对装配式住宅模数、层高、套型等的统一规定，每一个装配式住宅项目的预制构件生产都需单独制造一套甚至多套模具，模具的投入大幅提高了建筑成本。亟须从源头对装配式建筑的模数协调进行必要的统一。

其次，标准化体系内容空泛，实施性差，不能起到指导工业化建筑产品建造的作用。并且除了北京、上海、广东、深圳、山东及辽宁沈阳初步建立的地方住宅产业化相关标准，大多数地区标准仍是空白，国家及行业层面的住宅产业标准体系也是空白，通用化程度不强。以预制装配式混凝土结构为例，从 2007—2012 年 5 年时间，北京市建成了 15 万 m^2“装配式结构”，但所有项目均是在没有标准的情况下通过专家评审会的形式来实现的[16]。而且没有针对工业化住宅的标准户型图集，不能高效指导装配式建筑用于住宅产品时的设计和预制构件生产。因此，更不存在针对某些适合流水线生产的预制构件诸如预制墙板、预制楼板等产品的标准文件。

除官方标准外，企业之间几乎没有用于实际生产与沟通的技术标准，极大地妨碍了企业间的技术交流与合作，阻碍了企业的社会化经营，更难以形成基于共同技术规程与标准的产业链共同体，不利于住宅部品的敏捷生产以应对市场风险。

基于目前国内住宅产业标准化缺失的现状，各企业以自主结构体系技术各自为战，自己生产、自己设计、自己施工，远没有达到社会化的程度。

（三）实施性标准缺失的原因

1. 我国特定的建设管理体制

我国长期实行的是计划经济体制，因此政府具有分配资源的权力，并由政府指令而分配资源。在国家标准的框架内，企业的自由度不高。因此，在国家制定的住宅建筑标准设计文件中，很少由企业自身或设计者来商议制定的具体工业化产品的实施性标准或操作规程，导致企业或设计者几乎不可能有针对施工应变的实施策略。

2. 行政单位政策滞后

建筑专业现在的模数协调到目前还没有完全解决，我们的行政单位、建筑部等核心部门对工业化建筑不够重视。

2013 年 12 月在东南大学召开的第十次江苏省科技论坛“建筑工业化与城乡可持续发展”分论坛上，张平指出：“关于江苏建筑工业化扶植的政策，据我的了解，现在江苏省住建厅在做两件事，一个是在制定建筑工业化的标准，因为不论是从我们的设计，还是我们的制造以及我们的验收，目前还是没有标准的。住建厅还做一个政策扶持的研究，但是这不是住建厅一个部门可以完成的，所以希望江苏省各个部门都来关注建筑工业化的发展”[17]。

3. 企业技术力量薄弱

从我国建设施工企业发展现状来看，多数企业水平相对落后，依旧是劳动密集型企业，工程承包方式以施工承包为主，工程总承包比较少见[18]。也就是说，在管理机制上，从项目勘察、工程设计、工程施工、施工监理、工程验收由工程总承包商独立完成的很少。国内知名企业屈指可数，拥有自己的甲级设计院和产品研究院，拥有自己的产品工厂来开发PC(预制混凝土)构件、生产建筑部品，拥有重装工厂制造装备和开发模具，并且拥有自己工程公司的大型企业几乎没有。

其原因主要在于在我国特定的法律环境中，企业缺乏技术创新与进步的能动性。而且，我国建筑行业的整体施工技术力量比较薄弱，首先是缺乏专业的工业化技术工人，其次缺乏工业化关键技术开发的人才，缺乏大型的工业化住宅研究院，这导致大型预制构件的吊装、节点钢筋处理等关键技术缺乏，最终使得行业技术力量薄弱。所以，如果没有强大的研发力量和雄厚的技术做支撑，就很难形成完善的标准体系，除特定的中央直属的大型企业，几乎不能承担与产品相关标准的制定和颁发的工作。

四、工业化迟迟未深入建筑业开展的原因

目前，建筑业仍停留在19世纪的建造技术和建造模式中。上文提出的实施性标准缺失的三点也是为什么工业化迟迟没有在建筑业开展的原因，工业化住宅是一个非常复杂的技术综合体，加上一些政策不到位，缺少建筑部品标准化规范，建造技术落后，导致工业化长期以来都只是一个空口号，而所谓的绿色建筑也不过是建筑商、地产商推动项目促销和吸引眼球的“绿色”外衣。而在某些行业，汽车制造业、造船业和航天制造业，生产的经济与高效、产品的高品质已经日益显现出来。除了以上因素，导致建筑工业化落后的原因如下：

因为建筑物在固定的地点，只能在现场由客户定制，大部分人都认为制造业或其他行业的管理经验与建筑学无关，进而忽略了吸收其他行业的宝贵经验财富。

从国家层面来看，建筑业虽然作为我国的第一大支柱产业，但粗放型的生产方式伴随着城市化进程的加快，仍然占主导地位，其主要原因是建立在人口红利、劳动力成本低和牺牲资源的基础上建筑业实现了的快速发展，这和国家希望达到经济的高速增长的要求一致，继而忽略了生产方式的改变。

从价格订制方面可以看出，建筑业和制造业存在很大的差异。工业产品的定价原理如下：

工业产品：市场价－制造成本＝利润；

建筑产品：项目成本＋利润＝价格。

制造业是以市场价为基础的，制造业要获取利润就必须采用先进的制造业模式，尽可能地降低制造成本，因此制造业的技术进步是重要推力之一。建筑工程项目是以项目成本为基础的，保证利润后形成商品价格。这就导致业主往往通过招投标等竞争性策略以较低的价格来获得最优的工程，而不是通过技术进步的措施来获取，以此降低投资成本。对于建设承包商而言，要获取一定的利润完成任务，不采取偷工减料的情况下必须依靠技术和管理措施来实现，因此和业主相比，技术主要来源于供应商(64%)和承包商(10.9%)[19]。通过公式也不难发现，建筑产品价格的经济压力全部推到了顾客的身上，产品卖出的数量越多，出售的价格越高，企业获得的利润就越大。那么，建筑产品与工业产品经济特征的区别是造成建筑工业化迟迟未展开的主要原因。

在组织方面，不同建设项目往往由不同的建筑设计方完成，不同的建筑产品对应的制造商往往也不同，传统的项目利益分配、风险分担也导致建筑师与承包商的对立关系。项目参与单位掌握着设计并参与产品生产工作，拥有不同独立的专业分支，有建筑、构造、造价、水暖电、空调、材料等，不同的专业成立各自的组织，专业间的割裂现象非常严重，消耗大量

的信息沟通时间。这种与制造业的不同，也导致建筑业生产效率的提高速度远远低于工业制造业。

在建筑生产方面，目前建筑生产的范式就是“质量×功能＝成本×时间”，即所获得的质量和功能与能投入的成本和工期直接成正比。传统建筑学一直被动地接受上述等式，并把它当做一个普遍的规律来遵循。而制造业拒绝这样做，制造业的流程设计师的职责就在于向这个等式发出挑战，打破等式的平衡，推动汽车业、造船业和飞机制造业摆脱成本和时间引力场的束缚[1]。

除了以上几个方面，造成建筑业效率低下的原因还有很多。例如行业结构割裂严重，信息传递过程信息扭曲、丢失、反复循环现象严重，不具备价值的信息活动过多，从业人员素质普遍不高、技术落后，缺乏全生命周期意识等都是造成价值损失、生产效率低下的原因。

在理念方面，制造业基于标准化、模块化、成组技术、柔性制造、敏捷制造等诸多概念与理论，能够快速地适应市场的发展与变化，建筑业缺乏快速适应市场的理论基础。现代科技的飞速发展，知识经济时代的到来，人们的需求日新月异，使产品更新换代的周期越来越短，多样化、个性化的市场已经形成。众所周知，在当今全球激烈的市场竞争环境中，综合竞争优势(市场、研发、制造、组织优势等)才是企业制胜的根本，建筑产品也不例外。

以上几点共同解释了为什么建筑产品工业化程度远落后制造业工业化程度这一议题。

第二节　研究和解决的主要问题

我国工业化途径的工程管理体系目前尚未形成一套完善的、广泛应用的模式。如何完善适合工业化途径的集成管理模式，并得到广泛应用和发展，是本书研究的核心问题。本书研究的主要问题如下：

(1) 认识与理解集成管理模式，对其内涵进行探究、定义及比较研究。

(2) 如何成功将制造业管理理念、管理方法引入工业化住宅集成管理模式中。对我国的工业化住宅产品体系进行标准化定义，对比国内外住宅标准化体系，辨析工业化住宅产品与制造业产品特性，系统地定义我国的工业化住宅集成管理模式。

(3) 分析集成管理模式在我国工业化住宅的适用性。如该模式应用于工业化住宅系统的哪些环节与过程，涉及工程建设项目的哪些参与单位等。

(4) 工业化住宅系统的集成管理模式如何实施。工业化住宅系统的集成管理模式如何从组织集成、过程集成、信息集成和系统集成四个方面实现。

(5) 如何保证工业化住宅系统的集成管理模式的实施。需要依靠理论基础、管理目标、管理方法来保证该模式成功实施。

第三节　研究的范围界定

本书研究对象是指项目各参与单位，即实际或潜在的项目发起方、合作企业的参与者，包括业主、总承包单位、研发单位、施工单位、材料及设备供应商和项目管理咨询单位等。

从业务构成来看，业主在整个工业化住宅项目实施过程中居于买方地位，应具备相应的管理经验和实施管理职能。尤其在决策和研发阶段，业主是全过程的最高决策者，也是功能需求的提出者，甚至是最终用户和使用者。

总承包单位是指与业主签订单一合同的公司，它既可以承包全部工程，也可以承包工程某些专业部分。业主可以选择一个总承包单位，也可以选择几个独立的承包单位。本书中考虑一个总承包单位的情况。

研发单位区别传统的设计单位。不仅包括传统承担的设计工作、工业化住宅产品的研发工作，还包括装配过程设计、构件节点深化设计等。研发过程应当是业主、研发单位、实施单位、供应商等众多单位参与主体多方协调的过程。

施工单位和材料、模块、设备供应商是项目实施过程中装配阶段任务承担者，是直接衔接研发阶段的直接参与方，总承包单位可能同时具备自己的施工队伍，有一定的生产能力。研发与工厂制造、现场装配阶段往往交叉进行。但传统建筑业长期受计划经济的影响，往往采用勘察、设计和施工平行承包方式，相互缺乏沟通，无法形成共同价值目标。

现阶段，我国的施工企业往往只具备传统的工程施工能力，而不具备勘察、设计能力，设计单位只具备勘察、设计能力，不具备工程施工能力。所以很缺乏兼具三种能力的企业，能承担大型项目的总承包企业更为缺乏。

设施管理企业提供的设施管理有别于传统的物业管理，传统物业管理保证安全、卫生及设施设备正常运行，仅限保值。设施管理则是应用高新技术，帮助客户提供更高效增值服务，实现增值。传统的物业管理关注已建成的设施设备，而设施管理关注整个生命周期，且设施管理采用信息技术做支撑，取代传统人员现场管理。

第四节　研究架构和主要内容

一、研究方法

本书主要采用了借鉴与比较研究法、系统分析法、理论分析法、定性分析法、定量分析法。

（一）借鉴与比较研究法

借鉴集成制造系统的理论与方法，结合住宅工业化自身特征，构建工业化住宅产品管理模式，是本书研究的基本过程与方法，为本书的主要方法之一。工业化建筑产品在发达国家起步较早，而在我国刚刚起步，客观上我国与发达国家在经济体制和管理理念等诸方面存在明显差异，另外，工业化住宅产品与制造业特征存在趋同性和差异性，因此正视并认真比较分析这些方面，有利于制定科学合理的工业化住宅产品管理模式。

（二）系统分析法

针对传统工程项目生产过程过于零散的现状，构建基于工业化住宅产品全生命周期的分析框架，从系统视角出发，将肢解的产品从决策到交付全过程整合起来，重点将研发与实施、决策与运营中不同专业、不同实施主体的分散传统模式有机整合为密切协作、充分沟通、基于共享平台的管理模式。

（三）理论分析法

本书借鉴协同理论、建设产业链、精益思想、集成理论、系统理论、约束理论、信任理论等理论思想展开研究。主要吸收制造业生产理论在工业化住宅产品中的贡献，即吸收集成理论、系统理论、信任理论对组织策略及组织管理的贡献，以及强化合作意识来弥补契约的不完备性。

（四）定性分析法

定性分析是对集成管理系统的构成原则、模式、组织等方面的分析，主要包括全生命周期定义、管理模式概念定义、工业化住宅系统的 WBS 体系、集成系统的组织集成、集成系统的过程集成、集成系统的信息集成以及工业化住宅的系统集成等。

（五）定量分析法

定量分析是本书研究不可缺少的方法，通过模型的建立，可以更加清晰地表达相关理论和方法，这其中包括过程模型、组织模型、信息模型、系统模型等。

（六）工程实践法

通过参加本研究的各项设计与建造实践，深刻认知设计阶段与建造阶段的紧密联系，了解建筑工业化相对于传统手工模式在设计建造过程中对设计信息、建造信息、管理信息的不同需求。以相关轻型结构住宅工业化研究项目为切入点，重点研究工业化住宅产品全过程管理模式。

二、研究架构

本书以借鉴制造业的相关管理理论和理念，总结传统项目管理模式的不足为研究背景，展开探究工业化住宅产品全生命周期管理模式。因此，从工业化住宅产品的特征、制造业产品特征、传统建设工程产品特征分析入手，比较分析三者的相似性与差异性。在此基础上得出工业化住宅产品所具备的与制造业产品本身属性相似的特征，从而证实将制造业管理思想引入工业化住宅产品集成管理的可行性，结合精益生产、协同思想、模块化生产特征、建设产业链等理论基础，以及运用流程重组、并行设计等过程管理方法和全生命周期信息集成管理方法最终实现工业化住宅产品集成管理模式，相关构思框架如图 1-1 所示。

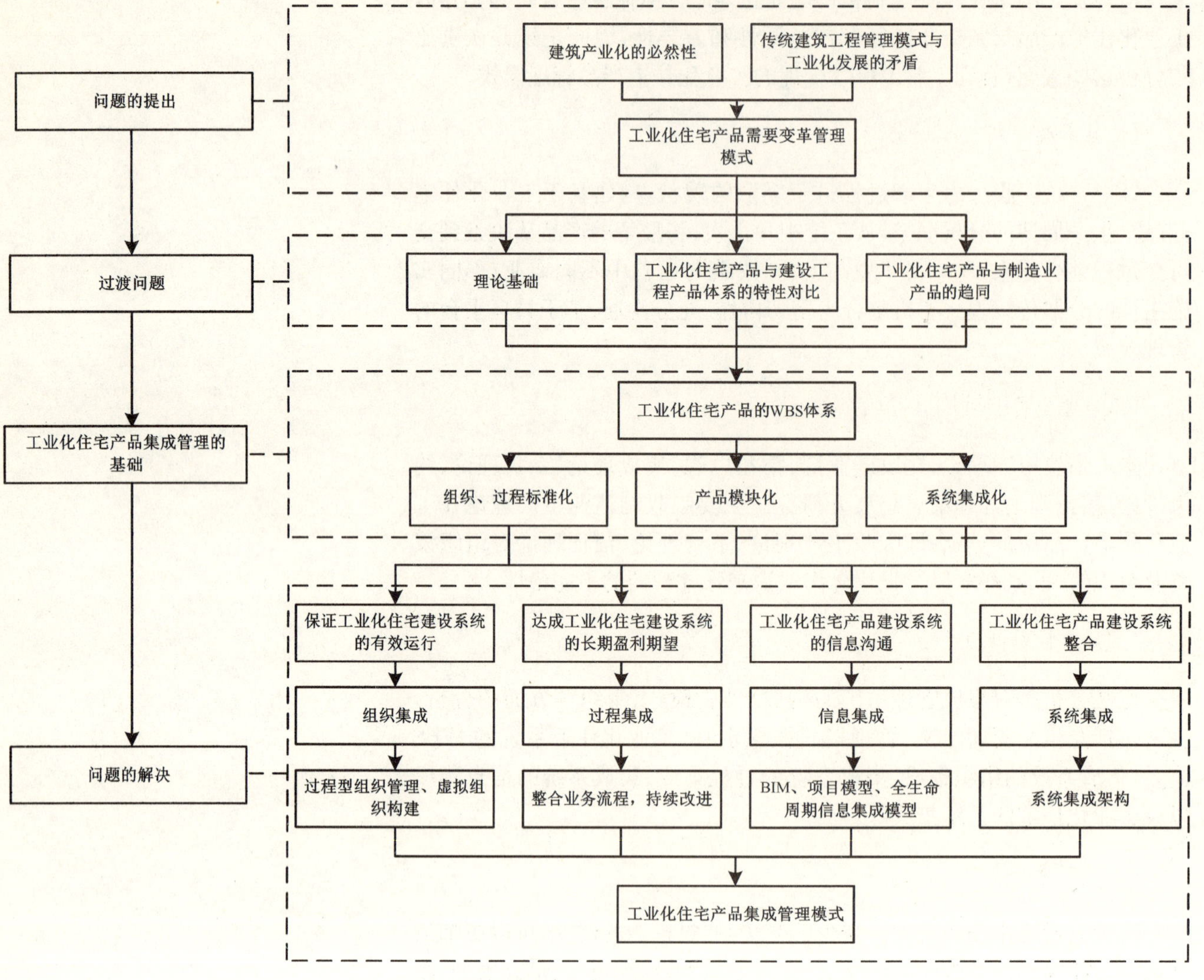

图 1-1　研究架构

图片来源：作者自绘

三、主要内容

本书的主要成果是总结归纳了工业化住宅全生命周期管理模式，并构建了相应的模型，提出了具体实施方法和实施工具。内容要点如下：

（一）第二章内容要点

1. 工业化住宅建造过程的全生命周期模型

区别于传统的生命周期定义，重新定义工业化住宅建造过程全生命周期活动，详细分析每一部分的具体活动构成，完整构建工业化住宅建造过程全生命周期模型，是全书重要的基础性研究。模型中强调并指出深化程序的概念，分析国内深化程序缺失的原因，总结出具体支撑深化程序实现的技术方法。

2. 工业化住宅产品与建设工程产品的特性对比

通过工业化住宅产品与建设工程产品的特性对比，总结出工业化住宅系统的根本属性，即工业化住宅产品的特性中既有区别于传统工程建设项目的特征，又有其作为建筑产品固有的特征。

3. 工业化建造方式带来的18方面的变革

建造方式的转变带来了诸多方面的变革，本研究提出18方面的转变，即建筑师角色的转变、农民工角色的转变、技术工人角色的转变、承包商角色的转变、供应商角色的转变、经济特征的转变、分层制度的转变、组织文化的转变、生产方式的转变、质量监管制度的转变、串行顺序向平行设计和生产的转变、传统分裂的建造过程向建造过程集成的转变、业务模式的转变、设计策略中央集权的转变、规模至上向效率为王的模式转变、品牌价值的转变、专业分工向技术集成的转变、政府对企业管理的转变等。

4. 工业化住宅产品与制造业产品特性的趋同性与差异性

工业化住宅和制造业在产品研发、生产、维护方面有很多相似点和不同点。书中对两者特性进行了详尽的对比分析并详述了两者的趋同性与差异性。趋同性体现在生产关系、供需关系、微观构成、经济关系、供应链、信息沟通方面，差异性体现在生产模式、构成模式、生产组织、组织管理者、服务管理、质量管理、管理方式、作业制度、使用主体诸多方面。正是由于两者特征的趋同性和差异性，使制造业供应链管理的思想、方法、运作模式等方面在工业化住宅产品生产制造过程中具备实施的可能性，同时工业化住宅产品也具备实施作为建筑产品自身特征的管理方法。

5. 工业化住宅产品的集成管理模式

对工业化住宅产品全生命周期集成管理模式进行了定义并绘制了工业化住宅管理模式模型，详述了集成工业化住宅系统的集成化构成，即组织集成、过程集成、信息集成、系统集成。并将工业化住宅产品全过程的组织集成模型、过程集成模型、信息集成模型、系统集成模型，通过适用于工业化住宅的集成管理要素间相互作用的方式联系起来，充分解析了工业化住宅产品全过程管理行为体系结构。

（二）第三章内容要点

1. 工业化住宅产品全过程的浪费和价值损失结构

系统补充和概括了工业化住宅产品全过程的浪费和价值损失。具体将住宅产品全过程的浪费活动概括为两部分：其一是工业化住宅产品全过程前期阶段中各种浪费的主要表现，内容包括了失误的决策、等待、低效/不必要的信息传递、过度的处理、不必要的移动、不及时的信息更新、过剩、不必要的创新、未被使用的员工创造力、不合理的组织管理、IT信息化技术的障碍；其二是工业化住宅产品下游过程中的各种浪费的主要表现，主要内容包括等待、生产和制造过剩、不必要的运输或吊装、不必要的移动搬运、过度处理或不正确的处理、瑕疵、未被使用的员工创造力、缺失安全性、不合理的组织管理、IT信息化技术的障碍。研究发现，工业化住宅全过程的浪费和价值损失主要发生在项目前期的决策和研发阶段而不是工程的实施阶段。

2. 总承包模式下工业化住宅产品的组织界面的三个层次及其组织界面模型

在分析建设工程项目的组织界面管理的基础上，根据工业化住宅产品的特征，定义了总承包模式下工业化住宅产品的组织界面的三个层次并构建了组织界面模型。

3. 工业化住宅产品的组织界面管理方法

在分析组织界面矛盾产生的原因的基础上，提出了工业化住宅产品的组织界面管理方法，即定义任务界面、构建长期伙伴关系、目标整合、建立信息平台、确立标准化界面工作程序、形成充分的组织架构。在定义任务界面管理方法中构建了工业化住宅产品的责任矩阵模型。

4. D+B模式下工业化住宅产品全过程的工作任务分工表

基于整体的思考，试提出D+B模式下全过程的工作任务分工表，将纵向界面分为决策与研发界面，研发与工厂界面，研发、工厂与施工界面，交付与运营界面，四大工业化住宅组织界面。突出强调总承包单位、运营单位提前介入的必要性，以及多功能型组织的建立、组织界面资源输入及输出对过程连续性的重要性。

5. 工业化住宅产品的组织结构模型

在归纳和对比传统职能组织、过程型组织、多项目组织三种不同组织模式的特性基础上，挖掘将中心投向过程的过程型组织的优势，提出工业化住宅产品组织结构模型，即线形组织结构模式和过程导向的矩阵组织结构模式结合。

6. 工业化住宅产品的管理职能分工表

在对传统管理职能分工改进思路的基础上，整理出全过程总承包模式下工业化住宅项目的管理职能分工表。丁士昭先生提出组成管理的环节包含了提出问题、筹划、决策、执行和检查五个内容。在此基础上，工业化住宅产品管理职能分工表中增加了信息、了解和顾问三个环节，即规划、决策、执行、检查、信息、了解、顾问七个内容。

7. 工业化住宅产品的建设产业链模型

首先论述了推行工程项目总承包模式、Partnering模式、虚拟组织的重要性。在此基础上，提出了工业化住宅建设产业链联盟，即虚拟企业—集成装配系统的组织管理模式，并构建了以总承包单位为核心企业的工业化住宅产业联盟的产业链模型，提出该组织体系的组织构成及管理目标。

（三）第四章内容要点

1. 工业化住宅的WBS体系模型

区别于传统四个层级的建设项目的WBS体系——单项工程、单位工程、分部工程和分项工程，工业化住宅产品特征决定了一般的工程建设项目的目标解构已不能满足现代工业化发展的要求。因此从工业化住宅产品本身属性出发，构建标准的工业化住宅WBS体系模型，即三级模块层级化分解模型。

2. 工业化住宅过程实施思想

借鉴制造业的过程管理、戴明质量管理理论，以及并行工程、过程重组、质量管理的持续改进及精益持续改善等过程改进方法，在分析制造业产品生命周期与工业化住宅产品生命周期相似性的基础上，结合工业化住宅产品特性，总结出工业化住宅过程实施思想，提出了多功能型团队建设、整体前端介入、质量小组、目标管理、工程人员及管理者的培养、合作趋势、持续不断地提高生产和设施管理系统等相关概念。

3. 工业化住宅全生命周期过程模型

依照IDEF0功能模型，构建了工业化住宅产品的过程模型，其中包含功能框符、输入、输出、机制与控制五个模型要素，并对模型要素分别进行了定义，并提出了工业化住宅全过程的节点树模型。

4. 工业化住宅全生命周期过程模型的结构

基于对过程的总体改进的考虑，将工业化住宅全过程模型系统地分为三个层级，即顶级层级、二级层级、三级层级。整个模型是一组按阶梯层次分解的图形，共有四个层次。

5. 工业化住宅全生命周期总体模型

从全生命周期角度将工业化住宅产品项目全过程划分为三个主要过程：决策过程、生产过程和运营维护过程，提出一种改进的适合工业化住宅产品的建设过程模型——系统顶层图形，其改进内容包括多功能型团队、前期介入、数据库、数字化平台、信息技术手段，并针对DB项目总承包模式构建该模式的工业化全生命周期总体模型，同时对传统工程维护系统与工业化部品维护系统进行了对比。

6. 工业化住宅过程顶级层级分解模型

工业化住宅过程总体模型可分为工业化住宅决策过程模型、工业化住宅生产过程模型、工业化住宅运营过程模型。并以工业化住宅决策过程模型、工业化住宅生产过程模型为例具体描述全过程总体模型的分解过程。将传统质检方法与工业化住宅部品质量验收系统，以及传统生产管理与工业化住宅生产管理分别做了比较。

7. 工业化住宅过程二层层级分解模型

将工业化住宅过程二级层级模型依次分解为工业化住宅产品研发模型、工业化住宅产品工厂制造模型、工业化住宅部品仓储运输模型、工业化住宅产品现场装配模型，并对四个过程模型分解解析。

8. 工业化住宅过程三层层级分解模型

过程模型三级层级以工厂工业化住宅预制混凝土构件生产制造模型为例展开过程解析。

（四）第五章内容要点

工业化住宅产品不同阶段的信息创建方式、信息管理方式和共享方式均不相同，本章根据全生命周期各阶段信息特征，构建三个信息模型：即工业化住宅产品信息集成模型(BIM)、工业化住宅产品过程信息集成项目管理模型、工业化住宅产品全生命周期信息集成模型。

1. 工业化住宅产品信息集成模型(BIM)

将制造业中的产品数据与传统建筑设计中通过图形元素来表示的复杂系统进行了对比，借鉴制造业产品数据管理技术，提出无论是何种建造方式，建筑业信息技术升级的核心都是向制造业学习，从基于图形的工作方式向基于模型的工作方式转变。提出BIM是工业化住宅建造过程中最重要的技术支撑手段。指出BIM的信息内容、信息集成基础及BIM应用所带来的益处，同时也指出BIM应用的不利条件。

2. 工业化住宅产品过程信息集成项目管理模型

分析得出工业化住宅信息模型、过程管理与项目管理三者之间的关系。并以产品模型为基础，将项目模型分为两个子模型：产品研发过程的信息集成和产品生产装配过程的信息集成。

3. 产品生产装配过程信息集成的概念模型

产品数据结构依照工业化住宅 WBS 体系，用 UML(Unified Modeling Language)类图中聚合关系进行描述。产品数据结构模型中，对应基本组件/辅助件增加了产品数据信息。以此为基础，构建产品与生产装配过程信息集成的概念模型。

4. 面向装配的过程解构

提出工业化住宅面向装配的过程解构，以产品数据结构模型为基础，集成三级模块信息，构建生产装配的四个阶段：一级工厂化、二级工厂化、三级工厂化、现场总装阶段。

5. 产品资源模型

将产品资源模型分别与产品信息模型、过程模型关联，动态地分配各种生产装配所需的资源，计算、模拟用以分配各装配阶段的劳务、材料、模块、设备、工具等，有效实现成本管理和控制。

6. 全生命周期信息集成模型

在丁士昭先生提出的各阶段设施管理任务基础上对工业化住宅产品的设施管理的主要任务进行总结归纳。并总结归纳出工业化住宅产品设施管理要素，包括工业化住宅系统要素和非工业化住宅系统要素两大部分。

项目模型与设施管理模型的理想状态是相互关联的，项目模型中特定的数据可以直接提取被设施管理系统直接使用。基于李永奎先生提出的 IFC 和 FMC 的 AEC/FM 全生命周期信息集成模型，结合工业化住宅产品特征，提出工业化住宅产品的全生命周期信息集成模型。

分析了全生命周期信息集成模型的实现基础——IFC 标准信息共享标准以及 IFC 模型架构，在此基础上，总结 BIM 应用软件存在三个问题，并提出 BIM 应用软件需要经历三个阶段，即 IFC 数据转换阶段、IFC 数据存储阶段和基于 BIM 数据库的应用阶段。

7. 全生命周期系统集成架构和功能

分析了工业化住宅系统集成应考虑的几点要求，提出工业化住宅产品系统集成的架构，由五层结构组成：操作层、应用层、数据服务层、数据层和系统层。数据层采用文档管理服务器和关系型数据库进行数据管理。

总结了工业化住宅产品系统模块及功能，得出系统的十一大模块。构建基于 BIM 模型的集成信息管理系统，并将模块对应工业化住宅产品各过程阶段进行详解。

第五节　研究的意义

研究管理模式的基本目的是通过分析和构建相应的模型以更好地为业主、总承包商、设计者、供应商、运营商等对象创造价值。

1. 有利于进一步丰富和完善我国的工业化住宅产品管理理论，推动我国的工业化建设项目管理模式的创新与发展

通过本书的研究，以将工业化系统的工程管理模式作为一种新型、先

进的管理方法引入我国工业化工程建设领域作为主要研究目的，吸取了制造业管理经验，结合工业化产品的特征，进一步完善建设管理理论。这一模式的研究可以帮助工程减少诉讼，保持参与方和谐、构建合作伙伴关系等，是当今新的潮流和研究热点。工业化住宅产品的管理模式可以广泛借鉴制造业、Partnering 模式、集成管理模式，将适合工业化住宅建设工程的管理方法、管理理念引入进来，提高工程管理水平，提高工程质量，缩短建造周期，高效处理项目实施过程中发生的各种争端、冲突，对提高工程建设效益，具有重要的应用价值。

2. 有利于促进和发展总承包组织管理模式，培育总承包及项目管理企业

与传统施工企业为主的工程项目建设承包模式相比，集成管理模式的优势在于构建由核心企业与协作企业所形成的产业链结构，依靠协作模式，围绕核心企业形成相对完整的协作体系。核心企业即有资质的总承包企业负责承接项目并管理整个项目的实施，协作企业承接分包任务。通过完善以总承包企业为核心、各方参与的管理模式，使各参与方之间的合同关系转变为协作互利的和谐关系，使得参与方全过程积极参与和了解。具备了这样的合作关系，才更利于成功组建总承包管理组织。

3. 有利于解决传统组织界面问题

该模式强调参与沟通、协调、信息共享，对传统项目实施过程中的设计、施工分离组织界面问题，有着重要意义和积极作用。传统管理模式已不适用工业化发展需要，必须避免割裂的工序流程。

同时集成虚拟组织不是单一的企业，协作者与核心企业之间不存在必然的构成关系，而是根据市场发展变化适时调整的柔性关联关系，快速解除或快速构成关联关系以应对低迷或高涨的市场发展变化，避免企业过度的开支与成本消耗。该模式在很大程度上解决传统建筑业对气候变化、劳动力流转波动等环境较强依赖性的弊端，以保证工业化产品项目顺利实施，真正地使业主及项目参与方满意。同时从全生命周期角度加强部门间、企业间、企业与政府间的沟通，形成共同的价值目标，搭建信息平台，实现信息共享。

4. 有利于推动工业化的发展

建筑工业化已逐渐成为建筑业发展趋势之一，而建筑工业化水平也逐步提高，无论从预制构配件，还是到模块化装配，已有不少成功案例。生产力的发展必然促使生产关系的转变，同时生产关系要适应生产力的发展。那么建立在原有手工劳动这一粗放型生产方式基础上的生产组织模式已逐渐不能适应工业化生产方式的需要。生产要素的大量投入和扩张实现的传统建筑业的经济增长逐渐向以降低成本增加竞争力的经济增长转变，其结果必然缩减大量生产要素的投入，降低成本，以提高产品质量、提高生产要素利用率实现建筑业经济增长。该模式下的组织过程中的动态优选模式以提高质量、降低成本为目标，促使成员不断改进生产技术以确保自身处于产业链核心，该模式基本理论源于制造业与建设工程管理领域，是适应建筑工业化生产方式的生产组织模式，也是借鉴现代集成制造的协作产业体系。

注释

[1] Kieran S, Timberlake J. Refabricating architecture: how manufacturing methodologies are poised to transform building construction[M]. Columbus: McGraw-Hill Professional, 2003
[2] 蒋博雅. 新型建筑工业化——城乡可持续发展转型的要求[J]. 建筑技术, 2015, 46(3): 238-239
[3] 〔2013〕1 号文《绿色建筑行动方案》, 发布单位: 国家发展改革委、住房和城乡建设部。发布时间: 2013.01.01
[4] (建市〔2014〕64 号) 住房城乡建设部关于开展建筑业改革发展试点工作的通知, 发布单位: 住房和城乡建设部。发布日期: 2014.05.04
[5] 住建部王宁副部长在安徽省合肥市召开的全国建筑业改革发展暨工程质量安全会议上的讲话。会议时间: 2014.05.07
[6] (建市〔2014〕92 号) 住房城乡建设部关于推进建筑业发展和改革的若干意见, 发布单位: 住房和城乡建设部。发布日期: 2014.07.01
[7] 王放伟, 冯凯. 论工程项目集成管理及其经济效益[J]. 建筑管理现代化, 2005, 12(5): 26-28
[8] 王然良. 江苏省建筑工业化技术现状与发展调研报告[R]. 第十次江苏省科技论坛"建筑工业化与城乡可持续发展"分论坛, 南京, 2013.12.08
[9] 《建筑统一模数制》(标准 104—1955) 和《厂房结构统一化基本规则》(标准 105—1956)。主编单位: 中华人民共和国国家基本建设委员会。实施日期: 1956
[10] 《建筑模数协调统一标准》, 主编部门: 中华人民共和国城乡建设环境保护部。批准部门: 中华人民共和国国家计划委员会。实施日期: 1987.07.01
[11] 《住宅建筑模数协调标准》《建筑楼梯模数协调标准》。主编部门: 中华人民共和国城乡建设环境保护部。批准部门: 中华人民共和国国家计划委员会。实施日期: 1987.10.01
[12] 《建筑门窗洞口尺寸系列》。主编部门: 前建设部。起草单位: 广东省建筑科学研究院、中国建筑标准设计研究院等。实施日期: 1986.01.31
[13] 《住宅卫生间功能及尺寸系列》。发布实施: 国家技术监督局。实施日期: 1989
[14] 《装配式大板居住建筑设计和施工规程》(JGJ1—1991)。主编单位: 中国建筑技术发展研究中心、中国建筑科学研究院。批准部门: 中华人民共和国建设部。实施日期: 1991.10.01
[15] 高颖. 住宅产业化——住宅部品体系集成化技术及策略研究[D]. 上海: 同济大学, 2006
[16] 国内住宅产业化标准体系现状的分析[J]. 住宅产业, 2013(9)
[17] 张平. 工业化, 中国建筑的绿色革命[R]. 江苏省科技论坛"建筑工业化与城乡可持续发展"分论坛, 南京, 2013.12.08
[18] 住房和城乡建设部. 中国建筑业改革与发展研究报告(2005)[M]. 北京: 中国建筑工业出版社, 2005
[19] Pries F, Doree A. A century of innovation in the Dutch construction industry[J]. Construction Management and Economics, 2005, 23: 561-564

第二章　工业化住宅全生命周期管理模式和相关理论研究

第一节　工业化住宅全生命周期管理的基础研究

一、工业化住宅建造过程全生命周期的概念

住宅产业现代化注重的是全产业链、全系统的组织和全生命周期的发展进程，即包括规划设计、投融资、开发、部品部件生产、施工建设、运营与管理、更新改造以及再利用等相关单位的生产经营活动。因此，住宅产业现代化的发展既不是单指某一个环节的发展，也不是单指某一项技术的进步与应用。研究住宅产业现代化，必须把其放在一个全生命、大系统中进行考量[1]。

工业化住宅产品研发是从业主导向作用分析开始的，业主需求分析不仅提供了产品研发目标，还指导着工业化住宅产品模块化设计进程。业主对住宅产品的导向作用贯穿整个生命周期，从住宅产品可行性分析研究到产品研发、构造实验、工厂制造、现场装配、性能测试、交付使用等各个环节。住宅产品全生命周期不仅仅涉及市场环境、技术经济等多个领域，还包括了产品的资源利用、节能减排，并采用先进的技术手段，通过在工厂对产品进行生产制造及运输至现场进行装配总装等生产过程，生成最终的工业化住宅产品，又经过市场的检测，不断对产品进行技术更新，从而构成一个物质循环的工业化住宅产品建造过程。即集产品决策、产品研发(包含了系统设计、深化设计、工程设计等)、构造测试、工厂制造、吊装运输、现场装配、安装调试、完成总装、性能测试、交付使用于一体的住宅产品建造过程全生命周期(图 2-1)。

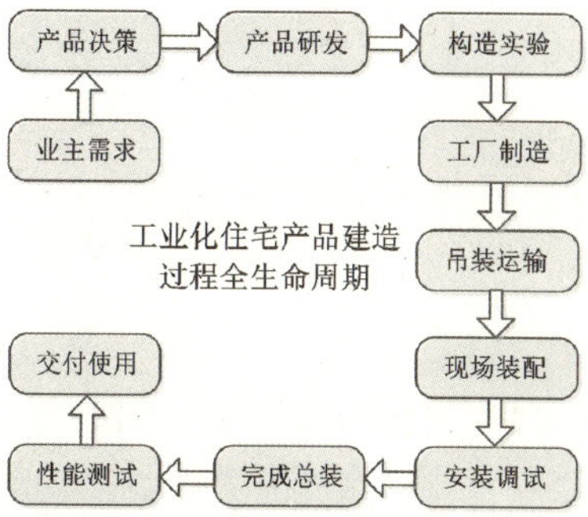

图 2-1　工业化住宅产品建造过程全生命周期示意图

图片来源：作者自绘

(一) 产品决策阶段

主要工作包括：项目可行性研究、项目评估及决策。着重解决对项目投资的必要性、可行性，以及为什么要投资、何时投资、如何实施等重大问题。产品项目决策对投资者最为重要，因为它对项目的长期经济效益和投资方向起到决定性作用。

（二）产品研发阶段

产品研发阶段是住宅产品全生命周期的重要阶段。该阶段包含了概念方案选择、系统设计（拆分设计）、深化设计、工程设计、小规模生产建造、部品构造实验和部品性能测试。

复杂产品研发阶段的显著特点是设计活动之间存在大量信息流的交换和传递，也包含物料流。很多研发活动是无形、多样的和不可预测性的，不但产品研发时间不易确定，同时产品研发信息常常伴随反复和交互流动[2]。在这个阶段需要更多的专业人员参与，知识技能更加多样化。

概念方案选择阶段：在产品方案设计初始阶段，提供给业主初步的方向性建筑设计草图，通常会准备两套或三套的产品方案供业主选择，方案草图包含了项目意向、产品示意图、产品概念模型以及大体的功能布局和建筑经济技术指标。

系统设计阶段：系统设计阶段是基于 WBS 工作分解结构工作方法对工业化住宅产品设计系统模块的层次结构进行分解。系统设计建立在系统分析的基础上，其内容主要包括：确定工业化住宅的设计方法，将对象看成系统的整体，将系统分解为若干的设计模块，即若干子系统。确定每个模块的设计目标、功能和模块间的相互关系，保证每一模块可以单独设计、制造和建造，这也决定了对模块系统的管理体制和控制方式，对子系统进行技术设计和评价，进而对全系统技术设计和评价（图 2-2）。

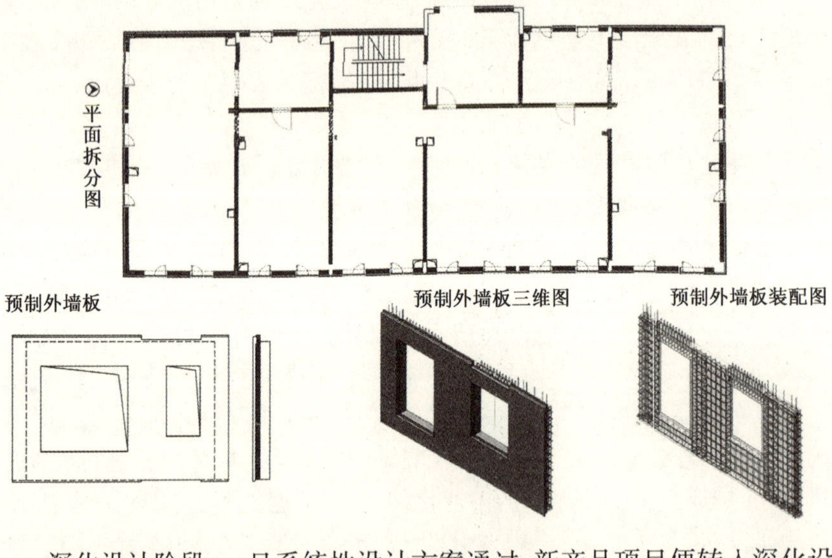

图 2-2　预制外墙板平面拆分图

图片来源：江苏国际绿色建筑博览会—江苏立德绿色建筑系统集成有限公司 PC 集成建筑

深化设计阶段：一旦系统性设计方案通过，新产品项目便转入深化设计阶段。该阶段需要多种专业知识的融会贯通，需要不同专业背景的专业人员密切配合、通力合作才能完成的系统化设计工程。该阶段主要是对工业化住宅产品设计的优化、预制构件深化设计以及新型产品技术的研发。预制构件的深化设计包括安装节点图纸、节点配筋图和构件加工详图，需要更多地做专业化设计。安装节点图纸包含了构件外形构造尺寸、体积、重量、吊装埋件、支撑埋件、电气埋件及水暖孔洞等信息。如根据电气图纸及建筑平面图纸，对电气预留洞、风道预留洞、烟道预留洞、灯具接线盒进行深化设计，对各种规格预制板上的预留孔洞进行详细标注，确定孔洞的几何形状、位置和尺寸，预制构件钢筋的深化设计细致到每一根钢筋的准确位置。预制构件的节点配筋图包括了钢筋的明细表、套筒型号数量等(图 2-3)。此外,构件图的深化还包括构件加工详图,这不仅加大了工业化制图量,对制图质量的要求也十分高。同时,预制构件的深化设计还包括设计后的预埋件受力计算分析、构件受力计算分析。

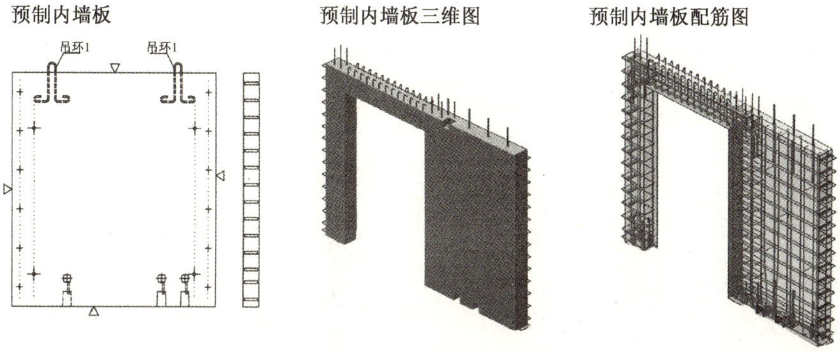

图 2-3 预制内墙板深化设计配筋详图

图片来源:江苏国际绿色建筑博览会—江苏立德绿色建筑系统集成有限公司 PC 集成建筑

深化设计阶段的核心是“设计—建立—测试”循环,正如产品工程的核心一样。如果设计不能体现期望性能特征,工程师则应寻求改进设计以弥补这一差异,重复进行“设计—建立—测试”循环。深化设计阶段的结束以产品的最终设计达到规定的技术要求为标志。

现在我们通常的住宅设计不能满足工业化的要求,和工业化还有很大的差距。现阶段,虽然一些大型的建筑企业努力向深化设计转变,但是要拿出自己一套完整的深化设计图纸,还是有很大的难度。他们依然根据市场、工厂的需要在不断地修改设计,还是在进行传统的非标的生产。另一方面,建筑设计的图纸转变为装配式施工设计,即现场的装配建造图纸仍需要很长的时间,至少需要耗时半年来对图纸进行转换设计。

江苏省内大约有 11 种住宅工业化体系,大部分都是从国外引进国内的,但自动化程度仍然不高,如果需要从根本上提高住宅产品的生产效率,实现预制构件装配化,必须将普通的建筑图纸深化设计并改变为构件图,依靠自动化程序来完成生产预算,实现预制构件。这个改变的过程是由传统建筑设计转向装配式施工设计的深化过程,叫做深化程序。2013 年 12 月在东南大学召开的第十次江苏省科技论坛“建筑工业化与城乡可持续发展”分论坛上,江苏省住建厅王然良总工说:“7 月份的时候我们专门去英国看了他们国家的工业化,每个建筑构件,包括装饰的每一盏灯,设计图上全有详细的设计,所以有了深化程序,我们的工业化才能进行。”[3]所以,在国内,我们缺少装配式住宅的深化程序。

此外,由于缺少深化程序,支撑深化程序实现的技术手段几乎没有。工业化住宅新型产品技术的研发是工业化住宅产品开发的特殊和必要阶段。基于我国目前建筑产业化技术人才和先进设备的欠缺,技术人员的培养和先进的工业化住宅技术的开发尤为重要。并且要实现设计图转化为构件图,构件图再转化为实际的住宅部品,这需要新型产品技术的研发做支撑,技术研发应由技术单位掌握。技术研发主要包含以下几点内容:

1. 结构技术

装配式混凝土结构是目前工业化住宅主要的建筑结构形式。结构技术的关键是节点处理技术，目前的节点处理成本高、效果一般，待开发出成本适宜的、连接效果好的节点连接技术。装配式混凝土结构要超过现有规范的应用范围，所投入的研究成本是巨大的，且无法保证有良好的效果。现阶段装配式建筑技术路线应该是水平构件（梁、柱、楼板等）叠合、竖向构件（剪力墙等）现浇、外围护构件（外墙板）外挂的技术形式。

2. 装配式施工技术

施工环节是最能体现建筑工业化技术优势的环节。钢筋混凝土结构的装配式施工技术主要是：施工信息化管理、大型预制构件的吊装、节点钢筋处理等关键技术。通用的施工设备与装配式施工的要求有差距，需要开发专用高精度、运动速度可调范围大的起重机和各类适用于不同类型预制件的吊运夹具；开发便于快速安装固定的预制件连接件和支撑设备；开发便于车辆运输快速安装固定的预制件固定设备；引入手持式电动设备方便工人现场的安装和拆卸作业。

图 2-4　预制构件生产技术

图片来源：江苏绿色建筑博览会—江苏元大建筑科技有限公司装配式建筑混凝土预制构件手册

3. 预制构件生产技术

预制构件生产技术是建筑工业化中的一个重要环节，利于形成产业，也是一个薄弱环节。企业太少，而且生产水平普遍低下，亟须开发操作简单、少用人工、质量稳定、产量较高，且价格适宜的、自主产权的新型生产设备。由于预制结构采用工厂中生产的模式，定制的标准化的生产设备、生产工艺可以保证构配件质量的稳定性和可靠性（图 2-4）。

除了开发新型的生产设备，还要依据 PC 构件的生产方式及模具的加工原理按照生产要求进行模具设计。模具的设计包含模具的组成及配件的设计，对不同的部品所进行的模具设计也不同，如内外墙板模具设计、叠合板模具设计、楼梯模具设计等，模具的研发和生产技术也是关键活动之一。

4. 住宅部品部件构造实验技术

由于采用了新型技术，需要对新技术进行构造实验。准确地把控部品、部件精度对住宅成品的品质和质量尤为重要。

在工业化住宅产品的建造过程中，对材料的选择和测试更加严格，生产的过程得到更有力的把控。有效控制产品的精度可以大幅度提高成品的质量。在现场，为了保证施工质量，施工人员会对材料和框架构件进行多种实验测试，如万科在对工业化住宅的探索和实践中，选择和测试了运用的新材料，其中包含了坍落度试验、外墙砖拉拔试验、现场压载试验等，试验证明了产品质量的可靠性。

工程设计阶段：由传统的施工设计转变为装配流程设计。工业化要求住宅部品快速运输到现场进行快速组装，像造汽车一样造房子的前提是要把传统的建筑施工图转化为住宅部品的装配建造图，形成专业化的工程设计。

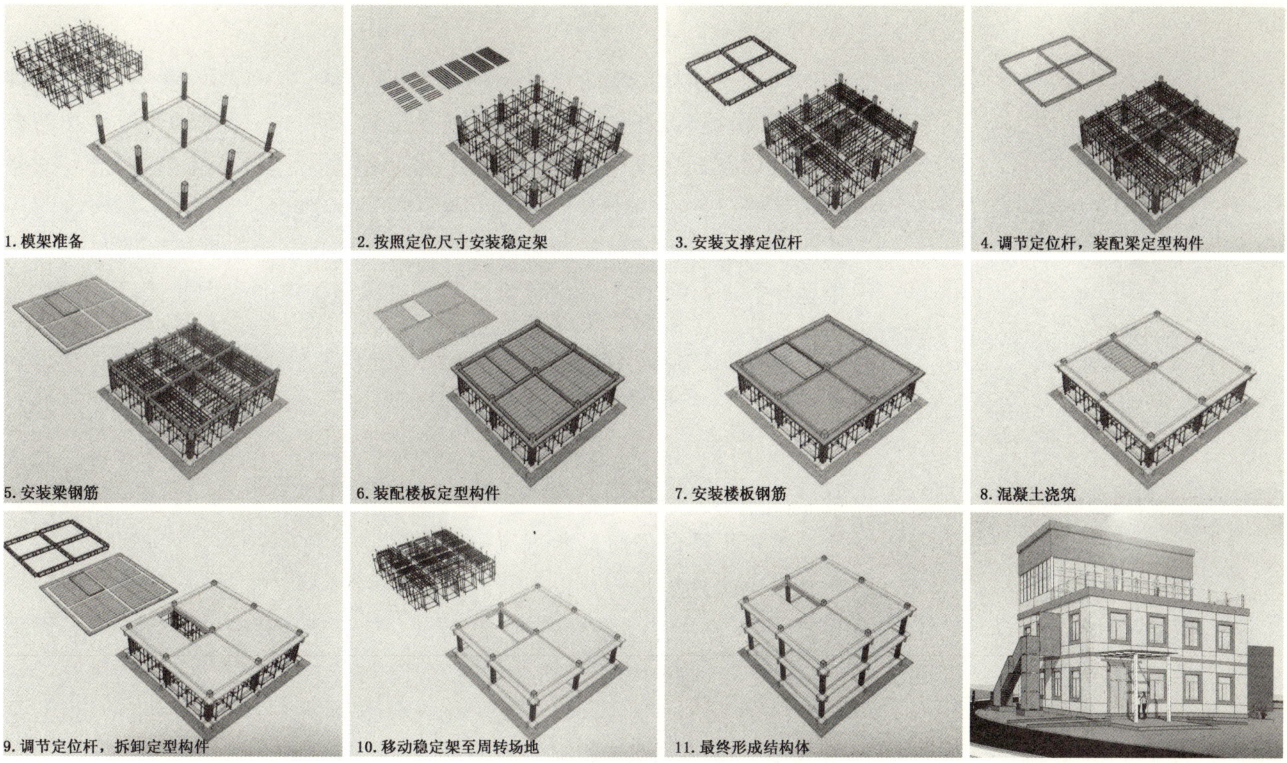

图 2-5　梁板模架建造流程图

图片来源：张宏教授工作室

以江苏武进举办的第八届江苏省国际绿色建筑大会展出的揽青斋重型结构工业化住宅为例，该绿色建筑产品采用的是钢筋混凝土现浇法工业化建造及预制装配外墙构件，其梁板模架建造工程设计，以图示的方式展示其详细的建造流程，便于组件运输至现场后快速组装。梁板模架的建造流程为：① 模架准备；② 按照定位尺寸安装稳定架；③ 安装支撑定位杆；④ 调节定位杆，装配梁定型构件；⑤ 安装梁钢筋；⑥ 装配楼板定型构件；⑦ 安装楼板钢筋；⑧ 混凝土浇筑；⑨ 调节定位杆拆卸定型构件；⑩ 移动稳定架至周转场地；⑪ 最终形成结构体（图 2-5），这是由东南大学建筑学院建筑技术与科学研究所、东南大学工业化住宅与建筑工业研究所研发建造的。

小规模生产建造阶段：在该阶段中，最初加工与测试的单个散件与基础构件、构件与构件已装配在一起，并作为一个系统在工厂内接受测试。在小规模生产中，应生产较少数量的产品，测试新的或改进的生产过程保证投产能力。正是在这一阶段，整个系统中的产品设计、深化设计活动，以及工具与机具、部件、装配程序、工程师、操作员、产业工人都整合在了一起。

部品构造实验阶段：新产品的研发过程需要通过不断的实验，对新技术的概念和观点进行验证，新技术方能被采纳，目的是保证产品结构的稳固性。主要对预制件和预埋件的受力进行计算分析，然后取样品进行测试验证。

部品性能测试阶段：测试内容包含部品、材料防火性能测试，部品、材料保温及隔音性能测试，部品、材料防潮性能测试等。部品性能测试是对建筑部品子系统的部分物理测试的分析评估。

（三）构造实验阶段

住宅产品构造实验信息的反馈：对新技术、新产品的采用，在工厂进行实验并达到设计标准后再运往现场总装。设计中采用的新设计和新想法有时候在现实操作的过程中不一定能够按照最初设计想法实现，这是因为实际操作过程中有诸多不可预测的因素，例如实施进度、操作难度或是力学方面等。所以新的想法在实施前需要不断地实验证明可行性后才能运用到实际项目中。构造测试主要对预制构件的受力及预埋件的受力进行测试。

（四）工厂制造阶段

此阶段为相关部品生产和组装的工厂阶段。工业化制造在保证质量的基础上真正地实现投产，进入建筑零部件的制造阶段，价值流以物流为主。工厂根据研发阶段数据库分发的信息来进行标准件生产，通过查看组装示例文件来进行部件组装。

（五）吊装运输阶段

吊装运输阶段实现了现场装配的部品、部件的配送和吊运的过程，是实现工厂建造和现场装配的中间环节。

（六）现场总装阶段

机械化建造打破了传统建设项目湿作业的建造方式，变湿作业为干作业建造，不但节省了水资源，也改变了传统脏乱差的作业环境。工业化住宅装配的核心任务是对抵达现场的模块进行最后的总装，优化装配流程，改变原有串行的工作模式，提高工作效率，缩短工期。

（七）性能测试阶段

住宅产品性能测试信息的反馈：从系统的观点出发，目前我国建筑相关能耗已占总能耗的46.7%[4]。预计2030年建筑业产生的温室气体占全社会排放量的24%[5]。因此对新型的工业化住宅产品进行性能测试至关重要，通过性能测试得到的数据可以清晰地反映新技术下的能耗是否达标或对下一步更好地实现技术创新及性能改进提供具体的数据，对探求低能耗住宅产品全生命周期管理模式十分必要。

（八）产品交付使用

工业化住宅产品由业主组织验收合格后，出售给购买者。业主销售以成品或半成品销售为主，即房地产开发企业将竣工验收合格的商品房出售给购买者或将正在建设中的商品房预先出售给购买者，并由购买人支付定金或房款。

二、管理模式的概念

管理模式中管理的要务是在既定的环境下对企业资源进行配置和优化[6]。企业内部资源包括人力、财物、信息和知识、技术。在中国这样有独特传统的国度，人际关系和社会关系绝对是不可忽视的，人际关系与社会关系将发挥重要作用的企业关键资源，所以企业资源还要包括关系资源。同时，人力资源的配置是资源配置的核心[7]。

目前，“管理模式”并没有一个明确的内涵和外延。国外都以 Business Model 来表达管理模式、经营模式和商业模式。模式是某种实物的标准形式或者使人可以参照的标准样式[8]。管理模式是特定环境下组织内资源配置的某种标准形式，这种形式可以为别人所借用和参照。我国学者钱颜文认为，管理模式的类型千奇百怪，企业和学者，甚至国家根据自己的管理实践均提出了自己的管理模式[6]。按照现有文献，管理模式至少有 20 余种，这些管理模式在世界范围内被认可的情况均不相同。模式的运用均基于特定的目标，目标不同则管理模式也不同。作为特定环境下资源配置的方法，时代不同，环境必然发生变化，资源的重要性也会随之发生变化，因此引起管理模式发生变化。资源的重要性是指其对企业收益的影响。结合管理目标和时间角度来考察，20 世纪 90 年代以后出现了以组织和谐为目标的人本管理模式、中国式管理模式和美国式管理模式，规范作业流程的流程管理模式，注重适应环境的柔性管理模式，同时侧重于环境和成本的 A 管理模式，同时侧重于质量和成本的海尔管理模式，注重管理创新的智本管理模式，等等。90 年代以后管理要素的重要性排序，改变了 40—90 年代“技术资源”排第一位的状况，代之以“信息和知识”列第一位，“人力资源”列第二位，“技术”和“财物”分别列第三和第四位，这也充分说明了管理模式发展的总体趋势，即信息和人本[7]。真正的、现代意义上的管理，都要通过管理模式来进行。管理模式是在管理理念指导下建构起来的，由管理方法、管理模型、管理制度、管理工具、管理程序组成管理行为体系结构[9]。

（一）国外工业化住宅管理模式的发展

1. 欧洲

法国是世界上推行建筑工业化最早的国家之一。从 20 世纪 50—70 年代走过了一条以全装配式大板和工具式模板现浇工艺为标准的建筑工业化道路，有人把它称为“第一代建筑工业化”。法国建筑工业化的特点为：一是以推广“构造体系”作为向通用建筑体系过渡的一种手段，构造体系是以尺寸协调规则为基础，由施工企业或设计事务所提出主体结构体系，它由一系列能相互代换的定型构件组成，形成该体系的构件目录；二是推行构件生产与施工分离的原则，发展面向全行业的通用构配件的商品生产[10]。

瑞典从 20 世纪 50 年代开始在法国的影响下推行建筑工业化政策。瑞典建筑工业化特点归结为以下几点：在比较完善的标准体系基础上发展通用部件；独户住宅建造工业十分发达；政府推动住宅建筑工业化的手段主要是标准化和贷款制度；住宅建设合作组织起着重要作用。

丹麦是世界上第一个将模数法制化的国家，国际标准化组织的 ISO 模数协调标准就是以丹麦标准为蓝本的。丹麦推行建筑工业化的途径是开发以采用“产品目录设计”为中心的通用体系，同时比较注意在通用化的基础上实现多样化[10]。

2. 美国

目前，美国的住宅建筑市场发育比较完善，住宅构件和部品的商品化、集成化的程度很高，各种施工机械、设备、仪器等的租赁业也很发达，混凝土的商品化程度达 84%，各种技术服务的专业化、社会化程度很高[10]。

北美工业化住宅在管理机制上较为先进，工程设计、构件制作、部品配套、施工安装一般由同一家建造商独立完成，建造过程环节少，便于把房屋作为最终产品进行整体考虑和细部完善。另外，美国的住宅设计较完善，主要表现是设备、设施水平高，注重个性化，多采用木结构或轻钢结构，具有完善的功能和技术上的合理性。而加拿大在部品认定和性能测定方面有着先进成熟的经验。为了满足健康、安全的要求，加拿大对标准化产品广泛实施认定制度。北美的住宅产业化已经达到了很高的程度和水平[10]。

3. 日本

住宅工业化始于 20 世纪 60 年代初期[11]，当时日本大中城市对住宅的需求急剧增加，而建筑业又明显存在技术人员和操作人员不足的问题。因此为了减少现场工作量和工作人员，缩短工期，对住宅实行部品化、批量化生产，从而使现场施工操作简单化，提高了质量和效率。20 世纪 70 年代是日本住宅产业的成熟期，兴起一股住宅产业化热潮，大企业联合组建集团进入住宅产业，在技术上产生了盒子住宅、单元住宅等多种工业化住宅形式，并且为了保证工业化住宅的质量与功能，设立了工业化住宅质量管理优良工厂认定制度。20 世纪 80 年代中期为了提高工业化住宅体系的质量和功能，设立了工业化住宅性能认定制度。这时产业化方式生产的住宅占竣工住宅总数的 15%～20%，到 20 世纪 90 年代采用产业化方式生产的住宅占竣工住宅总数的 25%～28%[12]。目前日本住宅各部分都有通用部件，如无特殊要求，只要将各通用部件组合起来即可。

在日本住宅工业化发展的 30 年间，住宅工业造就了一大批成功的大企业集团。这些企业既有综合性、一体化生产经营的住宅产业集团，也有大规模生产某种制品的专业化大企业。由于这些企业间的竞争与合作发展，使日本的住宅产业呈现出社会化、工业化大生产的高水平、大规模、低成本、高效率、综合化与专业化相结合的格局[13]。

（二）中国工业化住宅管理模式的发展

20 世纪 70—80 年代，由于我国实行计划经济，而且限于当时建筑工业化生产在体制、技术、管理等方面的水平较低，建筑工业化的推广范围小，水平不高[10]。

进入 20 世纪 90 年代以后，我国曾出现一股房地产发展的狂潮。但这种发展是以资金和土地的大量投入为基础的，工业化住宅管理模式仍处于停滞状态[10]。

1999 年以后，在住宅产业化促进中心的指导和协助下，我国在住宅产业领域采取了一系列的举措，从而使中国住宅产业化进入加速发展时期，出现了相应的工业化管理模式[13]。

1. 1999 年 4 月建设部组织制定了《商品住宅性能认定管理办法》

《商品住宅性能认定管理办法》提出了商品住宅性能认定管理办法，

为住宅产业化的发展提供了重要的保证，目前一些省、市、自治区也开始进行相应的认定工作，已有一批住宅小区通过认定并取得相应的等级证书[13]。

2. 2000 年建设部建立住宅建设多企业动态联盟网络管理系统

2000 年建设部住宅产业化促进中心组织实施“住宅 CIMS 示范工程”863 项目，基于因特网和数据库制定集成框架，建立住宅建设多企业动态联盟网络管理系统，实现各阶段活动中人/企业、经营管理和技术三要素及其信息流、物流和价值流的有机集成。它基于互联网和数据库，制定集成框架，目的是达到全局优化。该项目分为五个分系统：业主项目管理分系统、住宅设计分系统、住宅施工分系统、住宅性能评定分系统和物业管理分系统，同时启用作为整个系统的信息支撑部分的住宅产品供配系统和产品数据库，实现了信息集成、过程集成、企业集成。并选择北京龙泽苑小区作为示范，该项目已经过国家验收，取得明显成效，为信息化改造传统住宅产业，也为住宅产业今后的发展提供了很好的理论和示范作用[13]。

3. 2000 年 11 月住宅产业集团联盟启动

住宅产业集团联盟有 30 多家国内知名企业加盟，目的是以集团化发展和信息化建设为突破口，迅速在中国形成一批具有相当规模和竞争力的大型住宅产业集团，实现标准化系列化开发、集成化规模化生产、社会化配套化供应、专业化高效化服务的目标，最终实现住宅产业现代化。住宅产业集团联盟运作的第一步“集团采购”已经开始实施，并取得显著成效。海尔集团和万达集团进行品牌联盟，实现品牌整合，提供装修集成和部品配套集成的住宅[13]。

4. 按照国家推进住宅产业现代化的方针政策，建设部于 1999 年开始实施以住宅小区为载体的康居示范工程

大量的各类型企业为住宅产业化的发展做了重要的基础建设工作。住宅建筑标准化工作开始启动并拿出了初步方案，一批适合住宅产业化生产用的新型材料与制品纷纷涌现。其中有几家具有代表性的企业在住宅产业化方面的做法引人注目[13]。

如北京和上海的厂家推出轻钢轻板型住宅，海尔、远大住工等厂家研制生产出整体浴室和组合式整体厨房，一些新型材料和设备生产厂家（如北京北新建材有限公司、南京旭建新型建材有限公司等）研制出轻质、保温、易于拆装的内隔墙材料、NALC 板和相应制品，还有大量工厂化生产的标准型构件和门窗等[13]。

随着国家把住宅产业作为支柱行业，北新建材有限公司（简称“北新建材”）与多家公司签订了合作意向书和合同，进行多元化的合作，斥资控股某房地产公司，成功托管某甲级设计院和某建设公司，使住宅产业化从组织上落到了实处。北新建材还充分利用国家优惠政策和企业自身优势，运用资产划拨或者强强联合的方式，进行“零成本扩张”，扩大北新建材在新型建材中的产品领域，使其住宅产业化目标得到进一步实施。北新建材还引进国外技术和设备，形成了大规模的工业化住宅生产能力，从而达到住宅产业化的最高水准[13]。

目前北新建材实现了从建材生产商向住宅产品供应商，从建材供应商到系统集成商，从房屋建造商向房屋生产商的三个飞跃，企业正在住宅的标准化设计、工厂化生产、配套化供应、一体化生产经营等方面向着住

宅产业化大步迈进[13]。

随着住宅产业化的发展，工业化住宅管理有了一定的提高。但从总体上说，我国的住宅产业化目前还处于发展的初级阶段，工业化住宅管理还很滞后，距离住宅产业化还有很长的一段路要走。

三、工业化住宅系统的根本属性

表 2-1　工业化住宅产品与建设工程产品、建造的特性对比

工业化住宅产品特性	建设工程产品特性
可以以成品出售	在建造前出售
有控制整个过程的生产者	无控制整个过程的生产者
交叉作业方便有序，多为并行作业模式	串行的作业模式
稳定的技术工人	高变动的农民工
从业人员接受持续的技能训练	从业人员素质缺乏持续提高
工作分布在固定的工厂和现场	工作分布在很多临时性的地点
组织持续性	组织临时性
不同组织成员协作	行业割裂现象严重
生产建造周期短	生产建造周期长
一定范围的标准化	无标准化作业
一定范围的移动、工厂性	不可移动性、现场性
权力集中	权力分散在发起人、设计师、当地政府、承包商和分包商之间
整洁的现场作业	现场杂乱随意
可持久改进和更新的建筑产品	固定不变、一次性
技术先进	技术落后
成本可控	目标成本难以准确制定，过程成本控制难度大
进度可控	进度难以控制
全生命周期部品质量可控	施工过程中进行质量控制
绿色环保	资源浪费
可建立自己的品牌	无法建立自身的品牌
业主追求实现长期价值，注重全生命周期管理意识	业主寻求每一阶段的最低成本的短视行为，注重成本
创新投入多	创新投入少
共同的项目文化	对立的项目文化
对人的尊重	缺乏对人的尊重，经济压力由顾客承担
开放的信息共享	保险公司推动的风险管理策略
团队共同寻求集成和协作	标准合同加剧团队分离

传统建设工程项目具有单件性、一次性、临时性的特征。工业化住宅产品在建设工程项目特征基础上，具备区别传统工程项目一次性、临时性

的特性，使建筑工程中许多重复要素，如材料、构件等具有标准化制造的可能，或是从运营维护角度、总承包商视角、研发人员视角，发现可重复性或类似工作，将重复性工作转化为标准化工作。因此，工业化住宅产品的特性中既有区别传统工程建设项目特征，又有其作为建筑产品固有的特征（表 2-1）。

（一）工业化建造方式带来的变革

与传统建筑方式相比，工业化让建筑从工程时代进入工厂时代。建造方式的改变带来的不仅是参与者角色的转变，更带来管理机制、组织、文化、业务模式等诸多要素的改变。

1. 建筑师角色的转变

“我们如何(how)设计以及最终如何建造，会给我们想要建造的是什么(what)带来限制。它们控制了建筑物在质量、功能和性能方面的艺术性，同时也控制了建造所花费的时间和成本。然而当前我们许多建筑学实践的合同结构却与上述艺术的基本规律背道而驰。在当前的合同安排中，建筑师被明确排除在建造手段和方法的参与之外，变成了仅仅是一个造型师。”[14]

因此，建筑师应避免沦落为一个只是注重外表风格的造型师的角色。建造方式的转变带来了建筑师角色的转变，逐渐由造型师转变为建造师，由建筑设计师转变为建造流程设计师。建筑师应该打造一种产品，形成一种公众对其认知度、价值的预期。让工业化产品不仅具有艺术价值，同时兼具商业价值。建筑外观和建筑方案只有在经济性和建造流程得到满足之后才加以考虑。

2. 农民工角色的转变

农民工转变为产业工人，由从事简单劳动的农民工转变为从事技术工种的产业工人。

3. 技术工人角色的转变

技术工人转变为操作工人。传统建筑的技术工人转变为在工厂内进行生产试验及生产制造机器的操作人员。

4. 承包商角色的转变

承包商由承包传统施工为主转变为从项目勘察、研发设计、生产制造、工程施工到装饰装修的全产业链条的工业化绿色建筑整体解决方案的提供商以及工业化住宅项目总承包。

5. 供应商角色的转变

由材料供应商转变为模块供应商。由于工业化住宅产品还处在实验和探索的阶段，并未发展成熟，因此需要积极寻找和培养一批具有先进技术及研发潜力的模块供应商，全面考察企业的先进性、文化、规模和声誉等，更重要的是寻求能不断优化产品模块和持续跟进产品全生命周期模块化研发生产的供应商。

6. 经济特征的转变

“质量×功能＝成本×时间”转变为“质量×功能＞成本×时间”。目前建筑生产的范式就是所获得的质量和功能与所投入的成本和时间成正比[14]。

随着建筑产品过剩，城镇化进程高速增长的终结，业主们希望用更少的花费获得更多的收益，用更少的钱获得更多样化的产品的要求也越来越急迫，促使工业化住宅产品的建造正寻求打破“质量×功能=成本×时间”这一等式，以达到“质量×功能>成本×时间”。

7. 分层制度的转变

当前建筑具有明显的分层特征，即建筑物的设计过程和建造过程中的每一个专业局限在所在的层级里。所有专业彼此隔离，无集体智慧。

工业化住宅系统由有限的沟通转变为所有工作的整合。目前，有限的沟通是在分层制度下的一方雇于另一方的沟通，只担任某个特定的临时角色[14]。例如设备方为建筑师提供设备设计方案，电路方为建筑师提供电路设计方案等。在工业化住宅系统中，要求制造者、生产者参与到产品设计中，设计者参与到制造和生产中去，一起解决问题，所有相关专业的智慧在设计阶段就汇集在一起，通过整合可以在研发前期发现各专业内部在研发阶段难以发现的生产制造问题。然而汽车业、造船业和飞机制造业已经形成整合的工作模式，在一些大型组织，设计部门和生产部门已经不再作为一个独立的职能部门而存在。设计者和制造者同属于一个团队，共同解决遇到的问题[14]。

8. 组织文化的转变

传统项目交付、利益分配以及风险分担方式，导致设计方、施工方和承包商的对立关系，每个阶段的短视行为、标准合同加剧了团队成员的分离，而不是支持他们寻求集成和协作的努力。工业化住宅组织的变革更需要文化的改变，项目各参与方必须在远景和利润之间寻求平衡，必须意识到价值的实现和自身利益密切相关，促使各方投入自身的努力，建立一种互惠关系(图 2-6)。

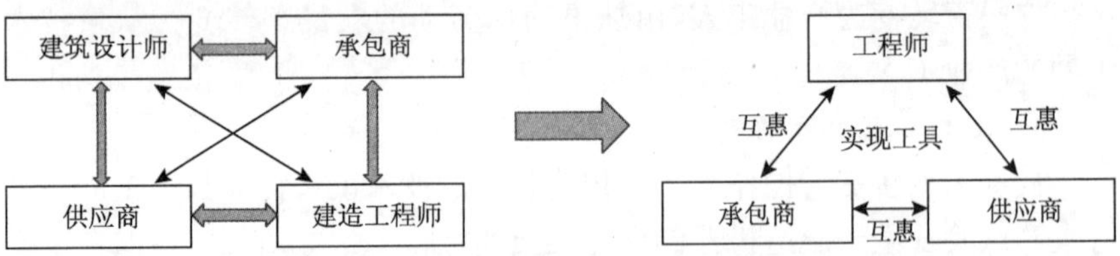

图 2-6　工业化建造方式下组织的转变
图片来源：作者自绘

9. 生产方式的转变

手工生产方式转变为机械生产方式，粗放型的生产方式转变为集成化模块组装的生产方式。每一模块由数个部品部件构成，由不同供应商提供。每一个工作的基础都基于把复杂的住宅建筑产品通过解构的方法分解成独立的、较大体积的部品或模块来生产，只是在整个生产流程的末端，最后组装时才会生成一个整体。在这种方式下，每一个模块或者部品都是独立设计、制造和生产的。设计团队、制造团队和生产团队从初始设计阶段就聚集在一起开发和生产某个模块，并延伸到整个供应链。来自供应商的产品工程师、建筑产品的研发工程师和生产线上的技术工程师在一起开发某一模块。通过初步模块分解，利于最终的装配和系统集成。

工地制造转变为工厂制造，现场施工转变为现场总装，传统的现场湿作业转变为干作业装配，工厂自动化实现了工厂—工地—组装的产业化模式，由手工模式转变为生产制造工艺、人性化设计、机械化、自动化、标准化的综合技术集成。

10. 质量监管制度的转变

由传统的对项目进行的过程监管转变为对构配件制造、模块生产过程的监管。整个生产过程的每一个环节都有质量控制节点，在进入下一个环节之前，当前环节必须获得质量认证。模块上贴有电子条形码，实时追踪模块，确保每个构配件都被安装在正确的模块上。一旦构配件装错便会报警。在制造环节，对供应商建立起基于信任的产品监督，供应商可以决定材料的选用，供应商对提供产品的质量承担相应的责任，替代传统的监理对操作过程实行监督的质量监管体制。

11. 串行顺序向平行设计和生产的转变

在建筑产品没有转变为模块化的工业建筑产品的时候，所有的活动基本上都是采用串行顺序设计和建造的。而工业化住宅产品的每一模块在到达现场总装之前已经是完整的或是以集成化组件的形式，且组装接口等构件节点都是设计准备好的，到现场即可装配。构成最终产品的各个模块都是平行设计和生产的，这就大大减少了设计和生产的时间。并且模块是独立的，供应商都是分散而又独立的实体，他们可以投入全部资源来设计和生产出精准并且高质量的模块，在标准化实现的基础上根据用户需求提高模块的质量和进行创新。此外随着质量监管体制的改变，模块的质量进一步加强。那么，在生产线终端组装模块所需的时间和人力成本也得到大量缩减，全生命周期所需要的时间、成本就也就降低了。

12. 传统分裂的建造过程向建造过程集成的转变

在复杂的传统建筑产品的生产中，大多数的建造过程是分层级的，它是自下而上的，这主要由于建筑物制造物理上的先后顺序。在现场的建筑物都是先从基础做起，在结构框架全部完成后，再安装上围护体等各种构件。尽管某些的工序是有搭接的，一些工序结束新的工序就开始，但实际上建造过程还是分层进行，产生许多无价值的等候。

工业化住宅在模块分解实现的基础上完全突破了按部就班的建造模式，并且可以通过数字模型、虚拟测试的方式以及可视化的操作软件，建立新的建造流程。

13. 业务模式的转变

目前建筑业的行业结构和业务模式，包括采购制度、行业管理、保险和合同要求等，都存在工作集成和信息流的障碍，要实现工作集成、信息共享，必须转变传统的行业结构和业务模式。

14. 设计策略中央集权的转变

传统建筑设计的设计决策权力和责任大多是自上而下分层划分的，形成中央集权的网络，不利于团队之间的信息沟通和知识共享，也不符合工业化产品工作集成的要求。因此，中央集权必须向过程型管理转变，避免权力集中在少数人手中。

15. 规模至上向效率为王的模式转变

传统规模至上的模式建立在科技水平低下的生产能力，为使长期平均成本低下的基础上。在逆周期之下，为保持企业弹性，应转变管理思维，在冗长的产业链框架中，通过先进的管理制度最终实现施工、资金周转效率的提升，降低监管成本、时间成本。

16. 品牌价值的转变

工业化住宅产品需要摆脱传统的对项目收益的依赖，增加多元的收入弹性，使得企业管理能力、品牌优势、融资渠道以及工业化体系的综合实力变现。

17. 专业分工向技术集成的转变

视角不局限于专业上的集成，及绿色建筑技术在工业化住宅产品中的系统集成方法，重点探索建筑工业化技术、可再生能源利用技术、雨水综合利用技术、景观生态绿化技术在绿色建筑的系统集成应用上。

18. 政府对企业管理的转变

政府设立工程建设标准站，收集企业在执行标准过程中的修改意见或建议，并及时反馈，提高企业的能动性和调动企业的积极性，这说明了政府越来越重视建筑工业化的发展。

（二）工业化住宅产品的相关概念及其特点

建筑工业化是指通过现代化的制造、运输、安装和科学管理的大工业的生产方式，来代替传统建筑业中分散的、低水平的、低效率的手工业生产方式[15]。建筑将成为现代化的工业产品，像造汽车一样造房子将成为现实。

建筑工业化，萌芽于18世纪产业革命以后，于20世纪20—30年代形成了理论体系，到1931年，帝国大厦落成，令建筑工业化成为最早最震惊的现实。到1968年，日本通产省正式提出“住宅产业化”（Industrialized Housing，也称住宅工业化），利用工业化造房技术迅速完成了战后家园重建工作。建筑工业化的本旨是通过工业化生产的方式制造建筑，它的核心包括建筑设计标准化、部品部件工厂化、现场施工装配化、土建装修一体化、管理运营信息化，强调利用现代科学技术、先进的管理方法和工业化的生产方式，将建筑生产全过程连接为一个完整的产业系统。这一方式的核心优势在于技术先进、质量可控、生产周期短、绿色环保等，因此，建筑工业化在西方发达国家的住宅和非住宅类建筑中应用较为普遍[16]。

党的“十八大”报告中明确提出“新型工业化道路”，即现在的工业化与传统相比，应是新型的工业化。因此，为与传统建筑工业化相区别，住建部明确“我们现在倡导的预制装配式钢筋混凝土结构体系以及钢结构建筑等，暂称为新型建筑工业化”[1]。

工业化是建筑业的发展方向与潮流，工业化不仅体现在建筑设计与施工技术的层面上，也不仅仅是材料、设备或构件的革新，更重要的是管理方法、模式的改变。从目前国内的发展来看，建筑工业化的发展并没有形成应有的规模，这不仅仅是技术层面上的，在产业的组合和管理方面上也有诸多欠缺，有关工业化建筑产品组织管理的相关研究较少，仍主要局限于技术层面上。

1. 建筑产品及部品的概念

从工业化角度讲，建筑产品（成品）是由建筑部品组合构建而成的，而建筑部品（半成品）是由建筑材料、制品、零配件等原材料组合而成。也就是说产业化的建筑产品可以分解成为一个个相对独立而又标准协调的部品，这些部品可以单独进行设计、制造、调试、修改，并且便于不同的专业化企业进行生产，即“制成一个独立部件的产品，用于完成一种或多种功能”[17]。建筑部品的发展必然将使今后的建设由现场加工生产作业逐步改为大量工厂化生产的部品现场组装作业，从而改变建筑生产面貌。可以说建筑部品的发展是实现产业化的技术基础和关键环节。

2. 工业化部品的主要特征

部品作为工业化生产的产物，其必然具有工业化产品的特征。

1）标准化、通用化、系列化的设计

工业化部品有一个共同特点，即总是有一定的标准规范部品的种类与系列。只有标准的部品才是工业化部品，各部品的标准化保证了施工安装的高效性[17]。

部品的通用化是通过某些使用功能和尺寸相近的部品的标准化，使该部品在纵、横系列产品间通用，从而减少部品的种类和数目，有利降低成本，形成规模化工业生产[18]。

系列化的部品便于住宅建造中的多样化选择，它是工业化住宅部品的一个重要特征，也是标准化、通用化的必然结果[17]。

2）规模化、工业化的生产

工业化部品必然是工厂大规模生产的产品。与施工现场手工、半手工建造的建筑产品不同，住宅部品是工厂制作的成品、半成品，只需运至施工现场简单组装就可实现应有功能。规模化的生产降低工业制造的成本，批量化的产品满足市场的需求。

3. 住宅工业化的基本内容

2013 年，住房和城乡建设部科技与产业化发展中心副主任文林峰在《中国建设报》中，对住宅产业化、建筑工业化相关概念进行了详细的阐述。即住宅产业现代化侧重于"链"和"系统"，是基于产业链上的各参与主体、全过程、各环节的资源整合与优化，表征为社会化大生产、社会化分工与合作。而其中的新型建筑工业化就是这个全过程、大系统中的一个重要组成部分，是实现住宅产业现代化的重要手段和途径，但远远不是住宅产业现代化的全部内容。它是住宅产业现代化的重要标志之一，但仅仅是反映了建筑过程中的工业化水平。因此，住宅产业现代化是一个过程，也是一个长期性的目标，其外延要大于新型建筑工业化，二者的交集为住宅工业化，即在住宅建设中采用新型建筑工业化的方式[1]。

因此，住宅工业化其实就是住宅的生产方式（或者是技术手段），运用现代工业手段和现代工业组织，对住宅工业化生产的各个阶段的各个生产要素通过技术手段集成和系统的整合，达到建筑的标准化、构件生产工厂化、住宅部品系列化、现场施工装配化、土建装修一体化、生产经营社会化，形成有序的工厂流水作业，从而提高质量、效率、寿命，降低成本、能耗[19]。

我国住宅工业化起步较晚，经历了漫长的发展期，但随着近年来改革开放和房地产行业的快速发展，我国住宅工业化发展取得了长足的进步，住宅工业化的实践进入了新的发展时期。目前一些大型开发和施工企业正在进行住宅工业发展实践，如远大住宅工业有限公司、万科企业股份有限公司、瑞安房地产有限公司、青岛海尔集团等都在开展住宅工业化技术的探索与实践。例如，2005 年，作为中国房地产行业的领跑者，万科建成了国内第一栋全预制砼框架体系的工业化住宅 1 号实验楼；2006 年，在学习日本技术的基础上，万科推出 VSI 体系的工业化住宅 2 号实验楼；2012 年，万科在南京市江宁区上坊北侧地块（万汇新城）建成保障房 6-05

栋楼，这是全国预制装配技术集成最高的工业化住宅。再如东南大学建筑学院建筑技术与科学研究所探索研制了钢网构架混凝土结构住宅体系等。

4. 国外住宅工业化的发展历程

集成建筑(House Integrated)是以专业化大工厂和社会化协作为主的生产方式，将建筑部件装配集成为终极完善产品的全新建筑体系[20]。

住宅集成的概念最早在20世纪60年代末由日本通产省提出，后来又提出"住宅部品化"计划，并于1975年进行了通用住宅体系实验。目前全日本共有50多家专门从事住宅开发、设计、生产、销售的营造企业，还有数千家建筑部品生产商，一栋2～3层的住宅在工地只需2天时间就可以建成，如从设计算起，最快只要40天时间即可完成[20]。

经过40多年的发展，日本的工业化住宅建造技术已经成熟。在日本，住房主要是由制造业企业而不是建筑施工队来建造的，而且都是由像三菱、住友、大和、丰田、三井等制造业大企业来做。近几十年来，日本开发了一系列新技术，能够像制造汽车一样用工业化模式制造房子，日本制造房子的工厂里面有各种各样的房子，就像超市一样，买一套房子就像买一辆汽车，一栋一栋的房子由自己去选择[21]。

日本工业化住宅采用钢骨架或木骨架，配以复合墙体和楼板，在生产线上组装成盒子结构。门窗、楼梯间、卫生间、壁橱以及成套厨房设备均同时安装在盒子结构内，住宅工厂的自动化程度很高，下料、切割、拼装、焊接等工序都是在生产线上自动完成的，而喷刷涂料等工序则由工业机器人负责操作，已建成的成品如日本瑞穗超市[21]。

其他如法国、美国、加拿大、澳大利亚等国家，也开发了类似的住宅装配体系。其中法国是世界上推行住宅工业化最早的国家之一。从20世纪50—70年代出现了许多专用建筑体系，不同体系出自不同厂商，各建筑体系的构件互不通用。到70年代，向以发展通用构配件制品和设备为特征的第二代住宅工业化过渡，大力发展建筑通用体系，目前，法国已发展出25种构造体系[21]。

美国的工业化住宅起源于20世纪30年代，当时它是汽车拖车式、用于野营的汽车房屋。20世纪70年代以后，人们对住宅要求面积更大，功能更全，外形更美观。1976年，美国国会通过了国家工业化住宅建造及安全法案。通过美国政府的提倡，美国的工业化住宅得到了快速发展[22]。

5. 国内住宅工业化的发展历程

国内住宅工业化主要分为三个阶段：

第一个阶段是1949—1980年，建筑工业化及技术的创建期。房屋基本处于短缺状态，主要实施了"三化一改"，即"设计标准化、构配件生产工厂化、施工机械化、墙体改革"[23]。20世纪70年代以后开始推广大板房住宅。

第二个阶段是1980—1998年，建筑工业化及技术的探索期。随着建筑建设规模迅速扩大，全社会逐渐形成了数量与质量并重的建筑建设指导思想，多方面、系列化地进行了产业化生产的住宅技术政策和技术理论体系的综合研究，以及部品技术的系统应用和整体性实践的项目尝试[24]。

第三个阶段是1999年至今。以建筑工业化为发展目标，重点转向由传统建造方式向工业化生产方式的转变，注重节能环保的集成技术应用，提高了资源综合利用效率，建筑建设可持续发展成为建筑工业化及技术发展方向。

6. 国内住宅工业化现状

目前，工业化住宅已初步实现部分部品的工厂化预制，但目前我国的建筑业仍以粗放型生产方式为主。

远大住宅工业有限公司从 1996 年开始对集成建筑进行研究，1999 年 6 月动工，9 月底完成安装与调试工作，耗时三个月。目前，远大住宅工业有限公司采用的 PC 技术体系是装配整体式剪力墙结构体系，实现的工业化率达 85%。装配整体式剪力墙结构是由预制混凝土剪力墙墙板构件和现浇混凝土剪力墙构成结构的竖向承重和水平抗侧力体系，通过整体式连接形成的一种钢筋混凝土剪力墙结构形式。预制构件包括内墙板、外墙板、阳台板、空调板、楼梯板、叠合板、PCF 板、女儿墙、框架板、楼梯梁以及休息平台板。

江苏远大机械科技有限公司实现工业化率达 65%，引入了德国预制混凝土装配技术和混凝土预制构件自动化生产线。并研发了满足高强度抗震要求的预制装配结构体系，在多高层装配剪力墙住宅结构项目中应用。混凝土预制件产品有双面保温墙板、内隔墙板、叠合楼板、楼梯、阳台。

南京万科上坊保障性住房 6-05 栋是全预制装配技术集成应用示范工程，工程采用预制装配整体式框架——钢支撑结构体系。主体结构预制率达 65.4%，同时建筑内外墙板、厨卫均采用工业化产品，整体装配率达到 81.3%。整栋建筑无外模板、无外脚手架、无砌筑、无抹灰，表现为绿色施工，是目前国内已建成全预制装配框架结构高度最高的工业化住宅。混凝土预制件产品有女儿墙、楼梯、阳台全预制、预制叠合楼板。工业化住宅产品采用预制框架钢支撑结构。

由南京万科公司开发建设的南京南站项目的三栋公寓式办公楼按成品房标准设计，配有整体卫浴和厨房，屋顶设有太阳能热水系统，标准层都采用了标准化设计，核心筒和办公单元的布置完全相同，为结构构件标准化提供了良好的条件。具体内容有：(1) 结构主体竖向构件框架柱采用预制混凝土框架柱；(2) 水平楼面梁采用预制混凝土叠合梁；(3) 楼板采用预制非预应力混凝土叠合板；(4) 标准层楼梯采用预制混凝土梯段板；(5) 阳台采用预制混凝土叠合板式阳台；(6) 内外填充墙采用蒸压轻质加气混凝土板材(ALC 板)；(7) 整体式卫生间。

由此看出，在万科开发的工业化住宅项目中，除结构及与其相连的梁等局部建筑部位采用现浇外，其他结构构件柱、梁、楼梯等均采用工厂预制、现场现浇连接。

国内已趋于成熟且在实际项目中运用的工业化住宅结构体系主要分为三种，即装配整体式剪力墙结构体系、预制装配式钢筋混凝土结构体系以及钢结构体系。

（三）工业化住宅系统的根本属性

工业化住宅系统的根本属性体现在工业化住宅系统的复杂性，这是因为：

1. 系统构成要素复杂

工业化住宅系统的关键要素是由住宅产品的研发、住宅产品的制造和装配、住宅售后的社会化服务，以及过程中的物流、信息流、资金流、社会关系等要素构成，这些要素之间的关系复杂，由系统整体性、相关性、目的性、环境适应性所要求并对应的管理工作决定。

2. 系统综合了制造业和建筑业的产品特性

工业化住宅系统的主要部品如承重构件、结构围护部件都是工业制品，但是工业化住宅产品目前还很难达到全预制装配式。要实现全预制装配还有相当一段路要走，目前，有相当一部分住宅部件需要在现场制作，兼具建筑业产品特性。工厂制造和现场制造、装配的部品构成工业化住宅系统。因此，工业化住宅产品不是纯粹的制造业产品也不是传统的建筑业产品，更不是两者的简单叠加。

3. 系统分布作业面多元化

工业化住宅的作业面分布在工厂和现场或存在运输等多元空间中。区别于传统作业集成施工现场的产品流动，工业化的生产线相对制造业固定的生产线要更具有流动性。

4. 管理系统综合了制造业和建筑产品自身的管理方法

在后面的小节中总结了工业化住宅产品与制造业产品在建造特性上的趋同性和差异性。工业化住宅产品的管理系统不是简单地运用制造业的管理模式，而是借鉴适合工业化住宅产品的管理方法并结合自身特点的管理。

（四）工业化住宅产品的技术优势

住宅的根本出路在于产业化，住宅制造业是住宅产业的发展趋势。在住宅主体结构、产品生产模式、工程设计模式、住宅建造模式、劳动模式、组织管理模式、企业协作模式等实现了工业化变革，体现出的技术优势如下。

结构优势：集建筑结构和围护于一体，加强建筑整体性，杜绝建筑裂缝和渗漏。

规模优势：低成本、高效率、高产能实现大规模产业化生产[25]。

劳动优势：在现场施工环节，新的生产方式提高了生产效率，减少了人力，其本身就是一种对资源的节约。新的劳动生产方式约可减轻80%的繁重体力劳动、屋外劳动和高空作业劳动，减少劳动力消耗[25]。

资源优势：现场施工的机械化、装备化，替代了传统建筑钢筋工程、模板工程、脚手架工程、砌筑工程，极大地减少原材料和劳动力消耗[25]。

工期优势：将工厂生产的各预制构件直接运往施工现场吊装，代替了依靠脚手架完成高空作业的传统方式，提高了施工的效率和安全性。实现工厂预制、现场组装，可以缩短70%的建设工期[25]，以南京万科2号实验楼为例，包括精装修，全部完工约265天，比传统建造模式减少约39%。

节能环保优势：通过资源的循环利用，实现资源使用的最大化，其必然结果是大幅度地降低建筑行业对环境带来的影响。在工厂生产环节，通过提高钢模具的重复使用率，减少对森林的破坏，并通过循环使用养护水等方式，减少了对水资源的污染。在节能环保方面，可回收材料占66%，产生的建筑垃圾比传统模式减少83%，钢筋损耗是传统模式的75%，混凝土损耗是传统模式的66%[26]。

成本优势：在工作效率大幅度提高的基础上，建造成本大大地降低了。

空间优势：根据业主的需求，空间灵活多变。在支撑体、填充体分离的基础上，通过合理的结构选型，减少或避免套内承重墙体的出现，并使用工业化生产的易于拆卸的内隔墙系统来分割套内空间，实现套内可以随着生活习惯和家庭结构的变化而变化的动态居室布局。

设计优势：易于实现标准化设计，几天就可出住宅装配建造图，且涵盖备料表、下料明细、施工工法、设备、机具明细等，实现工业装配化设计与生产的无缝对接，大大缩短设计周期。

功能优势：传统现代化的定义除了具备居住功能外，有水、电就可以了。现代化装配式住宅具有更多的功能，例如节能、隔声、抗火、抗震、外观、厨房以及改建优势。

前期优势：专业化、一体化的研发、生产、装配、协作、管理。从最初的设计直至工地开工的全部实施（包括审查）流程所需时间短。

现场优势：实现工地车间化，实现人、机、料的高度统一，无大量现场临建，可以快速进入工作状态。

管理优势：把住宅的工程设计、制造、审批、建设过程纳入大工业生产，实现规模化、标准化、专业化、一体化的建设流程，变工程施工管理为工程调度管理，极大地提高组织管理水平和效率，降低管理成本[25]。

质量优势：工业化生产过程中使用的模具、设备更加先进，制作的可控制性更强，每一件出厂的产品具有更高的质量，以万科 2 号实验楼为例，外墙、门窗渗漏水 0.01%，表面平整度偏差小于 0.1%。

整合优势：目前已有并从国外引入较为成熟的技术和生产、制造工艺装备，可以进行大规模生产。

聚合优势：形成以住宅主体结构工业化为核心的聚合效应，聚合住宅基础工程、外墙及屋面保温、防水、装饰工程、室内装饰工程、家用电器工程的专业化配套团队，建立强大的住宅产业联盟，以最小的消耗供应最具保障的住宅成品[25]。

品牌优势：工业化产品不仅具有艺术价值，同时兼具商业价值。

发展优势：在中国，工业化程度应该比日本和北美等国家应用程度更大，面更广。

四、工业化住宅与制造业的生产特征比较

表 2-2 展示了工业化住宅区别于制造业的独特特征，例如单件性、唯一性等，但是工业化住宅产品建造中有很多重复要素，如不同项目的建设投入几乎都是相似或重复的，大量的研发信息传递过程反复，大量的构造实验和运营服务工作过程都有很明显的可重复性特征。那么多重复性活动、类似的研发任务或相似的项目类型除使得工业化住宅产品的研发生产过程与工业产品有些区别外，也具有一定的趋同性。

表 2-2　工业化住宅与工业产品的生产特性对比

工业化住宅产品生产特性	工业产品生产特性
工业化住宅产品大体积、大容量	产品的体积较小
单件性、唯一性	多件性

续表 2-2

工业化住宅产品生产特性	工业产品生产特性
工厂制造、现场装配	仅在工厂制造、生产
组织和建造复杂性大	组织和生产复杂性较小
住宅产品的生产建造周期较长	生产周期短
初始投入和运行成本较高	周转的速度快
目前仍以建造前出售为主	以成品出售
固定位置建造	生产线中组件、成品均可移动
服务周期长	服务周期短
小范围标准化:每个项目有不同的特征	标准化作业
技术含量要求高,质量必须有保证	技术含量一般,工业产品允许返工
项目参与单位内部专业多	产品参与单位内部专业不多

(一) 工业化住宅管理与制造业管理的趋同性

虽然建筑产品研发与制造业看似是两个并行的具有很大差异性的行业,但是它们之间也存在许多共同之处,正是由于这些共同之处的存在,使得制造业供应链管理的思想、具体运作模式等方面在建筑业具备了实施的可能性。建筑业与制造业的共同点主要体现在以下几个方面:

(1) 建筑产品本身虽然是固定的,但其建筑产品的生产过程仍然是流水作业的,仍然遵循着生产线的基本规律[27]。基本组件和部品在工厂生产和制造,最终产品的形成在工地拼装完成,工地就像工厂的组装车间,而不同的工种和设备的移动代替了制造业中产品的流动。

(2) 在建筑生产过程中,有不同的主体共同参与,主体间表现出一种需求与供应的关系,如在建设生产之前,承包商对生产中用到的物料、设备进行计划,向材料供应商、设备租赁商等发出需求通知,这些企业会针对需求提供相应的产品等。制造业中也有这样的相似点,在制造业中,每个企业在完成自己的生产经营活动时,都与其他相关主体之间形成供与需的关系,即在生产时需要其他企业提供原材料或半成品,而自身生产的产品同时又满足了其他企业的需求。

(3) 尽管建筑产品的宏观构成都不相同,但是微观构成几乎相同。如住宅、办公楼、厂房等的跨度、层高、建筑材料、结构体系等参数已趋于标准化,通过有意识的设计,可以使其成为标准化的组件。

(4) 与制造业一样,作为建筑行业中的一个企业,在生产运营过程中,会伴随着物料的采购、运输、配送等一系列活动,随之与相关企业产生了经济关系,存在着资金的流动,以及相互之间的信息沟通[27]。

(5) 制造业倾向于专业化分工,包括设计、材料、零配件、总装等环节,而建筑产品也包含了产品设计、材料预算、购买设备、工厂预制、现场总装等与制造业同样的分工环节。且住宅产品如制造业零配件同样采用标准化、模块化、装配化的工程设施与构件。

(二) 工业化住宅管理与制造业管理的差异性

工业化住宅产品是一种体现工业和科技水平的综合性产品,是一个从研发到建造的复杂的生产过程，由于其本身的地点固定、体积庞大与实施过程复杂等主要特征，决定了工业化住宅产品研发生产的管理与一般的工业化产品的生产管理相比有其自身的特殊性。

1. 生产模式的区别

制造业大多是根据市场发展趋势来判断设计生产的，是“推动式”生产模式，由制造商事先设计并通过广告媒体等的推广供消费者选择。

而对住宅产品而言，整个建设项目是按照建设单位的意向，根据明确的订单，通过招投标的过程依照业主的要求来进行设计的，不是由施工单位自主设计建设并推向市场，属于订单“拉动式”生产模式。

2. 构成模式的区别

建筑产品与工业化产品最大的区别在于建筑具有独特的个性。一般的工业产品除了品牌、型号等特征外，会通过统一的工艺流程对同一型号的产品进行批量生产。而具体的建筑产品设计，虽然选用了标准设计、通用构件或配件，但同型号的产品生产数量少，适用于同一地区、同一类型的建筑产品。不同的自然、技术、经济、地区条件，也会使得建筑产品的设计、建筑结构、建筑构造、建筑材料、施工组织和施工工艺方法等因地制宜地加以修改，虽然各地住宅产品这一类型的区别性较少，但也具有同类产品在不同地区的特有的产品属性。因此，工业化住宅产品实现的是小范围的标准化。

3. 生产组织的区别

工业产品的生产组织围绕人员流动进行。产品的制造与产品装配都在流动的生产线上完成。

住宅产品与工业产品的装配地点不同。住宅产品生产过程包含工厂生产部件或模块，现场进行总装装配，工厂与现场之间有运输环节，连接着这两个区域的生产线。建筑产品的体积庞大，也决定了建筑产品不可能以人员流动为核心对产品生产制造，而且建筑产品最终总装的地点是固定的，物料及人员流动是围绕最终的装配地点进行的，相关设备、人员在建筑产品空间形成不同的工作面，并在总装过程中随着工艺的变化流转于各个工作面之间，形成工作对象静止而工作人员流动的生产组织模式。

4. 组织管理者的区别

工业产品任务的复杂程度远没有住宅产品的复杂程度高，工业化住宅的建造无论是对研发管理者还是对生产管理者或是对技术管理者而言，都具有一定挑战性，要求综合性能力强、拥有高程度的多专业技巧、能达成高标准的任务要求的过程管理者来完成工业化住宅项目的管理，较制造业产品的总工程师专业性要求更高，任务更艰巨。

5. 服务管理的区别

制造业产品的使用寿命较建筑产品的使用寿命短。工业化住宅的使用寿命通常可以达到 50 年，制造业产品使用寿命较短，例如汽车的使用寿命一般为 15～20 年，这就决定了工业化住宅的后期运营维护的服务周期较制造业产品更久。因此，后期的运营维护的管理也是工业化住宅全生命周期的重要内容。

6. 质量管理的区别

工业产品组装等活动操作空间小，难度不高，一般设计到位组装速度相对快，如果组装不合格，容易进行局部更换或重新生产进行调整。住宅产品的体积较工业产品更为庞大，工序更为复杂，技术含量更高，住宅产品的质量必须有保障，因此建筑部品组装耗时长、难度大、质量精度要求高、成本大，所以要求现场组装一步到位，组装建造与设计地位同等重要。由于现场拼装材料多，还有其他的人、财、物、环境等诸多方面需要考虑，因此比产品更为复杂，思考面更广。

7. 管理方式的区别

对工业制造管理方式的研究大多集中在制造装配和供应链方面。如汽车工业等大规模制造业的精益方式主要集中在装配车间和供应链上[28]。实现住宅产品全生命周期过程的管理而非仅仅制造过程的精益，建筑产品的全寿命周期过程通常还包括了决策、研发、运营等过程，且传统项目设计阶段决定了项目全寿命期成本的80%[29]。不同于工业产品强调的生产车间的精益制造，工业化建筑产品更加重视全寿命周期的精益，否则会造成精益的“孤岛”，即只强调某一阶段或某一过程的管理方式，而忽略了其他过程。

8. 作业制度的区别

建筑产品是单件流作业，多数制造业产品是批量生产的。建筑产品的唯一性决定了建筑产品即使是在同一建筑内不同楼层的构配件实现批量生产，从整体来看，不存在两栋或三栋同样的建筑产品或同样的构配件，即使相同就目前标准化未健全的情况下，很难统一。因此，大部分工业化建造仍然是在单件流作业制度下，即以单一的流程结合成一条顺序流线，且能以最短时间生产出业主所需的产品。制造业的产品往往在满足顾客需求的情况下会以批量生产为主，大批量地制造同一产品或同一零部件。因此，两者在量上是有所区别的。

9. 使用主体的区别

工业产品的使用主体通常为一个人，如汽车，由个人出资购买产品。而高层住宅的使用主体不止一个，该产品的服务对象是一组人群，因此除租赁房以外，建筑的维护修缮相比汽车与轮船要复杂得多。

（三）用制造业的方法管理工业化住宅

“建筑师长期以来一直忽略建造技术和建造流程的改变。传统的设计和施工方法统治着建筑业，束缚了它的发展。基兰和廷伯莱克认为已经到了对这些传统方法进行重新评估并做出改变的时候了，他们试图说服读者，让读者把目光投向汽车制造业、造船业和航天制造业，学习这些行业如何采纳集体的智慧以及非层级化的生产组织结构的。”[14]“我们不能因为建筑物是固定在地上，是在现场（而不是在工厂里）由客户定制的，而认为其他行业的事例与建筑学无关。”[14]J. 伊根（J. Egan）在 *Rethinking Construction: the Report of the Construction Task Force* 中指出：“我们看到，建筑业面临两个选择：或者是顽固坚持建筑业是个非常特殊的行业，无法吸收并利用其他行业的先进经验；或者是积极寻求改进方法并对建筑业进行重组，尽可能地学习其他各种先进技术和经验。”[30]我们可以从兄弟行业借鉴和学习，此外，工业化住宅与制造业的趋同性和差异性决定了在学习用制造业的管理方法管理工业化住宅产品的同时，应兼顾其作为建筑产品本身的管理方法。

第二节　建设工程全生命周期组织管理模式

目前建筑业的行业结构和业务模式都存在工作集成和信息流的障碍。传统的建设过程及其相应工作过程被认为是彼此分裂和顺序进行，一直无法从全局的角度进行优化，严重影响了工程建设的有效性和效率。

一、工程项目总承包

传统项目管理模式对于简单的工程项目设计与建造的分离产生的障碍不明显，但随着工业化建筑体系的复杂性增强，信息技术发展迅速，工程师与供应商、建造商协作更加紧密，传统项目管理模式显然已完全不适用现代工业化建造方式。

（一）传统项目管理模式

设计—招标—建造模式（Design-Bid-Build，DBB）又称为传统项目管理模式。它的特点是业主与设计机构签订服务合同，设计机构提供设计和施工文件，在设计机构的协助下，将工程施工以竞争性工程招投标的形式承包给最低报价的施工单位。

这一管理模式的优点是管理方式在方法上很成熟，参与方对这种传统的模式十分了解，因此在合同管理方面相对简单，合同关系是标准化的。业主可自由选择咨询、设计人员，对设计要求可控，也可自由选择监理人员监理工程。

缺点是业主前期投入较高。施工方无法参与设计工作，设计与施工协调困难，费用不易控制，业主索赔机会增加，且管理费用较高，项目建设时间长。

（二）工程总承包管理模式

工程总承包是指从事工程总承包的企业受业主委托，按照合同约定对工程项目的勘察、设计、采购、施工、试运行（竣工验收）等实行全过程或若干阶段的承包[31]。工程总承包企业对承包工程的质量、安全、工期、造价全面负责。

在具体实践上，工程项目总承包有很多模式，包括设计—采购—施工（Engineering-Procurement-Construction，EPC）、设计—建造（Design-Build，DB）、设计—采购—施工管理（Engineering-Procurement-Construction Management，EPCM）等。

1. 设计—采购—施工

设计—采购—施工模式是当今国际上普遍采用的模式。工程总承包企业承担工程项目的设计、采购、施工、试运行服务全过程的总承包，也称做交钥匙总承包，最终是向业主提交一个满足使用功能、具备使用条件的工程项目。

优点是总承包商负责整个项目的实施，不再以单独的分包商身份建设项目，有效地解决设计与施工的衔接问题，减少中间环节，业主管理界面少，工期缩短。能够最大限度地发挥管理各方优势，实现项目进度、成本和质量控制符合合同约定。设计在整个过程中起主导作用，利于方案不断优化。工程质量主体明确，责任风险最大程度转移到了总承包商，业主管理界面减少。

缺点是业主主要通过 EPC 合同对承包商进行监管，对实施过程参与度低，控制力低。对承包商的要求高，一旦承包商的财务出现重大问题，项目面临巨大风险。EPC 的总包合同的工程造价偏高。由于与传统工程管理区别较大，业主需要转变思维理解并配合总承包商的工作。

目前，国内总承包的市场还没有真正形成，工程公司多是由设计院改制而成，他们设计经验丰富，但缺乏大型项目控制力，无承担大型项目的经验，更无承担工程风险的财力，业主并不放心他们的管理，因此，多数业主最终仍会选择传统的 DBB 管理模式。它更适用于在工业化建造技术发展相对成熟的背景下，由综合实力较强、有实际承包经验的总承包商来管理和运行大中型建设项目，这也是我国未来要采用的主要实施模式。

2. 设计—建造

设计—建造总承包模式相对 DBB 模式有较大的突破性。其特点是将设计和施工融合，工程总承包企业承担工程项目的设计和施工，并对工程的质量、安全、工期、造价负责[32]。

优点是单一责任制。业主只和设计—施工总承包商签订合同。较 DBB 模式缩短了项目工期，并较早地确定总承包商。承包商能够边设计，边施工，设计方与施工方充分沟通后减少了施工变更，降低对业主索赔的机会。总价合同有助于业主确定工程总造价。总承包商在保证工程项目功能前提下，可以充分发挥技术优势和集成管理优势，适用投资较大、规模较大的建设项目。

缺点是业主对设计和施工的控制性较 DBB 模式有所减少，且对总承包商的综合实力要求较高，合同条款和价格难以确定，容易引起合同纠纷。招标、评标也较 DBB 模式复杂得多，对业主的项目管理能力、经济技术力量都具有极强的挑战性。

3. 设计—采购—施工管理

设计—采购—施工管理模式是业主组建一个小型的项目管理组，由相关的专业工程师组成，它具有相对独立的财务决定权，项目经理直接对投资方或公司负责。项目组将设计、采购及施工管理交由一个工程公司承担；而施工合同由施工承包商直接同项目组签订，但施工承包商受 EPCM 承包商直接管理，EPCM 管理承包商对质量、费用、进度和安全进行控制。项目组对 EPCM 承包商的工作进行协调、管理和监督，并对费用拥有最终决定权[33]。

它的优点是减少纠纷，由于费用控制的最终权力在项目组，可以相对节约费用，确保工程进度和质量[33]。

缺点是有时 EPCM 管理承包商和项目管理组的责任划分不清，如果项目组管理不当，会影响 EPCM 管理承包商的积极性。它适用于发展中国家进行大型项目的管理[33]。

根据业主的要求和工程项目的规模，工程总承包还可采用设计—采购总承包(EP)、采购—施工总承包(PC)等总承包模式。此外还有，用于政府基础设施建设非经营性项目建设的建设—转让(Build-Tranfer，BT)、建设—经营—转让(Build-Operate-Transfer，BOT)、建设—拥有—经营(Build-Own-Operate，BOO)、建设—拥有—经营—转让(Build-Own-Operate-Transfer，BOOT)等总承包模式。还有一些服务内容更为宽泛的项目交付模式，如 D+D+B(Develop+Design+Build)，即受委托方负责项目前期策划、设计和施工；D+B+FM(Design+Build+Facility Management)，即受委托方负责项目的设计、施工和物业管理；F+P+D+B+FM(Finance+Procurement+Design+Build+Facility Management)，即受委托方负责项目的融资、采购、设计、施工和物业管理。

可以看出，管理模式逐渐向集成化组织管理发展。相对于传统的工程管理模式，工程总承包模式实现了设计施工无缝的过程衔接，克服了设计、采购、施工相互分离的问题。但是，工程总承包模式并没有从根本上改变传统工程模式，尤其体现在组织管理方式和沟通手段上，例如基于纸张沟通等带来的浪费，在不信任的基础上建立的合同关系，导致形成了无形的组织边界。工程总承包模式仍存在项目实施过程分离的情况，且业主与承包商仅局限在单个项目上的合作，而不是着眼于长期的合作。

因此，工业化住宅的特性决定了工程总承包管理模式最适用其全生命周期管理，但不可忽略的是必须要从根本上实现工业化住宅全过程的集成管理。

二、Partnering 模式

Partnering 模式，即合伙模式，是美国率先提出的。美国建筑业协会(Construction Industry Institute，CII[34])认为 Partnering 模式是"在两个或两个以上的组织之间为了获取特定的商业利益，最大化地利用各组织的资源而做出的一种长期承诺，这一承诺要求使传统组织间孤立的关系转变成一种不受组织边界约束，能够共享组织资源、利益的融洽关系。这种关系建立在信任、追求共同目标和理解各组织的期望和价值观的基础之上。期望获取的利益包括提高工作效率、降低成本、增加创新机遇和不断提高产品和服务的质量"(表 2-3)。

表 2-3　Partnering 模式与传统建设模式的比较

Partnering 模式	传统建设方式
充分考虑参与各方利益	重点考虑业主的利益
参与各方共同的目标	传统建设方式的目标控制是对投资、进度、质量的三大控制
业主与承包商多个项目的长期合作	业主与承包商单个项目的合作
既有正式合同又有非合同式的协议	重视合同管理
利益自然分享	合同中根据项目实施的好坏制定奖惩
基于信任的长期合作	招投标择优选取承包商
业主、承包商与设计方是项目上的利益共同体，构建相互信任的项目环境	业主、承包商与设计方是三方独立的组织系统、目标系统，有着紧张敌对关系

Partnering 模式的优点是突破传统的组织界限，充分考虑各参与方利益，制定共同目标，建立工作小组，加强沟通并及时避免争议和诉讼的发生，建立良好的工作关系。共同分担风险和成本，保证参与各方利益的实现。表 2-4 是美国建筑业协会、总承包协会(Association of General Contractors，AGC)、美国海军设备工程司令部(Naval Facilities Engineering Command，NAVFAC)对 Partnering 模式的观点。

表 2-4　不同组织对 Partnering 模式的观点

建筑业协会	总承包协会	美国海军设备工程司令部
追求双赢 保持长期伙伴关系的价值观 信任和坦诚 创造有利于利润产生的环境 坦诚公开地面对任何问题 鼓励创新	有效地化解各方间的矛盾 实现各自的目标 降低风险 提高组织竞争力 实现“双赢”目标 培植团队精神	亲密合作 避免争端 促进长期的合作 公平的利益分配 及时地支付工程款 主要存在于业主与承包商 共同承担风险

E. 拉森(E. Larson)经研究后认为,Partnering 模式在成本控制以及业主的满意度等方面都达到了比较理想的结果,是建设工程生产组织模式发展的一个重要方向[35]。

Partnering 的组织模式正是工业化住宅组织管理所学习的,Partnering 模式的协同、共享、沟通机制及其价值观也为工业化住宅管理的实施提供了良好的管理环境。但是 Partnering 模式兴起于发达的市场经济国家,与我国现行的经济体制有所区别,完全引进 Partnering 模式条件还未成熟,要在我国建设领域全面适用,仍存在一定的局限性。另外,支撑 Partnering 模式和谐组织文化的信息集成平台的构建,也是需要考虑和解决的问题。

三、全寿命集成化管理

(一) 全寿命集成化管理

经上文分析,工程总承包管理模式虽然实现了设计施工的集成,但仍停留在项目实施阶段的组织集成,而缺乏全生命周期(决策阶段、经营阶段、使用阶段)的集成。丁士昭教授于 1998 年提出建设项目全生命周期集成化管理(Life Cycle Integrated Management)的概念[36]。同济大学何清华教授 2001 年提出建设项目全寿命周期集成化管理的全新概念,并对相应的组织模式进行了深入的分析。他指出管理过程开发管理(Development Management, DM)—业主方项目管理(Organizational Project Management, OPM)—物业管理(Facilities Maintenance, FM)在建设项目传统管理模式中相互独立(图 2-7),导致许多弊端,并提出集成化管理信息系统的信息模型、系统集成的层次和方法[37]。

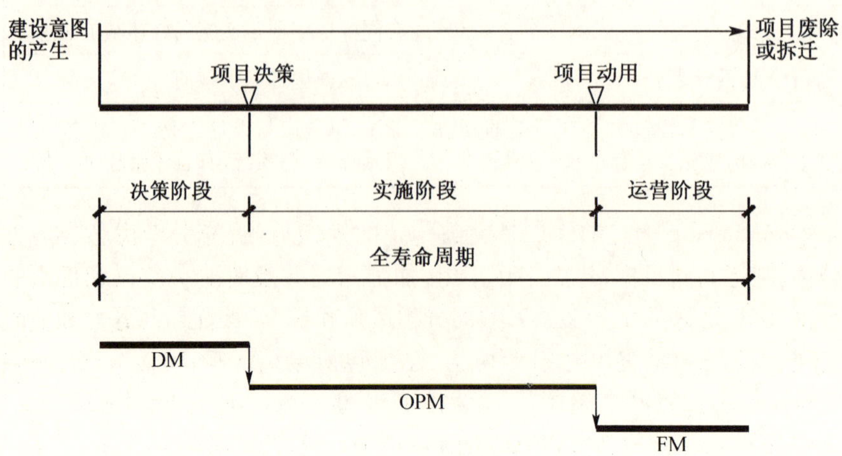

图 2-7　建设项目传统管理模式

图片来源:何清华,陈发标. 建设项目全寿命周期集成化管理模式的研究[J]. 重庆建筑大学学报,2001(4)

何清华教授提出的建设项目全寿命周期集成化管理是一种新型的管理模式。它将传统管理模式中相对独立的决策阶段开发管理、实施阶段业主方项目管理、运营阶段物业管理运用管理集成思想，在管理理念、管理目标、管理组织、管理方法等各方面进行有机集成(不是简单叠加)。业主方、运营方、开发管理方、项目管理方和物业管理方，运用公共的、统一的管理语言和规则及集成化的管理信息系统，实施建设项目全寿命周期[37]。图 2-8 形象化地表示了 LCIM 的概念。

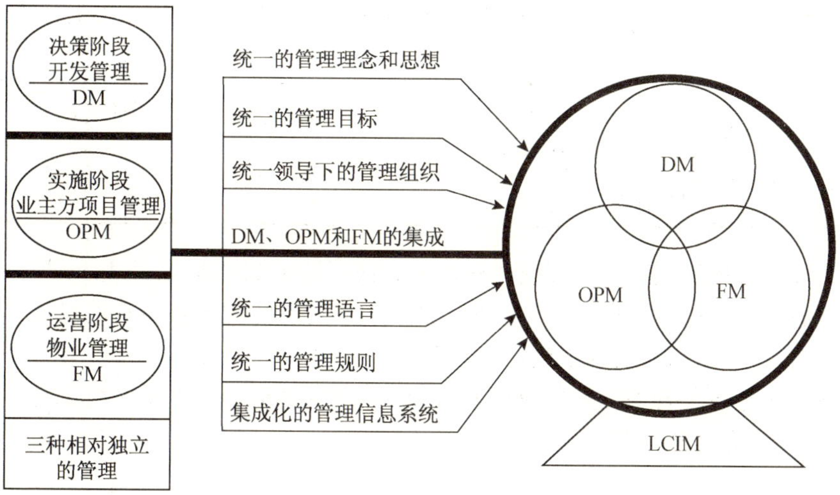

图 2-8 建设项目全寿命周期集成化管理的概念

图片来源：何清华，陈发标. 建设项目全寿命周期集成化管理模式的研究[J]. 重庆建筑大学学报，2001(4)

（二）设施管理的概念

企业越来越注重运营阶段的管理，运营阶段的设施管理是近几年新兴起的概念。“设施管理”最早可追溯到 1980 年美国国家设施管理协会(International Facility Management Association，IFMA，国际设施管理协会的前身)的创建。在美国，设施管理最初从传统的物业管理范围内脱离出来，并逐渐发展成为独立的新兴行业，它整合了三项关键的组织资源：人员、设施及技术。有关设施管理的定义不同的组织对其有不同的理解(表 2-5)。国内对设施管理的认识还很有限。

表 2-5 不同组织对设施管理的定义

组织名称	对设施管理的定义
美国设施管理协会	以保持业务空间高品质的生活和提高投资效益为目的，以最新的技术对人类生活环境进行有效的规划、整理和维护管理的工作，它将人们的工作场所和工作任务有机地结合起来，是一门综合了工商管理、建筑科学和工程技术的综合学科 设施管理是一种包含多种学科，综合人、地方、过程及科技，以确保建造环境功能的专门职业
香港设施管理学会	设施是建设、安装或建立与工作有关的用途和环境。设施管理是一个综合人、过程及物业的优点以达到长期策略性目标的过程
英国设施管理学会(BIFM)	设施管理就是像对待核心业务一样对房地产和业务支持服务进行专业化管理

设施管理是由物业管理发展起来的超越物业管理的资产管理新层次，较传统物业管理的区别如表 2-6 所示。基于对传统物业功能发展

的迫切需要，设施管理更能优化管理，是物业资产管理发展的必然趋势。

表 2-6　设施管理与物业管理的区别

	物业管理	设施管理
角色	以服务为核心的外围服务商	内部紧密协作者、组织者、监督者和决策建议者
关注	房屋、设施、场地	资产的全生命周期，对财务安排、空间管理、周期性工作组织、预见性风险规避等全过程系统管理
目标	保值	综合成本效益观念，使利益相关者价值最大化，实现保值、增值
手段	人员现场管理	技术管理

工业化住宅产品管理模式相较全生命周期组织管理，在组织方面，应考虑设施管理的前期介入，充分考虑团队之间的协同工作。在管理手段方面，应注重信息技术集成，实现信息共享。工业化住宅全生命周期的管理模式是在各管理要素集成化基础上，对全生命集成化管理系统的进一步补充、完善和提升。

第三节　工业化住宅全生命周期管理模式

一、集成管理模式的定义

集成管理就是一种效率和效果并重的管理模式，它突出了一体化的整合思想。集成管理是一种全新的管理理念及方法，其核心就是强调运用集成的思想和理念指导企业的管理行为实践。也就是说传统管理模式是以分工理论为基础，而集成管理模式则突出了一体化的整合思想，中国人民大学的李宝山教授在《集成管理——高科技时代的管理创新》一书中指出："集成从管理的角度来说指的是一种创造性的融合过程，即在各要素的结合的过程中，注入了创新性的思维。"他同时指出："要素仅仅是一般性结合在一起并不能称为集成，只有当各要素经过主动的优化，选择搭配，相互之间以最合理的结构形式结合在一起，形成一个有适宜要素组成的，相互优势互补、匹配的有机体，这样的过程才称为集成。"[38]

海峰在《管理集成论》中从系统的观点提出："集成从一般意义上可以理解为两个或两个以上的要素(单元、子系统)集合成为一个有机系统，这种集合不是要素之间的简单叠加，而是要素之间的有机结合，即按照某一集成规则进行的组合和构造，其目的在于提高有机系统的整体功能。"[39] 集成与集合的主要区别在于集成中的各个元素互相渗透、互相吸纳而成为一种新的"有机体"。集成管理模式是指集成管理要素之间相互作用和联系的方式，它反映了集成管理要素之间物质、信息、能量等的交流关系[40]。

集成管理模式的优势可总结为：(1) 集成管理要素之间实现优势互

补。集成管理要素的劣势恰恰可能是另一集成管理的优势。如全生命周期中产品开发团队与供应商、装配团队集成管理要素，达到优势互补的目的，发挥各自所长，能够弥补设计方不了解新技术特性及装配现场的劣势，以新技术、新产品为目的的合作，使资源共享和能力互补。(2) 集成管理要素之间实现互利共赢。以供需关系为主的结合方式建立起来的集成体，在实现自身目标的同时，达到了仅靠自身管理要素无法完成的目标。如虚拟组织形式和产业联盟等上下游组织合作、横向组织间的关联等均达到帮助集成管理要素实现互惠及能力提升的目的。(3) 集成管理要素集成后形成协同一致的整体，各集成要素与集成体特征一致。由此可见，集成管理模式使集成要素经过集成后形成的功能倍增。

集成管理模式不仅为工业化住宅建设提供可以借鉴的管理模式、管理方法、管理途径，同时也利于提高住宅产品新技术、新知识等资源的利用率，促进住宅产品的技术创新，有利于我国住宅产品生产方式的转变，提高企业的竞争力。

二、工业化住宅产品的集成管理模式

工业化住宅项目集成管理模式基于系统理论，以系统整体优化为目标，以现代信息技术管理手段做支撑，以合理的组织管理模式为保证，以模块化的过程管理为基础，以标准化的沟通管理语言，将子系统要素集成一个有机整体(图 2-9)。

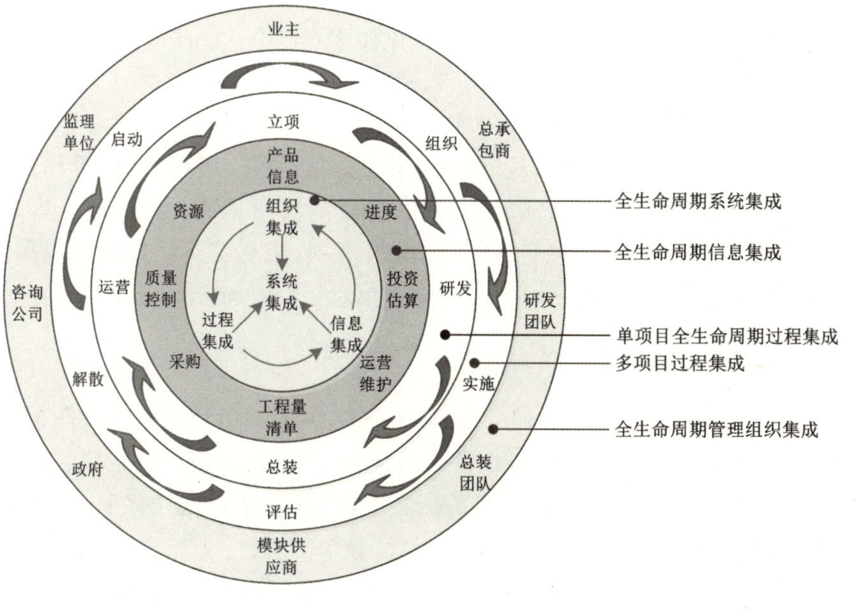

图 2-9 工业化住宅产品全生命周期集成管理模式

图片来源：作者自绘

(一) 实现集成管理模式的有效运转——组织集成

实现集成管理的首要前提是组织的集成，只有建立集成化的组织，才能保证系统内指令传递的有效性、任务的执行度、义务责任的准确划定、指令反馈的及时性。实现长期有效的协作是组织集成的目标。

在工业化产品组织集成管理模式中，以研发＋制造＋装配的总承包模式或施工总承包模式为主，其中在总承包模式中以总承包企业为核心企业，即住宅产业项目的执行者与协调者，构建工业化住宅产业联盟，在签订总承包合同的同时迅速组建多层次的分包协作体系，完成住宅产品项目，也可以作为核心组织者应对多个承包项目的分包分配协作任务。

作为工业化住宅产品管理的业主方，构建过程导向型组织管理构架，加强横向过程的管理，提高对过程、流程管理的重视，对全生命周期流程经理充分授权。流程经理参与工业化住宅项目管理具体环节，减少组织界面，更好地为业主方服务。由于每个阶段之间存在密切的信息、技术和经济的联系，组建全过程管理班子将有助于目标控制的连续性，从而实现全过程项目整体目标。

（二）基于对象标准化与模块化实现集成管理模式的过程集成

从工业化生产组织过程来看，住宅产品的核心业务是基于模块的标准过程管理，包括业务流程重组、并行设计等过程管理方法，对标准模块编码，实现决策—研发—制造—装配—运营一体化进程。解决传统的施工组织模式中施工单位无法介入设计过程或设计过程不了解施工过程，或运营阶段丧失大部分项目实施阶段过程信息、各阶段相互孤立等问题。因此，过程集成是工业化住宅产品的核心内容，必须实现全过程的优化与调整，协调设计、装配各重要且关键的过程间的关系，注重输入输出，使过程更加连续，达到过程系统的集成，帮助达成工业化住宅建设系统的长期盈利期望。

（三）实现集成管理模式的管理手段——信息集成

现代信息技术的信息平台是工业化住宅产品全生命周期信息集成管理的关键，它对全过程产生的信息和知识进行集成管理，为参与方提供项目信息共享、信息沟通及协同工作环境。全生命周期信息集成包含两个层次：一是单项目的信息集成，包括立项、研发、制造、装配、运营等环节；二是多项目的启动、组织、实施、评价等阶段的信息集成。过程信息集成的核心是实现各阶段信息转换，辅助决策规划，实现建筑信息模型数据、装配过程模拟信息、项目管理信息、运营信息、组织协作等信息共享。

（四）实现集成管理模式的系统集成

所谓系统集成（System Integration，SI），就是通过结构化的综合布线系统和计算机网络技术，将各个分离的设备（如个人电脑）、功能和信息等集成到相互关联、统一和协调的系统之中，使资源达到充分共享，实现集中、高效、便利的管理[41]。

根据集成管理模式的组织体系、实施组织过程以及信息技术支撑等要求，对所有系统要素进行系统集成，构建分布式数据库模型，基于信息集成平台、计算机辅助，实现数据库的数据集成，实现真正的社会化大生产的分工与协作系统。

工业化住宅产品的集成管理模式是在一定的管理理念指导下建构起来的，在组织集成、过程集成、信息集成、系统集成的基础上，分别构建相关管理模型，即组织集成模型、过程模型、信息集成模型、系统模型，各模型分别应用了适用于工业化建造方式的管理工具和管理方法，在遵循一定的管理理念和管理目标上建立，如工业化住宅产品过程管理模型需要通过 IDEF0 管理方法（用结构化分析方法建立的图形模型）实现。全过程模型之间存在映射联系，运用标准化管理语言如IFC沟通语言、编码系统，不仅加强各模型间的数据提取、利用和分享，且最大限度地实现模型间数据集成转换。最终通过标准的分布式数据库语言实现工业化住宅产品系统集成。由此可见，工业化产品的集成管理模式是由适用于工业化建造方式的管理理念、管理方法、管理模型、管理制度、管理工具、管理程序组成的管理行为体系结构(图 2-10)。具体的实现方法在后文具体说明。

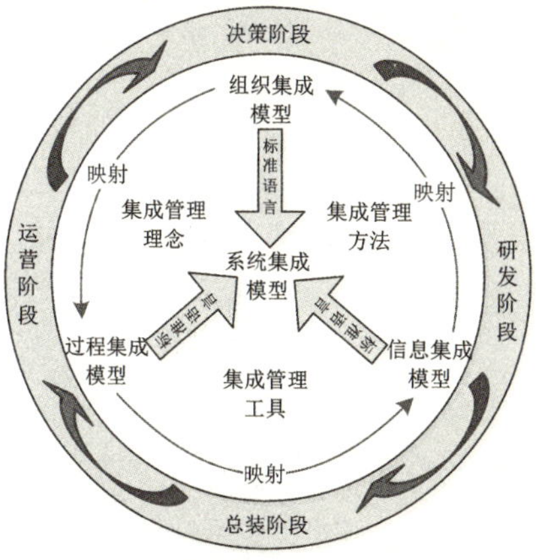

图 2-10　工业化住宅产品全过程管理行为体系结构

图片来源:作者自绘

集成管理模式对于工业化建筑这一新型的生产组织方式有着广泛的意义与价值，通过组织集成、过程集成、信息集成、系统集成模型的构建，可以适应住宅工业化的发展趋势，促进住宅产业化的发展，有效优化建筑业的产业结构，整合建筑业的产业链，构建多层次的新型的建筑市场竞争体系，降低劳动成本，提高利润空间，同时能灵活地适应市场变化。不仅如此，通过有效整合核心企业与协作企业的业务流程、组织结构，还可以形成强大的市场竞争力产业链，实现与制造业相应的"精益管理""敏捷制造"，即实现工业化住宅建造系统的最终目标。

第四节　工业化住宅全生命周期管理研究中应用的相关理论

一、系统理论

关于系统的概念，有很多种定义。在美国的《韦氏大辞典》[42]中，"系统"被解释为"一切有组织的或被组织化的整体，结合整体所形成的各种概念和原理的综合，由有规则的相互作用、相互依存的形式组成的诸要素集合"。在日本的JIS标准中，"系统"被定义为"许多组成要素保持有机的秩序，向同一目的行动的集合体"[43]。一般系统论的创始人贝塔朗菲把"系统"定义为"相互作用的诸要素的综合体"[44]。

系统论的任务，不仅在于认识系统的特点和规律，更重要的还在于利用这些特点和规律管理系统，使它的存在与发展合乎人的目的需要。也就是说，研究系统的目的在于调整系统结构，协调各要素关系，使系统达到优化目标[45]。

一般系统都具有整体性、相关性、目的性、层次性、环境适应性的特征[45]。

(一) 整体性观点

系统的整体观念是系统论的核心思想。系统的整体观点包括，一是要确定管理目标，从整体出发，把管理对象即管理要素组成有机的系统，协调并统一管理各要素，达到系统功能的优化。二是提高管理要素的功能，改善管理系统的整体功能。尤其是不断提高关键部门或薄弱部门的功能，强调局部服从整体，实现管理系统的最佳整体功能。三是建立合理的系统结构。改善管理系统的整体功能不光要激发组成要素的功能，更重要的是调整要素的组织结构，建立合理的结构优化管理系统功能[44]。

（二）相关性观点

系统内各要素是相互作用的，要素间既相互关联又相互制约。如果任一要素发生改变，其他关联要素也要相应地做出改变和调整，以保持系统整体功能。如约束理论中“约束条件”和依存关系对整体系统起到决定性作用，而企业的整体表现也受依存关系的影响。

一是要在管理工作中，保持管理要素间合作、协调、同步性，从而增强协同效应以提高整体功效。二是在动态中把握好要素与要素、要素与整体的关系。三是协调好要素的纵向层次和要素之间的横向相关，实现系统整体功能最优。在约束理论（Theory of Constraints，TOC）中，为了有效控制要素的依存关系以提升企业运营表现，提出了“鼓·缓冲·绳子”（Drum-Buffer-Rope，DBR）的具体方法[46]。因此，因素与因素存在的依存关系决定了系统的表现，在把握系统的前提下，也要管理好依存关系，管理工具如DBR是具体实现整体最优化的实现方法。

（三）目的性观点

系统都具备一定的功能，因此，系统的目的性是满足功能的实现，一般用更具体的目标来体现。复杂性的系统往往会有多个目标。

管理工作中常用的目标管理（Management by Objectives）就是在系统目的性原则指导下，各个部门、各个小组制定短期目标、长期目标，或制定部门目标和公司总目标，把各项管理工作协调起来的管理制度。部门目标的制定是为了公司总目标的实现，短期目标也是为了长期目标的完成而制定的，体现管理的系统化、科学化、标准化和制度化。

（四）层次性观点

系统是由若干要素构成的。工业化住宅产品系统的构成要素有可能是一些部品、组件等，也可能是几个模块，模块本身就是一个子系统。这些模块或部品之间具有一定的层次结构，比如构配件装配才能形成部品，部品组装才能构成模块或最终产品。按照这样的层次结构可以把完整的系统产品分解成相互联系又相互区别的子系统，且子系统具备一定的功能目的，这个功能目的也是从整体功能系统的总目标中产生出来的。

（五）环境适应性观点

环境是指存在于系统外的物质、能力、信息的总称[43]。环境适应性观点包括除了系统内各要素之间相关性的调节，还要考虑系统内部关系和外部关系相互协调、统一，全面发挥出系统的整体功能。

在工业化住宅系统环境中，有企业内部信息交换、信息共享环境，也有业主与政府的信息沟通环境，而不同组织间存在物质的交换，如供应商需向承包商提供物料、设备。该过程又间接产生了资金流。

二、集成理论

集成管理重视系统的集成，如设计、制造、销售系统的集成，技术、管理与人的集成，是一种以系统论为支撑的新型管理思想。建设项目集成管理理论是协同理论在建设领域的运用，涉及过程集成、组织集成、信息集成、系统集成等多种集成的思想和方法。

（一）组织集成

20世纪90年代中期由澳大利亚悉尼大学阿里·加法里（Ali Jaafari）博士首先提出的全寿命周期项目管理（Life Cycle Project Management，LCPM）思想以及借鉴了制造业并行工程（Concurrent Engineering，CE）思想精华而产生的并行建设（Concurrent Construction，CC）思想，二者在全寿命周期集成管理的组织机构设置模式上都要求项目业主方、承包方、运营方、项目管理方、物业管理方等各方在工程项目决策阶段就组成全寿命周期项目集成管理联合实体，实现集成管理的组织集成功能。同济大学丁士昭教授在对南京市地铁建设项目中引入了全寿命周期集成化管理（LCIM）及全寿命周期经理的概念时，提出通过全寿命周期经理担当建设项目全寿命周期集成化管理联合实体的核心，负责决策阶段和实施阶段的规划和控制。以上研究表明了组织集成方向，仅局限于传统建设项目，且存在人员冗多的现象[47]。

在本章第二节已经详细介绍了传统项目管理模式（设计—招标—建造模式，DBB）和总承包模式，指出工业化建造方式要求承包商尽可能提供全过程服务，同时业主、设计方、承包商、供应商的冲突逐步被“协作双赢”所取代。过程集成的发展趋势也促使业主选择适宜的组织集成管理模式。

实现工业化住宅全生命周期组织集成的管理模式主要有以下几种：工程项目总承包商、Partnering、全生命周期集成化管理组织、虚拟组织，具体详见本章第二节。

（二）过程集成

过程集成的思想来源于并行工程。并行工程的概念最开始出现在制造业，目的是通过对设计阶段和制造阶段的整合、并行，缩短产品的开发时间。接着，其含义和应用得到了很大的扩展，逐渐包括了产品设计、研发、制造和营销的过程集成。改变这些过程之间原有的顺序（Sequence）过程，而以平行（Parallel）的方式取而代之[48]。

20世纪90年代中期并行思想被引入建筑业。欧洲大型科研项目（European Strategic Research Programme in Information Technology，ESPRIT）对并行思想在建筑业中的应用进行了为期三年的研究，第一次系统化地提出了并行建设的概念。英国拉夫堡（Longhborough）大学建筑工程创新研究中心主任阿奴巴（Anumba）教授认为，在建设领域，可定义为：旨在优化设计和施工过程，通过集成设计、制造、施工和安装活动以及最大限度地达到各项工作活动的并行和协同，实现缩短工期、提高质量和降低成本的目标[48]。

与CE相关的概念有建设过程重组（Construction Process Reengineering，CPR）。制造业技术的并行工程、流程再造等理念的应用也促使学者围绕建造过程的重组和重组设计开展研究，提出建设过程重组的概念。CPR可以认为是业务过程重组（Business Process Reengineering，BPR）在工程建设领域的延伸[49]。

阿奴巴等提出了将并行工程和质量功能部署(Quality Function Deployment,QFD)原则应用于建筑工业的综合系统,将其称为设计功能配置(Design Function Deployment,DFD)[50],DFD 方法把建造和运用阶段集成到了设计阶段。

塔特姆(Tatum)在 *Construction Process Knowledge for Integration and Innovation* 中指出完整的建筑过程包括建设项目的设计和应用,从业主头脑中的概念,到建筑产品设计,到项目完成、交付使用[51]。比约克(Bjork)把建筑过程分为信息和材料两个子过程,信息子过程活动包括设计图、施工规范、进度计划等方面的信息,然后在设计过程中重新获得和使用这些信息[52]。卡尔达斯(Caldas)提出一种基于模型的信息系统,将建筑产品设计过程相关的建筑、工程、施工和设备等方面相关的信息进行集成管理,再将这些信息集成在信息模型中[53]。

于士昭教授于 1998 年提出了建设项目全生命周期集成化管理的概念。从业主的角度出发,三个彼此分离且各自独立的管理过程 DM、PM、FM 经集成和统一化处理后,可以形成一个新的管理系统——建设项目全生命周期管理系统[36]。清华大学张智慧教授在研究建筑物生命周期评价和管理时,应用了建筑物生命周期思想,认为建筑物的生命周期包括原材料的获取、建筑材料的加工制造、建筑构件的生产,以及建筑物的施工、运营使用拆除处理的整个过程[54]。

由此可见,国内关于工业化住宅产品全过程管理的研究较少,且过程集成研究集中在建设项目实施阶段,从全生命周期视角出发的研究不多。王光远院士提出设计者不应过于注重结构和施工的设计,而忽略了建设项目的全局优化以及建筑产品过程的规划等更为重要的问题。

(三) 信息集成

建筑信息模型(Building Information Modeling,BIM)最早源于 30 年前美国乔治亚技术学院的查克·伊斯曼(Chuck Eastman)博士提出的一个概念:"建筑信息模型综合了所有的几何模型信息、功能要求和构件性能,将一个建筑项目整个生命周期内的所有信息整合到一个单独的建筑模型中,而且还包括施工进度、建造过程、维护管理等过程信息。"[55]目前国内对 BIM 的相关研究已开展的相当广泛。

陈建国与周兴论述了《基于 BIM 的建设工程多维集成管理的实现基础》[56],文中希望通过建立共享数据库把设计信息与成本信息关联,强调了 BIM 核心是信息的共享与交互。田帅、徐蓉、王旭峰在《BIM 在工程造价管理中的应用》的文章中[57],对 BIM 在工程造价方面的应用进行了深入总结。刘照球、李云贵在《建筑信息模型的发展及其在设计中应用》中阐述了信息模型在协同设计中的作用[58]。何清华、韩翔宇在《基于 BIM 的进度管理系统框架构建和流程设计》中针对传统进度管理系统的不足,尝试建立了基于 BIM 的进度管理系统[59]。

目前,BIM 的研究主要集中在建筑设计阶段,较多地关注基本组件与明细表的关联部分,对进度管理、质量控制管理等交互信息关注较少,何清华、钱丽丽、段运峰、李永奎在《BIM 在国内外应用的现状及障碍研究》中指出运营阶段与 BIM 的交互微乎其微[60]。现在 BIM 实现了部分的信息关联，但其实还有很多活动处于分离状态。

建筑信息模型类似于产品数据模型（Product Data Model，PDM），工业产品的PDM发展已相对成熟，研究涉及方面有《PDM中BOM多视图的研究与实现》[61]《基于PDM的项目管理技术研究与实现》[62]等，详细介绍了版本管理、产品结构、信息模型，强调了企业生产活动的输入和输出以及不同业务对象之间的管理，如产品数据模型包括了产品结构与文档间的关联、变更控制关联等。

工业化住宅产品的信息集成和制造业很相似，涉及全生命周期各阶段的要求和衔接关系、项目管理各要素相互关系、各参与方的动态协调关系，以及众多管理技术和手段对项目管理信息的处理，同时综合考虑集成要素间相互联系，以达到整体最优的目的。

（四）系统集成

美国IDC公司认为，系统集成是将软件、硬件与通信技术组合起来为用户解决信息处理问题的业务。IBM公司把系统集成定义为将信息技术、产品与服务结合起来实现特定功能的业务。美国大型系统集成商INPUT公司认为系统集成是由一家厂商全面承包用户的大型复杂信息系统，负责系统设计，利用硬件、软件与通信技术实施包括资源调查、文档管理、用户培训与运行支持在内的全面项目管理[63]。系统集成的本质含义是通过思想观念的转变、组织机构的重组、流程（过程）的重构以及计算机系统的开放互联，使整个企业彼此协调地工作，从而发挥整体上的最大效益[64]。

韩宗海、刘振元、包晓春的《项目管理信息系统集成及其发展趋势》一文中提出五点系统集成的方法：面向信息的集成、面向业务过程的集成、面向服务的集成、面向门户的集成、面向应用的集成[65]。

李永奎提出系统集成的四个层次，层次一的集成为一个阶段和专业的多个系统的集成，如进度软件之间的集成；层次二为一个阶段多个专业的多个系统间的集成，如CAD与结构软件之间的集成；层次三的集成为多个阶段多专业的多个系统之间的集成；层次四为所有阶段所有专业所有系统的集成。并指出目前的研究大多集中在第二个层次[49]。

传统系统集成只为满足单一需求，辅助人员设计或管理。现阶段的系统集成是为了满足不同专业不同阶段的信息联系，避免信息“孤岛”。随着信息技术的发展，工业化建设方式的转变，对协同平台的要求、对外部环境适应性的要求以及组织对信息快速集成的需求都越来越强烈，因此系统集成是新的趋势。

三、精益思想

精益思想的核心就是以最小资源投入，包括人力、设备、资金、材料、时间和空间，创造出尽可能多的价值，为顾客提供新产品和及时的服务[66]。

精益管理的精髓：(1)“精”即少投入、少消耗资源、少花时间，尤其是要减少不可再生资源的投入和耗费且高质量；(2)“益”即多产出经济效益，实现企业升级的目标，更加精益求精。

精益思想最初的诞生基于丰田汽车的精益生产方式及丰田公司对此制度的发展。詹姆斯·沃麦克和丹尼尔·琼斯在《精益思想》中把精益制造定义为包含五个步骤的流程：定义顾客的价值（Customer Value）、定义价值流程（Value Stream）、建立连续的作业流程（Flow）、拉动式（Pulling）生产方式、努力追求卓越[67]。

杰弗瑞·莱克（Jeffery Liker）在《丰田模式：精益制造的14项管理原则》（*The Toyota Way*：14 *Management Principles from the World's Greatest Manufacturer*）中，提出丰田生产方式的核心是杜绝浪费，去除未能创造价值的活动。杰弗瑞·莱克提出了八大约束因素，即未能创造价值的八大浪费：① 生产过剩；② 在现场等候的时间；③ 不必要的运输；④ 过度处理或不正确的处理；⑤ 存货过剩；⑥ 不必要的移动搬运；⑦ 瑕疵；⑧ 未被使用的员工创造力。大野耐一（Taiichi Ohno）认为，生产过剩是最严重的浪费[67]。

通过去除流程中每个步骤的浪费以缩短前置期，可以促成更好的质量、更低的成本，以及更高的安全性和员工士气。在多数的流程中，只有少数几个步骤是真正创造价值者，大部分是未能创造价值的流程，这些未创造价值的流程被看做企业实现整体目标的约束因素。去除这些约束因素，可以减少浪费，使得整个流程系统得到明显改进，创造价值因素的时间也会显著缩短。

精益思想中去除未能创造价值的活动局限于生产中的活动，很多研究学者将精益思想外延到研发活动中，甚至外延至整个活动中考虑。如杨青、邱菀华、张静的《精益项目研发过程中的非增值活动分析》[68]，杨青、邱菀华《精益价值管理的基本原理与方法研究》[69]的论述。

精益生产方式在传统制造业得到了广泛应用并产生了显著的成效。现已扩大到制造业以外的领域，本书试图将精益思想运用在工业化建造全过程中，精益思想在工业化住宅管理应用的可能性如下：

(1) 工业化住宅的生产方式与精益生产的拉动式生产方式相同，即采取根据下游顾客需求而决定上游环节产量的拉动式生产方式，上游环节只生产补充后续的短期间要领取的物料或零部件[67]。

(2) 准时生产的原则适用工业化住宅产品。工业化住宅构配件供应商需要针对承包商的特定需要适量生产与递送产品。在正确的装配时间递送正确数量的构配件或部品。这种制度能够更好地满足承包商和业主的需要。

(3) 在工业化住宅研发流程中，也存在很多非增值活动，比如物料准备时间的浪费，质量问题导致时间的浪费或材料短缺造成的浪费等都会直接影响产品交付时间。

(4) 工业化生产方式试图以最小资源投入，包括人力、设备、资金、材料、时间和空间，创造出尽可能多的价值，实现最终的产品，贯穿了精益生产中所包含的管理思维。

(5) 工业化住宅的企业团队重视长期发展目标，不注重短期既得效益。所有团队成员在全过程活动中力求持续改善、精益改善。

本章小结

区别传统的生命周期定义，重新定义了工业化住宅产品全生命周期过程活动，详细分析了每一部分的具体活动构成，完整构建了工业化住宅产品生命周期模型，是全书重要的基础性研究。

将工业化住宅产品与建设工程产品、建造的特性对比，总结出工业化住宅系统的根本属性，即工业化住宅产品的特性中既有区别传统工程建设项目的特征，又有其作为建筑产品固有的特征，并总结了工业化建造方式带来的 18 个方面的变革。

工业化住宅和制造业在产品研发、生产、维护方面有很多的相似点和不同点。本章对两者特性进行了详细的对比分析，正是由于两者特征的趋同性和差异性，使制造业供应链管理的思想、制造业管理方法、具体运作模式等方面在工业化住宅产品生产制造过程中具备实施的可能性，同时工业化住宅产品也具备带有建筑产品自身特征的管理方法。

对工业化住宅产品全生命周期集成管理模式进行了定义并绘制了工业化住宅管理模式模型，详述了集成工业化住宅系统的集成化构成，即组织集成、过程集成、信息集成、系统集成。并将工业化住宅产品全过程的组织集成模型、过程集成模型、信息集成模型、系统集成模型，通过适用于工业化住宅的集成管理要素间的相互作用联系起来，充分解析了工业化住宅产品全过程管理行为体系结构。

注释

[1] 文林峰. 再辩“住宅产业化”——关于住宅产业现代化与建筑工业化概念的内涵与外延的思考[N]. 中国建设报，2013-11-18

[2] 潘声平. 基于精益思想的产品研发项目管理方式研究[D]. 山东：山东大学，2012

[3] 王然良. 江苏省建筑工业化技术现状与发展调研报告[R]. 第十次江苏省科技论坛“建筑工业化与城乡可持续发展”分论坛，南京，2013. 12. 08

[4] 邹晓周，曲菲. 绿色节能主义之低碳建筑[J]. 建筑节能，2009，38(218)：75-76

[5] 周笑绿. 循环经济与中国建筑垃圾管理[J]. 建筑经济，2005(6)：14-16

[6] 钱颜文，孙林颜. 论管理理论和管理模式的演进[J]. 管理工程学报，2005(2)：12-16

[7] 姜保平. 我国工程建设领域 Partnering 模式研究[D]. 上海：上海同济大学，2008

[8] 中国社会科学院语言研究所词典编辑室. 现代汉语词典[M]. 第 5 版. 北京：商务印书馆，2005

[9] 陈世清. 老子的管理智慧[M]. 北京：中国经济出版社，2011

[10] 周全. PC 结构住宅工业化模板体系研究[D]. 上海：同济大学，2009

[11] [日]佐治泰次. 最新建筑构筑法[M]. 李政隆，译. 台湾大佳出版社，1986

[12] 王慧英. 预制混凝土工业化住宅结构体系研究[D]. 广州：广州大学，2007

[13] 封浩. 工业化住宅技术体系研究——基于“万科”装配式住宅设计[D]. 上海：同济大学，2009

[14] Kieran S，Timberlake J. Refabricating architecture：how manufacturing methodologies are poised to transform building construction[M]. Columbus：McGraw-Hill Professional，2003

[15] 钢结构最适合建筑工业化[N]. 中国建设报，2015-05-06

[16] 建筑工业化，再也不能只喊口号[EB/OL]. (2013-11-05). http://cppcc. people. com. cn/n/2013/1105/c34948-23429870. html

[17] 高颖. 住宅产业化——住宅部品体系集成化技术及策略研究[D]. 上海：同济大学，2006

[18] 郭戈.面向先进制造业的工业化住宅初探[J]. 住宅科技,2009(11):11-17
[19] 什么是住宅工业化？其建造方式和应用发展解析[EB/OL].(2012-08-04). http://newhouse. nanjing. fang. com/house/2012-08-24/8419793
[20] 赵明桥,王小凡. 集成建筑——一种工业化住宅建筑体系[J]. 南方建筑,2001(2):18-20
[21] 钢结构工业化住宅代表未来方向[EB/OL].(2011-06-30). http://www. ccmsa. com. cn/show/40199. html
[22] 楚先锋.国内外工业化住宅的发展历程(4)欧美篇[EB/OL].(2012-09-18). http://precast. com. cn/index. php/news_detail-id-148-page-1. html
[23] 周静敏,苗青,司红松,等. 住宅产业化视角下的中国住宅装修发展与内装产业化前景研究[J]. 建筑学报,2014(7):1-9
[24] 刘东卫,周静敏,邵磊. 新中国成立以来住宅工业化及其技术发展[J]. 北京规划建设,2009(6):34-42
[25] 淳庆,张宏,朱宏宁. 钢网构架混凝土复合结构住宅体系的关键技术研究综述[J]. 工业建筑,2010(S1):459-463
[26] 顾威,赵宇. PC技术在公共建筑中的应用探析——以"十二运"安全保卫指挥中心为例[J].建筑设计管理,2013(1):74-76
[27] 叶昆山,胡耀峰. 浅谈我国建筑行业的供应链管理[J]. 商场现代化,2009(03):100-101
[28] Lean C B. Product development:making waste transparent[D]. Cambridge:Massachusetts Institute of Technology,2004
[29] Lean M E. Enterprise value[M]. New York:Palgrave Press,2002
[30] Egan J. Rethinking construction:the report of the construction task force [J]. Municipal Engineer,1998,127(4):199-203
[31] 季生平. 总承包管理的内涵分析及其组织架构攻略[J]. 建筑施工,2015,29(1):79-82
[32] DB总承包模式(之一)[EB/OL]. [2012-06-27]. http://www. cpmchina. com/html/1618/66723. html
[33] 张永光,张佳音. 如何控制工程的费用[J]. 低温建筑技术,2008(3):150-151
[34] CII(Construction Industry Institute),1995. Guideline for implementation of CII concepts:best practices for the construction industry,Austin,Tex.
[35] Larson E. Project partnering: results of study of 280 construction projects[J]. Journal of Management in Engineering,1995,11(2):30-35
[36] 丁士昭. 国际建筑业发展战略和大陆建筑业发展关系的思考,PPT,1998
[37] 何清华,陈发标. 建设项目全寿命周期集成化管理模式的研究[J]. 重庆建筑大学学报,2001(4):77-82
[38] 李宝山. 集成管理——高科技时代的管理创新[M]. 北京:中国人民大学出版社,1998
[39] 海峰. 管理集成论[M]. 北京:经济管理出版社,2003
[40] 刘斌. 集成管理模式的探讨[J]. 中国石化,2006(12):27-28
[41] 孙忠誉. 浅谈系统集成工程项目的成本控制[J]. 财经界,2010(12):248-249
[42] Webster's third new international dictionary[M]. G & C Merriam Company Publishers,1981
[43] 蔡玉春.面向产业化的钢结构住宅工程管理模式研究[D]. 武汉:武汉理工大学,2010:12-13
[44] L 贝塔朗菲. 一般系统论[M]. 袁嘉新,译. 北京:社会科学文献出版社,1987:45
[45] 谢芝馨. 工业化住宅系统工程[M]. 北京:中国建筑工业出版社,2003
[46] [日]中野明.图解高德拉特约束理论[M]. 吴麒,译. 北京:中国人民大学出版社,2008:35-36
[47] 王华,尹贻林,吕文学. 现代建设项目全寿命期组织集成的实现问题[J]. 工业工程,2005(2):40-43
[48] 付道春. 建筑业企业项目群管理模式研究[D]. 上海:同济大学,2006
[49] 李永奎. 建设工程生命周期信息管理(BLM)的理论与实现方法研究——组织、过程、信息与系统集成[D]. 上海:同济大学,2007
[50] Aunmba C J,Nosa F O Evbuomwan. Concurrent engineering in design-build projects[J]. Construction Management and Economics. 1997,15(3):271-281
[51] Tatum C B. Construction process knowledge for integration and innovation[J]. Social Work,1999
[52] Bjork B C. Informate: a framework for discussing information technology applications in construction[EB/OL]. (2017-05). http://www. researchchgate. net
[53] Caldas C H,Soibelman L,Gasser L. Methodology for the integration of project documents in model-based information systems[J]. Computing in Civil Engineering,2005,19(1):25-33
[54] 吴子燕. 项目驱动下建筑产品并行设计关键技术研究[D]. 西安:西北工业大学,2006
[55] 肖良丽,吴子昊,方婉蓉,等. BIM理念在建筑绿色节能中的研究和应用[J]. 工程建设与设计,2013(3):106-109
[56] 陈建国,周兴. 基于BIM的建设工程多维集成管理的实现基础[J]. 科技进步与对策,2008(10):155-158
[57] 田帅,徐蓉,王旭峰. BIM在工程造价管理中的应用[J]. 施工技术,2014(4):104-105

[58] 刘照球,李云贵. 建筑信息模型的发展及其在设计中应用[J]. 同济大学学报(自然科学版),2010,38(7)
[59] 何清华,韩翔宇. 基于 BIM 的进度管理系统框架构建和流程设计[J]. 项目管理技术,2011(9)
[60] 何清华,钱丽丽,段运峰,等. BIM 在国内外应用的现状及障碍研究[J]. 工程管理学报,2012,26(1)
[61] 蔡莉霞. PDM 中 BOM 多视图的研究与实现[D]. 上海:上海交通大学,2008
[62] 许隽. 基于 PDM 的项目管理技术研究与实现[D]. 北京:清华大学,2004
[63] 费奇,余明晖. 信息系统集成的现状与未来[J]. 系统工程理论与实践,2001(3):76-79
[64] 庆华,何玉琳. CIMS 中的系统集成和信息集成[M]. 北京:电子工业出版社,1997
[65] 韩宗海,刘振元,包晓春. 项目管理信息系统集成及其发展趋势[J]. 计算机科学,2006(11):113-117
[66] 王婧斐. 浅谈精益管理[J]. 经营管理者,2011(9):104
[67] [美]杰弗瑞·莱克. 丰田模式:精益制造的 14 项管理原则[M]. 李芳龄,译. 北京:机械工业出版社:2011
[68] 杨青,邱菀华,张静. 精益项目研发过程中的非增值活动分析[J]. 工业工程与管理,2007(1):98-102
[69] 杨青,邱菀华. 精益价值管理的基本原理与方法研究[J]. 科研管理,2007(4):151-156

第三章　工业化住宅全生命周期的组织集成

工业化住宅产品具有不同于传统建设项目又与工业产品趋同的显著特征，本章分析了生产组织理论，包括基于模块化的生产特征、供应链协同管理、建设产业链、协同理论和工业化住宅产品全过程浪费与价值损失分析等，然后针对工业化住宅产品过程特征，提出组织界面管理方法、组织结构和管理职能分工，并基于协同理论，提出工业化住宅产品组织集成管理模式，即虚拟企业。

第一节　组织管理的理论基础

一、基于模块化的生产特征

当批量生产方法取代手动生产方式时，标准化的工作变成一门“科学”，现代化制造业与标准化，主要以最早由科学管理之父泰勒提出的工业工程原理为基础。现今的标准化是促成未来改善的必要基础，如果把标准化视为现在能想到的最佳境界但却是未来可以做到的改善，那么就能有所精进；但是如果把标准当成设定的种种限制，那么，改善的进程就会停滞不前[1]。

设计复杂的工业化住宅产品，或是从事工业化住宅产品复杂的管理工作，如同制造业做事方法在某种程度上把工作标准化，不会让工程师或技术人员觉得束手束脚。制造业标准化工作，不是死板、一成不变的，而是在不断开发新产品过程中可以想到的最佳设计、生产标准或流程标准，并持续改善这个标准。并非将工作标准化当做强加的一成不变的管理工具，也并非实行可能使工作变得刻板且降级的僵化标准，而是将工作标准作为促进工作上创新的基础[1]。

住宅建设正在经历转型，传统的建造方式将越来越不适应时代发展的要求，因此，生产方式的改变必将促使工作方式的转变。在第二章第一小节已总结工业化住宅具有标准化、通用化、系列化设计特征，规模化、工业化的生产特征。同工业产品相似，住宅产品模块化特征是产品研发、生产和制造的基础，也是新产品研发创新的基础。模块化可以将产品分为多个模块，而每一模块都具备独立功能，模块间具有统一标准的几个连接接口，标准模块甚至可以在不同产品中重复使用或相互替换，这一标准化特征可以使整个工业化住宅产品生命周期内无论是采购、物流，或是制造、后期运营维护工作简化并趋于标准。具体的工业化住宅模块化分解工作在第四章第二节有详细说明。

二、供应链协同管理

供应链最早来源于彼得·德鲁克(Peter F. Drucker)提出的"经济链",而后经由迈克尔·波特(Michael E. Porter)发展成为"价值链",最终日渐演变为"供应链"。20 世纪 80 年代初,美国学者波特在《竞争优势》一书提出了价值链,价值链将企业分解为战略性相关的许多活动,基本活动包括内部物流、生产作业、外部物流、市场和销售、服务;辅助活动包括采购、技术开发、人力资源管理、企业基础设施、总体管理、计划、财务、会计、法律、政府服务和质量管理。价值链的概念把企业价值活动联系为一个整体,但这个价值链是针对单个企业的,1992 年和 1993 年山科(Shank)和戈文达拉扬(Govindarajan)所描述的价值链比波特的范围广一些,他们认为任何企业都应该将自身的价值链放入整个行业的价值链中去审视,包括从最初的供应商所需的原材料直到将最终产品送到用户的全过程,同时企业必须对居于价值链相同或相近位置的竞争者进行充分的分析,并且制定能保证企业保持和增强竞争优势的合理战略。随着精益管理思想的出现,沃马克(Womack)和琼斯(Jones)及马丁(Martin)将价值链概念进一步拓展为价值流,所谓价值流是一组从开始到结束的连续活动,这些活动共同对顾客具有价值,为顾客创造了一种结果。物流管理发展到 20 世纪 90 年代以后吸收了上述价值链和价值流的思想,使用了供应链的定义,供应链是由客户(或消费者)需求开始,贯通从产品设计到原材料供应、生产、批发、零售等过程,把产品送到最终用户的各项业务活动过程。最早使用供应链概念的人是瑞特(Reiter)[2]。

供应链管理(Supply Chain Management,SCM)从 20 世纪 80 年代中期以来就在制造业获得广泛的应用。但是 SCM 对建筑业来说还是一个比较新的概念,国外有关这一领域的应用和研究开始于 20 世纪 90 年代末。20 世纪 90 年代以来,由于 SCM 倡导供应链上下游集成化、协同化的双赢战略管理思想,人们将在建设领域应用的 SCM 的建设管理模式称为建设供应链管理(Construction Supply Chain Management,CSCM)。目前,关于 CSCM 还没有十分明确、统一的定义。阿杜姆福特威(Edum-Fotwe)等从两个层面对 CSCM 进行了界定:一个是独立的企业层面,关注的是企业生产过程的运作管理问题;另一个是产品层面,关注的是基于客户需求组织产品生产所涉及的全部过程管理问题[3]。

基于 SCM 的基本原理,结合建筑产品的自身特点,给出 CSCM 的定义如下:采取设计商、承包商、业主和供应商之间协作双赢的商务战略,借助先进的信息技术,对建设项目生产过程(设计、施工等)中所涉及的所有活动和参与方进行集成化统一管理。CSCM 既是一种现代建筑管理思想、方法,又是一种先进的建筑管理模式。

三、建设供应链

建设供应链具有三个属性:网络、态度和协作[4]。网络是指建设供应链在建设行业内为满足各种各样的业主而形成的一个组织网络或者网络组织。态度是指各参与方的态度,它对供应链中组织和个人的行为会产生很大的影响，如基于合作伙伴（Partnering）、框架协议（Framework Agreements）和技术的态度可以使供应商行为理性化。协作是一种新的用来提高组织竞争优势的战略，目标是以最低的成本，在约定的时间（合理的工期）完成质量合格的项目。协作属性不仅要求供应链各参与方建立高度的信任机制、约束机制和信息共享机制，而且要求各参与方具有共同的组织目标。图 3-1 指出了建设供应链中存在的问题[3]。

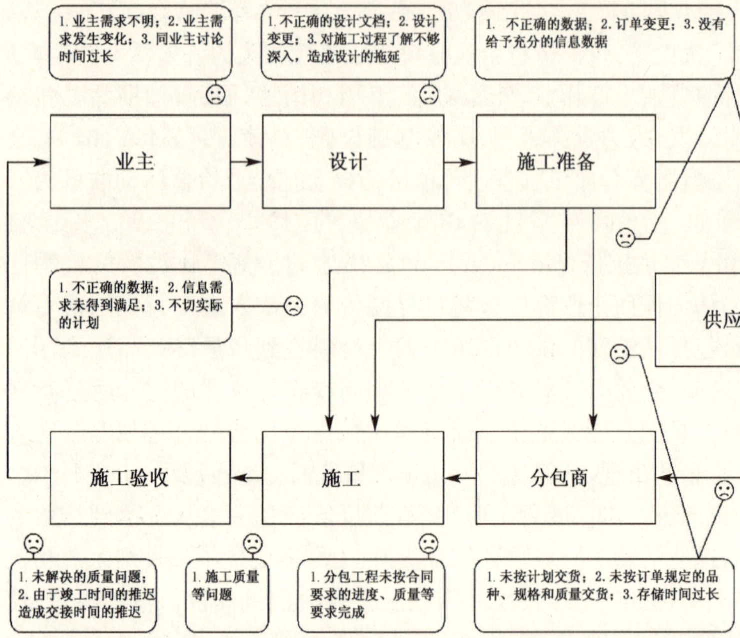

图 3-1　建设供应链中存在的问题

图片来源：王要武，薛小龙. 供应链管理在建筑业的应用研究[J]. 土木工程学报，2004，37(9)：88-93

集成化 CSCM 是指建设供应链的所有参与方基于共同的目标（降低建设总成本）组成一个虚拟组织，组织内的成员通过信息共享、资金、人力和物质资源等方面的协调与合作，优化生产过程和组织目标，使建设供应链的整体绩效获得持续改进。可以看出，CSCM 坚持建设供应链中各组织具有共同的文化、共同的标准、信息共享、协调与协作的一体化管理战略[3]。

表 3-1　传统建筑管理方法与 CSCM 方法的比较

传统的管理方法	CSCM 方法
基于项目的管理	基于供应的管理
设计、施工各阶段独立进行管理	全生命周期管理
单一的、非标准化的工程设施与构件	标准化、模块化、装配化的工程设施与构件
损失偿付	对关键产品和构件以战略联盟的方式降低目标成本，解决赔偿问题
竞争性投标	强调建立长期的合作关系，争取双赢的战略目标
信息隐匿	通讯与信息技术的广泛应用增强了信息的透明度，信息共享
资金的延期支付	资金及时支付，最小化资金成本（资金的时间价值是一种库存成本）
长时间不确定供货提前期	原材料到达现场装配的周期短而且稳定性强
所有材料提前运到施工现场	材料按照施工进度分阶段运到施工现场

王要武等在《供应链管理在建筑业的应用研究》一文中对传统建筑管理方法与CSCM方法进行了比较(表3-1)[3]。CSCM是从SCM的基本原理发展而来的,这也导致了CSCM与传统的建筑管理方法的不同[5]。表中体现的各方长期战略合作共享关系、全生命周期集成管理、全行业集成化管理、信息共享、协同工作、共同战略目标等都是工业化住宅系统不可缺失的集成管理要素。

四、协同理论

协同理论也称"协同学"或"协和学",是20世纪70年代在多学科研究基础上逐渐形成和发展起来的一门新兴学科,是系统科学的重要分支理论。1971年协同理论的创立者——德国斯图加特大学理论物理学教授赫尔曼·哈肯(Hermann Haken)在研究激光理论的过程中提出了协同的概念,1976年他系统地论述了协同理论,发表了《协同学导论》,从而奠定了"协同学"的基础。

协同理论是一种系统理论,主要研究系统各个部分的协同工作。它把一切研究对象看做元素、部分及子系统所构成的系统。尽管其属性不同,但这些系统通过物质、能力或信息交换等方法相互影响又相互合作,形成一种整体效应和新型结构。这个整体具有全新的性质,而微观子系统是不具备的[6]。

其中系统也包括通常的社会现象,如不同单位间的相互配合与协作、部门间关系的协调、企业间相互竞争的作用,以及系统中的相互干扰和制约等。从管理角度来看协同问题,就是协同管理的问题。组织为了达到目标,在变动的环境中,整合各种资源,协调人员、各个环节之间匹配关系,产生协同效应,实现优化的所有过程的综合,使整体效益大于各独立组成部分总和的效应[6]。

协同思想在建设管理领域也得到广泛的应用。国内学者近几年来对项目的协同管理关注较多,主要体现在以下几个方面的研究工作上。第一是对项目实施中的各种协同现象的研究。如项目的各参与方的协同工作,保证各参与方的自身利益,也在组织管理与运作模式上形成相互依赖、共生互长的关系[6]。同济大学何清华教授等发表的《大型复杂工程项目群管理协同与组织集成》文章中,针对大型复杂工程项目群管理过程中普遍存在的项目参建单位之间协同性不强、组织效率低下等现状,以及大型复杂工程项目群管理的协同机制和组织集成问题进行了深入研究[7]。

第二是在实现协同工作方法上的研究,主要集中在计算机支持的协同工作(Computer Support Collaborative Work,CSCW)在项目管理的应用[6],如高佐人、吴炜煜、张浩、房轻舟发表的《建筑设计协同系统模型研究与通用平台实现》[8]。郭建锋、张建平、沈岐平发表的《基于网络协同的建设项目价值管理系统》一文中,在交互式价值管理系统(Interactive Value Management System,IVMS)基础上,提出了适用于我国建设领域VM实践的价值管理系统IVMS-CN。IVMS-CN是一个基于网络协同的群体决策支持系统,它由网络通讯平台、协同平台和管理平台等三部分组成,能够为用户提供一个远程协作环境和群体决策支持平台[9]。近几年兴起的协同软件建筑信息模型BIM还未贯穿到建设项目全生命周期中,未来会是全过程的协同设计信息管理软件。

这些研究集中在传统的建设工程项目中较多，对工业化住宅产品研发制造生产中的协同工作的研究较少。本书试图在工业化住宅产品全生命周期的工作协同方面有所探索。

五、工业化住宅产品全过程的浪费与价值损失

在制造业领域，依据对用户价值的贡献程度，企业所有的活动可分为增值的活动、非增值但必要的活动以及非增值的活动，其中，不能为用户创造价值的活动就是浪费。丁士昭在《工程项目管理》一书中提出的精益企业模型(Lean Enterprise Model，LEM)规定了实现组织精益价值的目标和原则：① 浪费最小化；② 快速应变；③ 在正确的时间和地点用正确的价格提供正确数量的正确产品；④价值流中有效的相互关系；⑤持续改进；⑥全过程的高质量。其中浪费最小化是精益企业的主要特征。

有关工业化住宅的浪费，目前没有系统的研究。虽然有一些学者就传统建筑业浪费从不同角度进行了分析，如李永奎博士对传统建设工程浪费和价值损失进行了总结，现阶段仍缺乏对工业化住宅系统的总结，本书对工业化住宅产品全过程的浪费和价值损失进行了补充和概括。

精益方式的基本思想是提高用户价值、杜绝浪费[1]。20 世纪 40—50 年代，丰田鼓励消除从原材料到最终成品的生产流程中每个步骤中的时间与物料的浪费。以最高质量及可承受的成本，在顾客需要之时提供他们所需的产品。对于工业化住宅产品来说，产品的研制周期长、研制成本高、过程复杂，虽然相比较传统建筑业而言，浪费明显减少，但从价值创造的角度分析，过程中的各种浪费仍很严重。

传统制造业对浪费的研究主要局限在制造领域[10]。而工业化住宅产品全过程不仅重视生产制造中物流传递过程的浪费，更要考虑产品全过程前期阶段的以信息的产生和传递为主的决策和研发过程中的浪费。据统计，决策和设计准备阶段对项目经济性的影响程度达到 95%～100%[11]。

(一) 住宅产品全过程前期阶段中浪费的结构层次分析

全生命周期所有活动的目标是为业主创造价值。住宅产品价值的实现过程包含项目决策、产品开发、制造、装配、运营过程和全过程管理，它们构成了产品价值链的整个过程。其中全过程的上游活动中决策、研发过程的精益是实现全生命周期精益价值的关键(图 3-2)。

产品全过程前期阶段包含了产品决策过程和产品研发过程。此阶段以信息的产生和传递为主，浪费的种类如表 3-2 所示。

表 3-2 工业化住宅产品全过程前期阶段中各种浪费的主要表现

类型	表现
失误的决策	直接导致资金浪费和严重的经济损失
等待	时间的浪费
过度的处理	超过业主、用户需求的产品改进
低效/不必要的信息传递	沟通障碍；信息误传、扭曲、丢失；信息质量不高，迭代次数过多
不必要的移动	信息获取困难；必须离开工作地点

续表 3-2

类型	表现
不及时的信息更新	陈旧信息导致的信息不一致性或增加人员搜索信息的困难性
过剩	信息过剩;任务过剩;人员过剩
不必要的创新	重新设计;一次次解决技术问题;缺乏经验整理;缺乏可实施性
未被使用的员工创造力	好的设计创意未被采纳
不合理的组织管理	注重局部优化;组织管理目标不明确;团队的权责不明确;缺乏系统的员工培训;组织界面管理不善
IT 信息化技术的障碍	缺乏持续改善的工作习惯

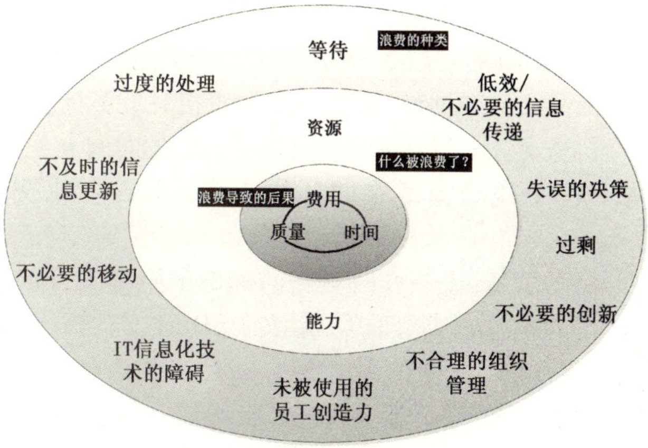

图 3-2　工业化住宅产品前期阶段的价值浪费结构

图片来源:作者自绘

失误的决策:决策失误会直接导致资金浪费和严重的经济损失。在我国"七五"到"九五"期间,投资决策失误率在 30%左右,资金浪费及经济损失大约在 4 000 亿~5 000 亿元[12]。M. 林德奎斯特(M. Lindkvist)经研究认为,项目前期管理存在五个主要问题,其中有决策者开始项目太晚,并且规定的完成时间太短;需要说服决策者理解定义其需求的重要性;通常非常匆忙以至没有时间制订多个可替代方案;项目系统计划具有很大空间;将业主的各种要求"透明"地转移到项目上非常困难[13]。

等待:等待浪费是指活动总的持续时间与创造价值时间之差[14]。研发过程的等待浪费主要表现为人等待信息资源时间的浪费。如决策过程等待审批、决策,产品研发过程中等待设计要求、产品试验数据及等待团队小组通过审核等。此外,还包括等待物质、人力等资源时间的浪费。如等待专业人员调度时间的浪费,或等待实验机器、工器具等资源时间的浪费,等待实验材料时间的浪费等。

过度的处理:过度处理的浪费是指额外的,超过业主、用户需求的产品改进。(1) 产品研发过程中会出现构造测试实验不合格的情况,如果过度改进,更换原先的想法,不但研发时间延长,也会造成实验测试的次数过多、时间过长,并增加测试失败的几率。(2) 不必要的冗长说明和报告。(3) 过高的产品研发标准和测试标准。(4) 不正确的研发程序,前期对生产能力评估过高导致产品设计超出生产能力范围。(5) 产品测试次数过多。(6) 过多的审核检查。

低效/不必要的信息传递：在研发过程中，信息的传递频繁导致信息传递浪费。主要有，(1) 信息沟通障碍，这主要是部门之间或组织之间产生的，在项目竣工时候，任何一个项目参与方所能够拥有的项目建设信息不足 65%[15]。(2) 信息传递过程中的信息丢失、信息扭曲、信息误读，以及信息质量不高，也会造成有价值信息的流失。通常产生信息质量缺陷的原因有：a. 信息传递路径过长；b. 缺乏有效的信息传递方式；c. 没有统一的信息管理规则。如 H. 托马斯(H. Thomas)等就钢结构专业化分包所带来的浪费进行了分析，“在钢结构承包商之间有很多安装错误，因为承包商将图纸的细化分包出去，但这些图纸的质量却不高”[16]。(3) 信息的迭代次数过多会使信息反复迭代时间过长，人员需要通过不断地对信息重新理解，不时地调整自己的状态接受新的信息以适应特定的工作。由此看出，以上三点均源自不合理的组织系统。

不必要的移动：移动浪费是指员工在工作场地不能直接获取信息/产品导致的多余活动。该浪费的具体表现形式为：(1) 工作场所距离较远造成的人员移动；(2) 缺乏获取信息的工具和能力，如不能直接通过信息技术手段获取部品详细数据，必须消耗时间向相关人员询问或无法直接通过技术手段传递文件而消耗的递送文档和图纸的时间。美国建筑业每年为了传递工程文件和图纸在联邦快递(FedEx)上花费大约 5 亿美元[15]。

不及时的信息更新：没有及时更新的陈旧信息是无价值的信息流。人员工作中产生的新思想或新的 CAD 文件、BIM 文件没有及时录入数据库，造成与供应商信息衔接的不同步性，或是宝贵经验没有及时吸取运用于其他建设项目，使数据间不一致性风险增加。而过时的信息长期保存服务器上也无形增加了人员搜索信息的困难性，造成无价值的时间浪费。项目建设成本的 3%～5%是由可以避免的错误所引起的，其中 30%则是因为采用了不准确或过期图纸而直接造成[15]。

过剩：包括信息过剩和任务过剩。信息过剩的主要原因是上游未考虑下游工作的真正需要，盲目设想。表现为：(1) 信息广泛分发。给一些不需要该信息的人分发信息，发信息者花费大量时间查看回复信息，收信息的人员需要消耗不必要的时间来阅读，同时有信息不被阅读导致重要信息丢失的危险。原因是信息分发人员对接收信息者角色、责任和权利理解不够。(2) 上游信息与生产装配、运营管理能力不一致，导致信息重复迭代，或被更改、舍弃。任务过剩表现为：(1) 任务进度计划安排不当，导致任务不均衡化；(2) 部门间缺乏交流，任务交叉导致产生多余任务。人员过剩也是由于任务进度计划安排不当，对人员能力了解不够，使任务集中在部分人身上，导致其余人员研发任务过少。

不必要的创新：传统建筑项目都具备显著的单件性，即每栋建筑都是重新设计，不存在相同的建筑，且需要重新不断地解决每栋建筑的技术问题。因此，好的研发经验不会被整理和采用，也不能有效缩短生命周期，降低成本。工业化建造方式首先就是要建立建筑产品的标准化，在标准化的基础上进行少许变动就可使用其研发创意。但这样的管理意识和研发方法并不够。此外，缺乏可实施性的创新是不产生任何价值的。

未被使用的员工创造力：决策和研发过程中管理者未倾听工程师、研发人员的意见而造成一些好的构思、想法、技能未被采用，使员工失去不断改善和学习的机会，也让管理者、领导者缺失改善工作过程、降低成本的机会。

不合理的组织管理：缺乏有效系统的组织管理。主要表现在：仅注重局部优化，组织管理目标不明确，团队的权责不明确，缺乏系统的员工培训活动，组织界面管理不善等。组织界面管理不善会直接造成巨大的经济损失。

IT信息化技术的障碍：输入或建立标准数据库并不能根本改善工作，根本原因是获取数据知识并不困难，困难的是培养使用并持续完善工程标准的工作习惯[1]。因此，需要选择性地采用信息技术。在许多时候，纵使可以采取自动化，但你未能了解人工流程并使之变得更有效率，就无法知道流程的哪些部分需要自动化作为支援[1]。

（二）住宅产品生产制造过程中浪费的结构层次分析

丰田公司总结了生产流程中的七大类未能创造价值的浪费。在生产过程中都可以区别出七类浪费情形，除此之外，根据不同产品的特点，可以运用消除浪费的方法总结出自身的未能创造出价值的浪费。表3-3是根据工业化住宅产品的特点，对住宅产品生产制造中的浪费所做的归纳。

表3-3　住宅产品下游过程中各种浪费的主要表现

类型	表现
生产、制造过剩	存货过剩；人员过多；工器具租赁过多
等待	生产线上等候的时间；现场等候的时间
不必要的运输/吊装	长距离搬运/吊运制品或成品；缺乏效率的运输、吊装；运输/吊装设备选型或设计不当；进出仓库或在流程之间搬运原物料、部品、构配件或最终成品
不必要的移动搬运	离开工作场地产生的询问动作，及为取得工具或构配件产生的寻找动作等
过度处理或不正确的处理	采用不必要的步骤处理部品；超出必要的较高质量产品
瑕疵	质量不合格的产品，包含产品的修补、重做、更换设计、生产、检验、额外维护等
未被使用的员工创造力	过程中未被使用的创意
缺失安全性	现场不可预见的事故；不可预测的自然灾害
不合理的组织管理	仅注重局部优化；组织管理目标不明确；团队的权责不明确；缺乏系统的员工培训活动；分包商与承包商能力的不均衡等
IT信息化技术的障碍	数据录入数据库，缺乏持续改善的工作习惯

(1) 生产、制造过剩：生产出尚未有订单的项目产品，使得安排的人员过多，产品积压造成存货过剩，最终导致成本增加；过多原料、瑕疵品、破损品、陈旧过时品、机器设备停工等都会导致存货过剩；需求不足时未采取有效手段造成的产能过剩等；制造装配过程中，工器具租借的数量过多，出现工器具丢失或闲置在现场的现象，无形地增加租赁时间和赔偿费用。

(2) 等待：是指等候下一个处理步骤的时间。其中包含了生产线上等候的时间和在现场等候的时间。具体有大批物料堆放一边等候下一个环节、机器设备损坏造成的生产线停运、等候物料抵达现场的时间、等候部品安装的时间、等候工器具或构配件到货的时间、等候设备吊装或运输的时间、机器闲置的时间等。

(3) 不必要的运输/吊装：长距离搬运/吊运制品或成品；缺乏效率的运输、吊装；运输/吊装设备选型或设计不当造成运输途中或吊装过程中制品的破损；进出仓库或在流程之间搬运原物料、部品、构配件或最终成品。

(4) 不必要的移动搬运：操作工人或产业工人在执行生产、制造装配工作的过程中，产生的任何不必要的动作，如离开工作场地产生的询问动作，以及为取得工具或构配件产生的寻找动作等，这些不产生价值的移动搬运都是浪费。由于工业化住宅的部品必须移动搬运至现场，此动作是由建筑的固定性特点所决定的，因此该环节被认为是有价值的动作。

(5) 过度处理或不正确的处理：指采用不必要的步骤处理部品。往往存在由于研发产品设计的不合理导致现场部品安装存在问题，或由于生产线模具设计不合理导致部品质量问题等，从而产生重新更改或现场更改等缺乏效率的处理。当提供超出必要的较高质量产品时也会造成浪费。

(6) 瑕疵：质量不合格的产品。包含产品的修补、重做、更换设计、生产、检验、额外维护等，意味着时间的浪费和成本的增加，其中额外维护的原因来自产品的设计、生产装配以及产品使用问题。

(7) 未被使用的员工创造力：生产制造过程中管理者未倾听执行者的意见而造成一些好的构思、想法、技能未被采用，使员工失去不断改善和学习的机会，也让管理者、领导者丢失改善工作过程、降低成本的机会。

(8) 缺失安全性：工程的安全性考虑不周，会造成意外的工程事故。如围护模块的支撑体系未考虑组装模块失去控制时对人员的保护措施，很可能在现场上演人员伤亡的惨剧，产生赔偿。在美国和英国，安全占项目成本的 7%～15%，承包商会因存在事故成本而提高 8.5%的报价[17]。或由不可预测的自然灾害造成的损失。

(9) 不合理的组织管理：缺乏有效系统的组织管理。主要表现在：仅注重局部优化、组织管理目标不明确、团队的权责不明确、缺乏系统的员工培训活动、分包商与承包商能力的不均衡导致一方提高报价等。如果供货商实现有效的材料供应流可节省10%的材料成本[18]。

(10) IT信息化技术的障碍：同住宅产品全过程前期阶段中IT信息化技术的障碍表现，其贯穿全生命周期。应首先寻求改善工作和过程使之变得更有效率后采取信息化技术作为支撑，所以，IT资源必须和改善的过程、现有的工作模式相结合，才能使活动实现增值。也可以说计算机系统是辅助过程改进的重要辅助手段。

(三) 总结

研究发现，工业化住宅的浪费和价值损失主要发生在项目前期的决策和研发阶段而不是工程的实施阶段，包括运营维护阶段管理考虑得较少，带来运营费用的大幅上升。传统建设项目费用管理的重点在工程实施阶段，所以造成一味追求建造费用的降低使运营维护费用加大，全生命周期费用也因此增加。由此可见，忽略对前期阶段的重视使得长期以来都未从根本上降低工程的浪费和价值损失。从微观上来看，决策和研发管理目前存在大量的信息浪费，而且全过程缺乏透明、均衡、柔性的组织管理系统，就目前组织系统存在组织界面不清晰、任务分工不合理等问题，是造成浪费的又一根源。此外，除了决策、研发管理存在的问题，供应链管理等方面存在的问题也导致了浪费。

第二节　建设工程组织管理模式

一、建设工程全生命周期集成化的组织管理

建设工程全生命集成化管理的组织模式可采用线性和矩阵组织结构[11]。在线性组织结构中，开发管理经理(Development Manager，DM-er)、项目管理经理(Project Manager，PM-er)和设施管理经理(Facility Manager，FM-er)直接在建设工程全生命管理经理(Lifecycle Manager，LM-er)的领导下工作，投资方和运营方对开发管理经理、项目管理经理和设施管理经理不直接下达指令。因此需要很强的全生命管理经理和他的工作班子，该类型组织结构如图3-3所示[19]。

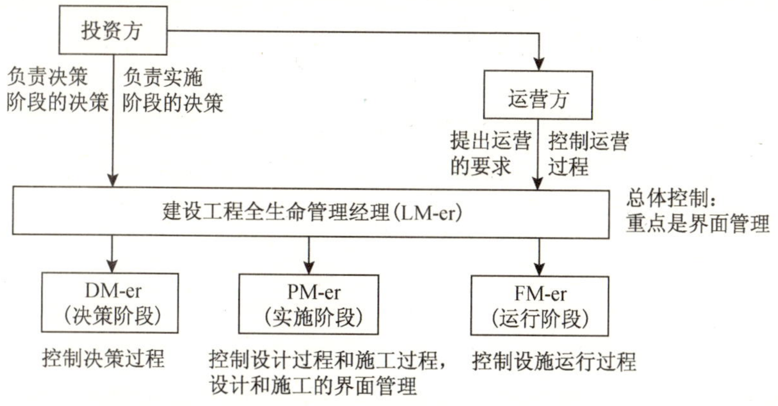

图3-3　建设工程全生命管理的线性组织结构

图片来源：李永奎. 建设工程生命周期信息管理(BLM)的理论与实现方法研究——组织、过程、信息与系统集成[D]. 上海：同济大学，2007：53

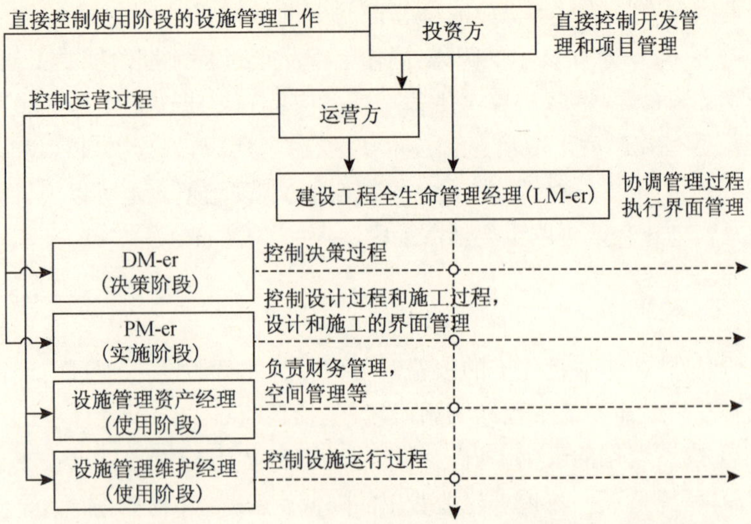

图 3-4 建设工程全生命管理的矩阵组织结构

图片来源：李永奎. 建设工程生命周期信息管理(BLM)的理论与实现方法研究——组织、过程、信息与系统集成[D]. 上海：同济大学，2007：54

在矩阵组织结构中，开发管理经理、项目管理经理在投资方直接领导下工作，设施管理经理（包括资产经理和维护经理）在运营方直接领导下工作，虽然建设工程全生命管理经理对开发管理经理、项目管理经理和设施管理经理并不直接下达指令，但是开发管理经理、项目管理经理和设施管理经理也属于建设工程全生命管理班子。这是一种横向为主的矩阵组织结构。全生命管理经理的主要任务是协调开发管理、项目管理和设施管理的工作，并执行界面管理工作。该类型组织结构如图 3-4 所示[19]。

二、网络/虚拟组织

网络组织是由若干法律上独立的组织以“联合体”“战略联盟”或“价值链伙伴”等形式进行紧密连接，以分摊市场不确定性所带来的巨大风险，并同时达到协同工作的效果。参与联合的组织虽然可以保持其自身的组织结构、企业特性和文化，但一般不再具有真正的独立性[20]。在这种组织环境模式下，组织成员可以更关注于自身最擅长的业务，使整个组织关注于创新，比传统的业务结构更有优势。

虚拟组织（Virtual Organization）是一种更为松散的组织形态。A. 奥克萨挪（A. Oksana）等认为，“虚拟组织是由地理上分布的企业、机构和个人所组成的一种基于共同目标的协作形式。这些在法律上独立的虚拟组织成员以他们各自的核心竞争力参与横向和纵向的协作，对于第三方而言他们表现为一个统一的组织，而随着组织目标的完成或中断，整个虚拟组织也不复存在”[21]。虚拟组织完全抛弃了传统组织的管理功能集中化，其所需的协调过程主要通过合适的信息/通讯技术予以实现[20]。

（一）空间上的分布性和时间上的有限性

虚拟组织的存在以确定的工程项目为前提，其参与方的组织具备动态性和临时性。但组织成员之间的关系网络有助于他们在新的市场机会下迅速并且自发地重新组合。

（二）法律上的独立性和经济上的相关性

一方面，所有参与方在法律上独立并且在虚拟组织中平等；另一方面，他们有着共同的项目利益。

（三）模糊的组织界限和灵活的组织结构

在不同的项目阶段，参与方不断变动，但对于最终用户来说，虚拟组织表现为一个类似于传统企业的完整的组织。

（四）核心竞争力的互补和资源的共享

由于工程项目的复杂性，所有参与方在虚拟组织中的协作必须以核心竞争力的互补和资源的共享（比如信息、经验和知识）为必要前提。

（五）具有决定意义的信息/通讯技术支持

几乎以上所有特征的实现都强烈依赖于信息/通讯技术的支持。事实上，信息技术既是虚拟组织产生的前提条件又是虚拟组织赖以生存的技术基础。

由此可以看出，无论是网络型组织还是虚拟组织都是典型的组织集成方式，它们使分离的组织形态以一种更为有效的方式实现了集成。这两种组织形态基于核心竞争力互补的结合有利于达到系统的最优，灵活适应市场环境。

第三节　工业化住宅全过程的组织界面管理

一、建设工程项目的组织界面管理

（一）界面的定义

建设工程项目的复杂性决定了单一部门不可能完成业主所需要的建筑产品，信息流、物流、资金流等必须经过多个部门形成最终的产品。工程、采购、财务等都在不同的部门处理，可是许多价值流横跨这些部门，于是，当流程从一个部门跨向另一个部门时，不但导致延迟，并形成了相应的界面。

“界面”一词起源于工程技术领域，主要是用来描述各种仪器、设备、部件及其他组件之间的接口。也就是说，当各类组件结合在一起时，它们之间的结合部分（结合的形式包括点、面、体三种状态，不失一般性，可以统一用“面”来表述）就称为界面[22-23]。

界面一词被正式引入管理科学领域的时间比较晚，起初人们并没有对界面本身提出定义，最早的论述中是以界面管理的形式出现的。管理中的界面定义是指为完成某一任务或解决某一问题，所涉及的企业之间、各职能部门之间、各成员之间，或各种程序、流程、结构之间所发生的信息、物质和能量等要素的相互交流和沟通状态[24]。埃兹科维茨（Etzkowitz）和雷德斯道夫（Leydesdorff）把界面定义为理解复杂关系的一个起到连接作用的特定的组织，连接结构或知识者智力的交汇点[25]。帕特里斯(Patrice) 则用“过程”来理解界面，认为界面是一个知识流相互作用的、动态的过程[26]。

丁士昭将界面分为三类：人员界面、组织界面和系统界面。其中组织界面是最复杂的界面类型，系统界面包括子系统界面、静界面和动（过程）界面。吉布(Gibb)将界面分为三类：物理界面、合同界面和组织界面[27]。对于建设工程项目界面管理，较为典型的是帕维特(Pavitt)等人将工程界面分为：实体界面、组织界面和合同界面[28]。有效的组织界面管理是项目成功的关键。

上述的三个界面存在一定的内在联系，它们都受项目管理模式的影响，管理模式决定了项目的承发包模式，而合同分包增加了项目的实体界面，由于项目的参与方增多，增加了项目的组织界面。如在传统 DBB 模式下的平行发包模式，合同关系复杂，导致组织界面复杂，协调工作量大。常见的现象如业主与承包商分别签订了一系列合同，把一个完整的项目平行分解发包，造成了一系列的问题：业主的工程部成了十几家公司的总包单位，陷于无休止的调解中。各个分包单位互相影响，工期无法控制，费用也无法控制，一方面有的施工单位工程进展很快却没有付款，另一方面却出现付款超出，工程进展没有跟上，最后工程造价很高，质量却不能满意。此外，投资控制难度大。总合同价不易确定，工程招标任务量大，而且施工过程中设计变更和修改较多。

这三种界面相互联系、相互影响、相互制约，贯穿于项目实施的全过程。其中组织界面是指从项目立项到项目竣工验收、投产使用的整个建设过程中，在项目各参与方之间形成的界面。组织界面又分为有合同关系的组织界面和无合同关系的组织界面。

（二）建设工程项目的组织界面管理

1. 界面管理的定义

界面管理是对交互作用的管理，表现形式为协调两个以上主体之间感觉、动机、意图、知识、情报信息的交流与沟通的组织模式及管理方式[29]。

建设项目的界面管理可以定义为：识别项目参与各方之间、部门之间以及部门成员之间或者工程实体连接部位流程之间，在信息、物资、财务等要素交流方面的相互作用，解决界面双方（或多方）在专业分工与协调之间的矛盾，实现控制、协作与沟通，提高管理的整体功能，实现项目绩效最优化的活动[29]。

建设项目组织界面管理是指通过组织之间的界面设计，以及界面障碍识别、应对等管理措施，实现界面双方之间在工作流、物流、资金流和信息流等流动之间的协同与集成，促进工程项目管理系统集成化的实现，并使其持续处于和谐状态的管理过程[30]。

2. 管理界面的三个层次

表 3-4 管理界面的三个层次[31]

界面Ⅰ 企业间界面(Interfirm Interface)	主要讨论企业与企业之间宏观层次上的界面管理问题,研究如何有效地连接组织结构以便取得更好的合作效果,一般不涉及界面双方的行为特性与感觉信息。在建设项目的界面中,业主与设计方、业主与承包商、设计与承包商等之间的界面就属于企业间的界面
界面Ⅱ 企业内部各职能部门之间界面(Interfunctional Interface)	这一层次的界面以企业内部各职能部门之间的交流协作为对象,通过研究界面两侧的职能部门间的信息交流过程、存在的界面矛盾、界面过程动机,以及企业的战略、组织机构、管理制度、信息化水平等对界面的影响等内容来分析如何实现界面激励,实现部门间界面的有效管理。比如在业主方管理中业主内部设计部、成本部、工程部等之间的界面就属于企业内部职能部门之间的界面
界面Ⅲ 企业部门内部职能间界面(Intrafunctional Interface)	这一层次的界面以企业职能部门内部的不同专业小组或不同工作小组为研究对象进行界面管理研究。这一层次的界面管理,多用于在多项目管理的模式下,实现项目间的企业资源整合优化。通过对不同项目或不同的工作小组、专业小组之间的界面进行有效管理,进行合理的界面组合,可以使企业的技术、信息、资金等资源在企业范围内实现综合配置、资源优化,提高企业的整合管理能力

3. 建设工程项目组织界面的三个层次

李永奎博士在其毕业论文中总结并提出了建设项目组织界面的三个层次,如表 3-5 所示,对应图 3-5。

表 3-5 建设工程项目组织界面的三个层次[19]

层次Ⅰ	项目系统内与系统外的组织界面,如项目组织与政府管理部门、民众等之间的组织界面
层次Ⅱ	项目系统内不同组织之间的组织界面,如业主与设计、业主与施工、总包与分包、监理与施工等之间的组织界面
层次Ⅲ	一个组织内部门或个人之间的组织界面,如业主方内部各部门、设计单位各专业之间的组织界面等

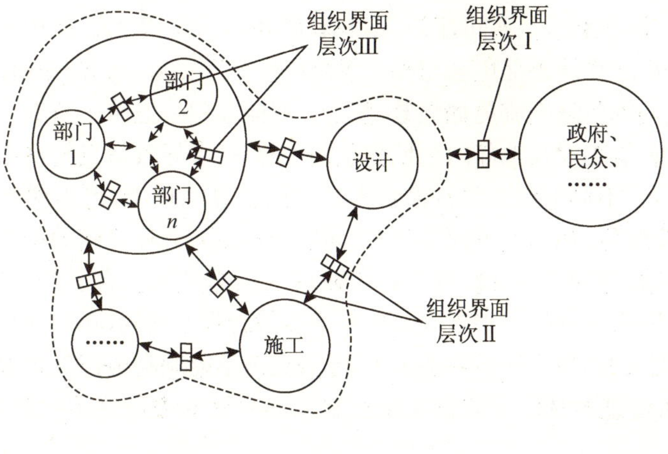

图 3-5 建设工程项目组织界面的三个层次

图片来源:李永奎. 建设工程生命周期信息管理(BLM)的理论与实现方法研究——组织、过程、信息与系统集成[D]. 上海:同济大学,2007:57

4. 组织界面矛盾产生的原因

工程项目的建设是一个系统、复杂的工程。需要由众多参与方共同协作才能确保建设项目的顺利实施。如果项目参与方间沟通不良，就会在组织周边产生大量的界面问题。因此分析导致这些界面矛盾产生的原因具有现实意义，对其产生的原因总结如下：

1）专业化分工

随着中国建筑市场逐渐融入国际市场的发展趋势，建筑的专业化分工导致许多统一的工作被分解，在带来工作效率加大提升的同时，也带来了大量的交接、协调和组织活动，大量界面问题也随之产生。

2）不清楚的界面定义

不清楚的界面定义会形成灰色地带，导致成本、时间的巨大浪费。项目系统之间、系统内部门之间或部门内组织之间存在界面关系，其中一些界面必须通过分解作业才能清楚地明确界面，并给予解决。如部门内组织界面不容易被识别，一些团队或个人之间小的界面之间存在大量灰色地带，因为未能识别而导致项目的时间、成本浪费。

3）不充分的组织

不清楚的界面定义容易造成组织无法充分覆盖界面的灰色地带，形成不充分的组织。在组织界面的灰色地带容易发生矛盾或冲突，结果是没有组织对其进行协调，而导致沟通时间的浪费。

4）不清晰的责任界定

不清晰的责任界定会使界面双方就权利、责任或就超越本职工作范围的行为产生一定的争端和冲突。如总承包模式下，在工程实施中，理论上，招标人不参与工作，然而，在实际操作过程中，虽然总承包商对结果负有责任，但业主还是会有不同程度的参与，双方间会因为工期调整或工程变更造成合同价格调整等产生争端，因此在总承包工程中必须规定各方在工程设计监督、工程施工、启动试验中的责任和义务，明确界定各方的工作范围。

5）不清晰的计划程序

不清晰的计划程序会将组织界面问题隐藏起来，没有计划的管理也会让沟通与协调变得复杂、吃力。尤其是对工程建设项目这个复杂系统而言，人员多了，部门多了，组织界面多了，那么问题也就多了，沟通越加困难，计划帮助管理者主动地做到整体的统筹安排，强调人为驱动可为系统的管理模式加强组织界面的沟通和协调。

6）不充分的信息流

（1）信息黏滞。不同部门、不同职能和不同流程之间会产生大量的信息，而项目系统外部也会与相关系统产生信息交流，随着全球化趋势加强，企业间的信息交流更加频繁、复杂。职能部门一般对自身领域的信息较为了解，缺乏对其他部门领域信息的了解，所以导致信息传输中黏滞现象的发生。不同的信息常常滞留在自身的信息源周围，严重时导致信息传输通道受阻，从而使不同部门、不同职能和不同流程之间的交互困难增加。如项目过程中设计阶段与施工阶段的工作是承上启下的，两个阶段承担的任务、任务的承担者以及任务的参与者均不相同，必然导致两阶段衔接出现误差，即设计不熟悉施工，导致施工不能顺利进行等情况。

（2）信息不对称。信息黏滞也是造成界面双方信息不对称的原因。

信息黏滞在某组织周围或内部，无法使下一环节得到足够的信息，而造成界面双方的信息不对称，界面双方信息不对称会对组织带来一定的影响，如带来招投标阶段的逆向选择风险[32]。在招投标阶段，业主更多的是了解自己的建造需求，对施工承包商信息了解较少。这样，施工承包商是信息的优势方，而业主是劣势方，在倾向低价中标的招标方，很可能产生逆向选择，而实力强、技术好报价却高的承包商被淘汰。当然也会让招标方面临施工承包单位履行阶段不重视工程质量、不按要求施工的道德风险，从而损害业主的利益。

7）目标差异

界面问题产生的另一个重要原因是不同部门、不同流程之间的目标差异。对于总体任务，不同部门承担不同的任务、责任、权利，各部门有各自不同的任务目标，均按照各自的管理方式、工作流程、专业习惯来完成和实现，使得不同组织都倾向于以自己的组织目标来考虑并处理问题，忽略与其他职能部门或流程的相互协调和配合，缺乏对总体目标的考虑，导致相互之间起冲突时，界面衔接不顺畅，如业主与施工承包界面、监理与施工承包界面、设计单位与施工承包界面。

8）文化冲突

系统之间、系统内部门之间、部门内员工之间都具有不同的企业或部门文化，由于对文化认知的不同常常会引起冲突。如由于专业背景不同，导致过程中对施工阶段较为重视，但对前期策划过程重视较少，从而产生策划阶段未考虑运营过程而导致后期运营费用增加，导致策划、实施和运营界面冲突增多。

9）建设项目的一次性特征

建设项目的一次性特征决定了每个项目有不同的管理模式，也决定每个工程面临的界面问题呈现出独特性。因此对于项目界面的管理也要根据项目特征制定合理的管理方式和流程。

10）建设项目的承发包模式

不同承发包模式决定了参与单位的多少，也决定了项目组织界面的多少。但承包模式的不同并不代表工程技术界面的减少，只是界面风险的转移。对于业主而言，不同的承发包模式以及不同的项目管理模式对于业主的界面管理具有重要影响。业主应采用某种承发包模式，在一定程度上将界面管理转移，从而减少业主方的管理工作量。

因此，从界面产生的原因出发，针对性改正和修正组织界面存在的一些问题，才能更好地管理界面。

5. 界面管理的内容和步骤

1）承包模式的选择

随着市场经济的发展，传统的承包模式已不适应市场的要求。工程建设项目的总承包模式经历了两个阶段的过渡：一是由业主单独管理阶段向委托专业化管理结构阶段过渡；二是由专业化管理机构向总承包集成管理阶段过渡。第一阶段，规避了非专业组织实施项目的风险，提高了建设项目效益。第二阶段克服了设计、施工相互分离的问题，减少了项目界面，降低了项目运行成本，实现了项目的系统集成[33]。因此总承包模式将越来越备受重视，在工程建设市场中逐渐占有越来越多的份额。但对于总承包商而言，组织界面信息不对称、资源不均衡、利益关系复杂等特点，使项目管理面临困难，此时，组织界面的有效管理尤为重要。能否成功地管理跨组织项目，取决于用户组织对项目的理解和对组织界面的管理[34]。

2）界面管理

界面管理可采用五个主要功能步骤进行：界面定义、增加可见度（Visibility）、沟通、控制和对界面问题的反应（Response to Interface Issues），如表 3-6 所示[35]。

表 3-6　界面管理的五个功能步骤[35]

	界面定义	增加可见度	沟通	控制	对界面问题的反应
界面管理策略					
经典的界面问题	不足的界面定义	理解问题；相互工作的低估；不清晰的责任界限	不充分的合作和共同工作；不充分的信息流	缺乏严格的控制；不充分的组织；不清晰的计划程序	跨越责任区域的争端
修正的方法	界面鉴别；发现灰色区域；分配责任；分配资源	追加责任和要求的透明度；减少意料之外的事情；加快决策制定	使信息跨界面传递；改进合作；改进共同工作	改进项目控制；改进项目组织；使计划程序清晰化	期望和解决界面问题；分配灰色区域

丁士昭提出了几点工程建设项目界面管理的共同方法。① 划分建设项目的子系统，识别主导子系统的界面并能成功处理其相互作用，应注意区分静界面和动界面，以便重点控制。② 保持静界面的清楚界限，静界面主要是管理界面，主要把各参建单位的界面以及项目管理组织及人员之间的界面划分清楚。③ 协调与处理具有相互依赖关系的动界面，对于每个主要的界面进行特殊管理，例如通过计划安排、采用 WBS 方法等[11]。

3）信息管理

改变信息不对称、信息黏滞的方法是实现信息共享的关键。不同层次、不同部门、不同专业等信息系统之间，达到信息无缝交流与共用，以达到资源合理配置，节约成本的目的。而信息共享的程度可以控制在信息安全与保密的措施下，如信息编码、界面文档管理等。

二、工业化住宅产品的组织界面管理

在总承包模式下，单个存在的组织为完成项目目标，参与到项目中，在组织系统中，各分包主体服从总承包商的管理。项目在运行过程中，各种信息的传递、资源的分配等，都要通过组织界面进行，在组织界面容易产生争执和矛盾。因此在组织系统中，与传统的承包模式相比，总承包商要承担更大的风险，不仅要求总承包商具有很高的综合集成管理能力，而且要求众多参建单位协作完成项目，在全生命周期过程活动中，必须对组织界面有效识别。

（一）总承包模式下工业化住宅项目的组织界面

总承包模式可以给工业化住宅产品带来更多的潜在收益和项目增值，改变责任、风险以及收益的分配方式。同时该模式集成了研发、制造和装配团队，最大限度地减少组织界面，有利于实现信息流畅沟通、权限管理、知识管理、协同工作。重视改善传统建设项目内部组织角色分配，让研发工程师发挥更大作用，且工业化住宅产品对部品的标准化的要求更适用于总承包模式。

另一方面，工业化住宅产品与传统建设项目的最大区别在于工业化预制构件的工厂生产过程替代了传统建筑业在现场建造的过程。建设项目实施过程中购买原材料后在现场对原材料加工建造建筑产品，而工业化住宅产品是在工厂预制好建筑产品部品，在现场实现总装。物流集中在工厂与现场之间，并非在施工过程中，因此，工厂制造是全过程中重要环节之一。

表 3-7 为总承包模式下的工业化住宅产品的组织界面，其组织界面可以分为三个层次。

表 3-7　总承包模式下的工业化住宅产品的组织界面

层次Ⅰ	不同项目系统间的组织界面，如业主与政府、业主与用户、业主与投资者、业主与总承包商之间的组织界面
层次Ⅱ	项目系统内不同组织之间的组织界面，如总承包商与研发、制造商、供应商、装配团队之间的组织界面，或研发与制造商、研发与供应商之间的组织界面
层次Ⅲ	一个组织内不同部门或个人之间的组织界面，如研发部门内不同模块研发团队之间的组织界面

在该模式下，由总承包商来担任系统内的界面管理任务，业主可以选择业内资金信誉优良且具备实力的总承包商，进行单个项目或更长远的合作。合作必须建立在信任的基础上，业主必须放下手中的权力，使总承包商真正行使承包的权利，对业主负责。这样，业主可以将工作转移到前期决策、后期运营思考以及与外部环境的界面管理方面，如与政府协调等。当然，这样的模式也对总承包商提出了更高的要求：一是增加了总承包商间的竞争；二是要求总承包商要具备更强的综合实力，无论是研发的专业技能还是专业的施工技术，方能承担复杂的界面管理任务，最大化减少组织界面以降低企业成本，如图 3-6 所示。

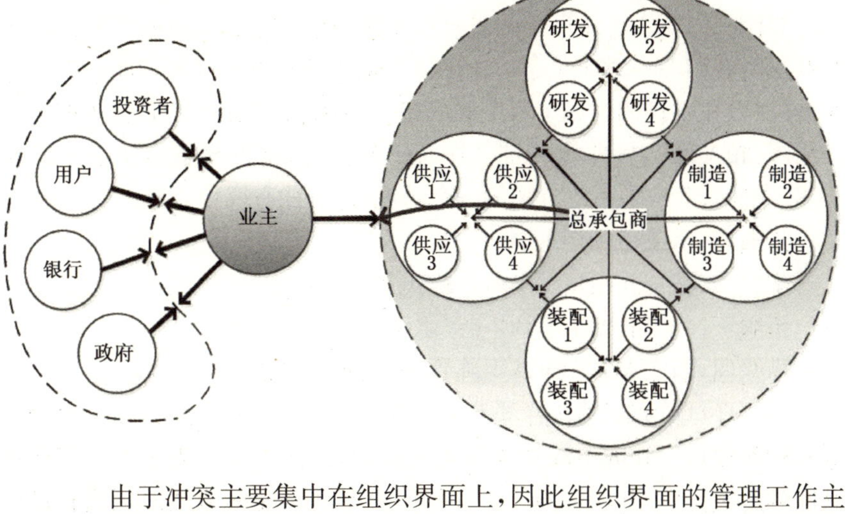

图 3-6　总承包模式下的工业化住宅产品组织界面的三个层次

图片来源：作者自绘

由于冲突主要集中在组织界面上，因此组织界面的管理工作主要是协调,界面组织管理失调的原因是界面定义不清楚,界面管理任务不明确和缺乏良好的沟通手段。以下是消除组织界面的具体方法。

(二) 工业化住宅产品的组织界面管理

1. 定义任务界面

每一个项目在建设实施前都需将该项目对象认识清楚,这就要对项目的对象进行分解,建立项目对象分解结构(Project Breakdown Structure,PBS)。

在对项目对象有了明确认识之后,管理者应关注的是如何实现这些项目对象,从而需要对完成项目对象的工作任务进行系统规划和分解,建立工作分解结构(Work Breakdown Structure,WBS)。

在明确项目对象和所需工作任务后,需要建立项目实施与管理的组织机构,形成管理组织分解结构(Organization Breakdown Structure,OBS)。OBS是由WBS演化而来的一种方法,它在组织范围内分解各层次人员。二者的区别在于,OBS不是按照项目可交付成果的分解而组织的,而是按照组织内现有的部门、单位和团队而组织的,把项目活动和工作分列在现有各部门下[36]。

项目1组织	政府	业主班子			总承包商		
	政府相关部门	总经理	项目主任	项目部部长	总经理	开发中心主任	装配中心主任
项目1管理	—	Ke	E	C	—	—	—
开发	—	Ke	Ke	C	Ke	E	—
工厂制造	—	Ke	Ke	C	Ke	—	—
现场装配	—	Ke	Ke	C	Ke	—	E
验收及运营	C	Ke	Ke	C	Ke	—	—

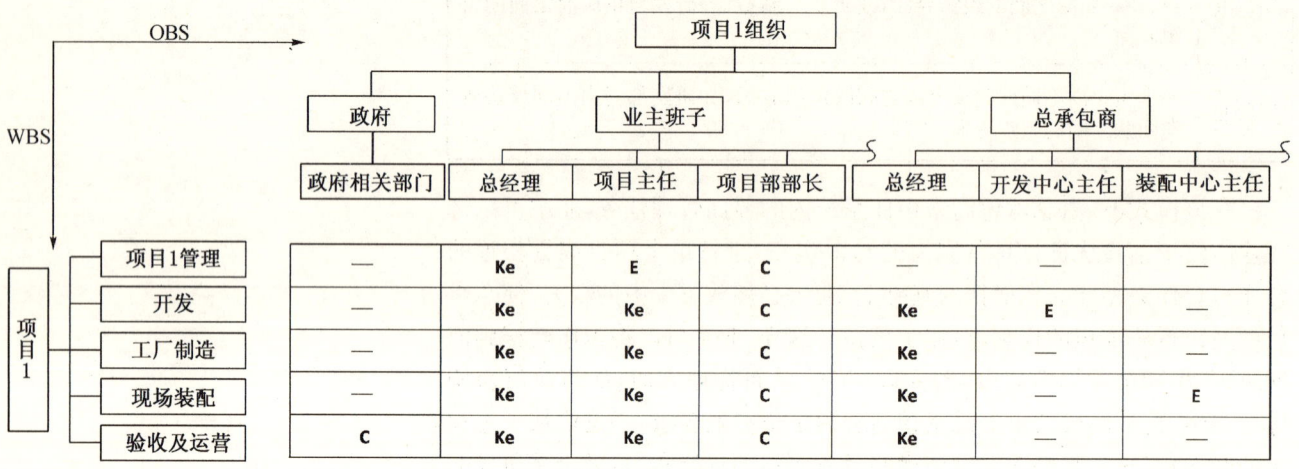

责任编码说明:E—决策;C—检查;Ke—了解

图3-7 工业化住宅产品的责任矩阵模型

图片来源:作者自绘

WBS与OBS结合起来形成责任矩阵,两者的交点显示了工作任务与其执行者的一一对应关系。由于这个矩阵是基于底层的工作包建立起来的,所以在工作的委派上有明确的定义,避免了工作中的职责不明。通过矩阵,相关部门只需找到自己在其中的位置,就可洞悉承担的所有职责[36]。图3-7是采用此方法的一个示例,此方法有四个步骤。

步骤一:定义工作任务。

步骤二:确定并列出WBS主要工作分工。

步骤三:确定并列出OBS主要组织分工。

步骤四:形成WBS-OBS矩阵管理包,管理界面问题。

对于项目最底层的工作要非常具体,避免产生灰色地带,要十分明确地分配给项目内外的不同个人或者是组织,以便于清晰界定各个工作块之间的组织界面,并保证每个工作块的负责人都能够清楚地知道自己的具体任务、努力的目标和所承担的责任。同时，工作划分得越具体，越有利于项目的治理人员对项目的执行情况进行监督和考核。

对于工业化住宅产品最底层的工作为标准工作单元，即完成一项具体工作所要求的一个特定、可确定、可交付以及独立的工作模块，而模块可以为项目控制提供详细而充分的信息，也包括管理信息。

对于最底层的工作块，一般要有全面、具体和详细的文字说明。因为，尤其是对于较复杂的工业化建造产品来说，会由许多的工作块组成。但可以通过信息技术将所有的工作块的信息集成，不但包含责任矩阵信息、管理人员信息、工作模块描述，还可包含计划编制信息，如进度计划、成本预算和人员安排，以便于在需要时随时查阅，具体信息集成会在第五章详细说明。

2. 构建长期伙伴关系，目标整合

业主和所有项目参与方组建成一个联盟，形成长期的信息共享和监控体系。支持长期合作的共同计划，最大限度地利用每个参与方的资源并达成长期约定。通过建立相融的企业文化，达成双方的长期合作。有密切业务联系的不同职能部门因目标差异不能实现信息共享，因此将不同职能部门目标整合，形成具有共同利益追求的结合体，才能最大程度地实现共同目标，共同承担风险，共享收益。

长期伙伴关系打破原有的组织边界来共享信息和文化，改变组织长期的对抗状态，以降低组织界面双方的信息不对称状态。

3. 信息集成——建立信息平台

组织界面双方多处于各自的组织体系中，存在信息黏滞、信息不对称的问题，这也是界面双方沟通的主要障碍。进行信息集成可以消除这一障碍，信息集成可以通过信息共享跨越组织界面，形成集成管理。

其中信息集成的方法包括信息平台和界面数据库的建立，帮助实现界面信息网络传输、资源共享、知识经验及时更新存储、分类统计等功能，避免大量信息滞留在单一组织或单一系统周围，影响信息传输，避免逆向选择的风险，保证工程质量。

信息平台和数据库的建立首先要分析信息种类，对信息分类和编码，统一标准。统一信息编码改变传统以纸质文件为主的传阅审批的过程，消除了信息极易黏滞的环节，改变共享性较差、资源浪费严重的现状。然后利用信息技术在统一编码的基础上组建一个多方参与共享的界面管理信息系统，其功能是分析界面问题、数据库管理、传送信息、运行协调、动态评估。界面管理信息系统在各参与方合同的规则下，支持系统之间、组织之间的实时对话，保证信息资源共享。除了运用先进的信息技术，仍要不断判断信息浪费和损失的过程，如采取缩短信息沟通距离的措施，将工厂和研发团队尽量安排在一起，缩短信息传播路径，节约沟通时间，达到只有通过人工流程才能使之变得更有效率的持续改善的目的。

4. 建立标准化界面工作程序

标准化界面工作程序可以消除界面障碍，工业化住宅部品的标准化体系在逐步完善，这一标准化的语言更加促进了组织界面的管理语言的统一，标准化程序确保组织、流程的一致性。

组织界面工作程序的标准化保证了产品的界面管理工作的一致性，也是产品质量保证的重要辅助工作。生产过程中发现生产出来的产品与设计不符，或者产品质量存在问题，需要询问的问题是，工作是否按照界面标准执行，是否在研发过程中进行过产品构造实验，是否论证了技术可行，是否在研发阶段考虑到所有可能会出现的问题。如果标准化工作程序没有问题，那就表示这些标准必须加以修正。标准化工作程序的执行者与管理者应共同合作以促进工作标准化。

5. 构建充分的组织架构

通过分解作业清楚地明确各组织界面。明确界面定义后构建充分的组织构架，有效控制组织界面的灰色地带发生的矛盾或冲突，帮助组织节省项目时间和降低项目成本，避免不清楚的界面定义，减少灰色地带的形成。

第四节　基于过程的工业化住宅产品组织结构、管理职能分工

一、总承包模式下工业化住宅产品工作任务分工

（一）建设项目总承包的组织机构

建设项目总承包的基本出发点是借鉴工业生产组织的经验，实现建设生产过程的组织集成化，以克服由于设计与施工的分离致使的投资增加，以及克服由于设计与施工的不协调而影响建设进度等弊端。在以房屋建筑为主的民用建设项目中又称为设计和施工总承包（D+B，即 Design-Build）[11]。

在国外，承接项目总承包的组织机构一般有两种形式，一种是永久组织，一种是临时性组织（图 3-8）。永久组织又分为两类，一类是拥有设计和施工力量，可以专门承包某一类型或某一体系的建设项目；另一类只有管理人员[11]。

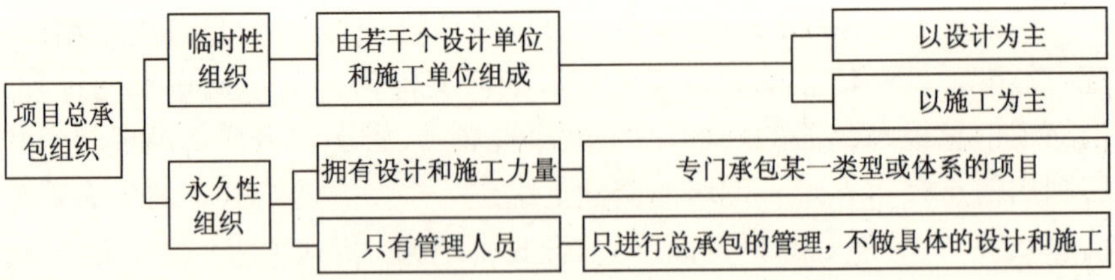

图 3-8　承接项目总承包的组织机构的两种形式

图片来源：丁士昭. 工程项目管理[M]. 北京：中国建筑工业出版社，2006：132

（二）D+B 模式下的工业化住宅项目工作任务分工

工业化住宅产品的项目总承包组织形式更适用永久组织形式。它是区别传统建造方式的某一特殊建造体系的承包组织形式，只有拥有自身的研发、制造和装配施工力量，且可以专门承包工业化建造体系即包含针对工业化装配的工业化住宅设计、设备供应、部品和材料供应、工厂制造及装配施工的全套项目承包组织才能更好地承担工业化住宅项目。但目前国内尚缺少有能力承担全部工作的总承包商。本章试提出拥有设计、制造和装配力量的永久性总承包组织的工作任务分工，项目总承包单位介入的阶段是从概念方案选择阶段开始的（图 3-9）。

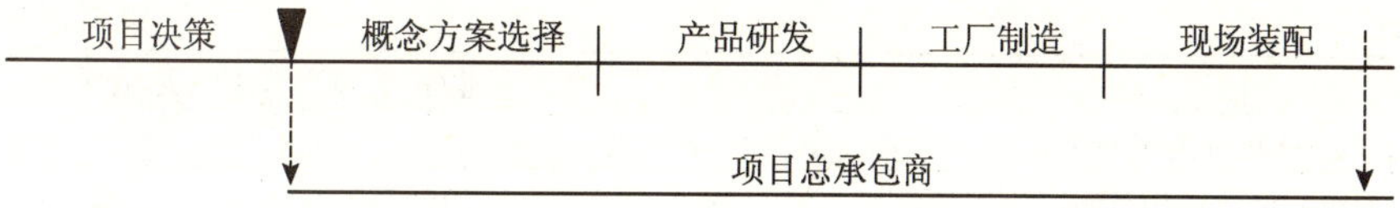

图 3-9　项目总承包单位的介入时间

图片来源：作者自绘

第二章已经分析，采用工程总承包模式具有很多优点。总承包单位将研发、生产和装配作为一个整体来考虑，在竞标的过程中，除了满足业主的功能要求，还要保证方案的竞争性，从研发就开始考虑工程的造价，有利于降低全生命周期费用。在承包过程中，解决了后期施工提前介入产品开发设计的问题，如在工业化住宅产品方案设计阶段，就可以根据工厂生产能力，即所配备的操作人员、技术人员、产业工人和采购的施工机具等情况以及所拥有的装配技术和装配经验等充分考虑产品的研发。业主只需签订一个总承包合同，且只需要和总承包单位进行联系和协调，可以充分利用承包商自身的管理能力。对承包商而言，可以促进自身的综合发展，促进建筑工业化，提高劳动生产率。

表 3-8 是工业化住宅产品总承包组织的工作任务分工。每个项目的参与方都应编制工作任务分工表，改变传统采用顺序的列举方式，采用注重纵向界面的改进思路，对过程中的工作任务进行分解，每个任务都至少有一个单位负责。基于整体的思考，将横向界面可分为业主方、DB 单位和运营单位。主要明确哪些任务由哪个单位负责开办，另外明确协办单位和配合单位，分别用不同的符号表示。总承包单位和运营单位从决策阶段就参与全过程工作。

纵向界面分为决策与研发界面，研发与工厂界面，研发、工厂与施工界面，交付与运营界面四大工业化住宅组织界面。在新理念的基础上，更加重视过程的连续性，组织界面充满了信息沟通、资金流通和物品交换。四大界面管理强调组织的目标整合，即工业化住宅项目全生命周期目标，因此需要设定多功能型组织对每一界面的信息进行评审，不断反馈信息，并对下阶段任务提出要求，很好地保持信息通畅并及时更新，避免不充分的信息流，使下阶段的参与者尽早地了解产品的研发，并提出后期装配、运营可能存在的问题，尽早地发现和解决问题，并在该界面将对产品的要求（信息流）、资金流和物流及时输入，或将当前界面对下阶段的要求、资源及时输出。

表 3-8　工业化住宅产品总承包组织的工作任务分工

		业主方	DB 单位	运营单位
1. 决策与论证项目				
11	建设大纲的编写	★		▲
12	环境调查与分析	★		
13	项目建议书的编写	★		▲
14	项目可行性分析	★		
15	项目分解、投资分解	★		▲
16	进度目标分解	★		▲
17	信息分类与编码	★		▲
18	信息集成平台构建	★		▲
19	全生命周期管理规划（合同、组织、信息）	★		▲
1A	竞标要求文件	★		▲

续表 3-8

		业主方	DB 单位	运营单位
1. 决策与论证项目				
1B	D+B 单位采购	★		▲
1C	界面责任定义、风险分配	★	▲	▲
1D	组建全生命周期管理组织	★	▲	▲
决策与研发界面管理				
2. 研发				
21	研发条件分析(理解需求)	●	★	●
22	BIM 初步建立,辅助方案论证	▲	★	▲
23	BIM 建立(各专业协同设计)	▲	★	▲
24	基于 BIM 的空间管理、设计优化	▲	★	▲
25	基于 BIM 的模拟光照、能耗、安全应急等		★	▲
26	基于 BIM 分析可施工性、界面管理		★	
27	基于 BIM 的装配技术方案	▲	★	
28	基于 BIM 的成本分析	▲	★	▲
29	分包和设备采购(材料设备清单)	▲	★	●
2A	试制造、装配	▲	★	
2B	研发文档信息编写并存储	▲	★	▲
2C	产品研发知识管理		★	
研发与工厂界面管理				
3. 制造				
31	制造工艺组织方案	●	★	
32	工厂技术支持	●	★	
33	工厂与研发、供应商、装配协商	●	★	●
34	试生产、配合新技术研发	▲	★	
35	生产阶段目标控制	▲	★	
36	物料物流管理	▲	★	
37	变更控制	★	★	●
38	生产文档信息编写并存储	▲	★	▲
39	生产知识管理		★	
研发、工厂与施工界面管理				
4. 装配				
41	装配组织方案	●	★	
42	装配技术支持	●	★	
43	装配与研发、工厂、供应商协调	●	★	●
44	装配阶段目标控制	▲	★	
45	物料物流管理(现场布置最优化)	▲	★	●
46	变更控制	★	★	▲
47	装配文档信息编写并存储	▲	★	▲
48	装配知识管理		★	
49	竣工验收	★	▲	
交付与运营界面管理				
5. 运营				
51	运营准备	▲		★
52	维护和运营管理(监控、维护、设备维修、空间管理)			★
53	物业管理(出租管理、公共关系等)			★
54	服务(防火、安全服务、文印服务等)			★
55	财务管理			★
56	全生命周期知识管理	★	▲	▲

注:★负责 ▲协助 ●配合

二、工业化住宅产品组织结构

（一）过程型组织

在组织方面，传统职能组织和过程型组织、项目型组织都有所不同（表3-9）。传统管理模式更注重的是组织结构和管理的角色，对流程重视度不高，因此传统的管理模式表现为自上而下、以职能为中心的组织形式。而过程型组织将中心投向过程，投向流程。

表 3-9　传统职能组织、过程型组织与项目型组织的区别

	传统职能组织	过程型组织	项目型组织
组织核心	职能	过程	项目
服务对象	上一级	业主	业主
管理者角色	监工	导师、促进者	组织者
管理任务	部门经理	过程管理者	项目经理
考核	部门绩效	关注实现最佳实践的方法，对流程绩效负责	“职能”和“项目”共同参与人员考核
制度	制度标准化是以监督员工为目的，繁多的规则和程序说明	根据不同层次人员的技能和经验，对制度进行针对性设计。规则和程序最少化	“职能”干预太多，导致“项目”无法开展针对性设计。很多制度不利于项目的开展
员工	隐藏创新，以防领导提高标准。员工被视为机器	员工被引导进行灵活的生产活动，积极创新	员工创新积极性不高，缺乏合作精神
组织	许多层级化的组织架构，且层层控制	等级阶梯数量少，学习型组织	存在双重领导
目标	以达成数量为目标	重视质量提升	项目过程易失控，导致目标无法完成。项目组资源竞争，影响项目进度和质量
特点	自上而下的监管	共同进步	注重组织均衡
程序	强制型，机械化	授权型，弹性、有机化	双重命令

项目管理和过程管理思想的结合已在一些大型项目应用并实施，尤其适用于以开发和实验为主的企业。此前，项目型组织注重单个项目的目标，后逐渐趋向于将单个项目的目标和组织的战略目标相结合，项目管理也逐步形成传统项目管理、多项目管理（Program Management)和项目组合管理(Portfolio Management)的几个发展阶段。传统矩阵型组织的弊端日渐明显,该组织结构易造成各专项任务组织(横向工作部门)与各职能机构(纵向工作部门)的指令矛盾,双方需不断磨合和处理冲突,协调困难。这促使研究者关注过程管理思想的应用,从多个项目的项目管理(Multi-project Management)向基于过程的多项目管理(Program Management)发展。过程导向型的组织模式避免了直线职能型组织应对多项目管理的力不从心的尴尬局面,也摆脱了矩阵型组织徘徊于“职能”与“项目”之间的两难境地[37]。图 3-10 为传统矩阵型组织结构模式向过程导向型多项目组织结构模式转变的一个示例[37]。

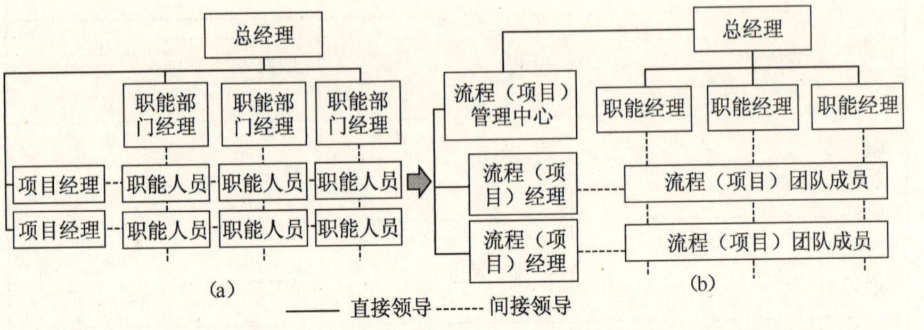

图 3-10 传统矩阵型组织结构模式向过程导向型多项目组织结构模式的转变

图片来源:邢以群,郑心怡.一种新的多项目管理模式——流程导向型组织结构模式探讨[J].管理科学,2003,17(4):43-46

工业化住宅管理模式应逐步将中心投向过程,投向流程。在过程型的管理模式下,所有参与者将工作在团队中,而非工作在传统的职能部门中,且项目管理者对最终结果负责。这可以促使组织更好地围绕整个活动过程进行管理并对业主进行服务。项目管理者既是团队管理者,也是流程管理者,职能部门经理逐渐丧失了传统的权威,成为导师、促进者和教练这样的人物,服务于项目团队。

传统职能型组织结构实行的是强制性制度,上级制定标准来监督员工。相比之下,过程型组织更加重视人性,是最佳实务方法,强调在员工参与下设计与改善,所制定的标准实际上是帮助员工管理工作。职能型组织的管理是命令式的,信息层层上报,并等待上级指令。在过程导向型组织中,对流程经理充分授权。职能部门权力逐步弱化,部门经理成为组织的任务协调者和技能培训师,不参与项目管理具体环节,更多关心员工技能培训等。

(二)工业化住宅产品组织结构

工业化住宅产品管理运用过程导向型多项目组织结构形式,有助于整合各方资源,引进先进技术,加强参与方的配合,因为工业化住宅是一个专业综合性很强、工业化程度很高的新型建筑产品。

住宅产品项目管理与大型企业管理的根本区别在于:项目管理班子的设置是为业主服务的且属于业主方管理组织,在总承包模式下项目管理班子的管理对象为总承包方,业主与总承包为不同的两家企业或公司;其他行业的管理班子与职能部门同属同一家企业或公司。

设置工业化住宅产品全过程的项目管理班子(全生命周期管理经理)

的根本目标是为实现全过程项目整体目标的控制。由于每个阶段之间存在密切的信息、资源和经济的联系，组建全过程管理班子将有助于目标控制的连续性，从而实现整体目标。其实是对项目管理班子提出了更高的要求，要求项目主任、项目部部长及项目经理具有全过程管理的知识和经验。

工业化住宅产品全过程项目管理组织结构主要分为三个管理层面。第一个是业主班子。围绕项目管理任务设置了项目主任（负责全过程进度控制和组织协调等）、项目技术主任（负责质量控制）和项目财务部法律主任（负责投资控制和合同管理）及其他职能管理部门。第二管理层，按照研发、生产、装配不同项目实施阶段设置项目部部长。第三管理层是按照不同产品线设立项目经理。

该项目管理组织结构为线形组织结构模式和过程导向的矩阵组织结构模式的结合。业主方项目管理组织结构中的主导指令线是：总经理—项目主任—开发中心、生产中心、装配中心项目部部长—开发过程、生产过程、装配过程项目经理。

项目主任承担全生命周期的管理工作，履行两种职能：一是协调管理过程，执行界面管理；二是监督每个过程的项目经理。项目主任下有投资控制组、进度控制组、质量管理组、合同管理组、信息管理组、风险管理组、组织协调组以及三个阶段的项目部长，组织形式为过程导向的矩阵式，不同的管理小组协助项目部长规划和执行项目管理具体内容。项目技术主任协助项目管理班子进行质量控制，项目财务法律主任协助项目主任进行投资控制和合同管理（图 3-11）。

在制造业，由于制造业相对住宅产品系统更为简单，通常由一个项目经理负责全过程产品开发到生产制造过程的管理。

尽管项目管理组织一般不按照专业来分设项目经理，但由于建筑

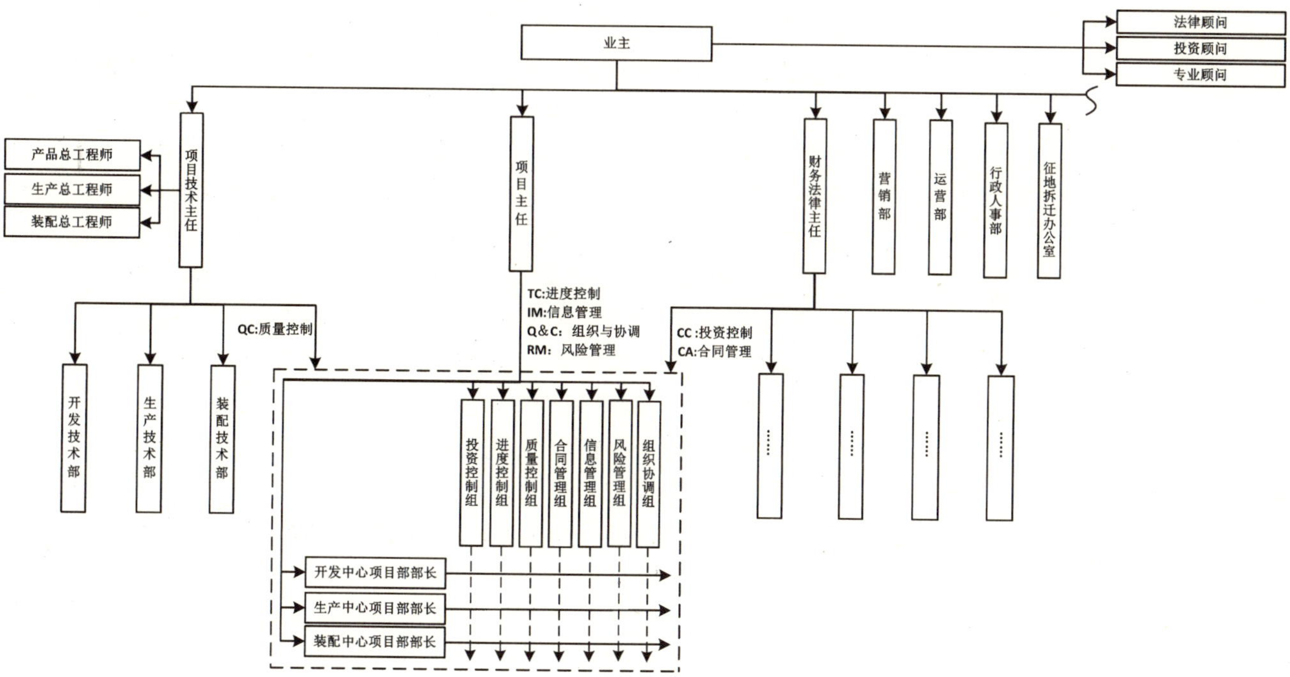

图 3-11　第一管理层

图片来源：作者自绘

产品的特殊性，工业化住宅产品系统相对汽车制造业规模较大、较复杂，不同专业的知识跨度和难度较大，且专业知识密集，因此，按其项目分解结构进一步设置细化的研发、生产和装配三个过程的项目部长。这样分开设置利于发挥管理人员的专业优势，且可以降低管理班子的工作风险，有利于业主分时段组建或在项目工作完成后及时撤销管理班子，使组织结构具有灵活性和适应性。不同阶段间的项目管理由项目主任统一协调和决策，项目部长负责当前阶段的资源分配和项目的协调工作。

另根据不同类型的工业化住宅产品分设不同产品线的项目经理，对某一住宅项目的产品线进行具体项目管理，项目经理所承担的任务范围的总和覆盖整个项目管理的任务。同时，全过程组织管理结构采用了过程导向型矩阵组织结构模式，有利于纵横两个方面上的管理部门之间实现资源共享，在利用产品全过程项目管理资源方面有一定的优势。如开发中心项目经理协调并监督一个由总承包商专门成立的产品(项目)小组去从事新产品开发工作，在研究、设计、试验、试制造整个研发阶段，由总承包开发部门派技术人员执行任务，而项目经理力图做到过程连续，以协调有关部门的活动，保证项目的完成(图 3-12)。

总承包商开发中心根据开发任务的需要，分为产品开发部和产品实验部。产品开发部根据工业化住宅产品标准模块的划分，及研发过程对研发任务的要求，分为系统设计部、深化设计部和工程设计部，开发经理负责对各自部门专业人员的专业技能培养。产品实验部根据产品物理属性、新技术、产品性能分为三个实验部门，配合开发部门完成研发任务，同时对产品质量负责。整个产品开发过程由开发中心项目经理统一协调和控制，并负责组织界面管理(图 3-13)。

总承包商生产中心分为技术研发部、生产部和营销部。技术研发部的任务是对生产部进行技术支持，因此根据物理属性可分为质量检测设备研发部、生产设备研发部、工装工具研发部、生产工艺规划部、管理装置研发部以及样品制作部。样品制作部主要是负责样品试制阶段所有工作，配合开发期间的样品制作和样品测试，第一时间应用先进技术，第一速度在工厂运行生产并检验，协助开展新产品的研发。生产部分为计划采购部、生产部和品管部。计划采购部除了有计划与物料控制组，还包含了采购组、库管组及物流组。生产部根据计划采购部的生产计划进行部品生产，一些较大型工厂不仅仅拥有预制构件生产流水线，还包含保温板、机械制造等流水线生产部门。品管部负责控制和审核部品质量。整个产品生产过程由生产中心项目经理统一协调和控制，并负责组织界面管理。那么，工厂制造商正在向系统解决方案提供商和全产业链整合者转变，与上、下游活动整合，共创价值(图3-14)。

总承包商装配中心分为技术部、计划物流控制部、装配部、品管部。技术部负责对装配进行技术支持，计划物流控制部负责装配计划的制订、物料的采购、物料的管理和物流控制。装配部依照开发部的装配流程以及装配计划来执行装配任务，品管部负责产品装配的质量。装配中心的项目经理替代传统建设项目的工程部经理，负责装配过程、验收过程中的管理工作(图 3-15)。

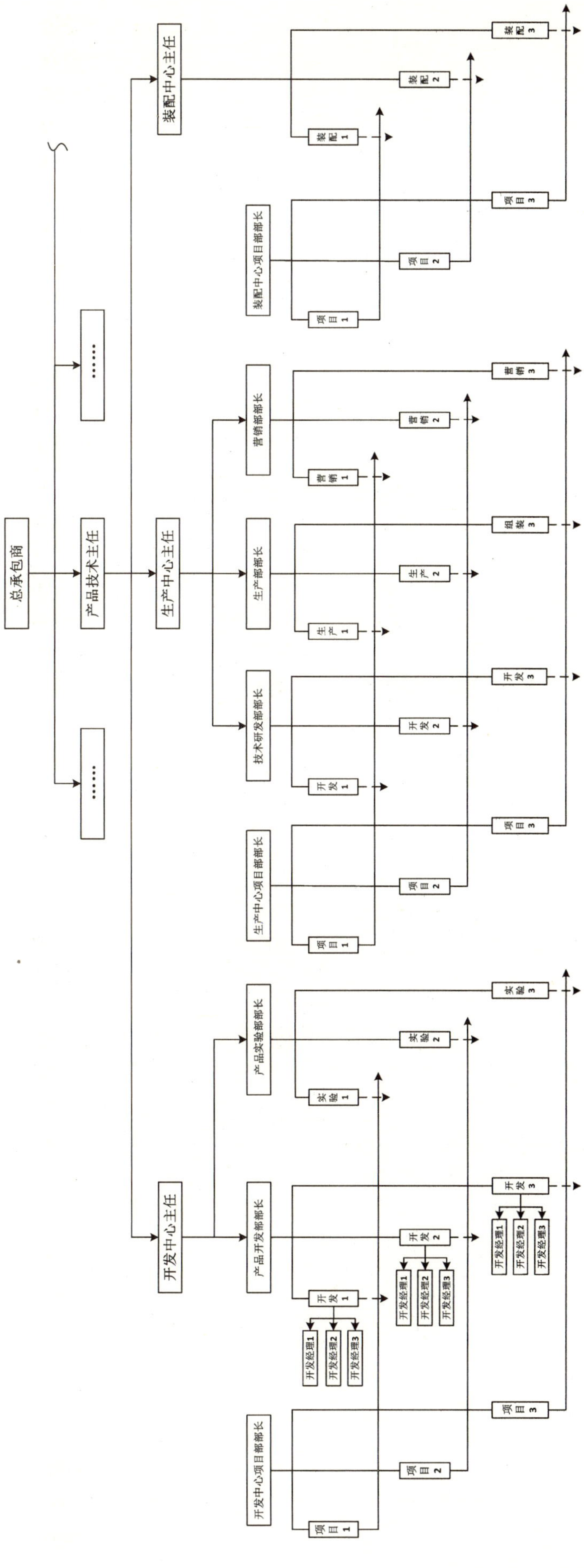

图 3-12 第二管理层

图片来源:作者自绘

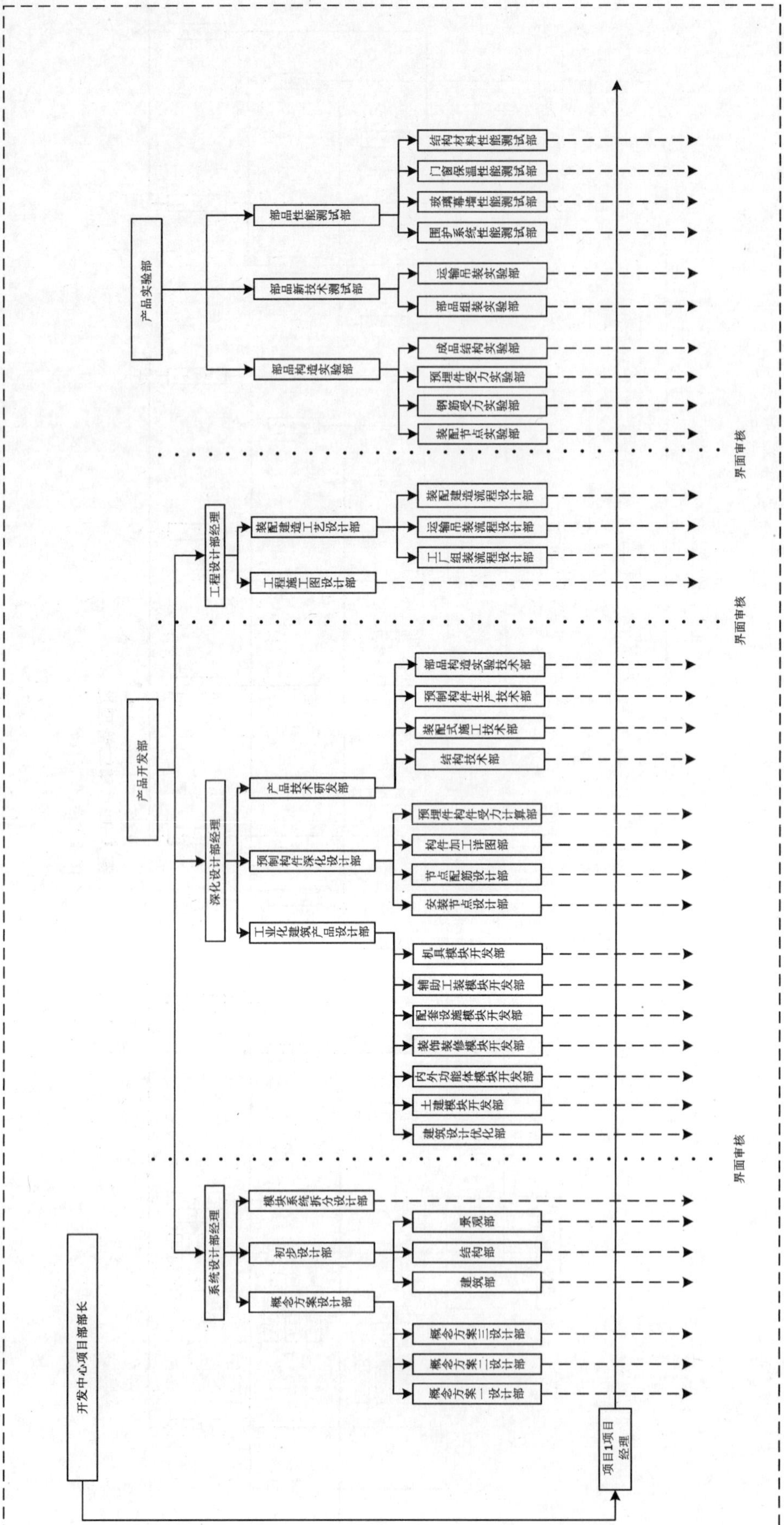

图 3-13　模块系统开发过程的组织结构

图片来源:作者自绘

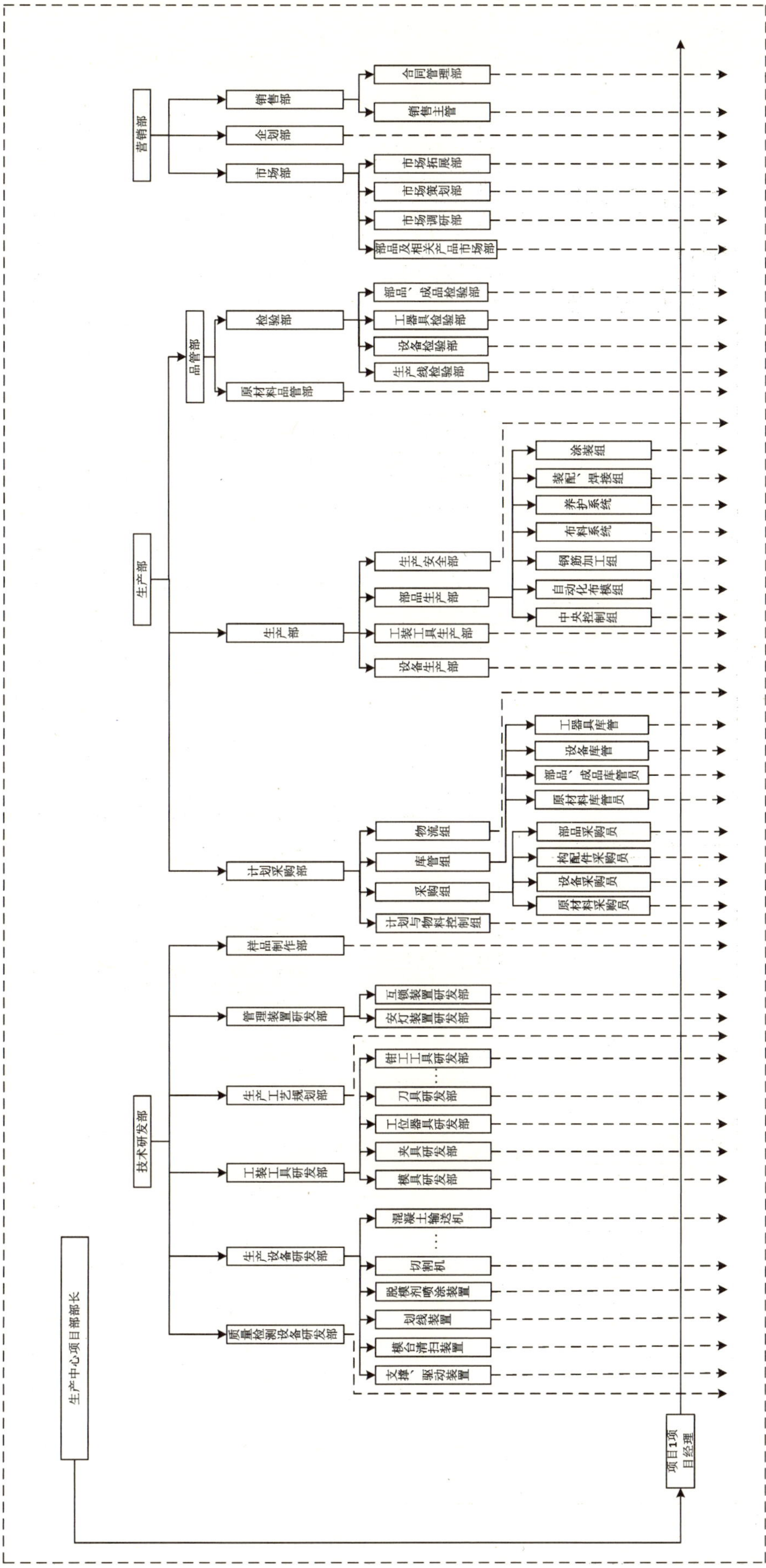

图 3-14 模块系统生产过程的组织结构

图片来源：作者自绘

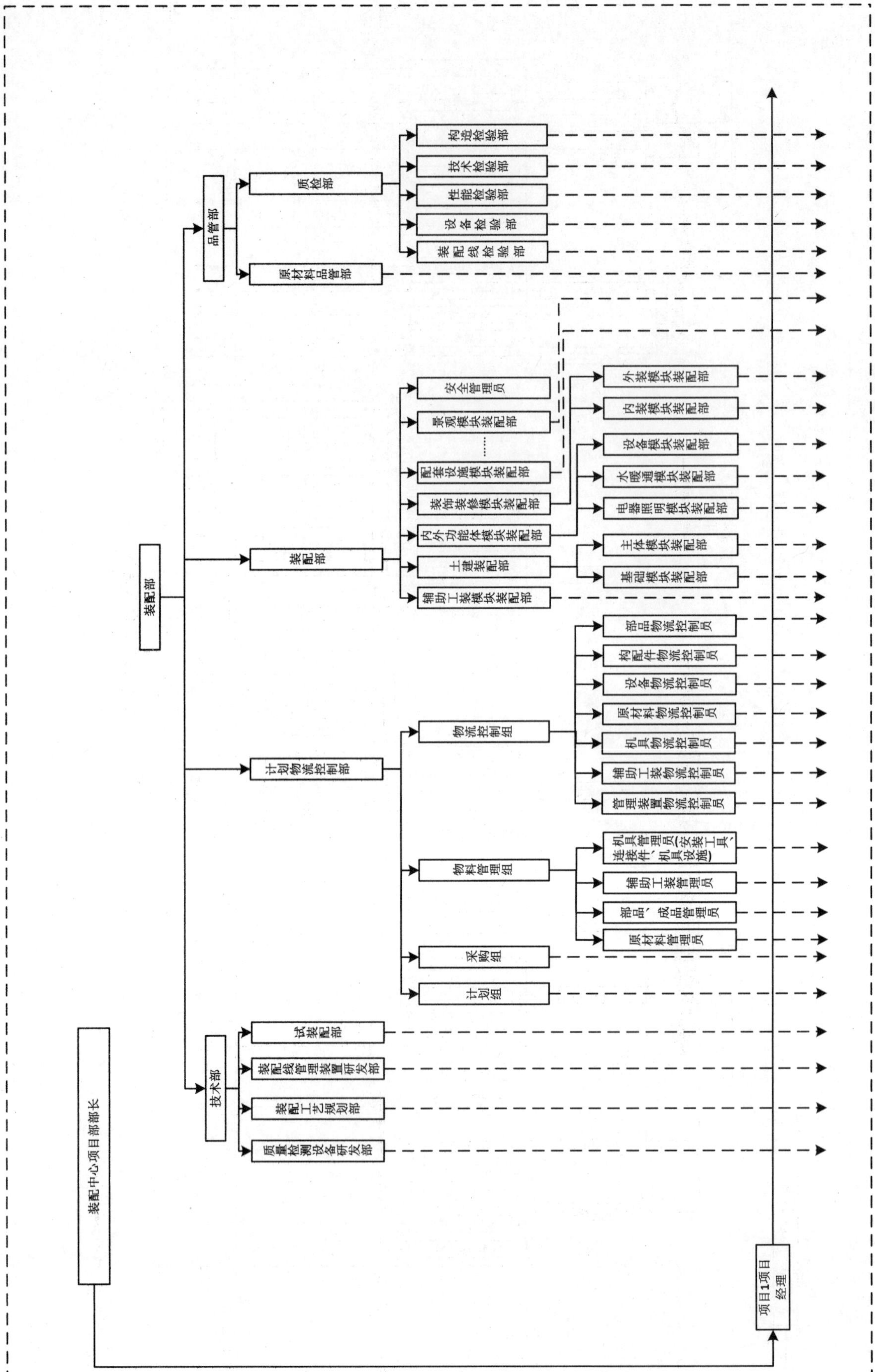

图 3-15 模块系统装配过程的组织结构

图片来源:作者自绘

三、工业化住宅产品管理职能分工表

工业发达国家在建设项目管理中广泛应用管理职能分工表，以使管理职能的分工更清晰、更严谨。管理职能分工表是用表的形式反映项目管理班子内部项目经理、各工作部门和各工作岗位对各项工作任务的项目管理职能分工[11]。管理职能分工也可用于工业化住宅项目管理。

每个项目的项目参与方、部门及部门内人员的管理职能角色都应编入管理职能分工表。传统的管理职能分工一般是着眼于部门内的工作任务分工或是基于不同专业的工作任务分工，更倾向横向界面任务的分解，忽略了全过程的连续性，尤其忽略对纵向界面的管理和控制，形成界面的灰色地带，造成组织的不充分。表 3-10 与表 3-11 是基于全过程的视角，在对传统管理职能分工改进思路的基础上，整理出的全过程总承包模式下的工业化住宅项目的管理职能分工表。

与传统建造方式的不同，从工业化住宅产品全生命周期视角来看，业主方从拿地、研发、采购到装配建造等一系列业务流程都为适应“工厂化”住宅生产的要求而展开。

项目管理任务之间保持清晰的界面，每项任务的责任者明确。管理是由多个环节组成的有限的循环过程，丁士昭提出组成管理的环节包含了提出问题、筹划、决策、执行和检查五个内容。在此基础上，工业化住宅产品管理职能分工中增加了信息、了解和顾问三个环节，即规划、决策、执行、检查、信息、了解、顾问。目的是实现全过程信息的共享，以及实现对组织界面关键节点环节的评审。

从表 3-10 和表 3-11 可以看出，每项任务都有工作部门或个人负责决策、执行和检查，保证了执行和检查职能由不同部门来承担，在保持清晰界面的同时，避免了决策职能的集权，以实现扁平化管理。在分权的管理体制下，层级减少了，上下层级间的联系也减少了，各基层组织相对独立，又可以快速适应市场变化的需要。随着信息技术的发展，扁平化管理存在的由于增加了管理幅度后增长的信息量和复杂的人际管理的问题，可以通过信息平台解决。

在过程导向型组织中，项目经理负责设计和改进过程中的工作步骤，审核总承包过程中的工作计划和预算；总承包商各专业的职能部门关注对员工的专业培训，负责进行专业技能的评定，当项目需要时配合项目经理进入各项目流程团队，项目经理负责协调管理。一些大型总承包商也有自己的项目管理组织，那么项目经理的职能主要集中在监督和控制上，在现有结构中，仅讨论由业主方进行项目管理的情况。

传统工程项目有工程监理方对项目的施工环节进行工程质量控制管理。工业化住宅产品的项目经理职责必须从概念方案阶段开始就对产品投资、计划进度和产品质量进行控制，尤其研发阶段的控制对后期影响最大，因为研发阶段的质量控制不到位将直接导致装配无法进行，造成重新修改或更改研发方案的严重后果。项目经理替代工程监理实行比其控制范围更大的质量和成本管理。

项目主任是项目管理最高层次的经理，项目主任下会设立不同的控制小组，他们能把握每个项目流程的重要性和优先级别，能够从全局的视角对所有过程进行统筹规划、资源分配，以实现整体最优产出率。他们

表 3-10　总承包模式下工业化住宅产品管理职能分工表 1

P—规划
E—决策
D—执行
C—检查
I—信息
Ke—了解
B—顾问

工作任务	政府	业主班子																									
	政府相关部门	公司总经理	项目主任	项目技术主任	项目财务主任	开发、生产、装配总工程师	开发技术部	生产技术部	装配技术部	营销部	运营部	行政人事部	征地拆迁办公室	研发项目部长	研发项目经理	生产项目部长	生产项目经理	装配项目部长	装配项目经理	投资控制组	进度控制组	质量控制组	合同管理组	信息管理组	风险管理组	组织协调组	法律顾问	投资顾问
建设大纲的编号	C	E				B					B		P/D															
环境调查与分析	C	E				B							P/D															
项目建议书的编写	C	E				B					B		P/D															
项目可行性分析	C	E				B							P/D															
编制项目功能描述书		Ke	E	E	E	B	C	C	C		B			C	D	C	D	C	D	P	P	P	P	P	P	P		
组织与审核方案设计		Ke	E	E	E	B	C	C	C		B			C	D	C	D	C	D	P	P	P	P	P	P	P		
编制总投资规划		Ke	Ke	I	E									C	D	C	D	C	D	P/D	I	I	I	I	P	I		B
总承包合同谈判		Ke	Ke	Ke	Ke	B	I	I	I					E	D	E	D	E	D	P	P	P	P/D	P	P	P	B	
建立信息管理制度			Ke	I	I	I	I	I	I		I			E/C	D	E/C	D	E/C	D									
研发技术经济分析			Ke	Ke	I	I	E	I	I		B			C	D					P		P			I			B
生产技术经济分析			Ke	Ke	I	I	I	E	I							C	D			P		P			I			B
装配技术经济分析			Ke	Ke	I	I	I	I	E									C	D	P		P			I			B
协调设计模块之间的关系		Ke	I			C								E/C	D											P		
协调产品线		Ke	I			C										E/C	D									P		
协调装配线		Ke	I			C												E/C	D							P		
协调开发、生产、装配部门		Ke	E	E		C								D		D		D								P		
审核研发进度			Ke	Ke										E	D						P				I			
审核生产进度			Ke	Ke												E	D				P				I			
审核装配进度			Ke	Ke														E	D		P				I			
审核研发质量			Ke	Ke		E	C							Ke	D							P			I			
审核生产质量			Ke	Ke		E		C								Ke	D					P			I			
审核装配质量			Ke	Ke		E			C									Ke	D			P			I			
概念方案设计及辅助方案论证				Ke		B	C				B				C									I	I			
编辑设计建议书和设计文件															C									I	I			
编辑工程造价															C					C				I	I			
制定开发计划															C						C			I	I			
联系厂商、供应商															C													
产品初步设计																												
模块拆分设计																												
产品设计优化															C													
预制构件深化设计															C													
产品新技术研发															C													
绘制施工图															C													
装配建造工艺设计															C													
试制样品															C													
部品构造实验															C													
新技术测试															C													
性能测试															C													

工作任务	总承包商																																													
	公司总经理	产品技术主任	产品财务主任	成品控制组	合同管理组	信息管理组	风险控制组	开发中心主任	开发部长	系统设计部经理	深化设计部经理	工程设计部经理	实验部长	实验部经理	生产中心主任	技术研发主管	工程师	辅助工程师	生产部部长	计划采购主管	计划与物料控制员	采购员	库管员	物流控制员	生产主管	生产组长	安全员	品质主管	品检员	营销主管	市场经理	销售经理	商务助理	装配中心主任	装配技术研发主管	工程师	计划物流主管	计划控制员	采购员	物料管理员	物流控制员	装配主管	装配组长	安全管理员	品管经理	品检员
建设大纲的编号																																														
环境调查与分析																																														
项目建议书的编写																																														
项目可行性分析																																														
编制项目功能描述书																																														
组织与审核方案设计																																														
编制总投资规划																																														
总承包合同谈判	Ke	Ke	Ke	P	P/D	P	P																																							
建立信息管理制度		C						B							B																			B												
研发技术经济分析																																														
生产技术经济分析																																														
装配技术经济分析																																														
协调设计模块之间的关系								I																																						
协调产品线															I																															
协调装配线																																		I								I				
协调开发、生产、装配部门																																														
审核研发进度								I																																						
审核生产进度															I																															
审核装配进度																																		I												
审核研发质量		Ke						I																																						
审核生产质量		Ke													I																															
审核装配质量		Ke																																I												
概念方案设计及辅助方案论证	Ke	E	E	P	P	P	P	E	C	P/D	I	I	I	I	B																			B												
编辑设计建议书和设计文件	Ke	E	E	P	P	P	P	C	I	D					B																			I												
编辑工程造价	Ke	E	E	P/D	I	I	I	C	I	D					B																			I												
制定开发计划						I	I	E	D	I	I	I	I	I																																
联系厂商、供应商	Ke	E	E	B	I	I	B	C	C	I	D	I	C	D	B																															
产品初步设计		C		I		I	I	E	C	P/D	I	I	I	I																																
模块拆分设计		Ke				I		E	C	P/D	I	I	I	I																																
产品设计优化	Ke	Ke				I		E	C	I	P/D	I	I	I	B																															
预制构件深化设计	Ke	Ke				I		E	C	I	P/D	I	I	I	B																															
产品新技术研发	Ke	Ke				I		E	C	I	P/D	I	I	I	B																															
绘制施工图	Ke	Ke				I		E	C	I	I	P/D	I	I	B																															
装配建造工艺设计	Ke	Ke				I		E	C	I	I	P/D	I	I	B																															
试制样品	Ke	Ke				I		E		I	I	I	C	P/D	B																															
部品构造实验		Ke				I		E		I	I	I	C	P/D	B																															
新技术测试		Ke				I		E		I	I	I	C	P/D	B																															
性能测试		Ke				I		E		I	I	I	C	P/D	B																															

表 3-11　总承包模式下工业化住宅产品管理职能分工表 2

P—规划　E—决策　D—执行　C—检查　I—信息　Ke—了解　B—顾问

工作任务	政府：政府相关部门	业主班子：公司总经理	项目主任	项目技术主任	项目财务主任	开发、生产、装配总工程师	开发技术部	生产技术部	装配技术部	营销部	运营部	行政人事部	征地拆迁办公室	研发项目部长	研发项目经理	生产项目部长	生产项目经理	装配项目部长	装配项目经理	投资控制组	进度控制组	质量控制组	合同管理组	信息管理组	风险管理组	组织协调组	法律顾问	投资顾问
研发成果的鉴定与评审		Ke	Ke	B		B	E/D	B	B		B											B						
质量检测设备研发																	C											
生产设备研发																	C											
工装工具研发																	C											
生产工艺规划																	C											
管理装配研发																	C											
样品试制及样品测试															C		C											
技术文件归档															C		C											
拟定新材料清单															C		C											
生产计划、采购计划、运输计划																	C				C				I			
联系供应商																	C							I				
控制采购成本																	C			C				I				
依照采购计划进行采购																	C											
分管、收发料、定期盘点																												
负责输入和输出物资和产品运输、装卸搬运																	C											
制订生产目标																	C											
组织生产工作																	C											
建立生产质量管理体系																	C											
制订员工培训计划																												
推行可视化管理																												
生产线安全控制																												
物料、成品、半成品、工序检验																	C											
统计检验数据																	C											
督促改进质量管理制度																	C											
市场调研																												
部品、成品、设备、物料销售																												
合同管理																	C											
生产成果的鉴定和评审		Ke	Ke	B		B	B	E/D	B		B											B						
质量检测设备研发																			C									
装配工艺规划																			C									
装配线管理装置研发																			C									
部品试装配														B		B			C									
技术文件归档														B		B			C									
装配计划、采购计划、物流计划																			C		C				I			
联系厂商、供应商																			C									
控制装配成本																			C	C				I				
依照采购计划进行采购																			C									
现场分管物料、定期盘点																												
控制物流进场和出场次序和时间																			C									
制定装配目标																			C									
组织装配工作																			C									
建立装配质量、安全管理体系																			C									
制订员工培训计划																												
装配线安全控制																												
装配节点、构造、结构、工序检验																			C									
统计检验数据																			C									
督促改进质量、安全管理制度																			C									
装配成果的鉴定与评审	C	Ke	Ke	B		B	B	B	E/D		B											B						
运营管理		Ke		B							D																	

工作任务	总承包商：公司总经理	产品技术主任	产品财务主任	成品控制组	合同管理组	信息管理组	风险控制组	开发中心主任	开发部长	系统设计部经理	深化设计部经理	工程设计部经理	实验部长	实验部经理	生产中心主任	技术研发主管	工程师	辅助工程师
研发成果的鉴定与评审	Ke	E				I		D							B			
质量检测设备研发						I									E	C	P	D
生产设备研发						I									E	C	P	D
工装工具研发						I									E	C	P	D
生产工艺规划						I									E	C	P	D
管理装配研发						I									E	C	P	D
样品试制及样品测试	Ke	Ke				I		I	I	I	I	I	E/C	D	E	C	P	D
技术文件归档		Ke				I		I	I	I	I	I	C	D	E	C	P	D
拟定新材料清单		Ke				I		I	I	I	I	I	B	D	I	I	E	D
生产计划、采购计划、运输计划					I	I									E	I	I	I
联系供应商					I										E	I	I	I
控制采购成本	Ke	E	E	P/D	I	I	I	B							C			
依照采购计划进行采购							I											
分管、收发料、定期盘点							I										I	I
负责输入和输出物资和产品运输、装卸搬运							I										I	I
制订生产目标							I									E	I	
组织生产工作							I									E		
建立生产质量管理体系							I									E		
制订员工培训计划							I											
推行可视化管理							I									E		
生产线安全控制																		
物料、成品、半成品、工序检验		Ke													E			
统计检验数据		Ke				I									I			
督促改进质量管理制度						I									E			
市场调研						I									E	I	I	I
部品、成品、设备、物料销售						I									E			
合同管理					E	I									C			
生产成果的鉴定和评审	Ke	E				I		B							D			
质量检测设备研发						I												
装配工艺规划						I												
装配线管理装置研发						I												
部品试装配	Ke	Ke				I		I	I	I	I	I	E/C	D				
技术文件归档		Ke				I		I	I	I	I	I	C	D				
装配计划、采购计划、物流计划						I	I											
联系厂商、供应商						I												
控制装配成本	Ke	E	E	P/D	I	I	I	B							B			
依照采购计划进行采购						I												
现场分管物料、定期盘点					I													
控制物流进场和出场次序和时间						I												
制定装配目标						I												
组织装配工作						I												
建立装配质量、安全管理体系						I												
制订员工培训计划						I												
装配线安全控制																		
装配节点、构造、结构、工序检验		Ke																
统计检验数据		Ke				I												
督促改进质量、安全管理制度						I												
装配成果的鉴定与评审	Ke	E				I		B							B			
运营管理																		

工作任务	总承包商：生产部部长	计划采购主管	计划与物料控制员	采购员	库管员	物流控制员	生产主管	生产组长	安全员	品质主管	品检员	营销主管	市场经理	销售经理	商务助理	装配中心主任	装配技术研发主管	工程师	计划物流主管	计划控制员	采购员	物料管理员	物流控制员	装配主管	装配组长	安全管理员	品管经理	品检员
研发成果的鉴定与评审																B												
质量检测设备研发	I																											
生产设备研发	I																											
工装工具研发	I																											
生产工艺规划	I						I	I	I	I	I																	
管理装配研发	I																											
样品试制及样品测试	I	I					I	I																				
技术文件归档	I	I					I	I																				
拟定新材料清单	I	I					I	I																				
生产计划、采购计划、运输计划	C	P	D	I	I	I	I	I				I	I	I														
联系供应商	C	P	D	I																								
控制采购成本	I	P	D													I												
依照采购计划进行采购	I	E	C	D	I	I																						
分管、收发料、定期盘点	I	I	E	I	I	D	I	I	I																			
负责输入和输出物资和产品运输、装卸搬运	I	I	E	I	I	D	I	I	I																			
制订生产目标		C	I	I				P	D																			
组织生产工作		C						P	D																			
建立生产质量管理体系		C						P	D	I	I	I																
制订员工培训计划								E/C	D																			
推行可视化管理		C						P	D																			
生产线安全控制								E	C	D																		
物料、成品、半成品、工序检验							I			C	D																	
统计检验数据							I			E/C	D																	
督促改进质量管理制度							I			C	D																	
市场调研	I	I	I				P/C	D																				
部品、成品、设备、物料销售							P/C		D	I																		
合同管理							P		I	D																		
生产成果的鉴定和评审																B												
质量检测设备研发																E	C	D						I	I			
装配工艺规划																E	C	D	I	I				I	I	I	I	I
装配线管理装置研发																E	C	D						I	I			
部品试装配																E	C	D	I					I	I	I	I	I
技术文件归档																E	C	D	I					I	I	I	I	I
装配计划、采购计划、物流计划																E	I	I	C	D	I	I	I	I	I			
联系厂商、供应商																E	I	I	C	D	I	I	I	I	I			
控制装配成本																C		I	P	D								
依照采购计划进行采购																			E	C	D	I	I	I	I			
现场分管物料、定期盘点																	I	I	E	C	I	D	I	I	I			
控制物流进场和出场次序和时间																	I	I	E	C	I	D	I	I	I			
制定装配目标																E/C				I	I			P	D			
组织装配工作																E/C								P	D			
建立装配质量、安全管理体系																E/C								P	D	I	I	I
制订员工培训计划																								E/C	D			
装配线安全控制																								E	C	D		
装配节点、构造、结构、工序检验																E											C	D
统计检验数据																I											E/C	D
督促改进质量、安全管理制度																E											C	D
装配成果的鉴定与评审																D												
运营管理																												

的职能是对过程经理授权及监督，保证过程经理实行协调跨职能团队的权利，又防止滥用职权的产生[37]。

工业化住宅产品全过程中，设计人员转变为研发人员，施工现场的民工转变为产业工人。较传统建造过程增加了工厂生产阶段，在手工生产转变为自动化生产的背景下，生产工人转变为操作员。开发部长、开发经理转变为技术负责人，施工现场的工人领班转变为装配技术负责人，生产过程增加了部品生产技术负责人。

组织界面关键节点的流程控制，帮助提高项目质量和控制风险。因此，在组织界面的关键节点设置多功能型小组，由不同专业的技术人员及不同组织的管理人员组成。多功能型小组对关键节点进行评估，从投资、进度、质量、风险管理、信息管理、运营管理、研发技术等诸多方面评定，并共同决定下一个过程的输入，保证组织界面的信息传输流畅，把控集成管理目标。

第五节　工业化住宅产品的组织协同工作

一、工业化住宅产品的标准化工作

当批量生产方法取代手工生产方式时，标准化的工作变成一门“科学”，现代化制造业与标准化最早是由科学管理之父泰勒提出的工业工程原理为基础的[20]。

亨利·福特在1926年提出的标准化概念：现在的标准化是促成未来改善的必要基础，如果你把标准化视为你能想到的最佳境界但却是未来可以做到的改善，你就能有所精进；但是，如果你把标准当成设定的种种限制，那么，改善的进程就会停滞不前。

今井正明在其探讨持续改善的著作《改善——日本企业成功的奥秘》中指出任何流程除非标准化，否则不可能达到真正的改善[38]。

工业化住宅产品的组织应当具备区别传统官僚式标准政策的标准化程序，它是组织寻求持续改善的基础，并不断去除浪费以持续提高生产力。具备标准化程序的组织更具有弹性、竞争力，富有成效，适应变化。具体在住宅项目研发、生产装配实践中，工业化住宅产品的标准化工作意味着模数协调标准化、户型标准化、预制构件标准化、工艺单元标准化、管理和沟通标准化。

（一）模数协调标准化

模数协调标准中对装配式建筑的空间尺寸进行模数化、系列化的规定。

（二）户型标准化

标准户型图对工业化住宅中的户型、构件尺寸进行明确的规定，方便设计单位选用和生产厂家生产。

（三）预制构件标准化

马洪波指出住宅市场仍旧稳定但竞争激烈，设计标准化将是趋势[39]。零部件的标准化是现代工业生产的基础。在工业化住宅研发中，部品及构配件的标准化同样可以实现，依照共同的标准研发和生产同类产品，从而使标准构配件市场化，形成价格、质量的比较与竞争，利于择优。标准化也可以使住宅产品的可替换性增加，同时利于后期运营维护及拆除工作，且市场的扩大也降低了产品的价格。研发工作不是一劳永逸，而是随着问题的不断浮现而不断解决的持续性过程。

（四）工艺单元标准化

工艺单元的标准化，旨在固定工业化产品重复性工艺单元方面，标准明确。工艺单元标准化意味着相同产品的工艺单元是相同的，具有相同的质量和使用功能。一直对众多部品进行单独工艺设计的方法，不但效率低下，并促使人员的大部分精力消耗在逐件制定工艺规程等重复劳动过程中，无力改进现有工艺或研究与单元化生产匹配的工艺设计方法。同时，标准化的工艺也大大降低了交易风险和成本，而标准化的工艺单元也有利于分包协作工作。

（五）管理和沟通标准化

在传统建造领域中，质量控制的方式是基于现场施工的质量控制。但是在工业化住宅产品生产制造系统中，产业链中的生产单元是独立的，产业链的组织构成是动态的，因此只有依靠管理与沟通标准化才能保证整个产业链的质量。应该说，管理与沟通标准化是生产标准化的基本平台与质量保证。

二、工业化住宅产品的组织集成——虚拟企业/产业链联盟

（一）组织协同环境

建筑业的协同环境不完全与制造业趋同，Y. E. 卡布尔（Y. E. Kalay）认为：首先，涉及的组织或个体是根本性不同的职业，他们具有不同的目的、目标甚至是信仰，建筑师、结构师、电气工程师、业主和设施经理等构成的团队几乎没有共同的教育基础，因此对于什么是重要的什么是不重要的经常持有不同意见；其次，是一个“临时性多组织”，他们为了一个项目短暂地组合在一起，有着共同的目标，但又有与项目目标相冲突的自身目标；最后，建筑业的组织会有一个延伸时间，一些参与方虽然不再参与项目，但他们的决策和行为仍然影响着项目[40]。因此，建筑业的协同环境比制造业更为复杂。

基于以上几点，组织上需要克服的阻力有：个人阻力、组织内阻力和组织间阻力。个人阻力主要来自于目前国内的教育体制着重培养个人专业知识和个人技能而忽略了团队协作能力的培养。这与外部环境越来越强调协同和共享相矛盾，随着建设项目的复杂程度加大，对协同能力的需求也就越强。组织内阻力来自组织界面、组织结构、组织文化、组织管理模式，信息平台有助于缓解组织内冲突及矛盾。组织间阻力一方面来自基于合同的商业性合作，合同明确界定了各参与方的角色、责任和风险，建立长期的业务关系是解决组织间阻力的良好措施之一，如 Partnering

模式、网络组织或虚拟组织等。另一方面，组织间的阻力来自传统建筑业的低信用特性，建筑业是低信用经济(Low Trust Economy)[41]，克服这种阻力需要对建筑业的生产方式进行变革，例如推行工程项目总承包模式(纵向集成)、Partnering 模式等[19]。

工业化住宅产品标准化工作帮助施工单位由现场湿作业向依赖于标准化、社会化标准部件及构配件供应的集成总装线转变。以材料供应为核心的中小企业逐步走进工业化建造的产业链，产品标准化工作帮助中小企业实现从以标准件生产为核心、专门性的大批量生产企业转变为部品、构配件供应商，使原有的业务进一步拓展到整个产业中，形成与产业链相关企业共同构成的虚拟企业。

(二) 虚拟企业——集成装配系统的组织管理模式

虚拟企业的概念最早来自制造业，通过生产的社会化，将原有传统制造业中"大而全"的生产模式，转为依靠分工协作的集成总装模式。基于模块化建筑产品建造组装方式使协同生产组织模式成为可能，形成特定的部品链条，从构配件到部品的传递与供应链条，通过模块分包等模式，既保证部品部件制作达到专业化层次又降低了成本。

1. 船舶制造模式的变革过程

1) 造船业的集成制造模式

传统的造船过程几乎是一个全封闭过程，自行生产建造几乎全部零部件的产品。在 20 世纪 80 年代，将部分生产作业进行外包，取得良好收效。随后，船舶的制造过程逐步向总装过程转化，以总装厂、分包商、协作商为层级结构的产业链逐步形成，自己生产建造只占 20%～30%，体现了集成制造模式。

在船体具体的制造与建造过程中，由总装厂承接船主的建造合同，通过有效的船体分解，形成特定的、标准化的模块，将模块或零部件通过外包形式转承包给协作厂商，当协作者完成加工制造后，将模块运往总装厂进行集成化拼装，形成整体船舶。现阶段，船舶制造过程已从单一企业的制造模式转向了多企业构成的产业链总装模式，虽然仍在探索，但已呈现出明显的主流趋势。

2) 制造业的集成生产组织模式迟迟未被采用的原因

传统的建筑业生产过程与传统造船业的生产过程相仿，现阶段，虽然设备已实现外包，且实现专业化承包、独立外包施工的基本模式。但绝大部分施工单位不采用预制混凝土结构而采用现浇钢筋混凝土结构。这是因为传统的钢筋混凝土设计理论一般认为，现浇钢筋混凝土结构的整体性(连续性)要高于预制钢筋混凝土结构，这在结构的抗震能力上极为关键。但从相关的研究来看，预制结构的力学性能尤其是人们所关注的抗震性能、延性以及承载力等方面，并不比现浇结构差[42][43][44]。

日本作为地震灾害最为严重的国家，其有关研究与实践也同样表明，传统上对于预制结构的力学缺陷的认识并不完全正确，预制结构在连接的整体性上满足要求。而我国台湾地区的工程实践也充分说明，预制结构在抗震性能、整体性、能量耗散模式等关键问题上，与现浇结构具有相同的表现[42][45]。

另一方面，大部分业主或者工程公司会抵制这些新技术的采用，除非他们看到清晰的价值。不过，国内一些大型企业已经进行了工业化产品的尝试,有成功组装并实现了最后的建筑产品总装的案例。如远大住工提供从研发设计、生产制造、工程施工、装饰装修全产业链条的工业化建筑整体解决方案,且于15天搭建完成30层的T30酒店,19天盖起57层的"小天城"。

随着预制构件装配建造技术以及信息化技术的发展,作为人类最古老的建筑业,完全可以借鉴制造业成熟的管理理念和生产组织方式,结合自身特点转变观念适应社会的发展。现阶段,工业化住宅产品不够成熟,专业化预制构件制造工厂不多,但随着技术进步,专业分包能力越来越强后,Partnering模式、虚拟组织将是未来的发展方向。

2. 工业化住宅产品模块化生产组织模式——建设产业链联盟

1) 模块化生产需要模块化组织

工业化住宅产品的生产模式是基于标准化、模块化而形成的外包协作模式,这种模式与一体化的整体模式有着本源性的差异,因此以模块化为核心的生产方式,需要模块化的生产组织方式。

(1) 以外包管理为基础的模块化的组织模式。总承包商在将承接的住宅产品进行系统解构后,对分解后的标准工艺单元经过成组后的工作分包给协作生产企业,最终实现集成总装,这一过程是模块化生产的核心。模块化的组织方式实现了模块独立开发,独立外包给协作企业完成部品生产的过程。

(2) 模块化组织方式可以实现企业的优选。模块化生产组织分属不同的企业,是基于社会化生产协作的最好优选方法。这种方式通过专业承包商的比较,实现筛选和优选,获得相对有优势的合作伙伴进行合作,且可以通过不断的合作,获得长期稳定的合作伙伴。

(3) 模块化的组织模式可以实现以非行政手段进行控管。模块化的生产组织区别于一体化战略组织,一体化所形成的是一个大型或超大型的企业,有过长的产业链或庞大的生产体系。而模块化的生产组织模式属于非完整企业的构成模式,在该组织体系中,没有上下级的关系,没有命令制度,仅存在基于合作的利益分配模式。由此可见,这一组织体系是不稳定的,维持其合作体系的稳定性,将在下文详述。

由此可见,模块化生产流程是松散的、协作型生产过程。产业链联盟是以核心企业与协作企业构成的组织体系,模块化生产链是核心企业与协作企业构成的生产过程。产业链联盟模式适合模块化生产组织。

2) 工业化住宅建设产业链联盟

工业化住宅建设产业链联盟是众多相关企业依托核心企业而形成的。核心企业是建设产业链联盟的灵魂,基于该企业,建设产业链联盟上的合作者相互协调,从而完成预定的功能与目标。核心企业是业主方的产品提供者,也是供应方的产品需求者,更是产业链中的核心生产组织者与利益均衡者。当然也只有核心企业才具有总承包资质,通过市场获取工程建设项目总承包合同。

由于工业化预制装配技术的先进性,缺乏拥有先进建造技术及专业化生产技术的企业,有实力的总承包企业更加稀缺,因此宜以总承包企业为核心企业,形成有效的向心作用,通过制定相关技术标准,使总承包企业与有共同目标的各企业形成工业化产品的虚拟组织。如业主与总承包企业基于共同目标建立长期伙伴关系。

虚拟组织仅基于合作与协作关系构成产业链，总承包企业与分包协作企业不存在管理与被管理的关系。那么，防止产业链的异常断裂、克服虚拟组织的不稳定性就成为组织集成的关键问题。

(1) 合作伙伴关系是虚拟企业构建的基础。虚拟组织不是实际意义上的企业，其成员是非固定的，成员之间的关系是合作关系，是为共同利益或特定利益而组成的合作性的组织。这一合作伙伴关系不是基于现有工作而形成的缔约关系，而是基于预期利益而形成的长期伙伴关系。双方通过多次合作已经建立良好的合作关系、特定的合作方式，对合作中的细节已达成某种共识和默契。

(2) 法律/合同是虚拟组织内部有效合作的手段。尽管网络组织或虚拟型组织、Partnering 模式强调协同和共享，但建筑业很少有组织将工作完全寄托于信任之上，仍需要法律保障彼此间的项目合作。合同规范了成员的权利、义务与责任，也约定了完成目标的"法定"程序，同时也确定了违约的责任和承担的风险。除此之外，因为虚拟组织协同依赖信息交流，因此协同技术的法律问题至关重要。P. 威尔金森(P. Wilkinson)在总结一些文献后认为，协同技术的法律问题主要包括以下方面：a. 电子沟通的法律地位(Legal Status)；b. 和软件供应商的法律关系；c. 可靠性、安全、服务中断(包括可能的信息丢失)或不可预见的服务中止；d. 审计追踪问题，尤其是和一个法律案件相关的文档记录；e. 数据和版权的拥有权等。

(3) ASC(Alliance Steering Committee)是虚拟企业有效运行的保障。ASC 的含义，即在平行模式的基础上，建立一个共同的、类似协调指挥委员会形式的协调结构，对虚拟企业的资源和技术力量实行统一计划和管理，从而实现联盟内资源的优化调度[46]。虽然核心企业在虚拟企业运转过程中起主导作用，但核心企业与协作企业不存在上下层级关系，协作是虚拟企业存在的前提。因此设立 ASC 可以帮助建设产业链上的企业群体相互协作，并保障各自利益，ASC 由虚拟企业参与成员共同组建，旨在协调和保障企业联盟的有效运行。

(4) 信任是虚拟企业协作的基本特征。卡若琳・布莱克(Carolynn Black)等指出对于一个成功的 Partnering 关系，信任是必需的，应该使用"君子协议"来替代一个正式的协议；他们认为，进行合同谈判就表明了对对方信任的缺乏[47]。然而，F. 格林菲思(F. Griffiths)指出，合作伙伴有必要明白合伙契约的性质，并强调，公开、合作和 TQM(Total Quality Management)原理的条款和条件均是有重要意义的[48]。

信任是虚拟企业协作的一个基本特征，有利于协作双方改善和解决彼此之间的冲突且有益于共同获利。信任程度越高，彼此依赖性越强，不确定性和风险性就越小。

(5) 沟通是虚拟企业的运作基础。虚拟企业联盟中的协作企业之间往往存在目标冲突、利益冲突，甚至由于信息沟通的缺乏导致各种矛盾的发生。因此，基于信任基础上的有效的沟通、及时的信息共享是虚拟企业运行的基本前提。

(6) 企业文化、特定资源、资源集合是长期伙伴关系的前提。尽管虚拟企业是临时性的，但对于核心企业而言，要获得长远的发展，与协作企业构建共同价值观的企业文化，是使虚拟企业成员处于合作或准合作状态的重要保障。

资源可以包含资产、知识、技术、信息、能力、组织程序等，在各种资源中，企业要保持持久的竞争力，必须占有稀缺的、难以模仿和复制的特定资源。战略联盟的形成，正是核心企业掌握核心特定资源，形成强大的凝聚力，使协作企业难以转向其他生产的行为，可以有效防止战略联盟解体。当然，建立在团队合作基础上的产业联盟本身就是单个企业创造不出且不可模仿的能力。因此，通过企业联盟形成的合作关系也可以在市场上形成良好的信誉。

(7) 灵活性是虚拟企业运行的保证。灵活性是虚拟企业固有特征。这是由其法律上的独立性和经济上的相关性决定的，即所有参与方在法律上独立并且在虚拟组织中平等。这代表虚拟企业可根据自身发展需求或市场环境，可以通过协作的方式扩大生产规模，相同的，在市场行情不好的时候，以同样的方式，即解除协作的方式实现规模的收缩。这一特性是虚拟组织能快速适应市场变化，很好控制运行成本的关键问题之一。

(8) 核心企业是虚拟企业发展的动力。特定文化和特定资源决定了核心企业的价值观与凝聚力，这也是虚拟企业初创的基本前提。核心企业承接的项目来自具有共同价值观和发展目标的业主，其项目承接状况由业主来决定，而协作企业的真正利益来源是核心企业的委托子项目。一方面虚拟企业的发展受市场环境所影响，而另一方面，对于协作企业而言，它的项目承接状况直接影响整个组织的运行是否平稳。因此，要保证虚拟组织强大的凝聚力，必须有实力强大的核心企业作支撑，否则，协作企业很容易转向其他组织重构战略联盟。

3) 工业化住宅产品的集成化组织模型

如前文所述，可以绘制出工业化住宅产品系统的集成化组织模型——建设产业链(图 3-16)。

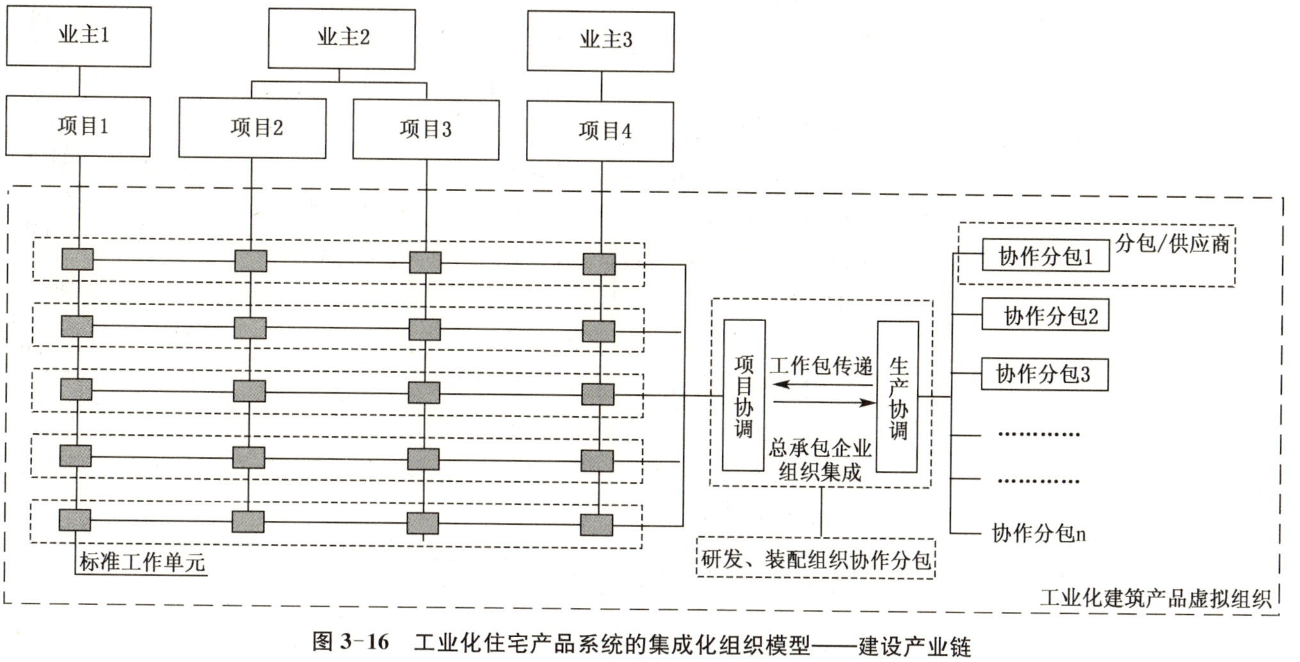

图 3-16 工业化住宅产品系统的集成化组织模型——建设产业链

图片来源：作者自绘

工业化住宅总承包商企业管理组织结构由两个组成部分构成：项目协调组织实现核心企业对各个项目的协调，生产协调组织实现核心企业对协作机构的协调。

(1) 项目协调组织。项目协调组织是总承包企业内部所构建的管理组织，旨在协调企业所承接的各个项目之间资源平衡的组织。多项目目标平衡成为总承包企业的重点，并通过平衡与取舍实现企业利益的最大化。

对于不同项目、具有同类生产加工特征的标准化工作单元进行打包成组，转给分包协调组织。这个过程中，平衡相关资源在不同项目的分配，从而实现劳动力、资金、物料、设备、时间资源的均衡与稳定。利用不同项目对资源需求差异，达到成本优化目的。

(2) 生产协调组织。生产协调组织旨在协作各供应商的生产。将集成的工作包分配给协作生产商，并提供技术规范和操作规范作为协作企业的工作依据，监督和管理协作商的工作进度和产品质量，依照标准进行生产后的部品验收工作。

生产协调组织的任务是在供应商提供的相关资源与相关项目进度之间建立必要的关联，以确保在确定的时间，获得确定的产品及服务。

4) 以总承包单位为核心企业的工业化住宅产业联盟的构建

首先，部品、构配件生产者的资金与市场，需要依靠工业化总承包商提供，总承包商则需要部品供应商保证其部品的有效供应，这是市场对资源优化配置的必然结构，使生产者与总承包商利益紧密关联。其次，工业化住宅产品是一个以装配式集成化建筑为主要发展方式的工业化建筑产品。因此，产业联盟发展目标如下：

以国家政策和市场机制为导向，以装配式集成化为方向，以联盟群体竞争力为核心，聚合各方资源，打造汇上游下游产业于一体的建筑产业化实体联盟，形成产业链集群效应，最终形成功能齐全的建筑产业链条和产业集群。

(1) 合作共赢，是产业变革的前提和基础。组建大型住宅工业基地应聚合住宅外保温装饰企业、内装企业、家电企业等知名企业形成的产业联盟，打造集技术研发、技术协作、工程设计、工业化生产、机械化建造、土地开发、房屋销售、售后服务于一体的房屋制造业航母——像生产汽车一样生产房子，像销售汽车一样销售房子，建立以住宅制造业为核心的和谐、多赢的住宅产业模式，实现国家利益、政府利益、企业利益、个人利益的回归统一[49]。

总承包企业提供核心技术为生产链上的合作伙伴创造价值。其提供一种全新的合作模式，与政府、开发商、设计单位等企业共同携手推动建筑产业现代化，并和科研院校建立良好、稳固的合作伙伴关系，逐步形成强大的人才、技术和品牌优势。我国第一家建筑产业化联盟在北京西苑饭店正式成立。

(2) 总承包商拥有自己的研发团队，或与产品设计团队协作开发新产品。模块化研发团队区别于传统的建筑设计，工作包含面较广，是从工业化住宅方案设计、预制构件产品设计、建筑信息化、CATIA 的模拟施工设计、工厂生产到现场装配组织全过程一体化的研发团队。研发团队协助总承包商完成工作包分，且与模块、材料供应商对接。以产品不断优化和长期合作作为共同目标。总承包商与研发团队共享市场资源，与有资质的模块供应厂商取得联系。

(3) 工业化住宅产品的供应商是产品标准构配件、标准模块的供应商。建筑市场大多以传统建筑项目的材料供应为主，如装饰材料：贴面、瓷砖、涂料、镀层等，有资质的模块供应商稀缺。因此，供应商面临转型，由材料供应转为模块供应，供应以系列产品和标准构配件为主，例如墙体骨架系列、楼板骨架系列、标准安装件等。模块供应企业更加趋向模块专业化，及时提供专业化外墙、专业化屋面工程、专业化预制柱等，并对模块质量承担相应的责任。

(4) 总承包商协助模块供应商转型，支持模块供应商评价与选择。寻求和培养支持设计资源管理的模块供应商，传统供应商从提供材料的生产企业转变以提供模块化的生产企业是当前面临的一项战略性研究课题。为了应对日益激烈的市场竞争，模块化生产企业更加积极地实施模块化外包以增加住宅产品建造效率、质量和柔性。有诚信而稳定的模块供应商能够有效保证企业顺利生产和实施模块化产品的供应，使供应链管理达到全局优化的目的。由于工业化住宅产品还处在实验和探索的阶段，并未发展成熟，因此总承包商需要积极寻找和培养一批具有先进技术及研发潜力的模块供应商。全面考察企业的先进性、文化、规模和声誉等，更重要的是寻求能不断优化产品模块、能持续跟进产品全生命周期模块化的研发生产的供应商。在国内有影响的如远大住工，它是建筑工业化全产业链主导者。其拥有国家级企业研发中心，数字技术实验室、工程材料实验室；拥有甲级建筑工程设计资质，设有华北院、华南院和华东院；拥有先进的装备制造与模具开发技术，已建 11 座 PC 构建工厂，并提供 PC 构件部品和材料的配送，并拥有整体浴室、整体门窗、整体橱柜生产线，是我国唯一一家从事工业化建筑施工总承包企业。

(5) 开创以大工业成品住宅供应为主体的住宅产业模式，引入工业化住宅产品行政审批。实现住宅生产与消费的无缝对接，实现售后建造、金融担保。开创成品住宅准入制度和住宅社会化验收制度，以大型企业商品品牌责任和工业化大生产责任替代行政管理责任，极大地减少行政审批流程和审批时限，极大地提高施工图审批、招投标管理、施工图审查、预算管理、工程监理、工程验收的行政流程效率和效果[49]。

(6) 规范企业间的技术标准。除官方标准外，企业之间几乎没有用于实际生产与沟通的技术标准，极大地妨碍了企业间的技术交流与合作，阻碍了企业的社会化经营，更难以形成基于共同技术规程与标准的产业链共同体，不利于住宅部品的敏捷、柔性生产以应对市场风险。

(7) 数字化管理，减少反复。在工业化住宅产品的全生命周期内，设计、生产、制造、项目管理全面数字化，减少中间的反复，提高效率。

(8) 实现信息资源共享。双方应对各自相关产品的开发背景、市场定位、市场调查及分析进行相互通告，以便于双方确定合作项目的产品选用。双方应对各自产品的消费群体进行定期统计分析并通告对方。

(9) 最终实现敏捷建设。快速投标：加快投标速度可以减少巨额资金投入和招投标所花费的时间带来的资金风险，在招标发布后，投标人可以迅速提交设计施工方案，一并提出工程承包价格。在高度集成协作的情况下，这一过程不一定依靠招投标的方式实现，甚至可以在重复合作和不断博弈的过程的基础上实现优选。

快速协作：在中标后，总承包单位可以根据长期形成的协作机制，迅速建立起建设项目的合作联盟，确立分包承包商，实现分包管理，在这个过程中，双方在既有的合作的基础上，更加快了合作过程。

快速验收：实现部品构件生产制造厂商对生产的产品质量负责，建立相关对厂商的质量监督管理体系，减少传统工程项目中复杂的过程监督环节。变立项、规划、设计、施工图审查、监理施工、质量监督、造价管理、招投标等十几个部门管理为以诚信为基础的管理，化繁为简，保证工程质量的同时简化了验收程序。

快速应变：应对不断变化的市场资源，在资源波谷期快速应变，减少资源积压导致的资金成本的上升，这种快速应变不仅体现在一个项目上，还可以在多项目中实现资源的合理分配，保持总体平衡。

转变销售模式：可以推广概念性商品住宅销售模式，通过设计个性的独立部品和设备，来吸引顾客。可以转换销售模式，让人们通过住宅展示场，从各生产商、各牌子的住宅商品系列中，挑选风格和样式以及他们想要的住房性能，现行支付产品后，再根据顾客不同的需求进行现场安装。

快速转移：承包商可以很快地转移到另外的合作项目中。

本章小结

本章系统地补充和概括了工业化住宅产品全过程的浪费和价值损失，指出工业化住宅全过程的浪费和价值损失主要发生在项目前期的决策和研发阶段。

根据工业化住宅产品的特征，定义了总承包模式下的工业化住宅产品的组织界面的三个层次，并构建了组织界面模型。

基于整体的思考，试提出 D+B 模式下全过程的工作任务分工表，将纵向界面分为决策与研发界面，研发与工厂界面，研发、工厂与施工界面、交付与运营界面四大工业化住宅组织界面。突出强调总承包单位、运营单位提前介入的必要性，以及多功能型组织的建立、组织界面资源输入及输出对过程连续性的重要性。提出工业化住宅产品组织结构模型，即线型组织结构模式和过程导向的矩阵组织结构模式结合。

在对传统管理职能分工改进思路的基础上，整理出的全过程总承包模式下的工业化住宅项目的管理职能分工表。提出了工业化住宅建设产业链联盟，即虚拟企业——集成装配系统的组织管理模式，并构建了以总承包单位为核心企业的工业化住宅产业联盟的产业链模型，提出该组织体系的组织构成及管理目标。

注释

[1] [美]杰弗瑞·莱克. 丰田模式：精益制造的 14 项管理原则[M]. 李芳龄，译. 北京：机械工业出版社：2011

[2] 王伟. 供应链概念的起源和发展研究[J]. 中国市场，2015(2)：78-80

[3] 王要武，薛小龙. 供应链管理在建筑业的应用研究[J]. 土木工程学报，2004，37(9)：88-93

[4] Khalfan M M A, Anumba C J, Siemieniuch C E, et al. Readiness assessment of the constructing supply chain for concurrent engineering[J]. European Journal of Purchasing & Supply Chain, 2001 (7): 141-153
[5] Arbulu R J, Tommelein I D. Alternative supplychain configurations for engineered or catalogued made-to-order components: case study on pipe supports used in power plants[R]. Proceedings 10th Annual Conference International Group for Lean Construction, Brazil, 2002
[6] 付道春. 建筑业企业项目群管理模式研究[D]. 上海:同济大学,2006
[7] 何清华,罗岚. 大型复杂工程项目群管理协同与组织集成[M]. 北京:科学出版社,2014
[8] 高佐人,吴炜煜,张浩,等. 建筑设计协同系统模型研究与通用平台实现[J]. 计算机集成制造系统-CIMS,2003(S1):113-118
[9] 郭建锋,张建平,沈岐平. 基于网络协同的建设项目价值管理系统[J]. 土木工程学报,2007,40(8):114-118
[10] Slack R A. The application of lean principles to the military aerospace product development process[D]. Cambridge: Massachusetts Institute of Technology, 1998
[11] 丁士昭. 工程项目管理[M]. 北京:中国建筑工业出版社,2006
[12] 黄铁苗,曹睁. 决策失误造成的浪费最大[N/OL]. (2006-07-18). http://finance. sina. com. cn/review/20041104/13461132145. shtml
[13] Lindkvist M. Infomationsstod for tidiga projectagen[M]. Stockholm: Kungliga Tekniska Hogskolan, 1996:148
[14] Slack R A. The application of lean principles to the military aerospace product development process[D]. Cambridge: Massachusetts Institute of Technology, 1998.
[15] Briesnet[EB/OL]. (2000). http://www. briesnet. com
[16] Thomas H, Riley D R, Sanvido V E. Loss of labor productivity due to delivery methods and weather[J]. Journal of Construction Engineering and Management, 1999, 125(1):39-46
[17] Everett J G, Frank R B. Costs of accidents and injuries to the construction industry[J]. Journal of Construction Engineering and Management, 1996, 122(2):158-164
[18] Asplund E, Danielsson U. Rata ut byggsvangen[M]. Stockholm: Svenska Byggbranschens Utvecklingsfond, 1991:141
[19] 李永奎. 建设工程生命周期信息管理(BLM)的理论与实现方法研究——组织、过程、信息与系统集成[D]. 上海:同济大学,2007
[20] 卢勇. 基于互联网的工程建设远程协作的研究[D]. 上海:同济大学,2004
[21] Oksana A, Hartling M L. Virtuelle unternehmen-begriffsbidung und-diskussion[M]. Erlangen-Nurnberg: Universitat Bern/Leipzig, 1995
[22] 赵玉林. 高技术产业化界面管理[M]. 北京:中国经济出版社,2004
[23] Lester D H. Critical success factors for new product development[J]. Research Technology Management, 1998, 41(1): 36-43
[24] 聂柯渐. 界面管理理论研究[D]. 福州:福州大学,2006
[25] Etzkwoitz H, Leydesdorff L. The dynamics of innovation from national systems and "model" to a triple helix of university-industry-government relations[J]. Research Policy, 2000, 29(2):109-123
[26] Patrice H. A tentative definition of the interface of innovation: the model of the three millstones[D]. Lausanne: Observatoire EPFL Science, Politique et Soeiee, 2000
[27] Gibb A G F. The management of construction interfaces: preliminary results from an industry sponsored research project concentrating on high performance cladding in the United Kingdom[J]. Indonesian Contractors Assoctation Ltd, 1994(11): 89-93
[28] Pavitt T C, Gibb A G F. Interface management within construction: in particular, building facade[J]. Journal of Construction Engineering and Management, 2003, 129(1):8-15
[29] 黎庆. 南京地铁建设项目界面管理研究[D]. 南京:东南大学,2007
[30] 温冉. 基于代建方的工程项目组织界面管理[J]. 项目管理技术,2009,7(3):17-21
[31] 赵玉林. 高技术产业化界面管理[M]. 北京:中国经济出版社,2004
[32] 范红伟. 信息不对称下的建设项目组织界面管理[J]. 重庆科技学院学报(社会科学版),2010(1):106-108
[33] 郭琦,杨国亮,高海曼. EPC 总承包模式下项目界面分析[J]. 项目管理技术,2014,12(3):45-49
[34] 李建新. 对基于项目的市场和组织关系的分析研究[D]. 上海:上海交通大学,2003

[35] Chua D K, Godinot M. Use of a WBS matrix to improve interface management in projects[J]. Journal of Construction Engineering and Management, 2006, 132(01): 67-69
[36] 陈永霞. 三维视角 PBS、WBS、OBS 的关系[EB/OL]. (2014-11-14). http://blog.sina.com.cn/s/blog_4a6beae30102v65h.html
[37] 邢以群，郑心怡. 一种新的多项目管理模式——流程导向型组织结构模式探讨[J]. 管理科学，2003，17(4)：43-46
[38] 今井正明. 改善——日本企业成功的奥秘[M]. 北京：机械工业出版社，2010
[39] 马洪波. 大数据研究：设计行业发展九大趋势[EB/OL]. (2015-04-15). http://www.aiweibang.com/yuedu/24342117.html
[40] Kalay Y E. The future of CAAD: from computer-aided design to computer-aided collaboration[M]. Springer US, 1999
[41] Green S D, Neweombe R, Fernie S, et al. Learning across business sectors: knowledge sharing between aerospace and construction[J]. University of Reading, 2004
[42] 赵斌，吕西林，刘丽珍. 全装配式预制混凝土结构梁柱组合件抗震性能试验研究[J]. 地震工程与工程振动，2005，25(1)：82-88
[43] 林宗凡. 装配式抗震框架延性节点的研究[J]. 同济大学学报(自然科学版)，1998，26(2)：134-138
[44] 范力，吕西林，赵斌. 预制混凝土框架结构抗震性能研究综述[J]. 结构工程师，2007，23(4)：94-101
[45] 尹衍梁. 殊道共筑——尹衍梁土木文集[C]. 北京：人民交通出版社，2007
[46] 陈剑，冯蔚东. 虚拟企业构建与管理[M]. 北京：清华大学出版社，2002
[47] Black C, Akintoye A, Fitzgerald E. An analysis of success factors and benefits of partnering in construction[J]. International Journal of Project Management, 2000, 18(6): 423-434
[48] Griffiths F. Allianee partnership sourcing: a major tool for strategic procurement. Frank Griffiths Assoeiates Limited, 1992
[49] 淳庆，张宏，朱宏宇. 钢网构架混凝土复合结构体系的关键技术研究综述[J]. 工业建筑，2010(S1)：459-463

第四章 工业化住宅全生命周期的过程集成

长期以来，建筑业的生产和管理大多关注面向产品的项目管理，对过程的管理思想和管理方法很少进行系统的研究和实践，这在很大程度上导致了建筑设计、施工过程人为的分离。要实现工业化住宅产品的全生命周期过程集成，必须从过程管理的角度重新审视工业化住宅产品的生产组织过程，采用面向过程的过程管理方法并进行改进。本章介绍了工作流管理理论、过程管理理论、项目管理理论、过程建模和过程改进方法，其中涉及并行工程、业务流程重组、持续改进、精益持续改善等管理方法，提出了工业化住宅的过程改进模型，研究了适合工业化住宅全生命周期过程管理的实现方法。

第一节 过程管理的理论基础

一、工作流管理和过程管理

目前对工作流并无统一的定义。针对工作流概念，不同的学者从不同角度给出了工作流定义。

工作流管理联盟(Workflow Management Coalition，WfMC)所给的定义为：工作流是一类能够完全或者部分自动执行的经营过程，根据一系列过程规则，文档、信息或任务能够在不同的执行者之间传递、执行。

IBM爱曼登研究中心(Almaden Research Center)给出的工作流定义是：工作流是经营过程的一种计算机化的表示模型，定义了完成整个过程需要的各种参数。这些参数包括对过程中每一个步骤的定义，步骤间的执行顺序、条件以及数据流的建立，每一步骤由谁负责以及每一个活动所需要的应用程序。

弗雷斯特研究公司(Forrester Research)的定义：日常的业务处理或协同工作能按预先定义好的规则和过程进行流动，并且这一流动过程能被跟踪和监控。

技嘉集团(Giga Group)的定义：工作流是经营过程中可运转的部分，包括任务的顺序以及由谁来执行、支持任务的信息流、评价与控制任务的跟踪、报告机制。

从工作流定义中可以看出，工作流是经营过程的一个计算机实现，是一种反映业务流程的计算机化的模型。它是为了在先进的计算机环境支持下实现经营过程集成与经营过程自动化而建立的可由工作流管理系统执行的业务系统[1]。工作流的概念起源于生产组织和文档自动化领域，它十分强调任务和文档的概念[2]。

工作流管理(Workflow Management)是对工作流程进行优化的方法和技术，其目标是发现工作流中的瓶颈，通过解决瓶颈问题，提高组织工作的质量和效率。工作流管理注重利用信息/通讯技术实现组织过程的自动化，且工作流管理能够为组织过程自动化提供强有力的技术支持以达到组织目标[3]。工程项目的建设过程重组工作流管理技术是过程控制和管理工具，一般的工作流管理包括工作流建模和运行控制两大部分。

简明扼要地说，工作流管理系统就是将实际的业务过程转化成某种计算机化的形式表示，并在此形式表示的驱动下完成工作流的执行和管理[1]。

过程的概念由来已久，一系列相关的活动或操作就是一个过程。对一个企业来说，日常运作的各种经营活动都可以形成各种业务过程[4]。哈默(Hammer)和杰姆培(Champy)将业务过程定义为“获取一种或多种输入并且创造一种对客户有价值的输出的一系列活动的集合”[5]。托马斯·达文波特(Thomas Davenport)定义业务过程是“为了达到预定的业务成果的一整套逻辑上相互关联的任务”[6]。安德斯·永贝里(Anders Ljungberg)将(业务)过程定义为“一系列按照一定的逻辑关系相连接，利用信息和资源将输入转换为输出从而最终满足客户需求的活动”[7]。ISO 9000 将业务过程定义为：是一组将输入转化为输出的相互关联或相互作用的活动。

以 3C(Customer，Competition，Change)为特征的环境变化给企业带来了许多新的挑战和发展机遇。此时，业务过程管理概念应运而生。顾名思义，业务过程管理(Business Process Management，BPM)(或称业务流程管理)的对象就是业务过程，使业务过程活动合理组织，将业务过程资源的输入输出优化配置，提高业务过程效率，达到优化业务过程的目的。即业务过程管理是“一套以改进产品和服务质量为目标的，系统、高度结构化的过程分析、改进、控制和管理方法”[8]。业务过程管理也是从业务流程改进(Business Process Improvement，BPI)、业务流程重组(Business Process Reengineering，BPR)等中发展起来的[9]。

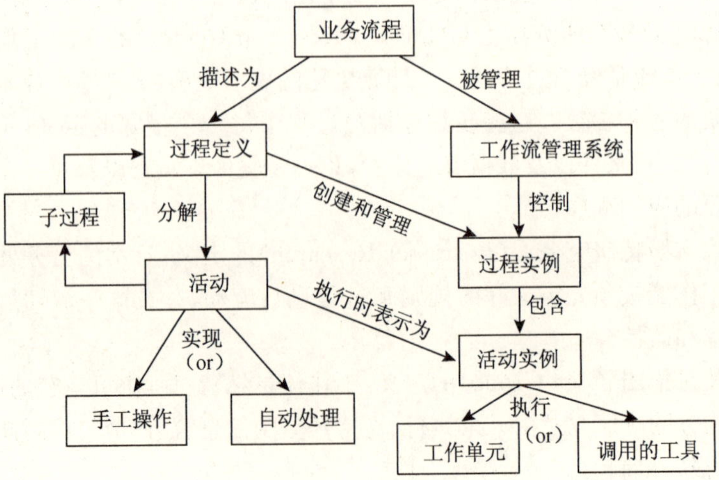

图 4-1　工作流相关内容关系图 (WfMC 1999)

图片来源：作者自绘

可以看出，过程管理与工作流管理相互区别又相互联系（图 4-1）。一方面，过程管理是对原有不合理的组织过程进行根本性的变革，而工作流管理则注重于利用信息或通讯技术实现组织过程的自动化；另一方面，尽管过程管理并不一定需要实现组织过程的自动化，但工作流管理能为其提供强有力的技术支持以更好地达成组织目标。所以将两者合理应用，有利于工业化住宅产品过程集成。

二、过程管理和项目管理

过程管理相关的方法和工具很多，包括全面质量管理（Total Quality Management，TQM）、质量功能展开（Quality Function Deployment，QFD）、统计过程控制（Statistical Process Control，SPC）、业务过程重组（Business Process Reengineering，BPR）、ISO 9000、六西格玛原理等[10]。如质量管理国际标准体系强调采用过程管理方法管理组织，即“系统地识别和管理组织所应用的过程，特别是这些过程之间的相互作用”，“将活动和相关的资源作为过程进行管理”，“持续改进过程”，“建立以过程为基础的质量管理体系模式”，强调应用过程管理方法和思想[11]。过程管理更适合对行动所带来的反应（Action-Reaction）无法预测的情况[12]。

项目管理在行动之前必须明确主要活动的情况，如建筑、电子工程和机械工程等，是一种概念到实施（Conception-Implementation）的方法[12]。项目管理方法也有很多，在 PMBOK（Project Management Bode of Knowledge）这个项目管理知识体系指南里，按照知识领域可分为 9 种。其中范围管理工具包括效益—费用分析和结构管理法、工作分解结构（Work Breakdown Structure，WBS）；时间管理工具包括甘特图、里程碑、网络技术方法，如 PERT 等；其他领域还包括赢得值（Earned Value，EV）和全面质量管理（Total Quality Management，TQM）等管理方法。项目管理方法更适用于具体的、详细的活动计划。

目前，过程管理和项目管理经常结合应用。例如在一些活动或过程中，其活动或过程结果可预测，可以用项目管理来制订具体的计划；相反，如果结果不可预知，需要控制变化的条件，这一情况下往往对项目进行过程管理。在第三章里已分析并提出多项目型组织正逐步向过程型组织转变，那么，适用多项目型组织的项目管理也趋于与过程管理思想相结合。

三、过程建模和过程改进方法

（一）过程建模方法

比较简单的过程建模方法有流程图建模法（Process Map Modeling）、甘特图（Gantt Chart），都是比较传统的过程管理方法。流程图建模法的优点是很直观地描述工作过程，方便理解，但是流程图中的输入、输出不能模型化，流程的细节信息不够，且遵循严格的顺序和时间，不能够充分表示并发活动的情形。亨利·L. 甘特提出的甘特图，内在思想简单，以图示的方式通过活动列表和时间刻度形象地表示出任何特定项目的活动顺序与持续时间，甘特图主要用于检查工作完成进度，不适用复杂的过程建模。

除此之外，还有强调角色间的相互作用和活动的角色行为图(Role Activity Diagram，RAD)，用以表述协同工作中存在的问题，以及为软件编程实现做基础的统一建模语言(Unified Modeling Language，UML)或标准建模语言。UML是一个支持模型化和软件系统开发的图形化语言，为软件开发的所有阶段提供模型化和可视化支持，包括由需求分析到规格，到构造和配置[13]。

但是对于复杂的过程建模需采用IDEF0、WBS(Work Breakdown Structure)过程分解等方法。

IDEF方法(ICAM DEFinition Method)最早源自美国空军的整合式电脑辅助制造计划(Integrated Computer Aided Manufacturing，ICAM)，主要用于改善制造作业流程，用来描述庞大而复杂的系统。IDEF包括IDEF0、IDEF1X、IDEF2、IDEF3、IDEF4、IDEF5等16套方法，其中常用的有IDEF0功能模型、DEF1X信息模型、IDEF2动态模型、IDEF3过程模型[14]。

IDEF0是应用范围较广、研究颇为成熟的建模方法。IDEF是美国空军20世纪70年代初ICAM(Integrated Computer Aided Manufacturing)工程在结构化分析和设计方法基础上发展的一套系统分析和模型设计方法，IDEF0方法是其中的一个内容。IDEF0的功能是在ICAM中建立加工制造业的体系结构模型，以图形或自然语言的方式表现作业活动间的互动和产生输出所需要的资源。IDEF0是系统分析和设计技术(Structured Analysis and Design Technology，SADT)的活动模型方法[15]。

IDEF0基于功能分解的单元建模技术，描述系统的功能活动及其联系，适合于复杂系统的功能说明。IDEF0模型属于自上向下结构方法，从顶层A0图开始，不断细化，逐步求精，由高层向低层逐级分解，在低层进一步分解为若干子数据，即包含多项活动的箭头在逐级分解中逐渐细化和具体化。IDEF0方法的特性有：表达方式图形化、结构层次化、简洁明了、定义严谨，以及具有组织性和功能性。

(二) 过程改进方法

1. 并行工程

1988年美国国家防御分析研究所(Institute for Defence Analysis，IDA)完整地提出了并行工程(Concurrent Engineering，CE)的概念，“并行工程是集成地、并行地设计产品及其相关过程(包括制造过程和支持过程)的系统方法”。并行工程的目标为提高质量、降低成本、缩短产品开发周期。

并行工程已在汽车、飞机、计算机、机械、电子等行业领域广泛应用，国外对于建筑行业中应用并行工程的研究也取得不少成果。

Love和Gunasekaran的研究结论得出，在建筑工程项目中应用并行工程的基本要素是：(1)首先对设计和建筑过程中的下游环节进行识别；(2)减少或消除过程中的不增值活动并尽可能地交叉并行；(3)建立并授权多功能小组[16]。

De la Garzaetal提出了建筑企业应用并行工程理论的指南，他强调并行工程将会给目前注重专业分工、过程独立的传统建筑行业带来更多的效益。并行工程可通过三个方面来实施:多功能小组、组织形式以及计算机应用[17]。

在国内建设领域,不少学者展开将并行工程理论应用于建设工程项目的研究,由于传统建筑生产过程是顺序的,所以给目前传统建筑行业带来一定的效益。并行工程理论大多集中应用在优化设计、施工过程中,希望最大限度地达到各项工作活动的并行和协同。并行工程理论系统的应用较少,而且很少在工业化住宅全过程管理中提出。

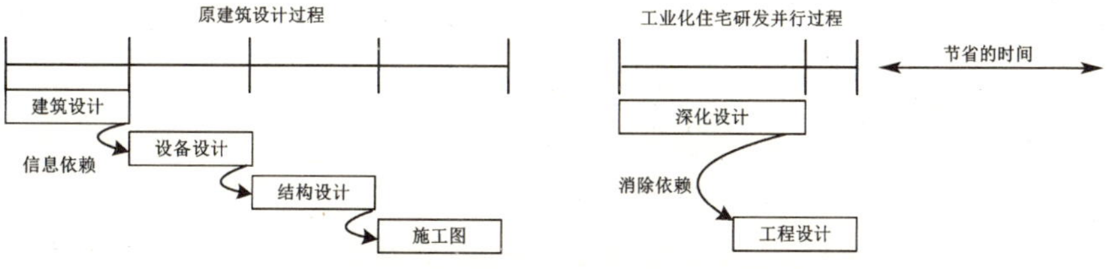

图 4-2 研发过程中的并行思想应用

图片来源:作者自绘

工业化的生产方式使并行工程在工业化住宅全过程管理中具有极大的应用空间(图 4-2)。工业化住宅产品并行的工作模式,是从一开始决策就考虑到产品全生命周期中的各种因素,将下游研发的可靠性、生产技术条件、后期运营维护需求等作为约束条件,避免由于后期结构问题或生产条件不具备等信息的不完备而导致设计的反复更改,防止未考虑设施管理需求导致的运营成本增加。在产品全生命周期中各阶段工作都是交叉进行的,即每一个活动都可以在前一个步骤未完成之前开始进行,仍可保持相互之间的输出和传送的持续性,使全过程信息传递通畅。

2. 过程重组

(1) 业务流程重组(Business Process Reengineering,BPR)最早由美国的迈克尔·哈默(Michael Hammer)和詹姆斯·钱皮(James Champy)提出,是西方发达国家对已运行了 100 多年的专业分工细化及组织分层制的一次反思及大幅度改进,在 20 世纪 90 年代达到了全盛的一种管理思想。

强调以业务流程为改造对象和中心,以关心客户的需求和满意度为目标,对现有的业务流程进行根本的再思考和彻底的再设计。利用先进的制造技术、信息技术以及现代的管理手段,最大限度地实现技术上的功能集成和管理上的职能集成,以打破传统的职能型组织结构,即金字塔状的组织结构,实现员工参与企业管理,从而实现企业经营在成本、质量、服务和速度等方面的巨大改善。

BPR 思想一度成为管理学研究领域的热点问题,人们研究出多种支持 BPR 建模的方法,包括过程流图[18]、作用活动图[19]、事件流程链[20](Event-driven Process Chain,EPC)、层次化着色 Petri 网[21]以及工作流管理联盟的工作流参考模型[22]等。还有学者研究过程重组,即通过探讨过程分析方法包括数学模型描述等对过程进行重新设计。

(2) 建设过程重组(Construction Process Reengineering,CPR)是工程建设领域运用 BPR 思想的产物。S. 穆罕默德(S. Mohamed)对 CPR 做如下定义:“以业主为中心逐步建立集成化项目建设过程的一整套方法,其目的在于优化项目过程的可预见性和为最终的建筑产品增值。”[23]

CPR在建筑领域推行缓慢，原因是建设工程的过程与制造业的业务过程有很大区别，工程建设项目的复杂性、一次性、动态性和多组织跨越性的特点使业务过程重组难度加大。所以目前的研究仅局限于CPR对建设项目局部过程的改进，还无法在工程项目的整个建设过程得到具体的有效实施。相关研究如基于项目信息门户PIP技术改善建设过程沟通不足的问题[24]，或基于互联网的项目协作系统改进建设管理过程[25]等，改进方法着重信息技术上的支持。

BPR管理思想引入工业化住宅建设过程的研究很少。本书致力于借鉴CPR对核心建设过程重组的研究成果，结合过程管理思想，对工业化住宅产品全生命周期的过程集成提供参考模型。将BPR、CPR和持续改进相结合，可将建设过程重组方法分为过程重组的准备、原有过程的分析、新过程的设计、新过程的实施以及持续改进5个步骤[25]（表4-1）。

表4-1 建设过程重组的步骤[25]

步骤名称	工作内容	具体描述
过程重组的准备	建立跨越参与方组织的专门团队	过程重组是自上而下的变革，各个参与方的上级管理人员必须一致地认识到过程重组的重要性，并将其任务授权给一个跨越参与方组织的专门团队
	制定过程重组的战略目标	确定过程重组应达到的战略目标，一方面需要考虑外部环境的影响，另一方面则要充分考虑业主的需求
	选择需要进行重组的过程	通常选取一些核心的规范化的建设管理过程，比如设计变更、工程索赔、招标采购等。这些过程由于跨越多个项目参与方的组织和地理界线，在传统的组织模式和信息沟通/协作方式下，往往效率不高。另外，这些过程应该能够被项目的信息系统所支持
原有过程的分析	建立原有的过程模型	应用IDEF0等建模工具对原有的过程进行描述
	分析和评价原有的过程	充分了解原有过程的各个活动，然后通过模拟对各个活动所消耗的时间和成本等资源进行计算并汇总。也可以仅根据个人的经验来进行分析和评价。如果原有的过程十分紊乱或不合理，则可以忽略对其分析和评价，以免束缚新过程的创造
	识别非增值和增值的活动	在以上分析和评价的基础上，可以识别原有过程中的非增值活动（任何阻碍过程目标实现或冗余的活动，比如组织或人员之间过慢的信息传递）和真正的增值活动

续表 4-1

步骤名称	工作内容	具体描述
新过程的设计	对原有过程的基准衡量	基准衡量(Benchmarking)的目的在于通过将原有过程与类似条件下其他组织相对优良的这些过程进行比较分析,以获取一些改进的“Idea”。另外,也可以参照一些蕴含先进组织管理思想的理想模型或行业的通用模型
	设计新的过程模型	结合以上的活动识别和基准衡量,按照过程设计的原则对原有过程进行重新设计,建立可行的新的过程模型。在重设计过程中,需要充分考虑基于业主与过程相关的人的因素、对于组织环境的适应性、整体过程的最优性以及信息系统的支持能力等因素
	评价新过程并选择最优的方案	对新设计的几个过程方案按照前面的方法进行评价,考察这些过程方案能否满足组织和过程重组的战略目标。经过比较和分析之后,选择最优的新过程方案予以实施
新过程的实施	制订具体的实施计划	针对最优的新过程方案制订具体的实施计划,相应改造组织结构和组织文化。在实施过程中将会遇到很多阻碍,因此需要进行必要的界面协调并促进有关人员的认同感
	通过信息系统予以支持	将新的过程模型映射到信息系统中的工作流管理模块,实现计算机支持的新工作流程的自动化
	教育和培训	对有关的人员进行必要的教育和培训,促使其迅速适应新的工作流程和新的组织环境
持续改进	不断评估实施的结果	对实施的进展和结果进行监控,从时间、成本、质量以及稳定性等角度评估新过程的运行效率,并建立必要的反馈机制
	进一步持续改进	过程的重组不可能一蹴而就,必须在运行过程中进行持续的改进和优化,不断提高整个组织过程的效率和有效性

借鉴以上研究成果,工业化住宅产品过程改进方法应遵循的原则是:实现从职能管理到面向过程管理的转变,强调整体流程最优的系统思想,充分发挥每个人在整个组织和过程中的作用,面向业主整合企业业务流程,建立扁平化的组织结构,利用信息技术手段协调分散和集中之间的矛盾[26],强调过程持续改进。

3. 持续改进

持续改进的思想来自于全面质量管理(Total Quality Management,TQM)。

ISO 8402 对 TQM 的定义是:一个组织以质量为中心,以全员参与为基础,目的在于通过让顾客满意和本组织所有成员及社会受益而达到长期成功的管理途径。阿曼德·菲根堡姆对 TQM 的定义：为了能够在最经济的水平上，并考虑到充分满足顾客要求的条件下进行市场研究、设计、制造和售后服务，把企业内各部门的研制质量、维持质量和提高质量的活动构成为一体的一种有效的体系。

PDCA(Plan，Do，Check，Action)管理循环是全面质量管理最基本的工作程序，是持续改进的基石，即计划—执行—检查—处理。PDCA 循环是美国质量管理专家休哈特博士首先提出的，由戴明采纳、宣传，获得普及，从而也被称为“戴明环”。在 ISO 9001，PDCA 的方法可适用于所有过程。PDCA 四个阶段的工作循环如下：P—制订计划，包括确定方针、目标和活动计划等内容；D—执行，组织力量去执行计划，保证计划的实施；C—检查，对过程和产品进行监视和测量，并报告结果；A—处置，对结果采取措施，并予以标准化，以持续改进过程业绩。

ISO 9000 对持续改进定义如下：

质量管理体系的目的在于增加顾客和其他相关方满意的机会，改进包括下述活动：(1) 分析和评价现状，以识别改进区域；(2) 确定改进目标；(3) 寻找可能的解决方法，以实现这些目标；(4) 评价这些解决办法并做出选择；(5) 实施选定的解决办法；(6) 测量、验证、分析和评价实施的结果，以确定这些目标已经实现；(7) 正式采纳更改。必要时，对结果进行评审，以确定进一步改进的机会。从这种意义上说，改进是一种持续的活动，所有相关方的反馈以及对整个管理过程的评审均利于识别改进的机会。

4. 精益思想的持续改善

“持续改善”(Kaizen)方法最初是一个日本管理概念，指逐渐、连续地增加改善。它是日本持续改进之父今井正明在《改善——日本企业成功的奥秘》一书中提出的。“持续改善”意味着改进，涉及每一个人、每一环节的连续不断的改进：从最高的管理部门、管理人员到工人[27]。“持续改善”的策略也是日本管理部门中最重要的理念，也是日本人竞争成功的关键，其实质是生活方式哲学。

精益思想的持续改善实施步骤：(1) 选择工作任务；(2) 弄清当前的情况；(3) 应对收集到的数据进行深入分析，以便能弄清事情的真正背景及原因；(4) 在分析的基础上研究对策；(5) 导入、执行对策；(6) 观察并记录采用对策后的影响；(7) 修改或重新制定标准，以避免类似问题的再次发生；(8) 检查从步骤 1 到 7 的整个过程，据以引入下一步的行动[27]。

持续改善的工作要点重在观念建立、全员参与、过程管理、持续不断。其中创造价值是精益价值的核心，而准确定义和测度“价值”是资源分配、过程测度和过程改进的基础[28]。因此，精益生产的核心思想是去除与杜绝只增加成本却未能创造价值的所有浪费，创造尽可能多的价值。第三章第一节已从工业化住宅产品全生命周期角度总结并概括了全过程的浪费和价值损失，旨在改进过程、创造价值，将精益生产方式外延至全过程活动。

第二节　工业化住宅 WBS 体系的构成

项目管理经典与权威理论，2004 年版 PMBOK[29] 中有关 WBS 的解释是:对应当由项目团队执行以便实现项目目标,并创造必要的可交付成果工作,按可交付成果所做的层次分解。

传统的建设工程根据工作目标分解,将某一建筑项目分为四个层级,即单项工程、单位工程、分部工程和分项工程,并以此构建建设项目的WBS体系。但是工业化住宅产品的施工方法、工艺流程、使用材料与构配件趋向单一化、标准化。一般的工程建设项目的目标解构已不能满足现代工业化发展的要求,工业化住宅产品已不具有原有的建筑工程管理的全部特点。工业化住宅产品在原有WBS体系的基础上形成自身的WBS构成特征。

实施WBS的基本原则是保证分包协作的可操作性与可控制性,使分解的工作单元可以独立设计、生产和交付。按照模块化层级思想,以建造为目的,建立适合工业化协同生产、加工、制造、运营的模型部品分类框架。分解后的工作单元(标准部品分类单元)经拼合组装可以构成最终的工业化住宅建筑产品。对于工业化住宅产品系统管理,传统的工作目标分解无法满足工作单元的实现。

工作包(Work Package)是WBS的最底层元素,一般的工作包是最小的"可交付成果",这些可交付成果很容易识别出完成它的活动、成本和组织以及资源信息。例如:管道安装工作包可能含有管道支架制作和安装、管道连接与安装、严密性检验等几项活动,包含运输/焊接/管道制作人工费用、管道/金属附件材料费等成本,过程中产生的报告/检验结果等文档以及被分配的工班组等责任包信息。正是上述这些组织/成本/进度/绩效信息使工作包乃至WBS成为项目管理的基础。基于上述观点,一个用于项目管理的WBS必须被分解到工作包层次才能够使其成为一个有效的管理工具[30]。

同时,工业化住宅产品过程管理系统、全过程信息化系统得以有效使用的前提是在最初的系统设计层面是否基于工业化建造思路来考虑的。在研发阶段设计层面必须摒弃传统手工模式,以工业化快速建造为系统设计前提,以利于在生产、运输、组装、总装、运营等各个层面管理充分采用先进科学方法,提高劳动效率。因此,颠覆传统工程建设项目的目标解构、重新构建工业化住宅WBS体系是工业化发展的必然结果。

由于工业化住宅产品的复杂性,模块的分解也相对制造业产品模块的分解更为复杂。本节在东南大学建筑学院建筑技术与科学研究所实践的基础上,共同依照分解层次,把模块层级分为一级模块、二级模块、三级模块。这三级模块是以模块的从属关系来划分部品构成的,即分解单个标准模块,由大到小,从整体到部分,不断拆解对象。在三级模块基础上又可根据标准构件的类型或尺寸再次细分,甚至可准确定位至一个螺丝或一个角件,这一层级化的目标管理系统能够满足工业化产品深化设计的要求,帮助实现与工厂制造以及现场装配的数据对接及转换。在WBS模块分解的基础上,构建编码管理系统,为项目管理提供数据支撑。

表4-2为建设项目某一单项工程的三级模块层级化分解图。一级模块是对单项工程的模块分解,可分为主体模块、基础模块、内/外功能模块及装饰装修模块。二级模块是复合构件,是对一级模块的具体分解。依

照此原理，又可将二级模块分为三级模块，三级模块最后分解至最小工作包，即工业化住宅产品的最小可交付成果，最小工作包构成包含有基本组件、辅助连接件和紧固件等。如主体单元模块可以分解为结构体模块、围护体模块、室外体模块和交通体模块，结构体模块可以再次分解成三级模块——结构框架、永久结构体及临时支撑体。结构框架最后分解为最小标准工作单元，即 PC 梁和 PC 柱，即可分包给协作商的最小住宅产品模块工作包，详见图 4-3。表 4-2 所示为工业化住宅产品的主体单元的三级模块分解表。

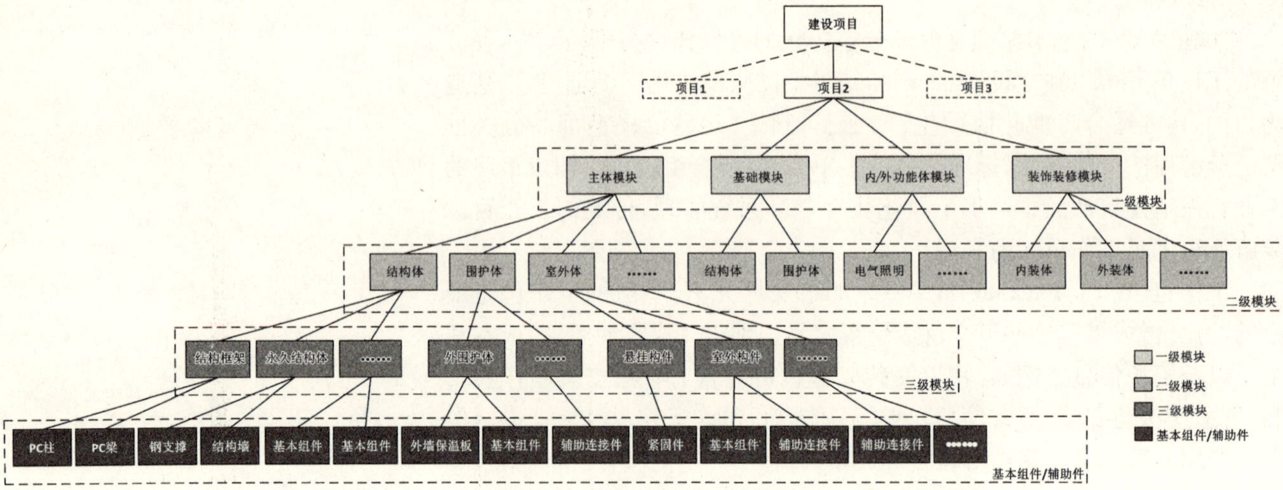

图 4-3　三级模块层级化分解图

图片来源：作者自绘

表 4-2　工业化住宅产品主体单元的三级模块分解表

一级模块	二级模块	三级模块	基本组件/辅助件
主体模块	结构体	结构框架	PC 柱
			PC 梁
		永久结构体	钢支撑
			结构墙
			基本组件
			基本组件
			基本组件
			基本组件
			基本组件
		临时支撑体	支撑中柱
			斜支撑
		结构框架	辅助连接件
			辅助连接件
		临时支撑体	辅助连接件
			辅助连接件
			辅助连接件
	围护体	外围护体	外墙保温板
			外墙板
			屋面板
			窗
			门
			门连窗

续表 4-2

一级模块	二级模块	三级模块	基本组件/辅助件
主体模块	围护体	内围护体	分户墙
			内天花聚氨酯
			基本组件
			基本组件
			基本组件
		外围护体	辅助连接件
			辅助连接件
			辅助连接件
			紧固件
			紧固件
	室外体	现挂构件	预制阳台
			预制挑檐
			预制雨篷
			预制遮阳板
			预制空调板
		室外构件	预制散水
			辅助连接件
			辅助连接件
			辅助连接件
			紧固件
	交通体	永久结构体	楼梯梁
			休息平台
			楼梯隔板
		永久交通体	预制楼梯
			预制坡道
			预制台阶
			基本组件
			基本组件
			基本组件
		结构体	辅助连接件
		永久交通体	辅助连接件
			辅助连接件
			辅助连接件

第三节　工业化住宅产品过程实施思想

从过程来看，工业化住宅产品与工业产品的生命周期十分类似，如图 4-4 所示。因此，工业化产品的生产建造过程可以视为工业产品开发形成过程，即类似于制造的新产品策划、研发到生产制造过程，以提高工业化住宅产品实施过程中的集成控制能力。

工业化住宅产品生产的过程可视为资源输入和资源转化成增值产品的输出过程，基于过程管理的实施思想强调输入、过程处理和输出成果的控制。

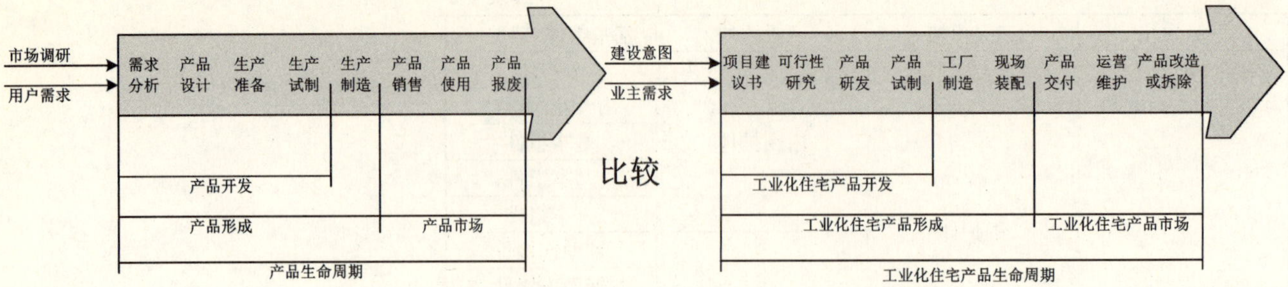

图 4-4 制造业产品生命周期与工业化住宅产品生命周期比较

图片来源:作者自绘

在工业化住宅新产品开发过程模型中,采用跨职能的工作团队,做正确的项目,强调项目筛选和项目组合。每一阶段中的活动可能涉及多个部门和专业参与,没有任何阶段为单一部门所专属,或一个专业单独参与。在每一节点的输出成果或项目必须满足一系列标准或规范,以保证进入下一个阶段,在该点由不同专业和不同部门的高级专家或经理来控制。

目前,工业化住宅产品的管理相比传统的建造管理更重视过程的连续性,重视资源输入要求和输出成果控制,流程前面阶段的活动如决策、研发活动得到了强调。这是因为要让整条住宅产品开发生产线的质量和生产力不断攀升,就要往上游提高质量。工业化住宅产品研发、试验、生产制造的阶段过程与普通产品开发过程模型的理念基本类似,可以视为该模型在工业化住宅产品建造过程中的具体应用。在工业化住宅产品研发、产品试制、工厂制造、现场装配阶段,输出的成果必须满足建筑规范或工业化住宅产品标准文件,并且由不同部门经理及专家共同对该点活动评估、决策,决定是否进入下一个生产环节,实现部门间的无缝交流。

在基于过程的工业化住宅产品管理实施思想中,可以把输入的内容视为资源,资源包括物理资源(材料、构配件、生产施工设备、机具)、人力资源、资金资源、信息资源,还有其他土地资源和能源资源等,经处理后输出各种住宅产品组件、住宅部品(中间产品)、住宅产品标准模块、服务和信息等。要实现最终的输出,必须通过过程管理,实现有效输出。向后一阶段有效输入,关键的节点是注重多功能型团队的建设和整体前端介入。

把住宅产品全过程视为一个系统,要有长期的考虑,不以短期盈利为目标。强调短期盈利,只会打击团队一致性目的及团队成员的共同成长,有弊无利。如在采购阶段,采购部品、材料从追求最低的购入成本转移到以产品使用期间的最低成本为目标,即以"尽可能降低使用期限内每小时(或每年)的净成本"为目标,因此要保证购入部品或材料的质量,否则未来将以巨额的维修费用作为代价。此外,观察组件在生产过程中被组合成复杂部品的过程也是关键问题之一。个别的部品、构配件质量都很好,但两者装配在一起就会出现新的问题,导致必须重新购入对应组件。所以这决定了决策、研发、采购、装配、验收、运营不同阶段的组员必须清楚了解生产装配过程中使用的部品、材料及其规格,否则生产会因不合理的设计或不合适的材料等必须重新制造而造成损失,或现场人员迁就工厂的不适用材料浪费时间或因决策失误导致运营成本增加等,均造成无价值的浪费。同时,在工业化住宅全过程中,无论研发还是生产制造,每一个阶段都有一位“内部顾客”，就是下个阶段应用设计或应用部品或材料的人(例如产品试制人员是产品研发人员的顾客)，应仔细倾听每一个“内部顾客”的意见，每一个人乃至每一个部门都不能独善其身，而是一个团队。过程管理工作就是要协调整个组织以共同利益为目标，不断沟通及解决问题，彼此取长补短，增强彼此能力。

工业化住宅产品质量和生产力的提高来自一个团队，包括选定的总承包商、供应商、研发人员、技术工人、产业工人、业主、运营人员、过程管理经理等以及对产品本身的开发和既有产品的提高有过帮助的人员。在项目实施前期，业主与研发、工厂制造、现场装配、运营阶段的相关技术人员组建质量小组，经过小组成员持续不断进行计划—执行—检查—处理(Plan, Do, Check, Action)循环，可以做出更具前瞻性的工业化住宅产品，并且对住宅产品的后期运营维护、服务和产品质量做出重大改进，降低后期运营费用。这种小组叫做管理上的“质管圈”。譬如研发团队与选定的部品供应厂家在前期就达到团队合作，组成一些团队专门处理重要组件，避免后期制造与装配上的困难，减少因改变导致的成本增加。在质量管理小组中，过程管理者以咨询或顾问的角色协助管理，主要成员是以基层员工的组织形态为主。由员工自发选定主题进行讨论，遵循持续改进的原则，可以以工作会议形式展开讨论。

“质量和生产力的提高来自持续的生产过程提高。”[31]团队应多培养以提高生产过程为工作目标的工程师，不了解工业化住宅产品建造过程的工程师，如何才能研发并提高产品？而过程管理者应接受长时间训练，并从决策到运营到最终用户都要彻底地了解，才能在工作上采取行动予以解决过程中的问题。在工业化住宅产品管理中很缺乏这样的管理者。

合作趋势：要在工业化住宅产品线上持续提高产品品质，必须与联盟企业持续合作。使企业联盟的每一个人，包括产业工人都有机会提升自己的知识，充分发挥自身的能力，因为生产过程的提高也包括了较好的人力分配过程。企业联盟是企业双方达成携手并肩的伙伴关系，在不断协作过程中，少数较好的总承包商、部品制造商与供应商，还有业主之间可能形成这一长期的商业伙伴关系。但合作是有严格要求的，如对产品的质量要求、可靠及时的交货期要求、提供正确数量的要求、降低长期成本要求等，并且签约的模块制造商只能供应该总承包商。当然，在工业化住宅部品研发到生产过程中，产业联盟中小至设计者、工厂员工，都将奋斗努力实现同一个目标，驱使他们减少过程中人、财、物和时间的浪费，最大限度地提高生产力。

持续不断地提高生产和设施管理系统：在产品研发阶段就要建立质量标准，不断提高测试方法，了解业主需要。工业化住宅产品的特性决定了建筑产品不可以像工业产品一样，质量不好从头再来，它只有一次成功的机会。首先，研发阶段以“团队进行”是根本要求，其次必须经过一次又一次的小规模测试，再根据需要更改，然后扩充到较大的系统层次继续测试，在发现问题过程中不断提高测试方法，才能满足业主的需要，保证工业化住宅这一新产品品质。当然，每一次测试都会验证和更新一系列的质量标准，各方面工作也会随着质量标准的提高不断跟进，包括采购、运输、装配、员工培训、产品运营维护等。在工业化部品质量不断提高的过程中，主要的核心部品质量特性变化程度也会降至最低，成为成熟的工业化建筑部品。因此，持之以恒地改进工作、提升知识水准，才是改善质量的关键，单纯依靠大量的金钱、设备和技术的投入，并不一定能提升产品品质。

第四节　工业化住宅全生命周期过程模型

对于一个工业化住宅项目而言，业主是整个项目的组织者和集成者，所以，集成的过程模型是基于业主视角的模型。过程模型不是对现有流程的描述，而是对工业化住宅全过程的改进。因此，工业化住宅全过程模型应包括集成的思想、集成的组织、集成的过程、集成的信息和集成的手段等要素。建模的方法主要采用 IDEF0 方法与 WBS 分解原理，过程建模通过分析过程要素之间的关系，减少过程界面，实现全生命周期过程集成。

一、工业化住宅全生命周期过程模型基本要素

对于工业化住宅建设项目而言，业主是整个项目的组织和集成者，因此模型是基于业主的视角来建立的。过程模型不只是过程的描述，更是运用先进管理理念对过程的改进。因此集成的过程包含了过程集成、组织集成、知识集成、信息集成、管理手段的集成等要素。

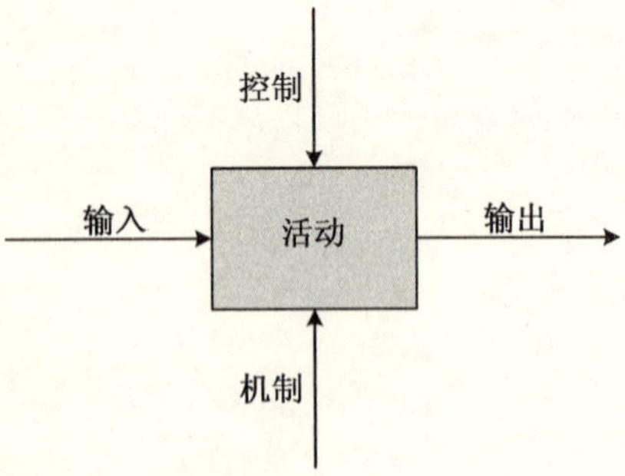

图 4-5　模型要素的定义

图片来源：作者自绘

IDEF0 过程集成模型节点包含了五要素：功能框符（Boxes）、输入（Input）、输出（Output）、控制（Control）和机制（Mechanism），如图 4-5 所示，能够支持层次化的分解描述。功能框符表示一种活动或过程任务。箭头标识定义了功能框符的约束，而不是代表流或者顺序，输入与输出的关系就是活动（过程），是将输入数据转变为输出数据的一种变换。

在工业化住宅全生命周期过程模型中，模型要素的定义分别如下。

功能框符：工业化住宅全生命周期过程中的活动或过程任务

输入：表示由活动产生的或活动所需的信息或真实对象。在工业化住宅全生命周期过程中的输入主要为资源，包含了自然资源、社会资源，其中社会资源又包含了人力资源、知识信息资源、技术资源、资金资源等。此外，还包含输入全过程一致的管理理念和管理语言。

输出：表示执行工业化住宅全生命周期过程活动时产生的信息、服务或真实对象，同时会对其他活动产生信息反馈。对产品全过程而言，输出产生的信息除了相关产品信息外，还包括管理经验和知识，真实对象可以是构配件、部品，也可以是最终住宅产品。

控制：活动变换的条件或环境，即约束。工业化住宅活动中的约束来自管理计划、管理目标、管理规则规范、合同、文件、市场导向、业主要求等。

机制：用以支撑活动所需的条件。一般为设备、组织、技术，组织可以具体到团队或个人，技术如信息管理系统等。

节点树：按照 IDEF0 功能模型从上至下逐层分解的原则构建，图 4-6 为整个系统的功能模型层次分解图。

用节点号来标识图形在层次中的位置，节点号是由图形编号推导出来的。每个节点号是由父图编号和父模块在父图中的编号组合起来的。

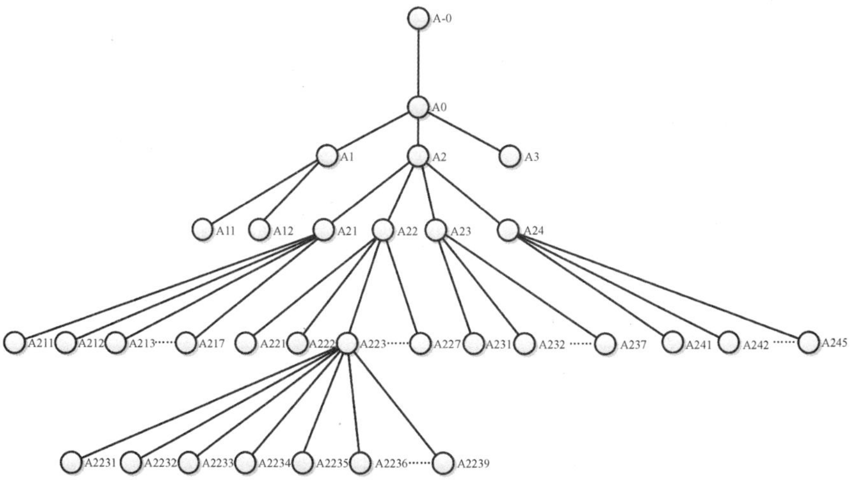

图 4-6　系统的功能模型层次分解图

图片来源：作者自绘

同理，子图节点号是由子图编号和子模块在子图中的编号组成，如此层级分解，形成如图 4-7 所示的节点树。节点树清晰地表现了过程模型的层级关系。具体如下：

A-0 图为系统内外关系图，用以定义全过程模型的主题和范围（图 4-6）。

A0 图为最顶层图形。将 A-0 分解为几个模块，用于详细表示A-0 图。

A1、A2、A3……：将 A0 图中的模块进行拆分分解，每一模块为一个图。

A11、A12……：将 A1 图中表示的模块再进行细分，对 A1 图进一步拆分分析。

二、工业化住宅全生命周期过程模型的结构

工业化住宅产品全生命周期过程包括了工业化住宅决策、生产、运营的集成管理过程，全过程活动可采用过程分解方法进行分析，不断地分层解析下去。由于过程可以无限分解，而局部过程改进方法的研究成果较多，并且局部过程的改进适用分析具体的一个过程，本章研究的过程模型更多地考虑到过程的总体改进。本节将工业化住宅全过程系统地分为三个层级，即顶级层级——工业化住宅产品全生命周期总体模型，分解为工业化住宅产品决策过程模型、总承包模式下工业化住宅产品生产过程模型和工业化住宅产品运营过程模型。二级层级——生产过程模型依次可分解为工业化住宅产品的研发过程模型、工业化住宅产品的工厂制造过程模型、工业化住宅部品仓储运输过程模型、工业化住宅产品现场装配过程模型和工业化住宅产品竣工验收过程模型。三级层级——工厂制造过程模型分解为生产线生产工艺规划过程模型、生产实验模型等。从全生命周期角度分析，模型系统共三个层级，形成系统的四个层次，整个模型是一组按阶梯层次分解的图形。通过建立工业化住宅产品的全过程模型，实现工业化住宅的过程集成管理，如图 4-8 所示。

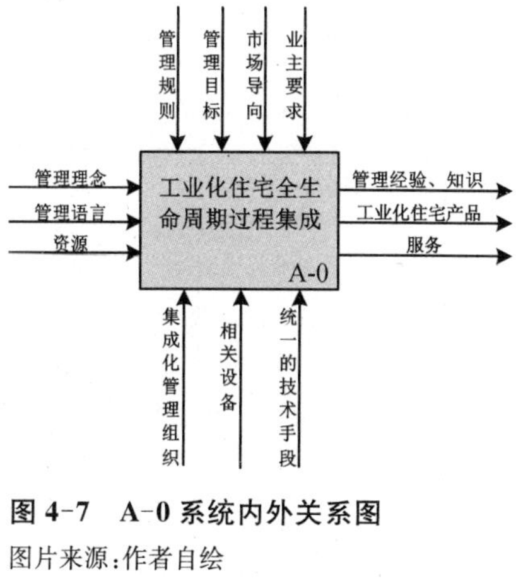

图 4-7　A-0 系统内外关系图

图片来源：作者自绘

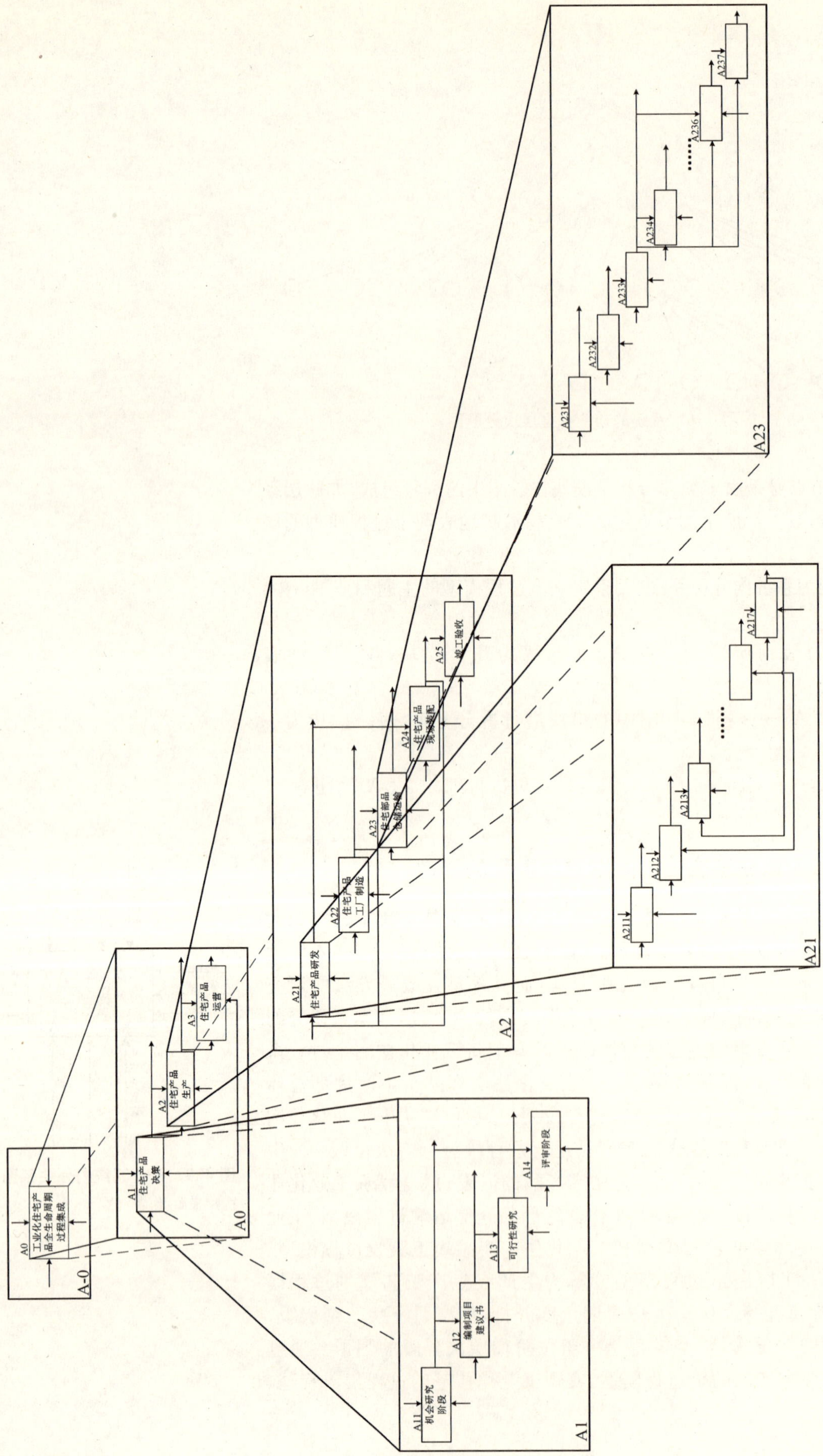

图 4-8　工业化住宅全生命周期模型系统的三个层级

图片来源:作者自绘

三、工业化住宅全生命周期总体模型

从全生命周期角度来看，可将工业化住宅产品项目全过程划分为三个主要过程：决策过程、生产过程和运营维护过程，这是从一个完整的过程视角出发来考虑这三个主要过程的。具体内容如下：

(1) 工业化住宅产品决策：主要定义产品开发任务和意义。决策是根据项目经验和业主的要求在对资源调查了解的基础上，对项目规模、产品方案、产品工艺技术、投资规模、融资方案等关键事宜进行分析、比较、判断和优选的过程，将规划想法转化为设计任务书、实施计划，受控于项目参与者、国家标准文件和项目经验，输出决策阶段的知识、经验、相关产品文件、执行计划、投资估算等。

(2) 工业化住宅产品生产：主要是按照业主的要求和产品后期运营的需求，实现产品的各项目标。包括研发、制造、运输和生产装配等任务或过程，并将信息及时反馈给产品决策，为后续运营维护工作提供信息和知识。受限于项目执行计划、生产计划、合同、策划报告、投资估算、标准规范、设计要求文件等。

(3) 工业化住宅产品运营：主要任务是实现产品的保值增值。包含将住宅成品提供给使用者的所有活动，除此之外，还会输出运营的知识、经验，受控于项目执行计划、运营维护计划和合同。

支持运营过程的机制是产品运营维护管理系统。产品在交付使用后，住宅部品信息存储于数据库，通过部品识别功能，实时呈现部品的各类建筑信息，特别是部品的回收及再循环材料使用信息。工业化部品维护系统与传统维护的比较如表 4-3 所示。

表 4-3　传统维护与工业化部品维护系统的比较

对比	传统维护	工业化部品维护系统
竣工图纸	纸质施工图，无法保存使用 50 年	云端数据库，保存使用无年限限制
部品检索	查找部品型号，检索图纸位置，过程复杂	对部品唯一性识别，及时显示信息，方法简单
质保期限	部品质保期人工检索	在质保期限前数据库自动提示
循环更新	需人工查阅图之后，分类，效率低	数据库信息循环更新，实时查询
人力资源	需专业维护人员查询部品资料、施工图	管理智能化，专业人员配备减少

以上是工业化住宅产品的基本过程，根据适合工业化住宅的管理模式，可对过程层次分解或过程重组。集成化过程管理强调覆盖于全生命周期的集成化的管理控制，因此，借鉴过程集成管理理念和方法，本节提出一种改进的适合工业化住宅产品建设的过程模型。改进的内

容包括：

(1) 多功能型团队：对于复杂的工业化项目，多功能型团队的管理方式可以使组织之间或组织内部不同领域的专业人员相互交换信息，激发产生新的观点，可以快速发现项目中的问题，及时交流并解决面临的问题。工业化建筑产品本身的复杂性决定单一部门是不可能完成用户所需要的产品，必须通过许多部门后，才能完成成品，许多价值流横跨这些部门。当流程从一个部门跨向另一个部门时，便会导致延迟。组建多功能型团队以达到决策、生产、运营三个部分整合的目的。

多功能型团队组建的困难点在于成员间，由于背景、经历、专业、观点不同，互相磨合需要一定的时间。要建立起信任机制，在信任的基础上才能实现真正的合作。同时，要有固定的办公地点，定时进行协同工作的讨论，DB团队主要成员由研发、制造、装配、运营、业主管理和工程人员共同组成，减少不增值活动，如在不同场地来回奔波沟通等。

(2) 前期介入：多功能团队组织需要在产品决策早期就介入产品的决策规划过程。如运营管理前期介入产品决策、规划设计、生产制造、现场装配过程等，可以从物业管理运作和业主使用角度对产品功能规划、环境布局、材料选用、设备选型、管线布置等多方面提出有益的建设性意见，确保后期产品交付质量和运营维护质量，为物业管理创造条件。同时有效的前期介入也可以减少验收时的返修量，好的前期介入不但可以为运营保值，还可以达到增值的效果。

(3) 数据库：基于云端实时录入全过程的知识、经验，将数据存入远端数据库。无线射频识别、GIS系统等技术的应用，使得建造过程中相关部品的研发、生产、采购、运输、安装、运营等过程中的信息在得到有效整合后反馈至数据库，便于相关管理者对建造过程进行全面了解，通过所有数据及时掌握，实时分析，并做出相应协调指令，实现动态管理。数据库系统分担了事务性工作，减少了员工数量，且涵盖建筑全生命周期。该数据库既是基于供应链管理模式的住宅部品部件数据库，也是基于项目管理模式的过程信息数据库，更是基于全生命周期的信息集成数据库。

(4) 数字化平台：构建有接口的数字化平台来整合整个住宅工业化。数字化平台接口应该有统一的标准，从规划、产品生产到最终的产品运营监测具备统一且有对接性的数字化平台。数字化平台可以帮助各过程建立高度关联，使得规划需求、产品生产和运营过程相互衔接，避免产品脱离规划要求，或建造脱离设计的危险。工业化也要求过程的无缝衔接，产品研发指导产品装配必然要求各专业的高度关联性。此外，高校里沉积了很多科研和技术成果可以通过数字化平台很快地转化为实际的产品。只有通过建立数字化平台，才能从本质上改变传统咨询单位进行设计与施工界面管理却从未真正改变顺序的设计施工过程，以及达到供应商、施工方提供真正智慧的理想状态。

(5) 信息技术手段：工业化建设项目管理信息化是指对全过程信息资源的开发和利用，以及信息化作为技术手段帮助管理工业化住宅建设项目。工业化住宅产品的技术管理手段多采用 REVIT 系列软件，构建建筑信息模型，实现模型的参数化设置，帮助产品设计工程师、结构工程师、技术人员等过程中的相关人员通过数据交流，研发、建造和维护高品质建筑。智能 BIM 帮助检查方案技术性、投资成本、可实施性等，并帮助部品深化设计模型与部品制造商设计软件有效衔接，直接抽取所需参数信息，帮助管理者将管理信息与组件参数相互关联，方便协调计划制订、进度管理等工作。

根据以上分析，工业化住宅全生命周期过程总体模型可用以下模型来表示，即面向三个主要过程的模型。该模型主要针对 DB 等项目总承包模式，将研发和总装过程作为总承包商的内部管理对象。三个过程强调总承包单位的控制，虽然业主对项目过程集成控制力减弱，但有助于加强对全过程的集成。

该系统顶层的输入为资源；输出为业主和用户所需产品、服务和全过程中积累的知识、经验；控制为该行业的法律规范、行业的标准、市场导向、业主要求、项目经验、计划和合同；机制为该系统的人员、相关的设备、相关的技术支持。得到的完整模型如图 4-9 所示。

项目前期决策过程输出，需要多功能型团队对前期的策划的技术经济指标、工艺技术方案、设计方案、风险分析等进行评估。团队是由策划组织、业主、研发、设备、装配和运营等专业人员组成的，特别是对新产品、新技术的可实施性以及运营要求是否可以满足进行分析论证，最终目标是满足业主的要求。

住宅产品生产过程的输出，需要质量小组对产品生产的进度、经济性、质量进行评估，然后反馈到决策阶段，积累好的经验、知识，在其他项目中吸取经验并及时采用。基于并行工程的住宅产品全生命周期过程，突出表现在产品生产中充分考虑了产品的质量、检测和维护需求，直接控制后期运营。运营专业必须对生产过程深入了解后才能更好地过渡到产品运营维护中。

住宅产品运营过程保证设施的正常运营，多功能型团队分析运营过程中存在的问题，并将运营维护管理信息反馈给前端过程，积累知识和经验，指导相关产品的策划与生产工作。

四、工业化住宅全生命周期过程顶级层级分解模型

工业化住宅全生命周期过程总体模型可分为工业化住宅产品决策过程模型、工业化住宅产品生产过程模型、工业化住宅产品运营过程模型。以下以工业化住宅产品决策过程模型、工业化住宅产品生产过程模型为例具体描述全过程总体模型的分解模型。

（一）工业化住宅产品决策过程模型

工业化住宅产品决策过程模型是总体模型的细化模型（图 4-10）。总体模型的每一模块均可以继续分解，在此，只对关键模块进行分解。

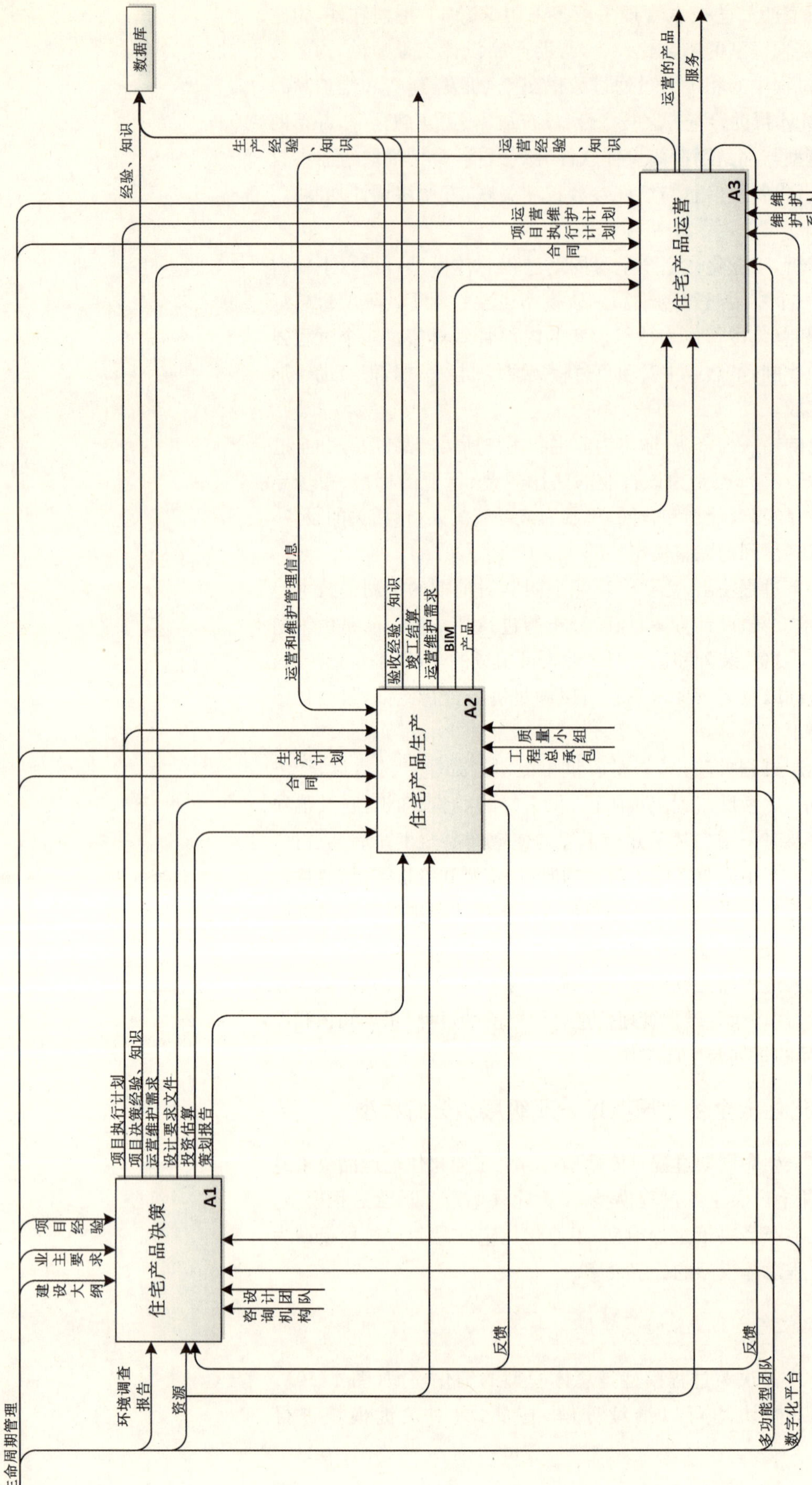

图 4-9　A0 工业化住宅全生命周期总体模型

图片来源:作者自绘

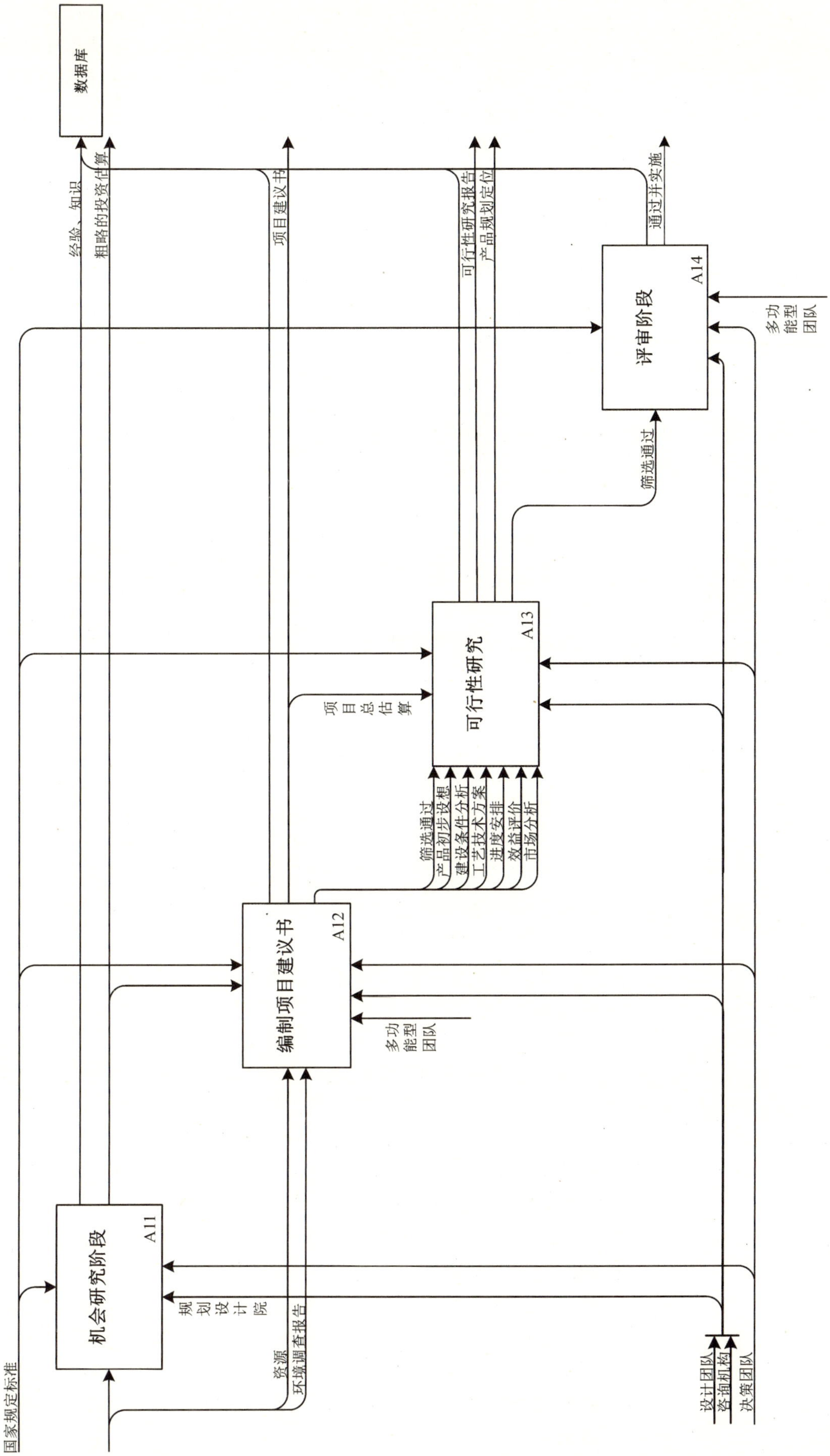

图 4-10　A1 工业化住宅产品决策过程模型

图片来源:作者自绘

项目建议书研究内容包括进行市场调研，对项目建设的必要性、项目建设目标和可行性进行研究，对项目产品的市场、生产技术和设备及重要技术经济指标等进行分析，并对主要原材料的需求量、投资估算、投资方式、资金来源、经济效益等进行初步估算。提出初步项目建设内容，包括拟建产品方案、建设地址、拟建规模，对单项工程来讲，应包括建筑产品面积、层数、结构类型、拟建位置等。资源包括人力资源、基础设施、工作环境等方面。

住宅项目的可行性研究是在投资决策前，运用多学科手段综合论证一个工程项目在技术上是否现实、实用和可靠，在财物上是否盈利。做出环境影响、社会效益和经济效益的分析和评价以及工程抗风险能力等的结论，为投资决策提供科学依据。可行性研究还能为银行贷款、合作者签约、工程设计等提供依据和基础资料，它是决策科学化的必要步骤和手段[5]。

在评审阶段，业主、市政、交通、规划、环境、建筑、设施等专业组建的多功能型团队对产品策划提供咨询意见。

总承包商、设计单位、运营单位或咨询机构与决策团队组建的团队帮助建设单位编报项目建议书和编制可行性研究报告，为工业化住宅项目的投资决策提供科学依据，因为方案的选择会直接影响前期决策阶段的投资估算，正确选择技术先进和经济合理的设计方案，才能使最终项目的总投资的最高限额不被突破。

（二）工业化住宅产品生产过程模型

以下是对 A0 即系统顶层的工业化住宅产品生产过程的层次分解模型(图 4-11)。该模块实现了产品研发、工厂制造、仓储运输、现场装配的高度集成。从研发产品、订货采购、部件生产运输到现场安装，采取“准时生产”的方式，各个生产环节环环相扣。

(1) 住宅产品研发:“全生命周期观”认为，只有能满足顾客对整个生命周期要求的产品才是合格的产品。因此，基于全生命周期过程，产品研发过程中充分考虑了产品工厂制造、部品运输、产品现场装配以及运营维护各过程的需求。在并行工程下，研发过程的输出对下游的生产过程的控制是充分的，所以住宅产品的制造和产品的交付都可以顺利执行，消除了任何由于变更设计需求导致的无价值的恶性循环。与传统项目不同的是，传统工程项目的设计阶段仅包含设计文档的输出，而经过工业化住宅产品的产品研发过程，文件的输出不仅涵盖了产品设计文档，还涵盖了深化设计、运输流程、工程设计(装配流程)、构造实验、质量需求、性能优化需求、维护需求、部品及构配件清单及报价等文件输出，基于全生命周期视角，对下游活动进行输入和控制。

(2) 住宅产品工厂制造:主要任务是依照研发过程提供的部品、构配件清单以及输入的深化设计中组件的详细尺寸、构造节点等要求，对相应组件、材料、设备工器具进行采购;根据市场及企业自身的需求，在工厂进行工业化住宅模块、部品或组件的生产制造。受控于研发阶段的质量需求、物资计划、产品文档、概算、预算控制。机制有数字化信息模型(BIM)、操作工人和设备工器具。工厂制造信息及时反馈研发模块。

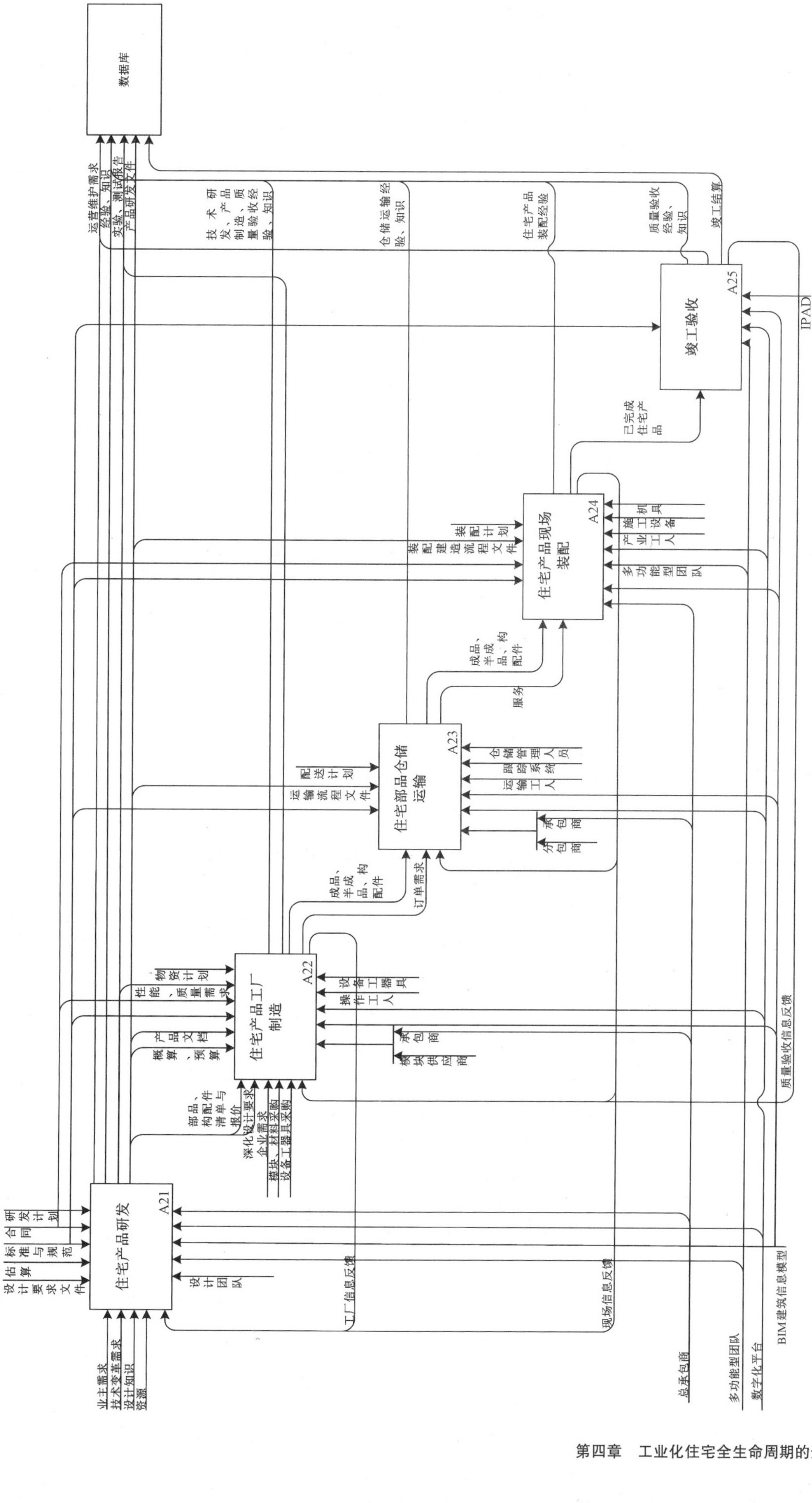

图 4-11　A2 工业化住宅产品生产过程模型

图片来源：作者自绘

(3) 住宅产品仓储运输:主要任务是根据下游装配对部品、构配件的订单需求,对工厂制作完成的成品、半成品、构配件等做实时配送到装配现场的过程。受控于运输流程文件和配送计划。机制有运输人员、仓储管理人员和跟踪系统。

(4) 住宅产品现场装配:组装成一个复杂产品,以使其能运行所有功能行为。主要任务是将和设计有关的资源转化为一个可以居住的住宅成品。受控于上游研发模块输出的装配流程文件和装配计划。机制有施工设备、机具、产业工人和由各专业组成的多功能型团队。现场装配过程中产生的信息及时反馈至研发模块。

(5) 竣工验收:以构件数字化和唯一性模型为基础,基于 GIS 地理信息系统,建立预制构件在各阶段的质量监督信息数据库,结合工厂和工地两种不同质检模式,对工厂到工地的每个质量监督环节的验收数据和图像进行实时管理。工业化住宅产品质检早在研发阶段以部品实验内容展开;但传统建设项目的质检在施工阶段进行,这是因为传统项目位置固定,结构类型不一,施工必须在工地进行,且体形大、整体性强、建设周期长、受自然条件影响大。两者质检方法的区别如表 4-4 所示。

表 4-4　传统质检方法与工业化住宅产品质量验收系统的对比

	传统质检方法	工业化住宅产品质量验收系统
验收图纸	平面图、立面图、详图、多图验收	数字化模型、电子版图纸及 3D 显示
质检数据	纸质表格	IPAD 数字化输入,数据存入云端数据库
质检开始	施工阶段	产品研发阶段
质检内容	施工过程中及交付前检验	实时输入数据和现场图像,工厂和工地数据一致
质验时效	整理、分析、上报,时间周期较长	云端数据库,所有数据及时掌握,实时分析
人力资源	较多人员整理、分析数据	系统分担事务性工作,人员数量减少

工业化住宅产品生产过程模型改进的内容有:

(1) 总承包模式下的工业化住宅生产过程模型,要求住宅产品的研发和住宅产品的装配生产由工业化住宅项目总承包商全过程控制、协调管理。那么,住宅产品的工厂制造、运输过程、总装均可以实现外包或由拥有制造工厂的总承包商单独生产制造,甚至承包商拥有自己的物流,来独立完成整个总装作业。

(2) 多功能型团队参与住宅产品研发和住宅产品现场装配关键过程,各专业专家组成的功能型团队对关键节点中的产品信息进行分析、评估、反馈,协调各过程活动,并积极对信息进行更新改进,吸收宝贵经验、知识。

(3) 建筑信息模型(BIM):基于数字化构件 BIM,构建预制构件的生产管理系统,对全过程各环节进行全方位的项目管理,包含研发进度、生产计划、工厂和现场的质量验收系统、人力资源等各方面的管理内容。传统生产管理与工业化生产管理系统的区别如表 4-5 所示。

表 4-5　传统生产管理与工业化住宅生产管理系统的对比

	传统生产管理	工业化住宅生产管理系统
深化图纸	平面 CAD/2D	BIM /3D
生产计划	人工安排计划	基于数字化模型和施工模拟的 EPR 计划
质量管理	纸质表格，反馈时间滞后	基于云端实时验收，实时掌握数据和图像
地理信息及编码	印刷在构件上，保存时间短，无地理位置	生产时植入芯片，编号永久保存，具有 GIS 信息
人力资源	每道工序都需要管理人员和熟练工人	系统分担事务性工作，管理人员数量减少

五、工业化住宅全生命周期过程二级层级分解模型

将工业化住宅全生命周期过程二级层级模型依次分解为工业化住宅产品研发模型、工业化住宅产品工厂制造模型、工业化住宅部品仓储运输模型、工业化住宅产品现场装配模型，并对四个过程模型进行分解解析。

（一）工业化住宅产品研发模型

细化的研发过程模型，具体描述了住宅产品概念方案的选择、住宅产品系统设计、产品模块深化设计、住宅产品工程设计、小规模生产建造、初步构造实验和初步性能检测(图 4-12)。

住宅产品概念方案的选择中多功能型团队是由策划组织、业主、研发、设备、装配和运营等专业组成的，满足决策模块对产品概念方案和工艺设计的要求，并对新技术的可实施性、可维护性进行论证，满足业主方和用户的要求。

研发过程中的多功能型团队主要是由设计专业、工厂的制造专业和装配建造专业人员组成的，目的是在初步方案设计中，确保新产品的可建造性、新材料的可使用性、设计的可实施性、新技术的可采用性以及后期产品的可维护性。在产品研发过程对全过程进行系统地分析、思考，发现并解决下游阶段可能出现的问题，保证产品设计变更在研发过程模型中完成。

住宅产品概念方案的选择模块抛开了传统“抛过墙”式的串行关系，通过该过程输出运营维护需求，对住宅产品系统设计和住宅产品模块深化设计过程实现控制。

住宅产品的系统设计模块则由产品开发经理对产品进行设计拆分，将拆分的设计模块的设计任务分配输入到深化设计模块，由设计团队对各个模块展开深化设计工作。设计原则是尽可能在原工艺质量稳定的标准模块基础上设计产品，使生产工艺标准化，可以快速、直接进入批量生产，减少试验环节，缩短产品流程时间。

住宅产品模块深化设计要细化到每一个零配件，尽量减少配件型号，并且每一部分都做成系列的标准设计，需要时加以调整组合，就能完成一套设计。

小规模生产建造模块是工业化住宅产品的重要模块之一，将质量检验提前至研发阶段，是对部品品质和质量初步确定，对生产过程有力把控的过程。

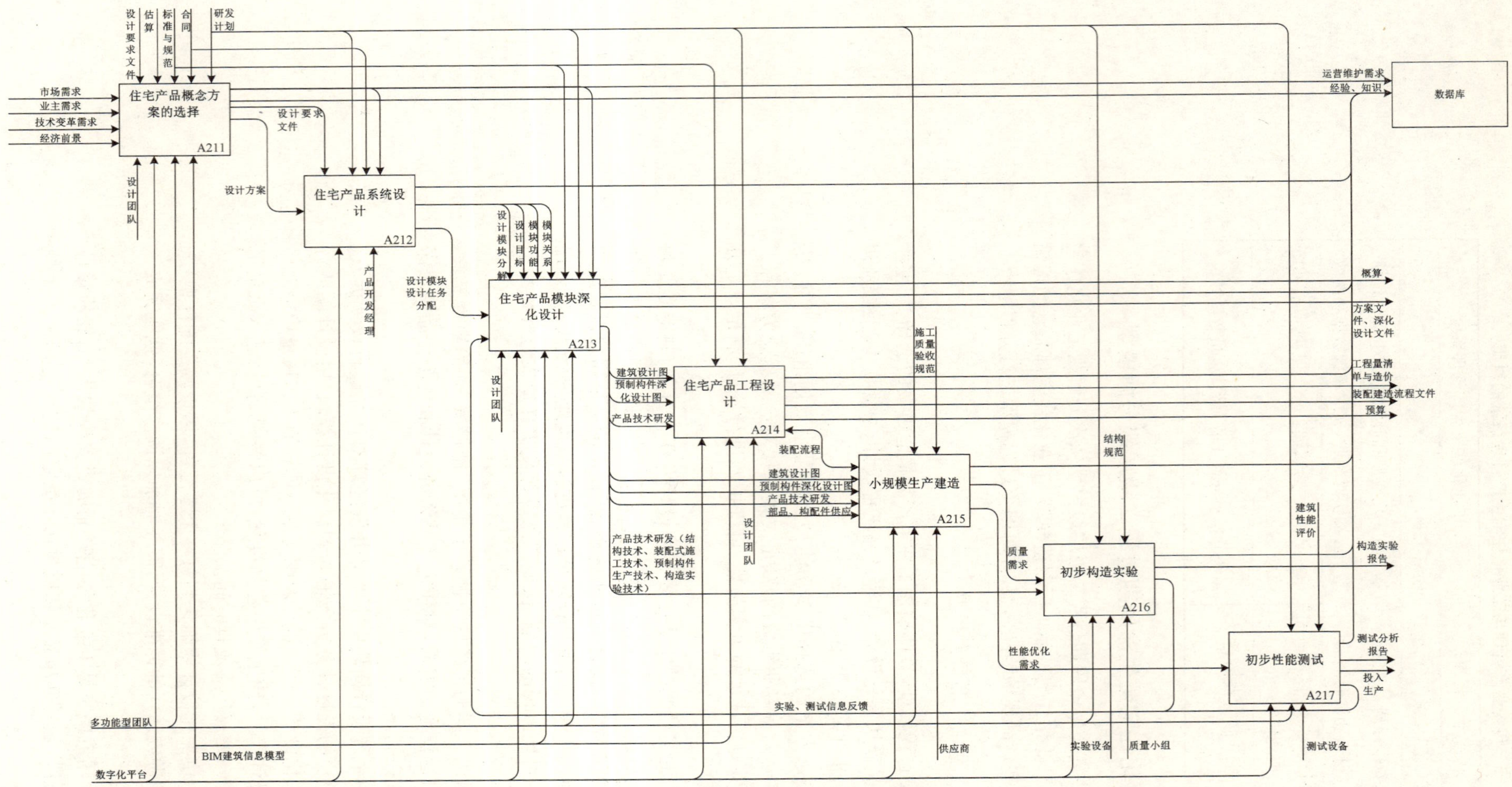

图 4-12　A21 工业化住宅产品研发模型

图片来源：作者自绘

研发团队与工厂、供应商合作，组建质量小组，共同对产品设计和工艺技术展开研究，拥有工厂的总承包商可以将预制构件生产技术研发提前至研发过程考虑，研发产品的同时直接在实验工厂流水线对新技术进行论证。实行外包工厂制造的承包模式，研发团队需与制造厂家、供应商成立质量小组保持密切沟通。而预制构件生产技术由厂家自行研发，如模具的研发工作等。

初步构造实验在研发阶段主要是对装配式住宅结构技术进行实验论证，目前集中于PC构件结构技术，如PC柱、PC板等，以及对构件连接节点技术、现浇技术、墙板外挂等技术进行实验论证。

另一方面，工业化住宅产品将装配施工技术纳入研发实验论证对象，预制构件的研发与预制构件的装配技术的研发工作密不可分，辅助构件装配的机械设备也是住宅产品总装实现的关键要素。例如，需设备提供厂商配合预制构件的吊装技术研发，经厂家实验证实吊装设备对构配件有无影响，最终才能确定可行方案。初步实验对降低下游阶段的建造成本，缩短装配周期至关重要。

（二）工业化住宅产品工厂制造模型

工厂制造模型具体内容如图4-14所示。工厂制造模型中的技术方案设计主要依据部品设计文件中部品的设计信息，进行模具、生产设备、工装工具的研发工作，如依据PC构件生产方式及模具加工原理对部品进行模具设计，模具类型可分为外墙板模具、内墙板模具、叠合板模具、楼梯模具、悬挑构件模具、女儿墙模具等。部品完成情况及组件的存放运输状态经射频识别技术上传数据库，以便相关组织者了解生产的最新情况并时刻调整工程进度。

(1) 建模：通过建立模具、生产设备、工装工具及车间环境模拟模型，输出模型的全部信息，即模具、生产设备、工装工具和车间环境的方案设计文档，涉及设备选型和设备报价(图4-13)。

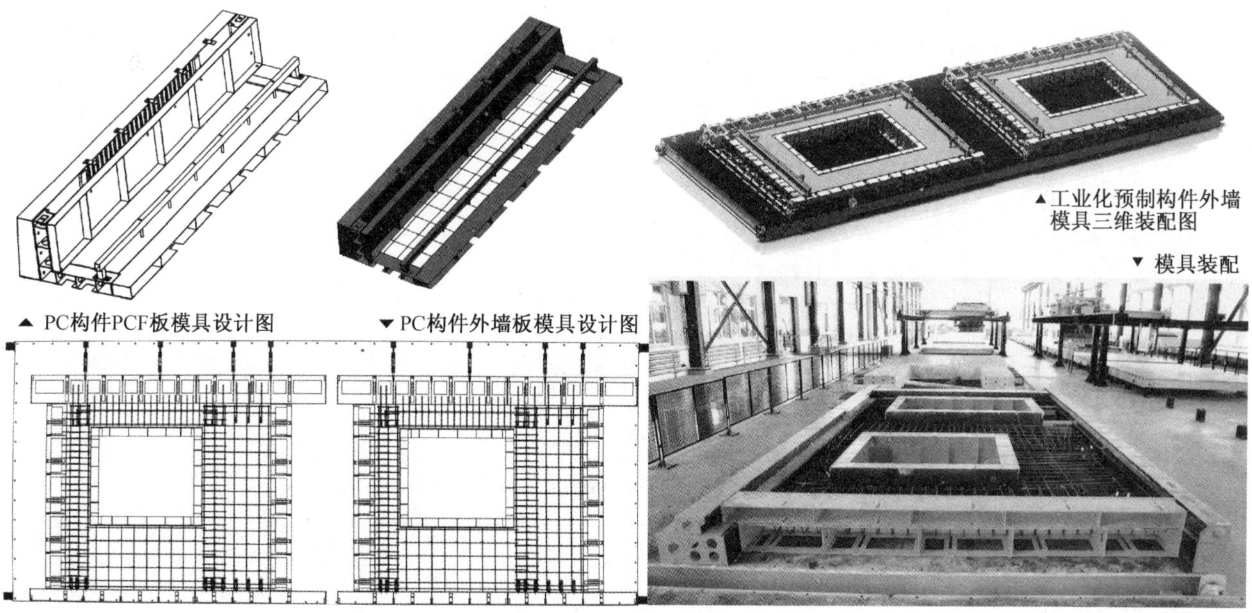

图4-13　工厂模具设计及模具装配三维图

图片来源：江苏国际绿色建筑博览会—江苏立德绿色建筑系统集成有限公司PC集成建筑

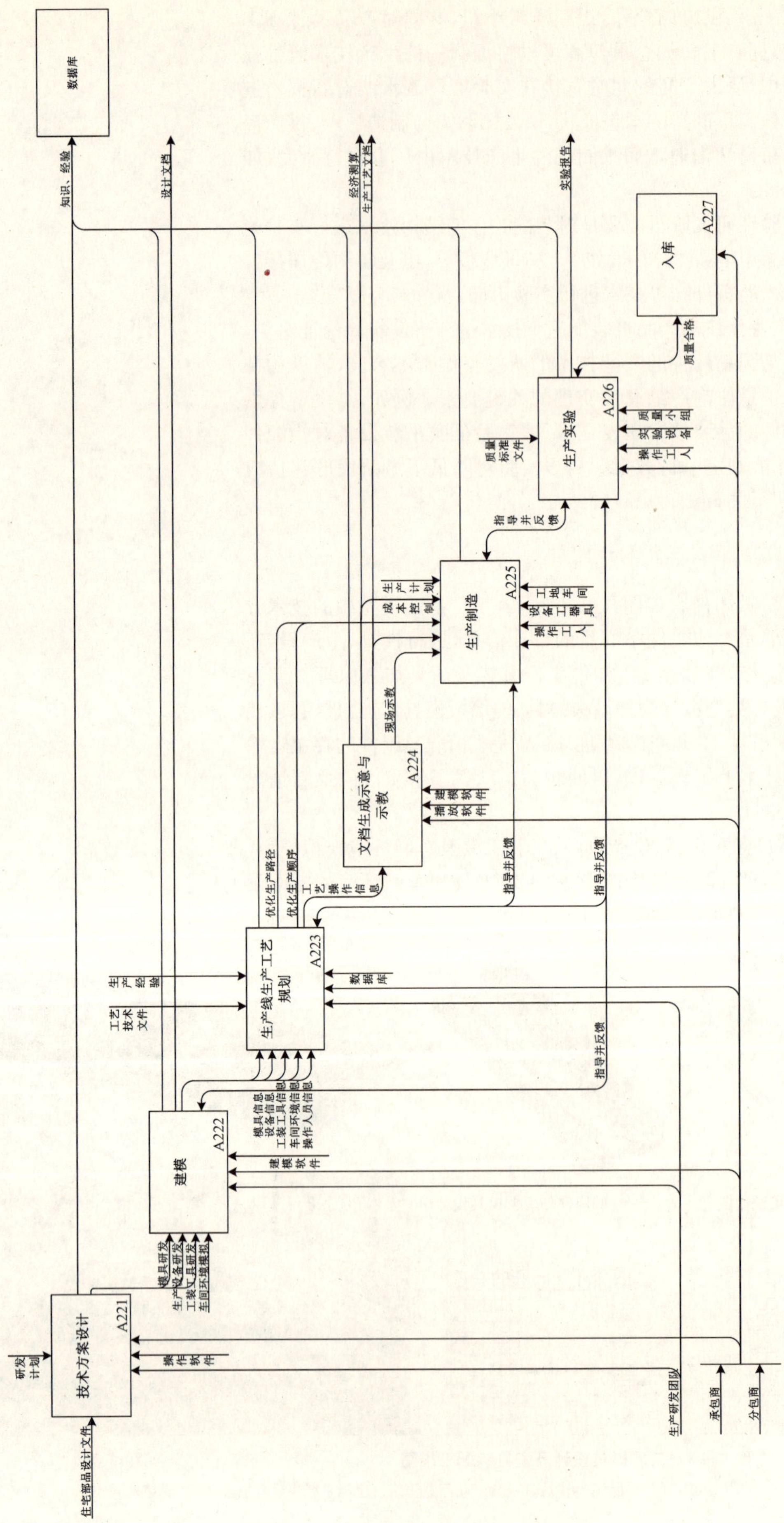

图 4-14 A22 工业化住宅产品工厂制造模型

图片来源：作者自绘

（2）生产线生产工艺规划：包含了工厂规划设计、生产线方案设计和装配工艺设计，由研发设计团队负责规划。涉及工厂设计、整体布局和流水线布局设计。在生产线生产工艺规划过程中将所有信息重新优化整合，优化了的生产路径和生产顺序控制最终的生产制造过程，如把图纸上的主要建筑分解为各式混凝土预制件，在技术办公室，根据生产优化程序，系统地把要生产的预制件自动分配布置到模板上，并进行布局的最大优化。

与制造业生产线管理相似，部品生产线上按照设计者的要求，如何把零件组装成部件，如何把部件组装成组件，如何把组件总装成完整的成品件，如何进行调整、试验，如何进行包装发运，这些被称做装配工艺，把这些工作内容，准确而仔细地编写成技术文件的人被称做装配工艺师。

（3）文档生成示意与示教：生成生产工艺文档和动画文档，方便对生产线的操作工人培训并指导部品的工艺操作方法和部品制造技术，保证生产线的无间断、高效运转，并保持人机高度结合，使生产制造环节可以顺利进行。过程中产生的制造信息及时地反馈至工艺规划模块，以促进不断优化生产工艺。另外，在搜集全部资源信息的基础上，对生产线成本进行经济测算，对生产制造环节的成本加以控制。

（4）生产制造：建立 PC 部品自动化生产线、新型保温板生产流水线、PC 部品各式模具制造生产线、机械设备制造生产线等。PC 部品自动化生产线系统包括中央控制系统、模台循环系统、模台预处理系统、养护系统、脱模系统。

工地车间作为本研究的特殊点，是由部品成品的大体量特征决定的。要在工厂完成部分组装作业，就需要大面积的工地车间满足场地要求。这也是为相关部品运往现场吊装到位前的最后一步组装工作，组装质量的优劣直接关系到工程的整体进度。按照信息化系统中的设定，在部品进场前必须计划好车间的搭建时间。大件组装的过程中，技术人员通过扫取射频码上的编号后连接数据库来确定相关大件的安装步骤和注意要点，并根据系统的要求来复核组装结果达标与否（图 4-15）。

（5）生产实验：承包商或分包商可以建立实验工厂，设立一条完整生产线，来进行新工艺或新产品的试运行。第一时间运行生产线，发现问题、解决问题，信息反馈到工艺规划阶段或建模阶段，以及时地变更设计和工艺规划，实现过程的无缝衔接。后期在实验工厂对 PC 部品生产线技术升级。

生产制造完成后，质量合格的产品入库。

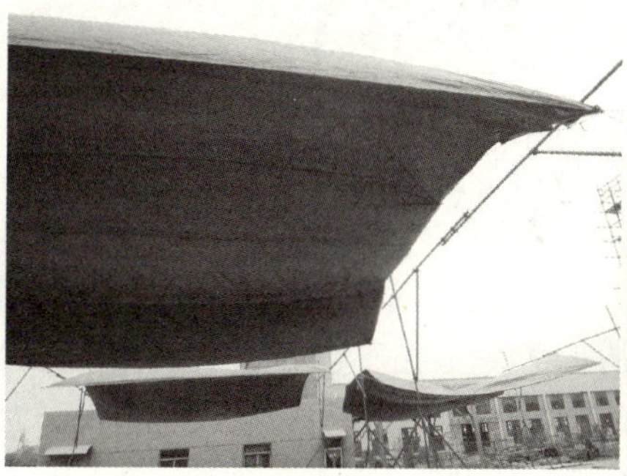

图 4-15　工地车间

图片来源：作者自摄（张宏教授工作室）

（三）工业化住宅部品仓储运输模型

该模块主要负责部品或构配件入库管理，按要求分拣和出库，对订单所需的产品进行发送运输，包括部品装载、运输跟踪、部品卸载(图 4-16)。

(1) 住宅部品、构配件入库：要求按所签的合同进行部品受理，并根据部品、构配件分配的库区打印出入库单，对要入库的部品进行核对处理，并对所入库货物进行统一编号(包括合同号、批号、入库日期等)。然后进行库位分配，产生部品库位清单。

(2) 库存管理：主要是对货物在仓库中的一些动态变化信息的统计查询等工作，对仓库中的部品、构配件进行批号管理、库存的优化等工作，做到更有效地进行仓库管理。

(3) 住宅部品分拣：主要是根据订单和配送计划的要求，将商品从存储区分拣出来，并进行分类集中，分拣方式主要为人工分拣、半自动和自动分拣。货物的分拣是仓储环节中的重要环节，它联系着货物的存储和发送，决定着下一环节货物发送的效率。

(4) 配送计划：配送中心现根据车辆型号和配载重量，根据部品配比，暂定配送先后顺序，合理分配，做到车辆安排科学，配送路线合理，最终送货顺序正确。同时还要考虑车载部品的安全性，保证车辆装载方式正确，具有可操作性。并制订一份配送运输作业计划，满足客户的时间要求，使配送运输成本最低。

(5) 住宅部品出库：主要是要保证部品顺利吊运出库，保证发货的正确性和即将发出产品的合格率。由于住宅部品荷载大，出库首先要考虑的是搬运设备，一般都需要吊车设备协助吊运出库。

(6) 部品装载：是将已经按要求分拣出的部品进行装车，装载所用的设备同样是本环节的关键因素，一种高效、省时、省力的设备将提高装货的准确性和效率。合理的部品固定设备可以保证部品在运输途中的安全，避免发生中途部品倾斜造成的事故。运输车辆的装载合理分配可以提高车辆利用率，降低运输成本，这些都是需要事先重点计划好的(图 4-17)。

图 4-17　叠合墙板的运输

图片来源：江苏绿色建筑博览会－江苏元大建筑科技有限公司装配式建筑混凝土预制构件手册

(7) 运输跟踪：是对运输途中的车辆进行定位跟踪，来确保及时掌握部品的实时状态，在发生突发情况时能及时处理。同时对货物运输人员进行跟踪监控，确保部品直达现场，没有周折。为运输车辆驾驶员提供最优的路线。一些相关的设备和专业技术是本环节的关键，比如 GPS 地理定位系统等。

(8) 部品卸载：是运输车辆到达目的地后，将部品从车上卸下，检验核实数量及有无破损，进行部品交付，并提供部品后期服务的过程。

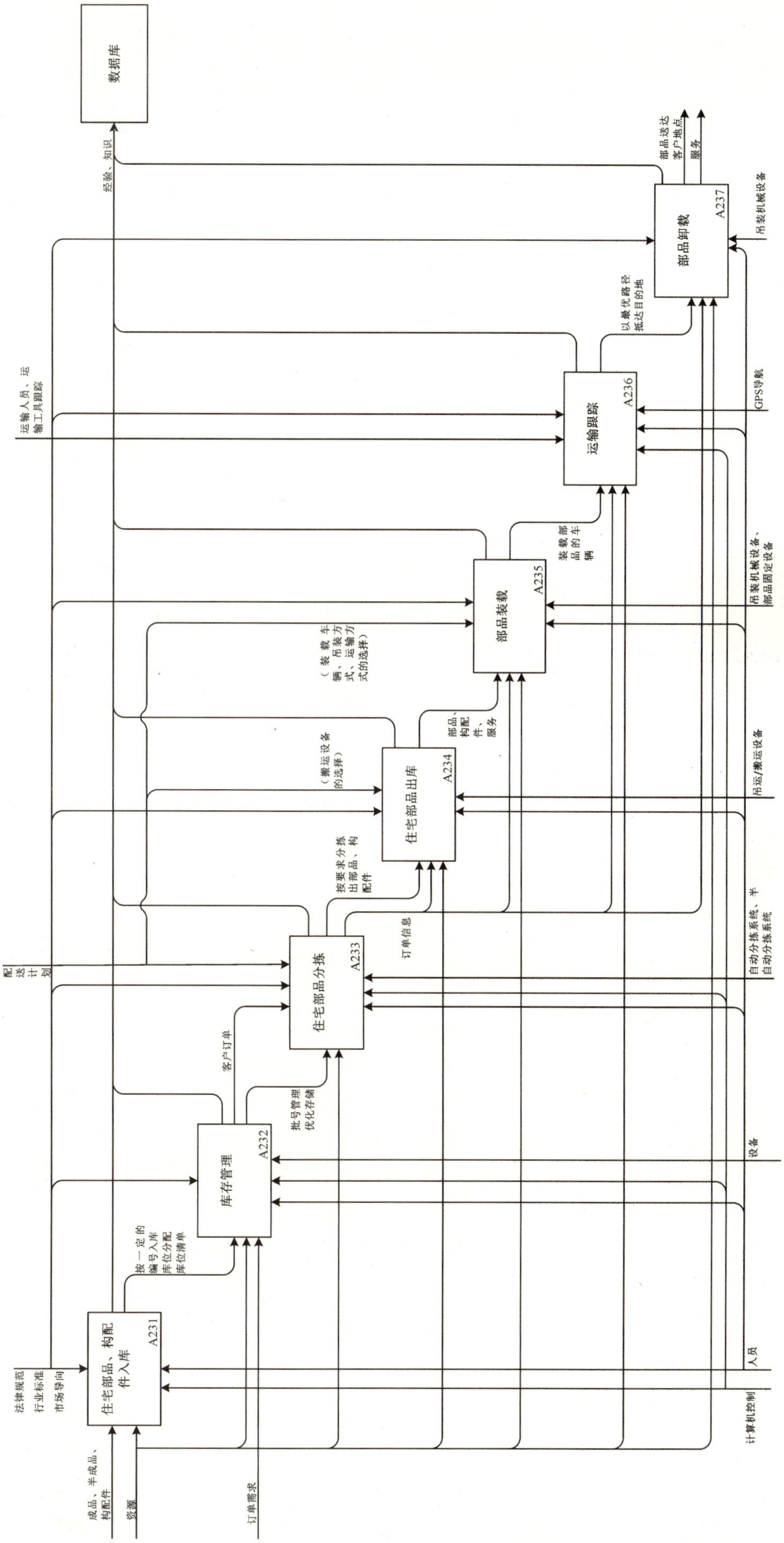

图 4-16 A23 工业化住宅产品仓储运输模型

图片来源：作者自绘

（四）工业化住宅产品现场装配模型

（1）建模：细化研发过程的设计文件，输出构配件、部品、人员、工装机具、施工设备等信息。

（2）虚拟装配工艺细化：细化设计包含了工装机具规划细化设计、装配流程细化设计、部品及构配件堆场细化设计，这是根据现场状况对研发阶段的装配工艺进行优化。其中最重要的是装配流程的优化，详细优化了的装配路径和装配顺序最终控制着住宅产品的总装过程，如每一层的PC柱和PC梁的吊运顺序以及吊车的现场布置情况，都决定了每一层的装配时间。

（3）文档生成与示意：生成装配工艺文档和动画文档，方便对装配现场的产业工人培训并指导部品安装方法和部品安装技术，保证工人的安全，也保证装配过程无间断地高效运转，并保持人机高度结合，使总装环节可以顺利进行。过程中产生的装配信息及时地反馈至虚拟装配工艺模块，以促进不断优化装配工艺。

（4）装配作业：受控于装配进度计划要求，依照虚拟装配工艺规划，产业工人有条不紊地按照优化的装配路径和装配顺序进行最终的住宅产品总装作业，作业过程由质量小组参与检验。

住宅成品完成后经过质量小组评定，验收交付（图4-18）。

六、工业化住宅全生命周期过程三级层级分解模型

过程模型三级层级以江苏元大建筑科技有限公司装配式建筑混凝土构件工厂制造为例，建立三级层级分解模型（图4-19）。

（1）中央控制系统：是整个自动生产线的神经中枢，具有中央控制、视频监控、警示、节拍控制等功能。它对整个构件工厂的生产进行协调控制，对生产线的运行状况一目了然。中央控制系统通过向各个独立的控制系统发送指令，掌握、监控各个系统设备的工作状态，对存在隐患和发送故障的设备及时报警，自动故障诊断，进行故障处理，保障生产线的正常运行（图4-20）。

（2）模台循环系统：包括模台、摆渡装置和支撑、驱动系统。

模台是保证制作混凝土构件平整度的关键，它采用整块优质钢板与型钢骨架焊接而成，具有承载力大、刚性好、强度高、面板无焊缝的特点，保证了构件的平整度小于1 mm。

摆渡装置使生产线上模台的横移自动完成，精准性、平稳性、加速与减速等均由工业级电脑完美控制。在运行过程中，如果遇到障碍等意外情况，系统会自动报警和自动停车。系统采用地面上一体化结构设计，施工简单、位置灵活、操作方便，大幅地提高流水线的生产效率。驱动轮驱动系统保证了周转平台的安全运输。

（3）模台预处理系统：包括模台清扫、划线和脱模剂喷涂装置。

模台清扫装置需要优化组合和创新设计。模台清扫机可将附着、散落在模台上的混凝土渣清理干净，利用清扫和吸尘装置将残渣和粉尘吹到接料斗内，保证了能源再利用和工作环境卫生。

划线工序由数控划线机自动完成，突破传统人工操作模式，简单高效、精准度高。友好的人机操作界面，可直接输入信息，画出所需的点、线

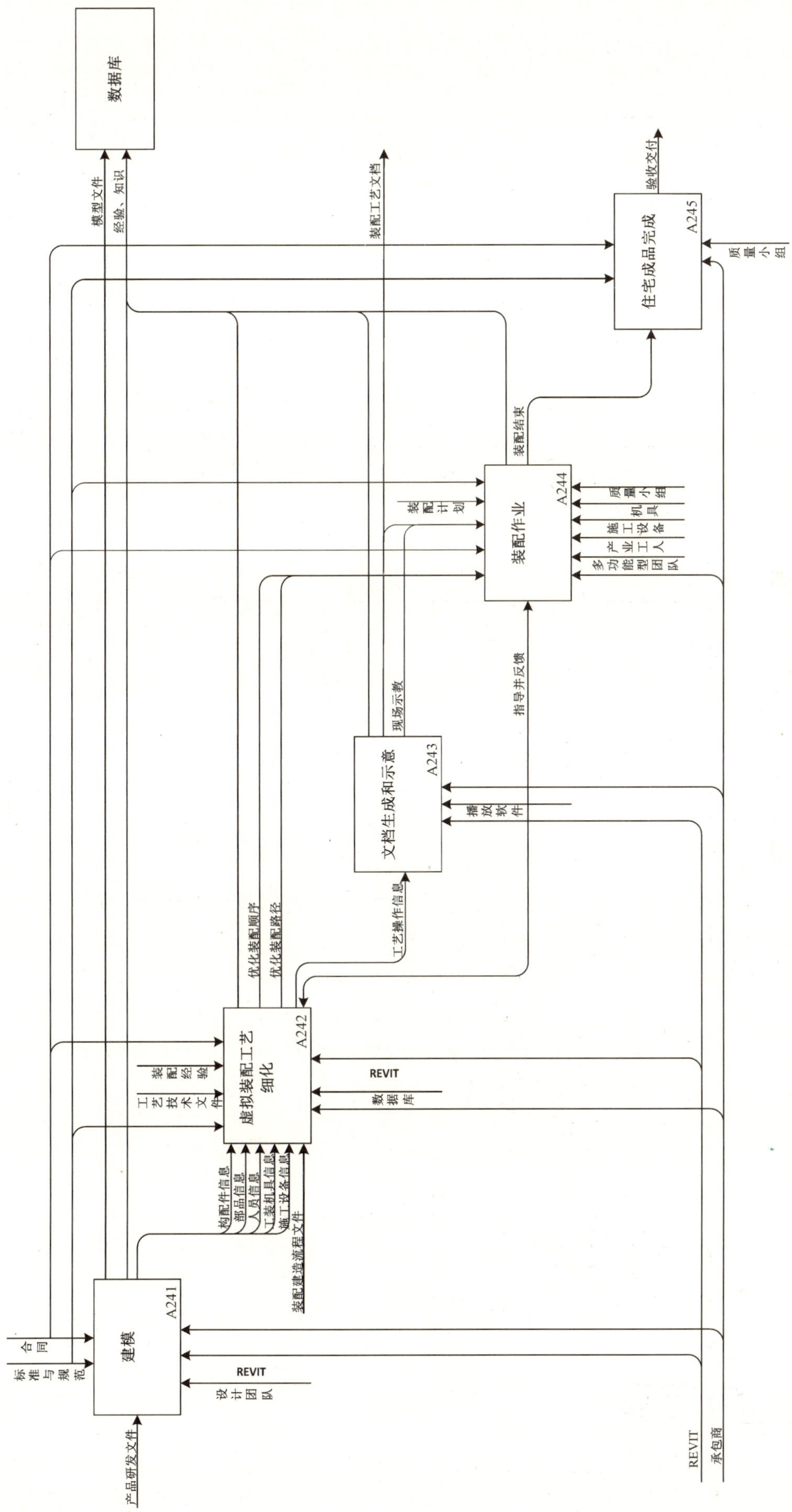

图 4-18 A24 工业化住宅产品现场装配模型

图片来源：作者自绘

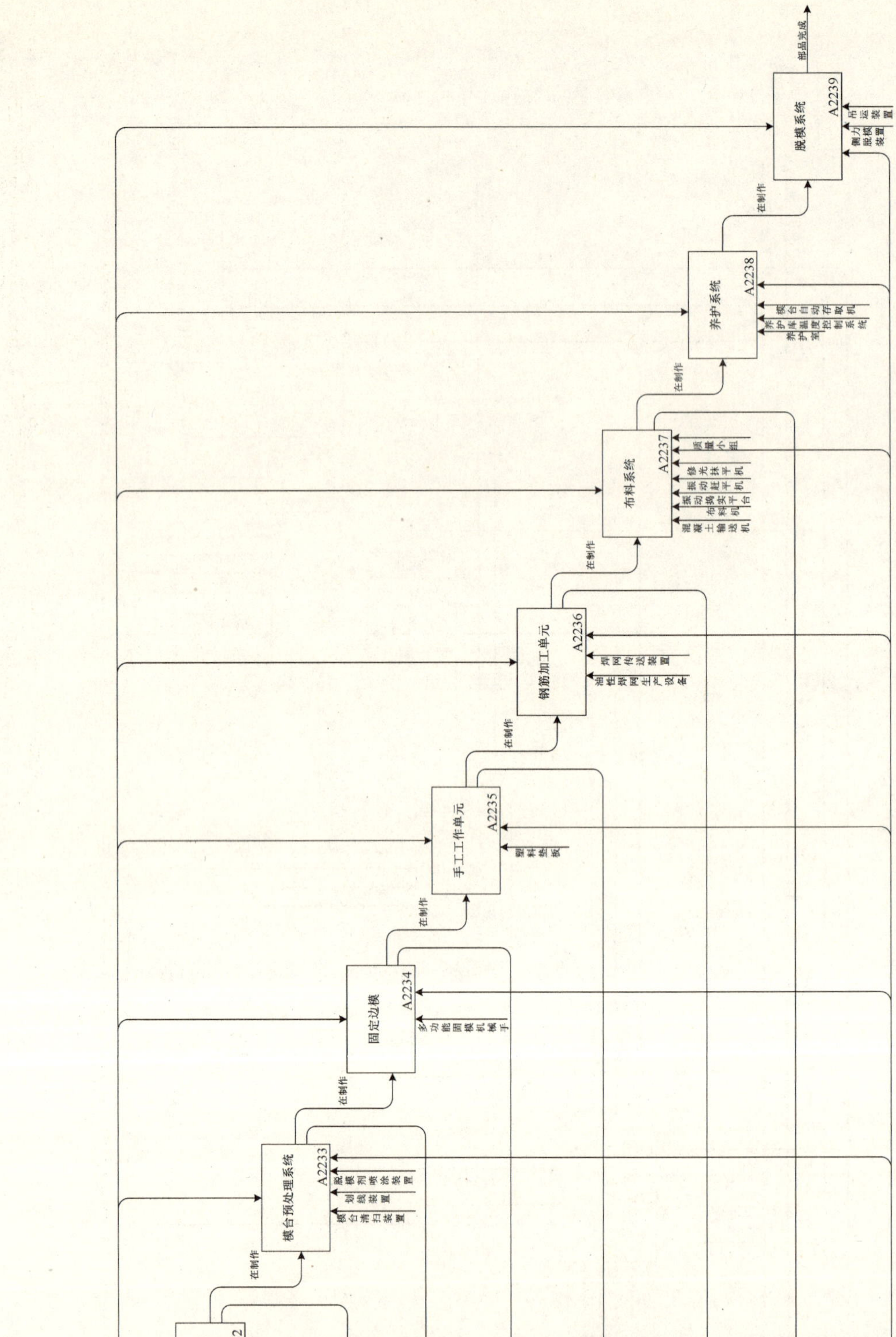

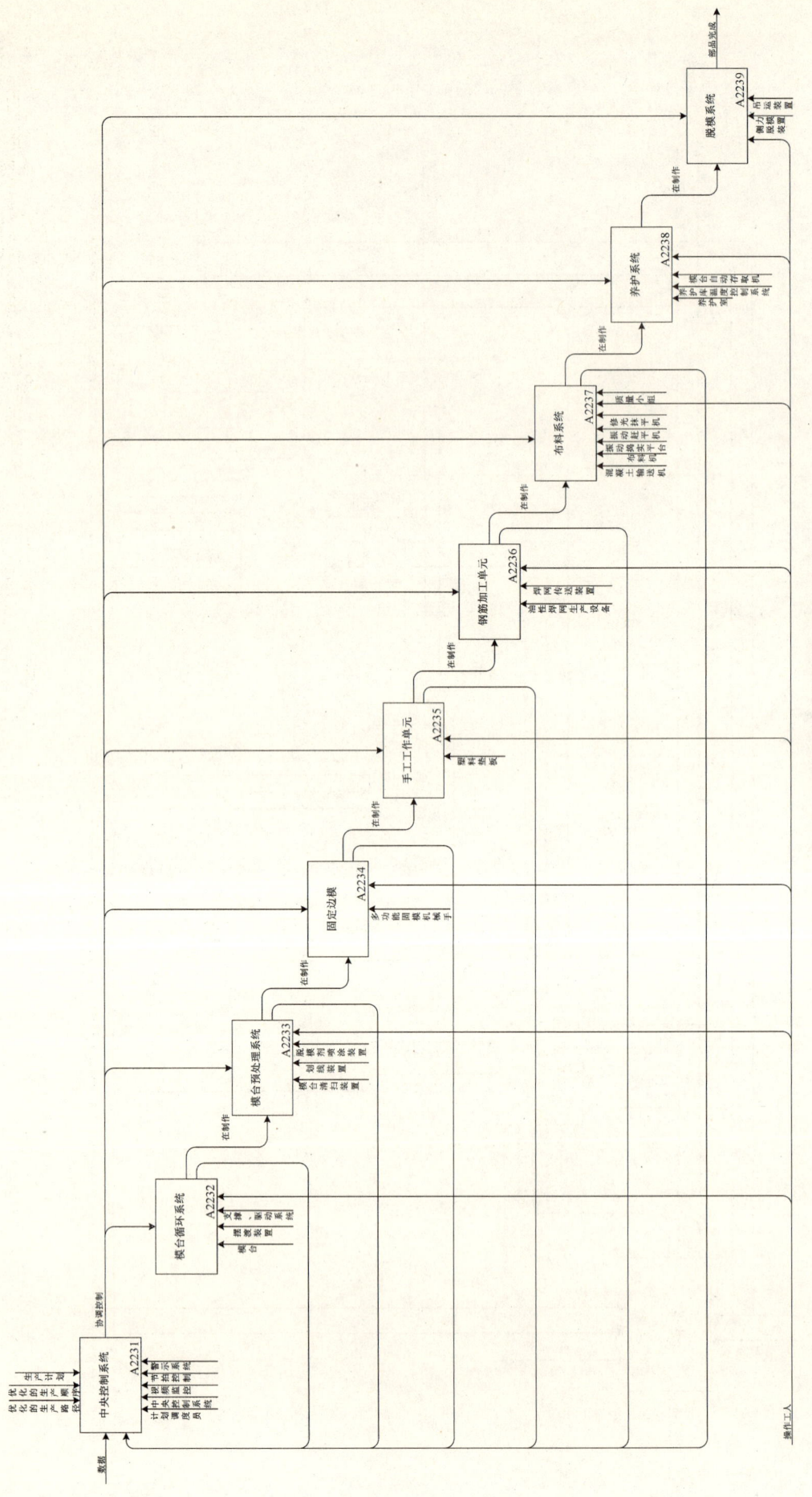

图4-19　A223 工业化住宅生产线生产工艺规划

图片来源：作者自绘

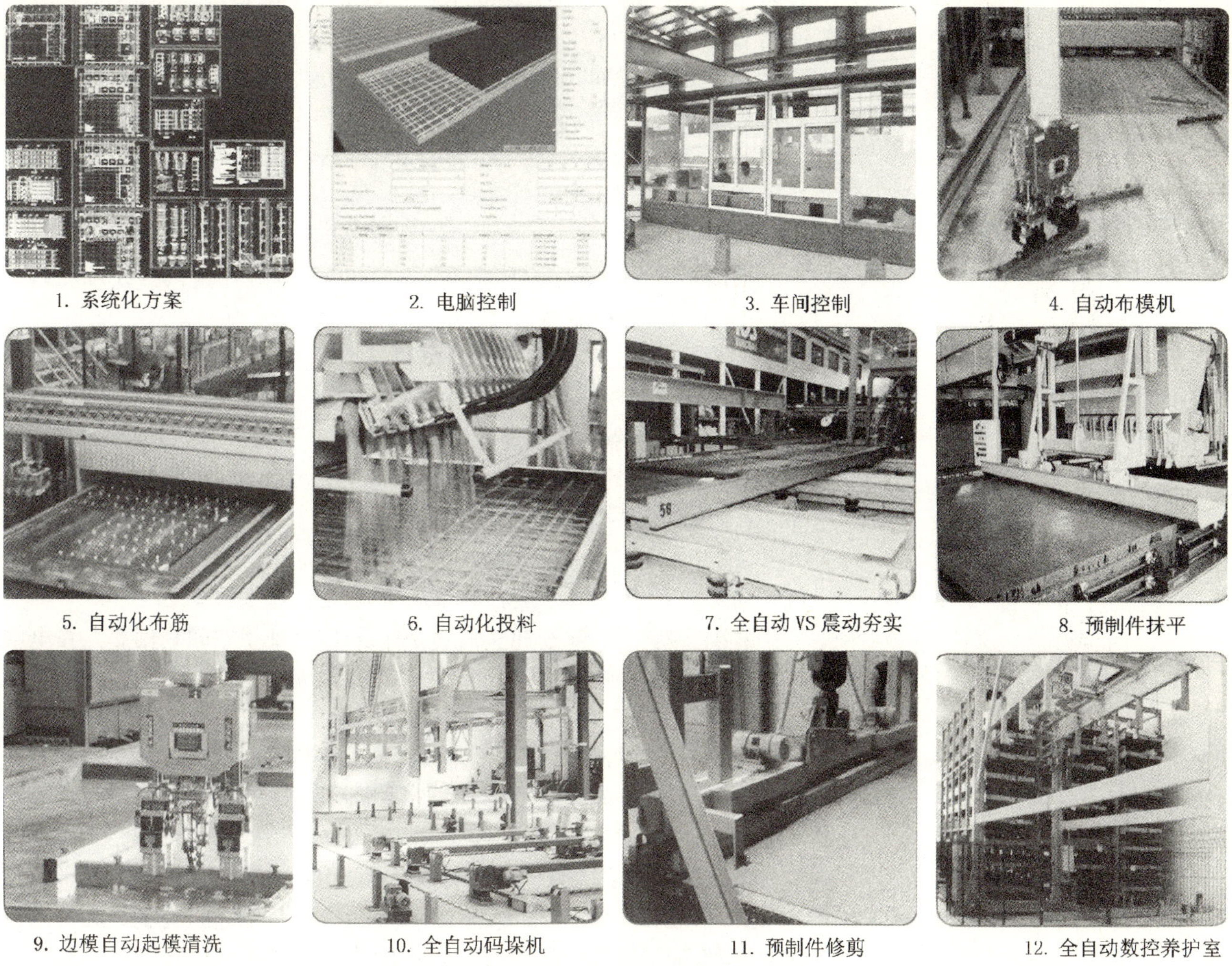

图 4-20　装配式混凝土预制构件生产流程

图片来源:江苏绿色建筑博览会—江苏元大建筑科技有限公司装配式建筑混凝土预制构件手册

及图形。自动调高感应装置根据实际要求处理复杂图形,精准定位系统保证图形的精准性。

脱模剂喷涂装置可完成自动喷洒脱模剂。精心设计的雾化喷洒系统效率高、喷涂均匀、耗料少,使脱模顺利、维护便捷。

模台预处理完成后,即可进行装边模、预制预埋件的安放和钢筋网的布放工序,作为浇筑布料前的准备工作。

(4) 固定边模:橡胶驱动传送模板行至多功能固模机械手下,多功能固模机械手依据要生产的混凝土预制件的尺寸、形状,自动测量位置、模板区域,自动从边模架选取合适的边模,精确调整固定到模板上。

(5) 手工工作单元:模板行至手工工作单元,作业人员在模板上放置塑料垫板。

(6) 钢筋加工单元:模板行至钢筋加工单元,油性焊网生产设备焊接好预制构件需要的钢筋网。焊网传送装置,自动将钢筋网片放置在模板上。

(7) 布料系统:包括混凝土输送机、布料机、振动捣实平机、振动赶平台、修光抹平机。

混凝土输送机可根据放料量和放料速度自行控制行进速度,自动对位停车，平稳、精准地运送混凝土到布料机中。配备自动停车报警、清洗平台等配套设施，采用人性化设计，操作更加简单。

布料机以独特的设计、人性化的细节考虑，保障设备运行可靠。电脑程序根据图纸设计要求自动布料，布料范围一次性覆盖整个模板，布料精准、均匀合理、误差小。具有高强度耐磨衬板、自动清洗装置、自动直流供电系统、振动装置。细节与细节的叠加，使生产变得高效节能，保证了产品品质。

振动捣实平台采用高频震源，振幅可调，适应性强。分区域竖向振动，提高了混凝土的密实度。

振动赶平机采用高频振动自动赶平混凝土构件表面，增加构件的密实度。其具有特制光板，刮平范围可覆盖整个模板，可电动升降，此外还有自锁功能及变频刹车减速机，确保运行安全平稳。

修光抹平机的抹平头可在水平方向上移动作业，完成构件的修光抹平工作，使得构件平整度更好，光洁度更高。

(8) 养护系统：通过质检后，模板由码垛机送至养护室养护。养护系统包括养护室、养护库温度控制系统、模台自动存取机。

养护室是构件养护空间，垂直立体设计，增加了空间利用率。在电脑控制下，平台自动进入养护仓养护。每块构件的入库和在库时间被单独记忆，智能化运行，保证了构件的养护质量。

养护库温度控制系统可根据设计需求，自动控制、调节独立养护空间内的空位的温度，实现温度、湿度自动按曲线调节的精准化控温，从而保障预制构件凝固强度达到设计要求。

模台自动存取机的架构设计保障了平台在存取过程中全程自动控制、走位精准、升降位置准确、运作平稳、安全可靠的超强性能。如自动校正功能，保证了构件摆放平整。全程自动控制系统可根据生产需要预选存放模台工位，实现无人值守、自动收集信号、自动存入和取出的智能化运行。

(9) 脱模系统：构件在养护室内经 8～10 h 的养护后，由脱模系统进行脱模。模台由支架转至接近垂直位置时，起重装置即可将构件调离模台。模具锁死装置等多项安全保护装置，确保平台安全运行。

侧力脱模装置大幅提高了预制构件的起吊效率，最大限度地减小构件在起吊过程中的磕碰现象，保护构件完整，不受损坏。脱模后部品生产完成。

本章小结

在制造业领域，IDEF0 用以解决产品复杂系统的建模问题，也是信息建模方法的基础。IDEF0 相对其他系统分析方法有自身突出的优点，通过运用 IDEF0 建模方法，可以帮助管理者以全局的视角对整个复杂工业化住宅系统工程的全过程有直观、清晰的了解，并对其进行系统设计与分析。它作为全生命周期系统建模和分析方法是必不可少的，其业务过程中的逻辑流程、输入及输出、机制与控制管理要素中所有关联信息直接影响工业化住宅全过程信息集成。

注释

[1] 赵瑞东,陆晶,时燕. 工作流与工作流管理技术综述[J]. 科技信息,2007(8):107-109

[2] 业务流程管理基本概念(七):BPM与工作流管理的区别与联系[EB/OL]. CTI论坛

[3] 卢勇. 工程项目的建设过程重组[J]. 基建管理优化,2003,15(4):17-20

[4] 杨洪涛. 业务过程管理实施方法理论及应用的研究[D]. 杭州:浙江大学,2004

[5] 贾兰举. 浅谈建设工程投资控制[J]. 合作经济与科技,2015(13):76-77

[6] 赵明桥,王小凡. 集成建筑——一种工业化住宅建筑体系[J]. 南方建筑,2001(2):18-20

[7] Ljungberg A. Rrocess measurement[J]. International Journal of Physical Distribution & Losgistics Management,2002,32(4):254-287

[8] Elzinga D J,Horak T,Lee C Y,et al. Business process management:survey and methodology[J]. IEEE Transactions on Engineering Management,1995,42(2):119-128

[9] 业务流程管理基本概念(七):BPM与工作流管理的区别与联系[EB/OL]. CTI论坛

[10] 李永奎. 建设工程生命周期信息管理(BLM)的理论与实现方法研究——组织、过程、信息与系统集成[D]. 上海:同济大学,2007

[11] 刘焕新. 过程管理方法在企业中的应用[J]. 企业家天地,2008(4):144-145

[12] SAS(Social Analysis System). Guiding principles of process management[EB/OL]. (2006-10-06). http://www. sas-pm. com/SAS/sas process manager. htm

[13] UML(统一建模语言),面向对象的分析与设计(OOA&D. OOAD),始于1997.

[14] 陈禹六. IDEF建模分析和设计方法[M]. 北京:清华大学出版社,1999

[15] 郭春明,韩之俊. 基于IDEF0的产品生命周期过程建模[J]. 机械制造,2005(10):29-32

[16] Anumba C J, Baugh C, Khalfan M M A. Organisational structures to support concurrent engineering in construction[J]. Industrial Management & Data Systems, 2002, 102(5):260-270.

[17] De la Garza,Jesus M. Value of concurrent engineering for A/E/C industry[J]. ASCE Journal of Management in Engineering, 1994,10(3)

[18] (美)James Martin. 战略数据规划方法学[M]. 耿继秀,译. 北京:清华大学出版社,1994

[19] 祝颂和,曾明,陈建明,等. 离散数学[M]. 西安:西安交通大学出版社,1996

[20] 乔非,吴启迪,沈荣芳. 面向企业过程重建的事务流程模型研究与应用[J]. 系统工程理论与实践,1999,19(1):39-46

[21] 牛军钰,赵宏,赵大哲. 基于Petri网的工作流建模方法[J]. 控制与决策,1999,14(增刊):521-525

[22] Workflow Management Coalition. Interface 1:process definition interchange-Q & A and examples[EB/OL]. (1999-02-18). Http://www. aiim. org/wfmc/

[23] Mohamed S. What do we mean by construction process re-engineering[J]. Intemational Journal of Computer Integrated Design and Construction,1999,1(2):3-9

[24] 戴彬. 项目信息门户与工程建设过程重组[J]. 基建优化,2005(3):3-5

[25] 卢勇. 基于互联网的工程建设远程协作的研究[D]. 上海:同济大学,2004

[26] 丁家云,谭艳华. 管理学理论、方法与实践[M]. 合肥:中国科学技术大学出版社,2010

[27] [日]今井正明. 改善——日本企业成功的奥秘[M]. 北京:机械工业出版社,2010

[28] 罗振璧,莫如虎,罗杰,等. 精益生产与管理(一):学习与应用精益生产与管理的十问[J]. 世界制造技术与装备市场,2007(3):81-87

[29] Project Management Institute. A guide to the project management body of knowledge[M]. 5th ed. 北京:电子工业出版社,2015

[30] WBS,工作分解结构[EB/OL]. http://baike. baidu. com

[31] [美]W爱德华兹. 戴明论质量管理[M]. 海口:海南出版社,2003

第五章　工业化住宅全生命周期的信息及系统集成

目前，全球建筑业存在两个亟待解决的重要问题：一是项目各阶段缺乏协同合作，导致生产效率较低，资源浪费严重；二是贯穿项目全生命过程的重复工作不断，造成成本上升[1]。据美国劳工部统计数字显示，1964—2003年间，工业与服务业的生产能力指数提高了130%，而建筑业非但没有提高，反而下降了19.2%。美国国家标准和技术协会研究表明，信息部兼容造成每平方英尺施工成本增加6.12美元，运营成本增加0.23美元[2]。因此，信息管理水平低、信息集成化低是造成建筑业生产效率低下，投资成本上升的影响因素。另一方面，由于信息化技术投入较少，建筑业形成高度的专业化分工，不但导致组织碎片、过程碎片，还导致了各软件应用产生的信息碎片[3]，即大量信息自成体系，相互孤立，信息断层和失真，无法实现信息共享。

随着信息与通讯技术的发展，建筑信息模型(BIM)的出现，信息集成成为关键手段。同时，将信息技术应用到建筑工业生产的各个环节，使信息化成为建筑工业企业经营管理的常规手段，使信息化进程和建筑工业化进程紧密进行，不再是单方的带动和促进关系，而是在工业化技术、产品研发、管理等各个层面相互交融，彼此不可分割。

第一节　工业化住宅全生命周期信息特征

一、工业化住宅全生命周期信息的总体特征

按照工业化住宅产品信息的表现形式、信息的内容属性、项目实施的主要工作环节以及组织来源，可将工业化住宅产品信息分为四类(图5-1)，即信息表现形式、信息内容、主要工作环节和项目参与方。由此可见，工业化住宅产品信息种类繁多，信息格式等较为复杂，主要集中表现在以下几点。

信息存储数据量庞大：工程信息包括了住宅产品设计、深化设计、工程设计、结构技术分析、能耗分析、各种技术文档和工程合同等，这些信息随着过程的递进呈递增趋势。

信息存储格式复杂：如表示住宅产品的部品、构配件清单表，反映住宅产品信息的建筑信息模型，反映工程造价的预算表，反映现场装配的模拟动画等，包含大量的结构化与非结构化存储格式。

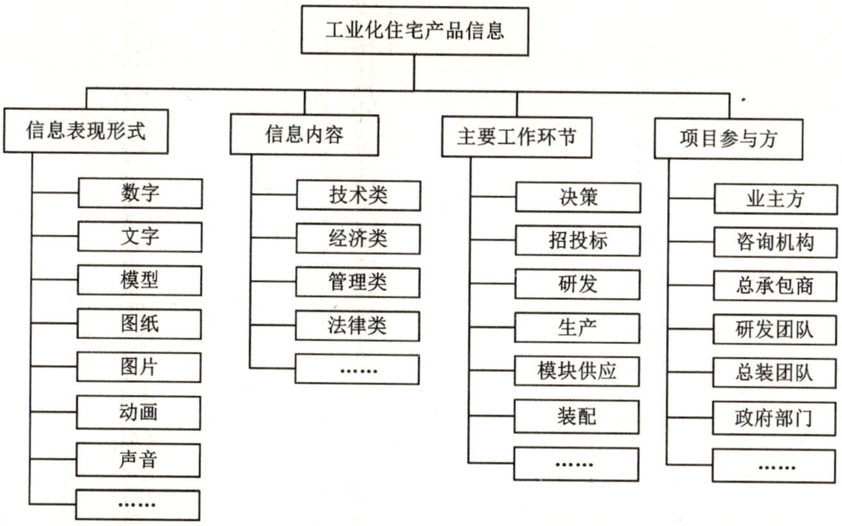

图 5-1　工业化住宅产品信息的分类
图片来源:作者自绘(根据丁士昭提出的工程信息分类内容进行了修改和补充)

信息间关联复杂:大多数信息都是从其他信息中提取和派生出来的,因此,相互关联紧密,信息的改变会引起另一信息的变化。如产品信息的变更会引起工厂部品信息的改变,现场装配信息从而也会发生变更。

信息管理复杂:在全生命周期中,不仅信息种类多,项目参与方也较多,各方创建和管理自身所需要的信息,且不同团队可能有不同的质量控制师、成本控制师、进度管理师等,使信息管理相当复杂,没有统一的信息管理标准对信息进行合理有效的控制和管理。

信息管理环境复杂:由于建筑装配环境的不确定性,存在新产品现场装配的不可确定性,产品模块间衔接问题等突发情况,导致原模块信息频繁变更。

S. J. 西莫夫(S. J. Simoff)和 M. L. 马勒(M. L. Maller)认为,建设工程信息管理的关键问题是数据格式的多样性,这些格式如表 5-1 所示。

表 5-1　建设工程信息数据格式的分类[4]

结构化数据文件(Structured Data Files)	存储在数据库管理系统或者特定的软件程序中,例如数据仓库、ERP、成本估算、进度、支付、财务和会计等
半结构化数据文件(Semi—structured Data Files)	例如 HTML、XML 或者 SGML(Standardized General Markup Language)等文件
非结构化文本数据文件(Unstructured Text Data Files)	例如合同、规格说明书、目录、变更单、信息请求、现场报告和会议纪要等
非结构化图形文件(Unstructured Graphic Files)	以二元(Binary)格式存储,例如 2D 和 3D 图纸
非结构化多媒体文件(Unstructured Multimedia Files)	例如图片、声音和影像文件

结构化的信息通常占全部组织信息的 10%~20%,而非结构化的信息则占 80%~90%,更多的工程数据存储在半结构化和非结构化文件

中[5]。结构化和半结构化的数据大多是可运算信息，属于原生数据，不依赖其他信息而独立存在，可采用各种数据模型进行集成，例如投资控制模型、进度信息模型和 BIM 等；非结构化信息或不可运算信息大多是由原生数据经过加工处理后得到的中间或结果数据，可采用文档信息集成的方式处理，如电子文档管理系统（Electronic Document Management，EDM）。目前，AEC/FM 领域信息集成主要关注结构化的数据类型，对半结构化和非结构化的信息集成大多限于理论研究和实验项目应用[6]。因此，工业化住宅产品信息集成必须重视半结构化和非结构化信息的获取、共享和再利用。

二、工业化住宅全生命周期各阶段信息特征

工业化住宅产品全生命周期的不同阶段有着不同的目标，所产生的需求信息各不相同，同时信息明显具有不同的特征。以下从决策阶段、研发阶段、工厂生产阶段、装配阶段及运营维护阶段五个主要阶段出发，分析了工业化住宅产品各阶段的信息特征。

（1）决策阶段：该阶段主要定义项目目标，把握项目投资、项目成本和运行成本，明确各阶段的任务、项目功能和产品技术的应用以及大体的进度安排。该阶段所产生的信息将直接影响产品研发和后续工作，更多以定性、定量信息为主。

通过对比模型方案，以寻求最佳解决方案，此阶段的信息相对简单容易把握，具有较强的灵活性，可以根据业主需求增加、删除或更改产品信息。

在产品信息方面，该阶段主要产生一些功能信息和参数，如产品的内部功能分区、建筑面积、建筑尺寸、项目规模等。

（2）研发阶段：设计阶段主要制订技术性解决方案（Technical Solution），将功能性标准（行为）转化为可实施的模型，设计将确保实现设施既定的功能[7]。

工业化产品研发阶段除以上对项目设计阶段定义，还将产生大量模块生产所需信息、现场装配工艺规划信息、生产计划和总装计划进度管理信息，并明确模块质量验收标准等。

因而，住宅产品研发阶段需要更多的模拟信息。同时，此阶段研发团队与模块供应商和装配制造团队等多组织紧密协作，信息变更频繁，因而变更管理、版本控制（Version Control）、并行控制（Concurrency Control）、信息跟踪与信息共享是研发信息管理的重要内容。

（3）工厂生产阶段：该阶段是支持研发信息向建筑部品实体转化的过程。主要任务是依照研发计划对模块供应商进行选择。模块供应商具体规划工厂部品的生产计划、材料及设备采购计划，以及明确模块供应价格、供应数量及出库、运输至现场的具体时间。该阶段的信息来源于研发结果，最终的模块分包信息十分关键，决定后续模块分包集成。另一方面，工厂的生产需配合研发阶段进行产品生产与试验，因此不仅输出实际的部品和构配件产品定性、定量信息，还输出产品试验信息，并反馈到研发阶段，引起产品设计的变更。因此无论研发阶段还是装配阶段都与该阶段是紧密关联的。

(4) 装配阶段：该阶段分为工厂装配阶段和现场总装阶段，该阶段是支持研发信息和部品实体信息向住宅成品转化的过程。该过程在原研发阶段计划上进一步完善为更为详细的部品装配计划、总装计划及装配成本估算，主要信息来源于研发成果，并非研发信息的直接输出，还包含了装配方法、装配工艺组织细化、任务细分、材料及设备采购等。此外，该过程也是对模块分包信息的集成，在总装计划控制下确定现场模块包运至现场的具体时间，保证在总装过程中准时取得正确的分包模块。可以看出，该阶段是对前期信息的综合集成管理阶段。

(5) 运营维护阶段：设施运行和维护包括设施管理、设备运行和建筑物的维护等内容[7]。设施管理包括楼层布局、设备布局和空间房间信息等，空间管理系统和决策支持系统需要紧密集成。设备运行需要的信息包括设备参数、运行计划、周围环境信息和气候条件等，以使设备能尽可能地保值增值。建筑物维护需要的信息包括建筑物的体量和外观尺寸、材料性能和维护计划等[6]。

第二节　工业化住宅全生命周期信息集成

当前工程建设领域信息管理主要存在两种管理模式：人工信息管理模式和利用信息系统的信息管理模式。人工信息管理模式是传统的信息集成方法，通过人员不断进行沟通，将相关信息集成。该集成方法由于人员直接参与，具有一定的灵活性，但效率较低。而利用信息系统的信息集成是当前研究的主要内容，能够有效提高信息处理和反馈的效率，增强系统之间通过协作解决复杂问题的能力，将逐步替代无法满足大型复杂工程项目信息管理的人工信息管理模式。信息系统的信息集成是建筑业未来发展的趋势，是实现知识集成不可或缺的基本条件。

在集成的内容和集成方法方面，P. 特尔霍兹(P. Telcholz)认为，项目信息应以三维方式集成：① 横向上，项目参与方多专业的信息集成；② 纵向上，项目全生命周期多阶段的信息集成；③ 经向上，跨时间的信息集成，并能和知识的获取相联系，以提高未来的决策水平。M. 费舍(M. Fischer)和 J. 孔兹(J. Kunz)认为可通过四种方式实现集成：① 应用程序之间的沟通；② 多系统和多数据库之间基于知识的界面联系；③ 通过几何(Geometry)信息集成；④ 通过一个共享的项目模型，该模型具有所有和项目相关的信息[8]。

工业化住宅产品不同阶段的信息创建方式、信息管理方式和共享方式均不相同，本节根据全生命周期各阶段信息特征，构建三个信息模型：即工业化住宅产品信息集成模型——BIM、工业化住宅过程信息集成项目管理模型、工业化住宅全生命周期信息集成模型。在决策、研发阶段信息量较大，主要是对与产品相关数据和信息的集成，包括几何尺寸、产品物料清单、成本信息等，集成为建筑信息模型(BIM)。在生产装配阶段，基于建筑信息模型，结合过程、组织、进度信息，创建过程信息集成项目管理模型。基于研发和装配阶段创建的项目模型，结合设施管理模型，创建工业化住宅产品全生命周期信息集成模型(图 5-2)。

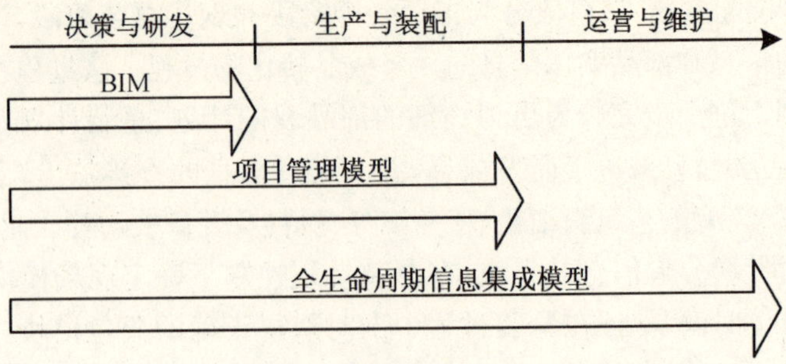

图 5-2　三个信息模型覆盖的阶段

图片来源:作者自绘

一、工业化住宅产品信息集成模型——BIM

在过去的 20 年里,计算机辅助设计工具一直用于创建二维和三维建筑图片、建筑效果。在这些平面图形中,建筑物是通过直线、曲线、圆弧等抽象图形组合来描绘图形。三维图形是对平面图形的拉伸成像,如 SketchUp,或通过键入坐标创建三维模型,如 3DMax,但这些建模软件仅帮助我们呈现三维图形而已,不包含柱、墙体等建筑基本组件信息,因此不具备可视化图形外的任何意义。但随着面向对象技术的出现,一些 CAD 软件在建立建筑对象的基础上,采用了智能化的建筑构建技术,出现建筑信息模型的概念,即 BIM。

(一) BIM 的概念和内涵

BIM 思想源于 20 世纪 70 年代,BIM 的概念借鉴制造业的产品模型定义(Product Model Definition)。之后查尔斯·伊斯曼(Charles Eastman)、杰里·莱瑟林(Jerry Laiserin)[9]及麦克格雷·希尔(McGraw-Hill)建筑信息公司[10]等都对其概念进行了定义,目前相对较完整的是美国国家 BIM 标准(National Building Information Modeling Standard, NBIMS)的定义:"BIM 是设施物理和功能特性的数字表达;BIM 是一个共享的知识资源,是一个分享有关这个设施的信息,为该设施从概念到拆除的全寿命周期中的所有决策提供可靠依据的过程;在项目不同阶段,不同利益相关方通过在 BIM 中插入、提取、更新和修改信息,以支持和反映各自职责的协同工作"[11]。自 BIM 产生以来,与其相关的研究及应用不断加强[12][13],BIM 的出现正在改变项目参与各方的协作方式。

(二) 制造业信息化过程对 BIM 发展的启示

要实现信息化的高级目标,在合适的时间把合适的信息给合适的人,实现企业内不同部门、不同专业以及产业链不同企业间的相关信息共享,需借鉴制造业产品数据管理技术(PDM)并开发适合建筑自身的技术。

在制造业中,产品数据是对产品对象的几何形状、拓扑关系、制造约束、基本属性及标准化信息等进行描述和定义,在传统建筑设计中,复杂系统是通过图形元素来表示的,计算机并不了解产品数据的基本关系、拓扑和功能[14]。

表 5-2　制造业与建筑业信息技术应用对比

行业	概念方案软件	图形工具	模型工具	技术成熟度	产品全生命周期管理
制造业	Alias 和 Rhino	2D CAD	3D CAD	成熟	PLM（Product Lifecycle Management，产品生命周期管理）有完整的理论和应用
建筑业	SketchUp	CAD	BIM	CAD 成熟 BIM 刚起步	BLM（Building Lifecycle Management）只是个名称

综上所述，在信息技术的应用方面，制造业处于上述几种技术都比较成熟的普及应用阶段，建筑业目前还刚刚处在 BIM 技术探索应用的初期，只有方案设计和 CAD 应用比较成熟，而对应制造业的 PLM、BLM 技术则基本上还是一片空白（表 5-2）。

无论是何种建造方式，建筑业信息技术升级的核心都是基于图形的工作方式向基于模型的工作方式的转变。“产品”本身都是三维物理存在，而图形只是这个三维物理存在全部或部分的某种形式投影的抽象表达，只有模型可以把这个三维物理存在完整、准确地描述出来。制造业实现这一模式的转变花了 10 年左右的时间，建筑业至少得有 15 年的时间才能完成这一模式的转变[15]。

（三）BIM 国内外应用

BIM 应用始于美国，2008 年底，Building SMART 联盟（Building SMART Alliance，BSA）已拥有 IFC（Industry Foundation Classes）标准、NBIMS、美国国家 CAD 标准（United States National CAD Standard）以及 BIM 杂志（Journal of Building Information Modeling，JBIM）等一系列应用标准。2009 年，美国威斯康星州成为第一个要求州内新建大型公共建筑项目使用 BIM 的州政府。俄亥俄州政府颁布 BIM 协议，日本的国土交通省宣布推行 BIM 技术。目前日本 BIM 应用已扩展到全国范围，并上升到政府推进的层面[16]。欧洲、韩国也已有多家政府机关致力于 BIM 应用标准的制定[17][18]。

我国工程建设行业从 2003 年开始引进 BIM 技术，Autodesk 也正式推出基于 BIM 的 Autodesk Revit Architecture 2010、Revit Structure 2010、Revit MEP 2010、AutoCAD Civil 3D 2010 以及 Autodesk Navisworks 2010 等软件。还有一些设计软件供应商如 Bentley Systems、Graphisoft、Vector Works 和 Gehry Technologies 都提供了基于 BIM 的软件系统。但严格来说只是针对设计特定的 BIM，是建筑设计模型（Architectural Design Model），更适合建筑设计师而不是业主方[8]，现阶段 BIM 的使用以设计单位为主。

从全球的视角来看，BIM 的应用已成主流[19]。就应用广度和深度而言，BIM 在中国的应用还只是刚刚开始，但会深入建筑行业各个领域，未来 BIM 也逐步将视角从设计信息转向全生命周期信息。

（四）BIM 的信息内容

GSA（General Services Administration）对 BIM 的定义是 BIM 是一

个基于数据库的3D参数模型,模型或相关文档的任何改变都会使每个地方自动更新和协调。如在Autodesk公司的Revit Architecture三维参数化的设计软件中,所有模型信息存储在一个协同数据库中。信息的修订与更改会自动在模型中更新,极大地减少错误与疏漏,如窗构件会随着墙体组件的改变而做出反应。

模型图元:包括主体图元和构件图元,主体图元是指系统内建的建筑构件,例如墙体、楼板、屋顶、顶棚和楼梯等。构件图元,例如门、窗和家具等[6]。通过参数值来修改图元,在Revit Architecture当中称之为参数化。参数化是BIM软件与2D图形的最大区别。

在族当中体现更多的参数化设计内容。每个图元都是由族构成的。以窗为例,通过修改实例属性,图元发生更改,更改类型属性,同一个族的类型都会发生变化。通过族参数可以驱动图元的尺寸、位置和相对关系。在Revit Architecture中还可以使用嵌套族,使用嵌套族可以将几个族模型组合成复杂的族。强大的族功能可以在工业化建造模型中发挥作用。

视图图元:Revit Architecture中的视图与Autodesk的视图并不相同,视图是项目模型在各个方向的投影和显示规则。Revit Architecture中的视图包含楼层平面、立面、剖面、详图、图纸、三维视图、明细表。视图和图纸并不等同,视图区域显示三维模型、图纸等。

明细表与建筑图元是实时相互关联的。在施工图设计中我们需要明细表的统计,如门的统计表和窗的统计表等,使用明细表统计项目中构件的信息。明细表在项目样板中是默认提供的,自动根据项目模型中的设计来统计项目中所有门的信息。使用明细表工具除了统计项目中各个图元对象的数量之外,还可以根据图元的类别来提取材质,创建构件材质明细表,实现材料量算。Revit Architecture还可以根据工程进度设置工程阶段,在Revit Architecture中可以对图元赋予阶段信息。

注释图元:包括基准图元和注释图元,前者用于创建项目的非实物环境,如标高、柱轴网和参照平面。注释是二维特定的视图图元,用于制作文本[6]。

此外,Revit Architecture提供了管理链接模型的功能,可以实现将其他专业的模型引入当前工作环境中来,实现协同设计。

利用Revit Architecture平台可以实现三维的协同设计。以项目审查者的角色,如总工或项目负责人,协调各个专业之间的内容。设计者可以查看MEP管道模型的属性,但不能做出修改。建筑、结构、设备专业模型相互链接,可检查设备专业的管道是否与结构专业的结构柱发生碰撞,利用协作选项卡中碰撞检查工具,自动弹出碰撞报告,在模型中亮显,帮助我们检查冲突。还可以导出html文件格式的冲突报告。注释面板云线批注工具,将发生干涉的位置指出,并显示提资批次。建筑师、结构师或设备师根据文件做出相应修改。最后管理者可以重新载入文件查看修改后的结果。这样可以避免各专业发生错落碰缺的状况,同时也可以利用云线工具留下修改痕迹,这样对项目质量控制是非常有益处的。

在参数建模技术中,族功能,行为模型(变更管理),基于族参数的门窗、房间、设备统计表,以及基于Revit Architecture平台的协同工作,都将很好地帮助我们实现工业化住宅产品的虚拟建造以及成本控制等管理,且动态捕获和协调建筑信息,建立面向“下游顾客”的数据模型和描述信息。

（五）BIM的信息集成基础

BIM的核心是产品信息，包括几何信息和拓扑信息。即：关于建筑形式和各装配组件几何联系的综合信息；有关组成装配组件的单个部件几何信息；有关装配组件的图形和非图形特征的综合信息；有关不同部件和装配组件逻辑联系的综合信息等[20][21]。

BIM帮助我们实现工作方式的转变，使用者可以自由选择智能化2D或3D工作流。目前主流CAD软件供应商采用了不同的BIM实现方式[22]。如Bentley Systems（包括Bentley Architecture，Bentley Structures，Bentley HVAC）允许使用原有的CAD文件，DWG和IFC都支持。其中Bentley Architecture是基于Bentley BIM技术的建筑设计系统，能够自动协调3D模型与2D施工图纸，产生报表，并提供建筑表现、工程模拟等进一步的工程应用环境[23]。通过创建BIM模型，将建筑设计流程中生成的各种散落在不同阶段和位置的工程信息内容以唯一正确性的方式进行统筹管理[24]。以下是BIM软件特性对比（表5-3）。

表5-3　BIM软件特性对比

BIM软件	生产商	特点	IFC标准
Revit	Autodesk	利用一个中心数据库和一个独立的信息模型进行工程信息的存储和编辑	支持
ArchiCAD	Graphisoft	ArchiCAD是Graphisoft建立虚拟建设模型的系列软件中的一种，整个模型分布式存储	支持
Architecture	Bentley	Bentley Architecture是Bentley BIM应用程序集成套件的一部分，基于MicroStation图形平台	支持

目前，除了BIM作为设计协同工具以外，存在很多专注某一方面的数据模型或应用程序。如普遍应用的SketchUp建模软件，设计协同模型（如通过Navisworks进行多种设计信息资源的收集）、施工计划和施工组织模型（如Graphisoft's Virtual Construction）、成本模式（如Timberline）等，这些模型软件应用已然十分成熟。这就要求提供可以实现这些模型数据交换的标准格式，以达到数据共享的目的。

BIM的互操作标准有CAD、STEP、IFC和XML语言格式等。其中IFC标准是国际协同联盟（International Alliance for Interoperability，IAI）建立的标准名称。作为数据模型标准，IFC模型不仅仅包括那些看得见、摸得着的建筑元素（比如梁、板、柱等），也包括了抽象概念（计划、空间、组织、造价等）。最新的IFC标准包含了以下九个建筑领域：建筑、结构分析、结构构件、电气、施工管理、物业管理、暖通、建筑控制、管道及消防。除此之外，IFC下一代标准正扩充到施工图审批系统、GIS系统等等[25]。如图5-3所示，从文件交换格式和文件交付格式两张统计图里面可以得出这样一个结论：报告涉及的28种标准指南文件交换主要靠IFC[26]。IFC标准作为BIM共享及交换标准，为国际公认并广泛应用。

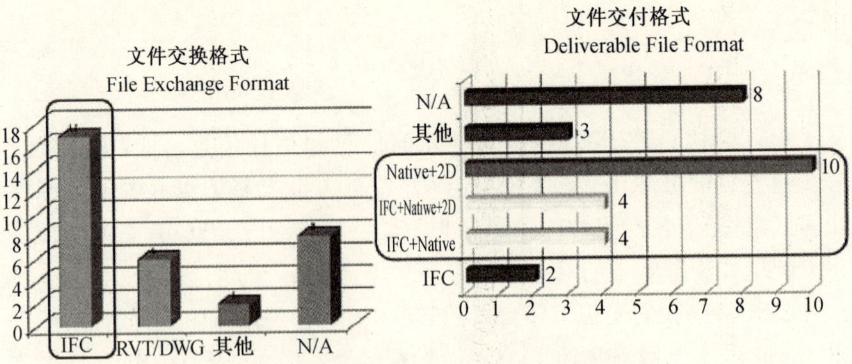

图 5-3　文件交换格式与交付文件格式统计表[27]

图片来源：http://blog.sina.com.cn/s/blog_620be62e0102w5ck.html

（六）工业化住宅产品的信息集成——BIM

当前建筑设计专业有一些 3D 方案设计软件，但工程的深化设计不能在统一设计环境中进行，必须转换工程工具完成施工图设计，效果图又必须脱离平面绘图重新建模渲染，消耗了很多重复的时间和精力。这一纯粹以视觉图面为导向的“外壳表皮”的建模方式，无法满足工业化住宅产品数字化建造以及工业化生产的技术需求。BIM 是工业化住宅建造过程中最重要的技术支撑手段。

BIM 未来所带来的收益是可观的，而 BIM 最大的受益者是业主，能帮助业主更好地做出决策，控制投资。但是目前由于业主缺乏对 BIM 的专业知识，不会进行 BIM 的管理工作，所以推行 BIM 的意愿不强烈。有两种方法可以有效帮助业主解决管理上的问题。一种方法是建立 BIM 管理师（BIM Master），可以由外部业主人员或外部资源担任，他们是集成的 BIM 管理和维护专业人员。另一种方法是借鉴项目内联网的引进，即采用专业化的第三方来进行管理[6]。

BIM 也给总承包商带来益处，包括：更好地协同工作；精确计划；很好地获取资源；快速准确获得项目基础数据；减少资源、物流和仓储的浪费；能打开新市场；预测成本等。

对设计单位而言，BIM 对产品设计要求更高，工业化住宅产品的出图不仅包括普通的平、立、剖、效果图等，还有构件加工图、装配节点图等。设计人员转为产品开发者，对设计者更高的要求是具备一定软件开发技术基础。

BIM 也给总装企业带来益处，可以虚拟施工，三维可视化加上时间维度，随时跟进装配计划与实际进度实现动态管理，改变传统质量人员目测、实测等方法，质量信息可直接挂到 BIM 上，通过 BIM 结合施工模拟和现场监控，让质量问题在各个层面实现高效流转，取代传统查找相关图纸和资料带来的不便，保证质量可控，减少质量问题、安全问题和减少返工。

BIM 应用的不利条件：对硬件条件要求较高。业主、总承包商、设计师很少或不愿意运用这类软件，接受度较低。软件本身还未开发成熟。很难雇佣到有经验的员工。公司意愿不强没有相应的培训辅导，导致 BIM 人才的培养环境缺失。尽管社会上有一批培训机构，但培训者自身也是新手，没有一套完整的基于模型的工作方法，因此被人们接受还需很长一段时间。其次，硬件条件、软件不成熟。对于建筑从业人员只需提出需求，本身的实现需要依靠软件从业人员，而建筑设计人员必须不断学习BIM相关软件操作。

表 5-4 BIM成果交付方式的优缺点

BIM成果交付方式	优点	存在问题
BIM软件原始格式	信息完整	其他软件无法直接使用
IFC等公开格式	支持软件多	信息不完整，效率低
视频、PDF、图像等	使用方便	信息不完整，无法修改
二维图纸如DWG、DGN等	使用方便	信息不完整，无关联
数据环、PDM系统等	信息集成度高	信息完整性有问题，使用不方便，支持软件少

表格来源：http://blog.sina.com.cn/s/blog-620be62e0102w5ck.html

尽管BIM已经应用于不小规模的工程实践，也实现了一定的价值和效益，但到现在为止还没有找到一种方式能够把BIM应用成果同时以信息完整而又方便后续使用为目标实现交付的，目前能够交付的要么只有部分成果，要么使用起来非常不方便，因此很难说这样的交付是合格的（表5-4）。更加不幸的是，目前还看不出能短期解决这种现状的可能，尽管为此而努力的软件厂商和软件产品不在少数。也就是说，整个行业还要在相当长时间内以这种交付现状继续进行BIM应用[15]。

此外，BIM的应用还应解决以下问题：定义专业化服务内容和设计过程、数字化信息的拥有和控制权、模型信息的修改控制规则、已完成建设项目和模型的一致性、与并行设计施工有关的其他团队的权利关系，以及业主投资所带来的风险和风险的分配等[14][28]。

二、工业化住宅过程信息集成项目管理模型

工业化住宅产品形成过程涉及决策、研发、工厂制造、现场装配、市场采购、运营维护等多个部门，因此在项目执行过程中团队成员之间的信息获取较为困难，且组织界面周围产生的大量数据很难保持一致性。因此，需要通过建立过程信息集成项目管理模型，将项目、过程和建筑信息模型集成，使项目管理工作所需过程数据直接从过程模型中获取，尽量保持过程模型与项目管理数据的一致性。

项目管理是指在一定资源约束条件下，为实现质量、投资、进度等目标而进行的一系列计划和控制的过程。在第四章，过程管理模型在住宅产品参数分析的基础上通过对过程结构化分解，完成了过程中各活动的定义，确定了互动的时序关系、组织的协作管理、活动所需的工具，以及每个活动输入、输出等人力资源、物料、设备等资源及产品数据信息，从而建立起工业化住宅产品全生命周期过程模型。该模型为项目实施管理提供指导和决策依据，从而对过程中的任务进行计划和控制，每一项任务的完成对整个项目至关重要。因此，工业化住宅建筑信息模型管理、过程管理与项目管理是工业化住宅产品管理的三大重要组成部分，密不可分。项目模型主要集成产品和过程信息[27][28]。图5-4说明了三者之间的关系。

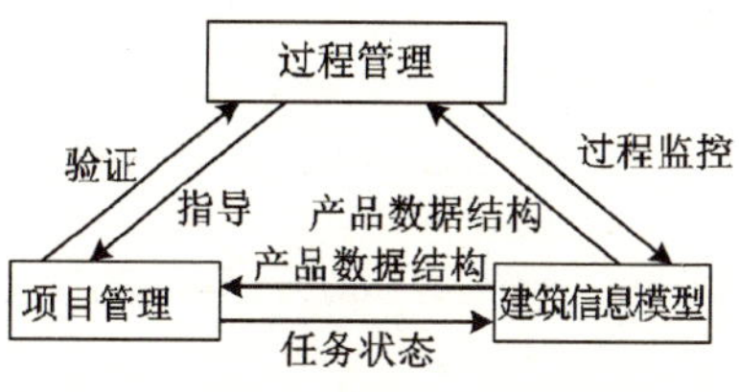

图 5-4 建筑信息模型、过程管理与项目管理的关系

图片来源：作者自绘

以建筑信息模型为基础，项目模型分为两个子模型：产品研发过程信

息集成和产品生产装配过程信息集成。

(一) 工业化住宅产品研发过程信息集成

产品研发过程是形成产品数据的过程，是最终转向产品实体的重要基础信息。工业化住宅产品研发过程信息集成实际上是信息协同的解决方案，这点与制造业类似。

研发过程的组织通常采用团队合作的组织方式，工业化住宅产品开发团队包括不同专业的组织集成，与供应商、总承包组织、业主等都有相互合作与制约关系。工业化住宅产品研发过程中的信息特点如下：

协同研发的基础是建筑信息模型，所有信息须与产品构件关联，在任意时间点特定的人必须能够查询所需信息。

研发过程的信息交互中，会发生资料、数据、技术知识的传递与交流活动，有合作也会有信息冲突。

在产品开发的过程中，任何一个小变动都会造成产品信息结构的变化，从而导致成本信息、资源信息的改变。

信息具有连续性、动态性，结构复杂、数据量大的产品需要进行版本管理。通常与工业产品版本管理相似，由版本号和版次号组成，版本号一般有标识号，按版本产生时间顺序记录，当版本变化不大的时候，通过版次号管理信息更新。

不同专业图纸、深化设计、设计变更、合同和文档资料等信息的交互，需要计算机技术的支持，建立在信息共享的基础上。

信息共享的同时需要通过精细的权限控制和协作功能，确保信息安全、便捷、受控地在各组织间各项目间流通与共享。

冲突管理、并行工作等协同工作主要解决工作流管理问题，通过IDEF0 或 Petri 网等方法对设计过程进行建模可以有效解决[30]。通过IDEF0 对工业化住宅产品全过程建模已在本书第四章进行了详细描述。T. S. 杰恩(T. S. Jeng)提出了四层模型架构：产品设计过程模型，如图 5-5 所示[31]。

顶层进度是相对静态的，基于组织内部协议并经常反映在合同中。第二层是任务分配层，所有的顶层任务都在该层进行分解。第三层是协同和共同工作过程。活动是依赖关系所驱动，这些随着设计的结构而变化，涉及沟通和目标的交换以及更底层的设计数据交换。底层是个人活动，主要是为了完成第二层的任务，通过第三层定义的任务进行沟通和协同[6]。

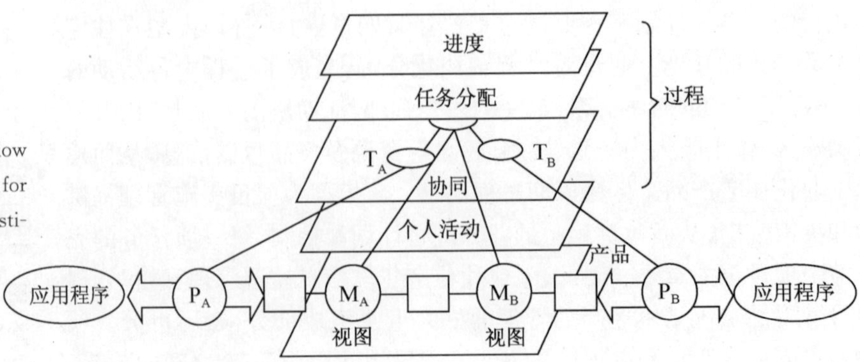

图 5-5 产品设计过程模型

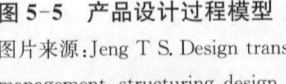

图片来源：Jeng T S. Design transactional flow management: structuring design processes for CAD frameworks[D]. Atlanta: Georgia Institute of Technology, 1998

（二）工业化住宅产品生产装配过程信息集成

在第四章已根据工业化住宅产品特征，提出了工业化住宅 WBS 体系，并分析了产品建设过程采用的层次化的分解方法，以此来进行了工业化住宅产品全生命周期的过程分析。两者有不同的描述方法，其中依照工业化住宅 WBS 体系可以实现产品数据结构，用统一建模语言（Unified Modeling Language，UML）进行描述，而过程描述可采用第四章提到的 IDEF0 技术进行过程层次分解。细分后两者可建立对应关系（图 5-6）。即在 A. G. 吉曼斯（A. G. Kimmance）提出的产品和过程信息集成的概念模型[32]研究基础上，得出工业化住宅的产品数据结构与生产装配过程信息集成概念模型。

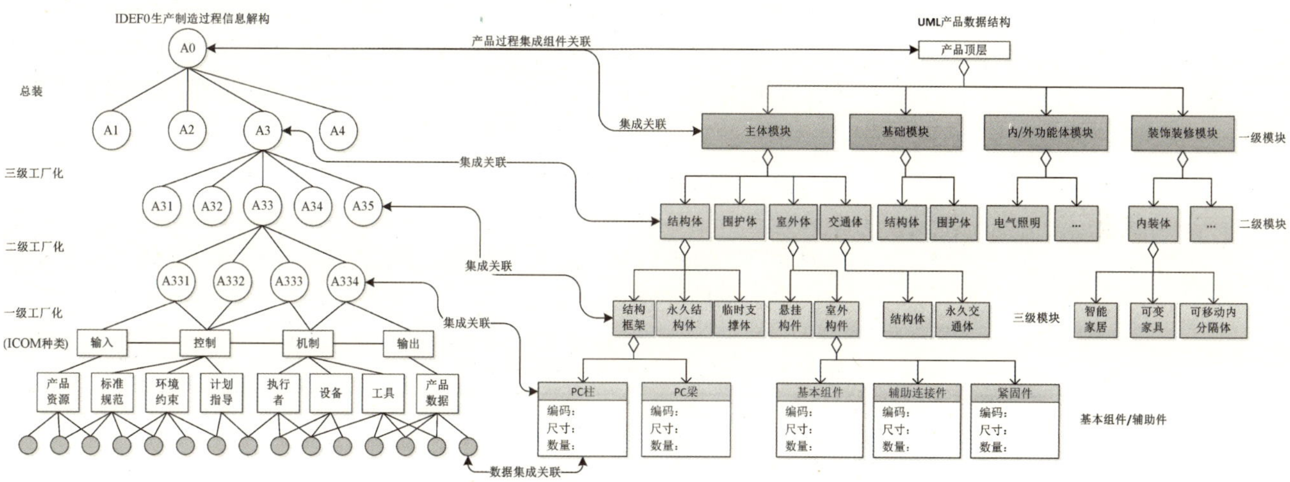

图 5-6　产品数据结构与生产装配过程信息集成概念模型

图片来源：作者自绘

产品数据结构依照第四章的产品分解结构生成数据结构模型，对应基本组件/辅助件增加了产品数据信息，产品数据结构 UML 类图中三级模块数据之间的关系为聚合关系，即整体与部分的关系，且部分可以离开整体单独存在，如工业化住宅产品构成部分包括主体模块，但主体模块仍然可以单独存在。这一数据结构模型为产品信息与生产、装配信息集成提供基础。生产制造 IDEF0 过程信息分解已在第四章第四节详细说明。

由产品与生产装配信息集成的分析可以看出，产品的数据结构是装配活动开展的基础。无论生产制造还是装配都是产品模型向产品实体转化的过程。

面向装配过程的项目模型，除以上提出的产品信息集成外，还应从过程、资源和控制角度进行集成。目前产品的单一领域的集成技术软件相对较成熟，如基于 BIM 的设计软件、面向过程的进度软件、面向资源的资源管理软件以及面向控制的项目管理软件或决策支持系统，集成的项目模型应面向这四个"专业核心"（Discipline Core）[6]。

1. 面向装配的过程解构

依照产品数据结构，按阶段研发生产和建设任务的不同可以将工业化住宅产品的工艺工程分为四个阶段：一级工厂化、二级工厂化、三级工厂和现场总装阶段，这四个阶段是工艺工程的组成部分。工业化建筑产品的过程层次分解模型，是保证工艺工程具体实施的辅助性分解过程。

其中一级工厂化是标准件生产阶段，二级工厂化是组件安装阶段，三级工厂化是部品快速组装阶段，最后是现场总装阶段。下面就四个阶段展开论述：

1）一级工厂化

此阶段为标准件在工厂的装配阶段，是对基本部件/构配件信息的数据集成过程。本节试列出表格系统对此阶段进一步说明。表系统由三大部分组成：模块层级、基本信息、标准件组装流程。

表系统中模块层级为建筑产品的模块分解层级，这一层级化的目标管理系统能够满足工业化产品深化设计的要求，可准确定位至一个螺丝或一个角件。

每一标准模块的组装工序不一定全然相同。列出相应模块的组装工序，方便工作人员快速查找到所在阶段的组装工艺步骤并准时进行操作。由于产品建造工序繁琐，根据已划分的模块层级，相应的标准件装配流程依次设为工序1、工序2、工序3、工序4等细化每一对应模块的组装步骤。

表5-5为一级工厂化标准件组装流程表。

以张宏教授工作室研制的轻型结构工业化住宅产品的标准件装配工艺流程为例，依照工业化住宅部品装配中的从属次序，铝型材杆件、角码等列为三级模块的基本组件，从属3级模块（结构框架）、2级模块（结构体）、1级模块（主体单元）。

表5-5　一级工厂化标准件组装流程表

名称	模块层级				基本信息				标准件组装流程				
	1级模块	2级模块	3级模块	基本部件/构配件	编码	规格(mm)	数量	所在楼层	工序1	工序2	工序3	工序4	……
一级工厂化（标准件组装阶段）	主体单元	结构体	底部框架	长杆、短杆、角码	KJ	3 000×6 000	1	1	放置底部长杆	放置底部短杆	安装角码	放置中部短杆	……
	主体单元	结构体	永久结构	立体、角码	LZ	none	1	1	放置立柱	安装角码	none	none	……
	主体单元	结构体	顶部框架	主梁、角码、次梁	DKJ	3 000×6 000	1	1	放置顶部主梁	安装角码	放置端头和中间	安装角码	……
	主体单元	围护体	内围护体	铝墙板	NW	2782×300×50	2	1	内天花聚氨酯建造	铝墙板安装	none	none	……

底部框架的装配流程是：① 放置底部长杆；② 放置底部短杆；③ 安装角码；④ 放置中部短杆。顶部框架的装配流程是：① 放置顶部主梁；② 安装角码；③ 放置端头和中间；④ 安装角码。由此可见，每一工序的先后次序以及模块的从属关系都一目了然，层次表达清晰，易于实现工作分包，利于工作人员有针对性地对专项系统协作管理（图5-7）。

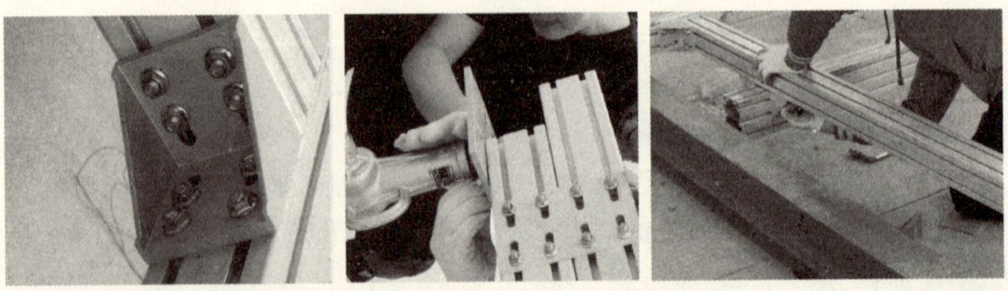

图5-7　轻型结构工业化住宅产品底部框架的装配

图片来源：现场拍摄

2）二级工厂化

此阶段为组件安装阶段，是对3级模块的数据集成过程。相关部品部件的生产与组装都在工厂进行。由三大部分组成：模块层级、基本信息、组件安装流程（表5-6）。

表 5-6 二级工厂化组件安装流程表

名称	模块层级				基本信息				组件安装流程				
二级工厂化(组件安装阶段)	1 级模块	2 级模块	3 级模块	基本部件/构配件	编码	规格(mm)	数量	所在楼层	工序 1	工序 2	工序 3	工序 4	……
	主体单元	结构体	none	none	JG	3 000×6 000	1	1	安装准备	放置底部框架	安装立柱	安装顶部框架	……
	主体单元	围护体	none	none	WH	none	1	1	安装外围护体	安装内围护体	none	none	……
	基本单元	基础	none	none	JC	3 000×6 000	1	1	安装准备	基础框架安装	入口框架安装	安装角码	……

同理，模块的划分与一级工厂化相同，但工艺流程区别于一级工厂化。一级工厂化的流程为标准件的工厂化组装流程，该阶段则适用于由 3 级模块组装成 2 级模块的情况。如主体单元结构体模块，其标准组件的安装流程是：① 安装准备；② 放置底部框架；③ 安装立柱；④ 安装顶部框架(图 5-8)。

图 5-8 轻型结构工业化住宅产品主体单元结构体的装配
图片来源：现场拍摄

3) 三级工厂化

此阶段为部品快速组装阶段，是对 2 级模块的数据集成过程。由三大部分组成：模块层级、基本信息、部品快速组装流程(表 5-7)。

表 5-7 三级工厂化部品快速组装流程表

名称	模块层级				基本信息				部品快速组装流程				
三级工厂化(部品快速组装阶段)	1 级模块	2 级模块	3 级模块	基本部件/构配件	编码	规格(mm)	数量	所在楼层	工序 1	工序 2	工序 3	工序 4	……
	主体单元	none	none	none	U1	3 000×6 000×2800	1	1	吊装结构体	放置结构体	安装围护体	安装交通体	……
	基础单元	none	none	none	JC	3 000×6 000	1	1	安装准备	对位结构体框架	安装角码	固定完毕	……

这个阶段是基于组件安装阶段提出的，该阶段适用于二级模块组装成一级模块，可直接运往现场总装的情况。以主体单元为例，部品的安装流程是：① 吊装结构体；② 放置结构体；③ 安装围护体；④ 安装交通体等(图 5-9)。部品的安装流程必须在标准构件安装完毕后才能进行组装操作。

图 5-9 轻型结构工业化住宅产品主体单元的装配
图片来源：现场拍摄

4) 现场总装阶段

此阶段为现场总装阶段，由五大部分组成：模块层级、基本信息、吊装施工工艺、安装施工工艺、节点施工工艺，是对 1 级模块的数据集成过程。

现场总装阶段模块的划分与一级工厂化相同。根据模块的安装次序对每一级模块进行了排列。如在 3 级模块中依照 PC 柱、PC 梁、PC 板的先后总装次序列出。现场总装阶段较前三个阶段除三级模块的划分、基本信息两部分相同外，根据现场总装内容与工厂构配件组装内容的不同，补充了吊装施工工艺、安装施工工艺、节点施工工艺三个部分的施工工序。使现场工作人员根据现场的工作任务清楚找到每一步骤的安装工序和安装要点，必要时可在后面一栏加上备注内容，注释总装中疏漏的安装要点和组装内容，为下一个工业化建造项目提供参考意见，实现动态管理（图 5-10）。

图 5-10　轻型结构工业化住宅产品现场总装阶段

图片来源：现场拍摄

以南京万科上坊保障性住房项目的工艺流程为例。

表 5-8　现场总装阶段工艺流程表

名称	模块层级				基本信息				吊装施工工艺			安装施工工艺					节点施工工艺	
	1 级模块	2 级模块	3 级模块	基本部件/构配件	编码	规格(mm)	数量	所在楼层	工序 1	工序 2	工序 3	工序 1	工序 2	工序 3	工序 4	工序 5	节点名称	工序 1
现场总装阶段	主体单元	结构体	永久结构体	PC 柱	YZ35.1	5 000×550×550	27	1	PC 柱起吊	PC 柱落位	PC 柱就位	放线	PC 柱进场	吊具安装	PC 柱起吊	…	PC 柱预留插筋	……
	主体单元	结构体	永久结构体	PC 柱	YZ35.2	4 000×550×550	27	13—27	PC 柱起吊	PC 柱落位	PC 柱就位	放线	PC 柱进场	吊具安装	PC 柱起吊	…	PC 柱预留插筋	……
	主体单元	结构体	永久结构体	PC 梁	YZ35.1	3500×600×300	27	13—27	PC 梁起吊	PC 梁落位	PC 梁就位	放线	PC 梁安装	搭设梁底支撑	拉设安全绳	…	PC 梁预留插筋	……
	主体单元	结构体	永久结构体	PC 梁	YZ35.2	4 000×600×300	27	13—27	PC 梁起吊	PC 梁落位	PC 梁就位	放线	PC 梁安装	搭设梁底支撑	拉设安全绳	…	PC 梁预留插筋	……
	主体单元	结构体	永久结构体	PC 板	YZ35.1	3330×3030×60	15×4	13—27	PC 板起吊	PC 板落位	PC 板就位	放线	PC 板进场	搭设梁底支撑	挂钩	…	PC 板预留插筋	……
	主体单元	结构体	永久结构体	PC 板	YZ35.2	3600×3230×60	15×3	13—27	PC 板起吊	PC 板落位	PC 板就位	放线	PC 板进场	搭设梁底支撑	挂钩	…	PC 板预留插筋	……

如表 5-8 所示，譬如总装现阶段的基本构件是：主体单元模块—结构体模块—永久结构体模块—PC 柱构件。表中所考虑的是基本部件需要直接运往现场装配的情况。

PC 柱吊装施工方法：① PC 柱起吊；② PC 柱落位；③ PC 柱就位。

PC 柱安装施工工艺：① 放线；② PC 柱进场；③ 吊具安装；④ PC 柱起吊；⑤ PC 柱立直；⑥ PC 柱吊运；⑦ 引导筋对位；⑧ 水平调整、校正；⑨ 斜支撑固定；⑩ 摘钩。

PC 柱安装精度控制措施：① 轴线；② 柱轮廓井字线；③ 柱定位控制线（柱轮廓线以外 200 mm）；④ 柱纵横轴线；⑤ 梁安装控制线（在出厂前就在柱子上弹好）；⑥ 支撑体系的平面网格线（立杆）；⑦ 斜撑立杆的定位点（固定点用红色油漆进行标识）。

5）总结

以上四个阶段层级的划分解决了同一层级的模块之间、不同层级模块之间、大模块与从属模块之间、模块与基本组件/辅助件之间的复杂关系问题，更梳理了各个模块的工艺流程次序，规范了工业化住宅产品的管理模式，使管理工作更加系统化、精细化。这对工业化住宅产品的研发、生产、建造具有现实指导意义。

当然，以上的产品生产装配过程信息解构模型是在考虑存在的全部活动下提出的。在具体实施过程中，所列部品层级不一定全部存在，如模块可能存在工厂全部组装完成运往现场直接装配的情况，那么 5-8 表中是不会出现具体的模块分级，可根据实际情况确定分解的层次，尽量简化分解层次，从而控制工作的复杂性。

2. 产品生产装配过程信息集成

以产品信息模型为基础，过程模型和产品资源与之相互关联。过程不仅包括生产装配过程，还包括管理过程。三维模型和进度信息关联整合形成4D模型。基于BIM的进度计划与住宅产品基本构件实现动态链接。可通过甘特图、关键路径等多种进度控制图直观表达生产装配过程。这样基于产品信息模型可以达到精确计划、跟踪计划和实时控制计划的目的，实时跟踪项目实际进度，通过计划进度与现场实际进度对比，分析偏差产生的原因，动态管理，及时采取有效措施。

将产品资源模型分别与产品信息模型、过程模型关联，动态地分配各种生产装配所需的资源，计算、模拟用以分配各装配阶段的劳务、材料、模块、设备、工具等，不仅为模块供应商提供准确的模块需求信息，同时帮助工厂建立材料需求计划、设备需求计划、生产计划等，装配阶段则可以根据两大模型建立劳动力计划、部品需求计划、辅助工装需求计划等。在这些计划的基础上形成项目的投资计划或成本控制计划，这对实现成本管理和控制至关重要(图 5-11)。

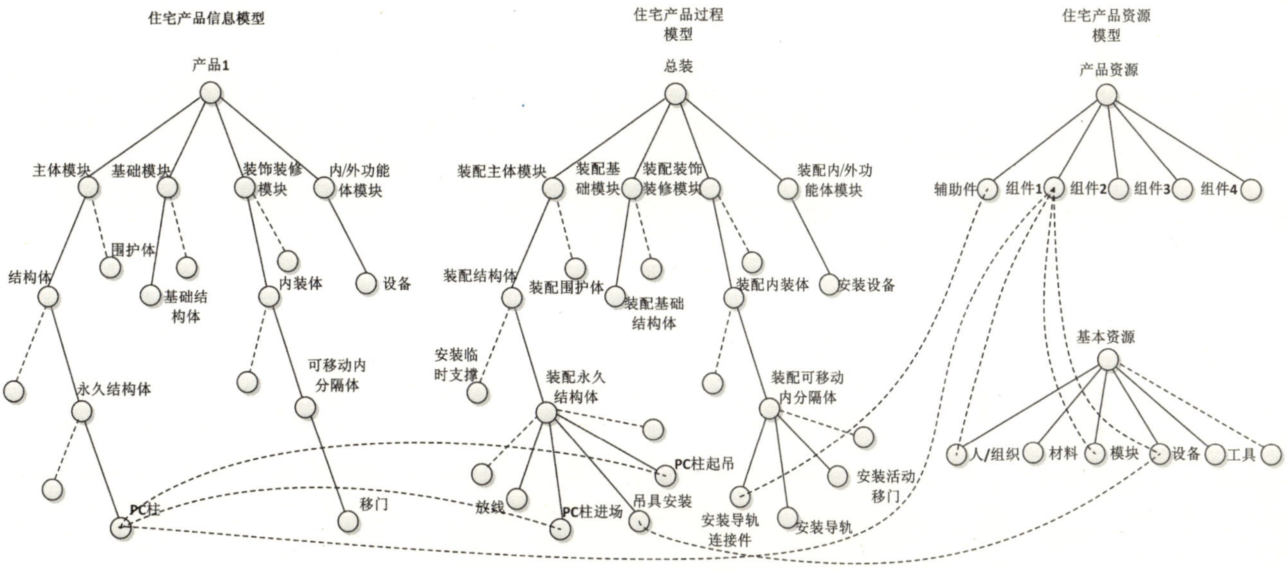

图 5-11　工业化住宅产品信息模型、过程模型、产品资源模型的关联模型

图片来源：作者自绘

3. 统一的信息分类与信息编码体系

如果没有信息集成化管理，有价值的信息就会随着项目的完成而消亡，因此信息的存储十分必要，它可能在产品决策阶段已经产生并发挥效用，并且随着过程的不断变化，信息价值也在不断地变化着。如工业化住宅产品模块信息可能贯穿整个生命周期，方案设计信息在工厂阶段转变为工厂预制构件生产信息，在装配阶段转变为装配过程信息，在运营阶段可能转变为空间管理的主要信息内容。因此信息存储与管理变得十分重要，而信息管理的基础是信息分类与编码。

PBS(项目分解结构)分解的结果是构成项目最终实体目标的项目单元，是一切项目管理的基础。如基于不同投资主体的项目分解结构、基于分包主体的项目分解结构等，PBS随着过程发展在整体或局部上的变动，不是固定、唯一、不变的。PBS实现BIM与项目管理信息数据的关联。一旦确定信息分类及编码体系，就实现了工业化住宅产品全生命周期信息从产生之初到最终运营管理的信息追踪，从而实现信息集成(图 5-12)。

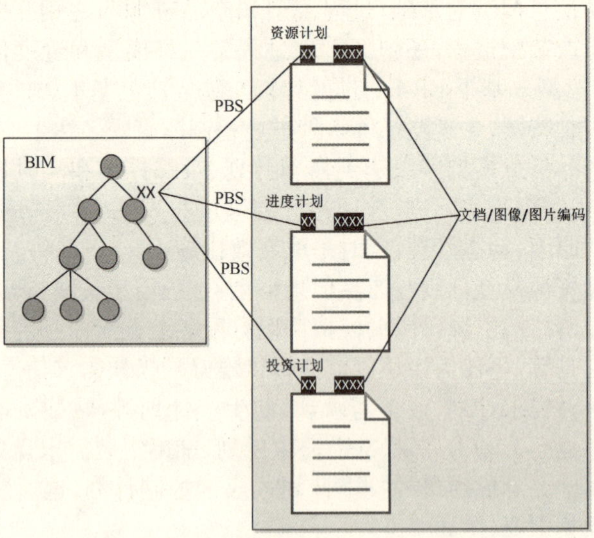

图 5-12　工业化住宅标准信息编码体系

图片来源:作者自绘

三、工业化住宅全生命周期信息集成模型

工业化住宅全生命周期信息集成包括三个方面的信息:决策及研发阶段信息、生产及装配的项目管理信息和运营维护阶段的全过程集成信息。前两节分别提出了研发阶段和生产装配阶段信息的关联性,提出两阶段信息集成管理模型。在此基础上,本节主要研究工业化住宅全生命周期信息的集成。

运营阶段信息集成的目的主要是避免信息的丢失、信息传递的错误、界面信息传递的不及时,不遗漏且准确及时地提取运营需要的信息,以辅助决策、计划、实施和控制。相比开发管理和项目管理的数据关系,设施管理的数据关联相对简单,主要是对前期管理信息的再利用。本节主要从三个方面来论述,即集成的设施管理、项目模型与设施管理模型的集成和全生命周期信息集成模型的实现基础。

(一) 设施管理的基本内容

从产品研发和生产装配阶段采集有用的设施管理信息,与设施管理系统产生关联,建立设施管理模型。

工业化住宅产品的设施管理的主要任务在丁士昭提出的各阶段设施管理任务基础上有所变化(图 5-13)。在第四章过程管理集成中已分析设施管理工作提前介入决策阶段工作的有利影响,即设施管理团队的前期介入非常有利于运营成本的控制,从运营角度参与评议项目定义、完善实施方案,有利于可装配性、研发成果与运营成本的平衡,加强设施管理的便利性,消除项目中不确定因素,减少变更和返工。设施管理全生命周期各阶段的主要工作内容如图 5-13 所示。

工业化住宅产品设施管理要素包括工业化住宅系统要素和非工业化住宅系统要素两大部分,如图 5-14 所示。其中工业化住宅系统要素对应于 BIM 中的工业化住宅产品 WBS 解构的产品构成要素。设施管理的工作内容是针对产品要素展开实施的。

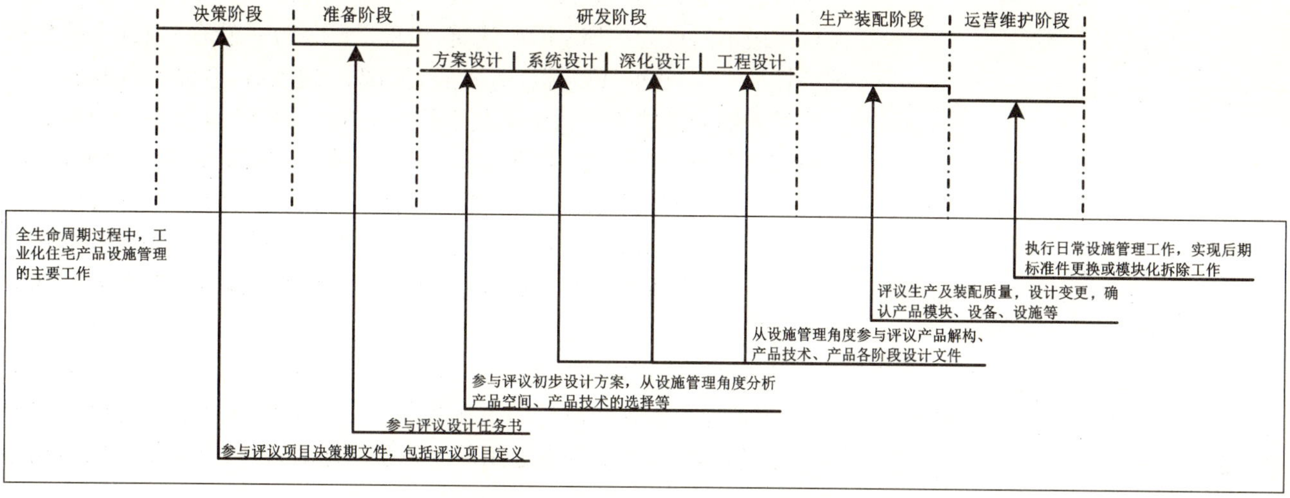

图 5-13　设施管理全生命周期各阶段的主要工作内容

图片来源:作者自绘

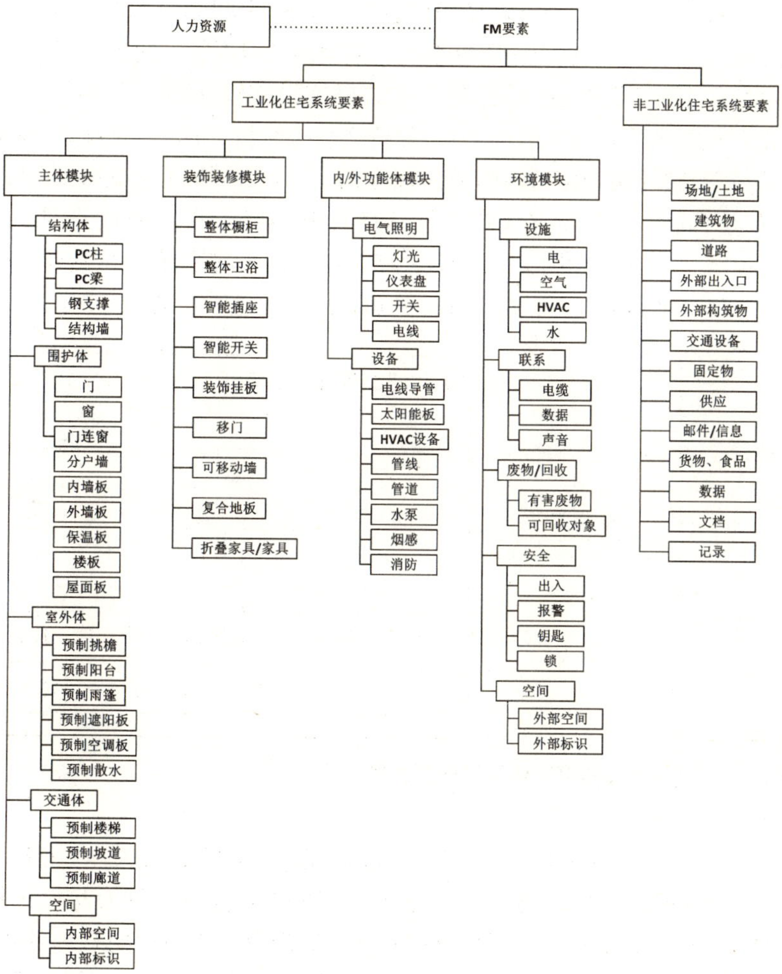

图 5-14　工业化住宅产品设施管理要素

图片来源:作者自绘

IFC 数据模型覆盖了 AEC/FM(项目管理/设施管理)中大部分领域,并且随着新需求的提出还在不断地扩充,比如,由于新加坡施工图审批的要求,IFC 加入了有关施工图审批的相关内容。IFC 标准(IFC 2×

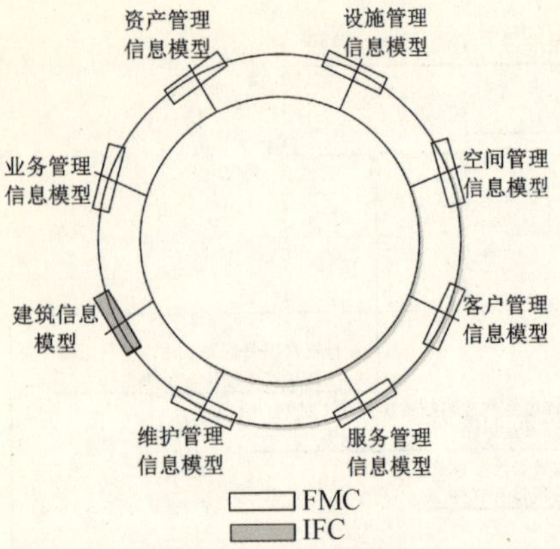

图 5-15　基于 FMC 的集成设施管理信息模型

图片来源：作者自绘

Platform 版本）已经被 ISO 组织接纳为 ISO 标准（ISO/PAS 16739，可出版应用版本），成为 AEC/FM（建筑、工程、施工、设备管理）领域中的数据统一标准[33]。虽然 IFC 标准有覆盖到物业管理领域，但覆盖面很小。

目前部分设施管理系统是基于传统 CAD 或 GIS 以及关系型数据库设施管理系统，但由于技术原因这些系统间存在"孤岛"现象。因此，一些研究试图开发集成的设施管理模型，如面向对象的 FMIS（Facility Management Information System）[34]、基于 STEP 集成的设施管理系统[35]等，但由于这些系统缺乏 IFC 标准，因此无法实现与项目管理模型、BIM 的集成。

目前设施管理较通用的互操作协议是 FMC，FMC 主要用于设施维护、设施管理和服务等信息的集成和共享。要实现项目模型与设施管理模型之间的集成，必须开发通用的设施管理标准，并与 IFC 标准内容相容（图 5-15）。

（二）项目模型与设施管理模型的集成

项目模型与设施管理模型理想状态是相互关联，项目模型中特定的数据可以直接提取，被设施管理系统直接使用。但现状是两者相互孤立，在实施阶段对 BIM 进行数据更新，在竣工转交设施管理部门后，由于设施管理部门往往采用自身的软件系统，如资产管理系统、空间管理系统、设施监控系统等，缺乏两个模型间沟通的标准语言，以及存在无法支持 BIM 的数据转换等问题，导致部分关键数据信息丢失（图 5-16）。根据美国 Briesnet.com 统计，在项目竣工时，任何一个项目参与方能够拥有的项目建设信息不足 65%，而其中竣工交付完成后到运营阶段信息丢失最为严重。

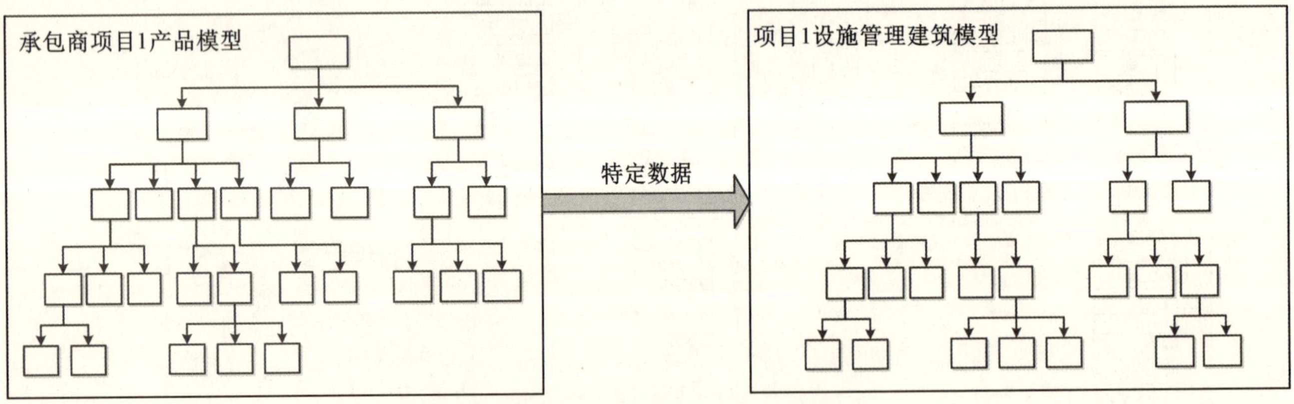

图 5-16　BIM 与设施管理建筑模型数据转换

图片来源：作者自绘

全生命周期集成管理涉及项目管理模型（AEC 对象）与运营维护管理模型（FM 对象）的集成。目前 IFC 架构领域层开始涉及运营维护管理内容，说明研究人员已逐步意识到运营管理对全生命周期管理的重要性，但 IFC 仍不能全面覆盖整个设施管理阶段的全部内容。FMC 仍是运营阶段的主要数据交换格式，李永奎提出基于 IFC 和 FMC 的 AEC/FM 生命周期信息集成模型，并提出 FMC 应成为 IFC 的一个域的观点[6]。在其模型的基础上的，结合工业化住宅产品特征，提出工业化住宅产品的全生命周期信息集成模型（图 5-17）。

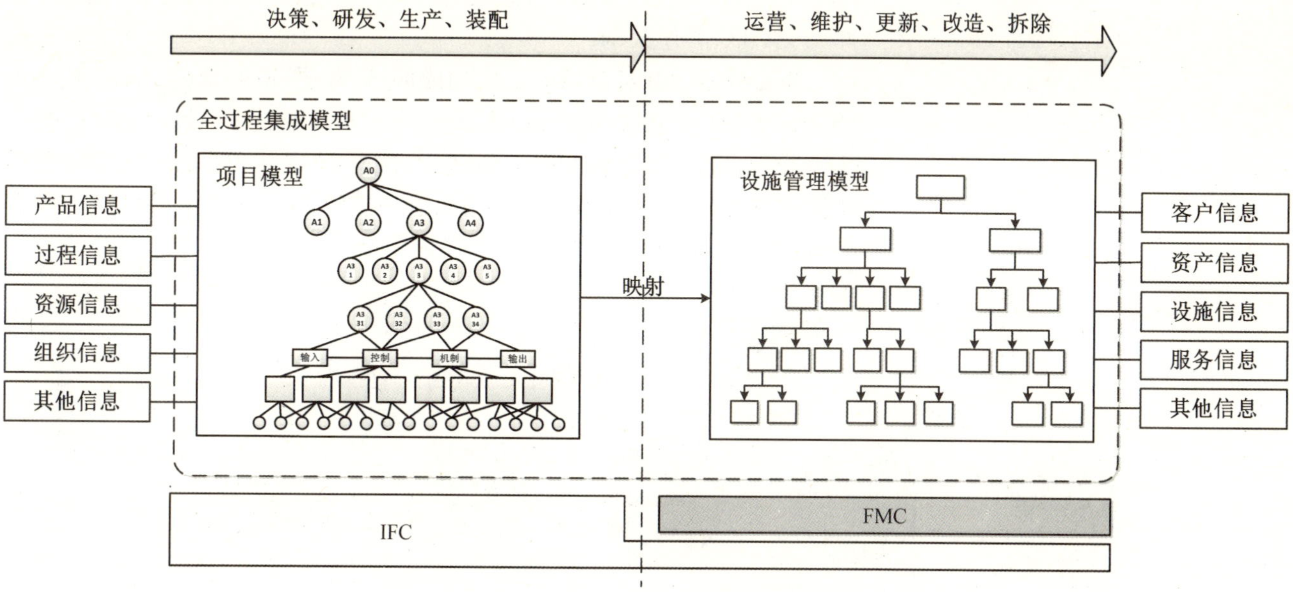

图 5-17　工业化住宅产品的全生命周期信息集成模型

图片来源：作者自绘

（三）全生命周期信息集成模型的实现基础

开发通用的数据模型或互操作标准是实现信息集成的重要任务。目前 BIM 的互操作标准有：CAD Layering、STEP、ISO15926、CIS/2、IFC 和 XML 语言，其中 IFC（Industry Foundation Classes，主要用于建筑信息模型）标准已成为建设工程信息共享重要标准之一。

IFC 标准是由国际协同工作联盟 IAI（International Alliance for Interoperability）为建筑行业发布的建筑产品数据表达标准。对于 BIM 用户来说，IFC 是 BIM 信息交换标准格式。IFC 的特征如下[36]：

(1) IFC 是一个描述 BIM 的标准格式的定义。

(2) IFC 定义建设项目生命周期所有阶段的信息如何提供、如何存储。

(3) IFC 细致到记录单个对象的属性。

(4) IFC 可以从“非常小”的信息一直记录到“所有信息”。

(5) IFC 可以容纳几何、计算、数量、设施管理、造价等数据，也可以为建筑、电气、暖通、结构、地形等许多不同的专业保留数据。

1. *IFC 的发展史*

IFC 版本可以看做对于未来五年中开放型 BIM 的一个基础平台，自 1997 年 1 月 IAI 发布 IFC1.0 以来，IFC 经历了 6 个版本的更替（图5-18）。自从 2003 年（最初发布 IFC2×2 版本）以来第一个重要的改善，经历了 IFC 历史上最长周期的开发以及目标成为一个完整的 ISO 标准，推出的 IFC2×4 版本被认为是一个对于 Open BIM 协同设计跨时代的版本[37]。

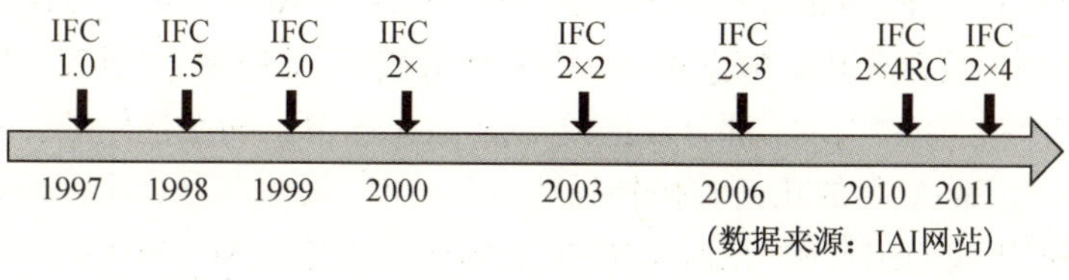

图 5-18　IFC 版本的更替

图片来源：作者自绘

以下介绍 IFC2×3 的主要思想、基本内容和在全过程集成模型中的应用。

2. IFC 模型架构

IFC 模型是由四个功能层次构成的:资源层(Resource Layer)、核心层(Core Layer)、交互层(Interoperability Layer)和领域层(Domain Layer)。每个层次都包含若干信息描述模块,模块间层次遵守"重力原则":每个层次只能引用同层次和下层的信息资源,而不能引用上层资源(图 5-19)。这样上层资源变动时,下层资源不受影响,保证信息描述的稳定[37]。

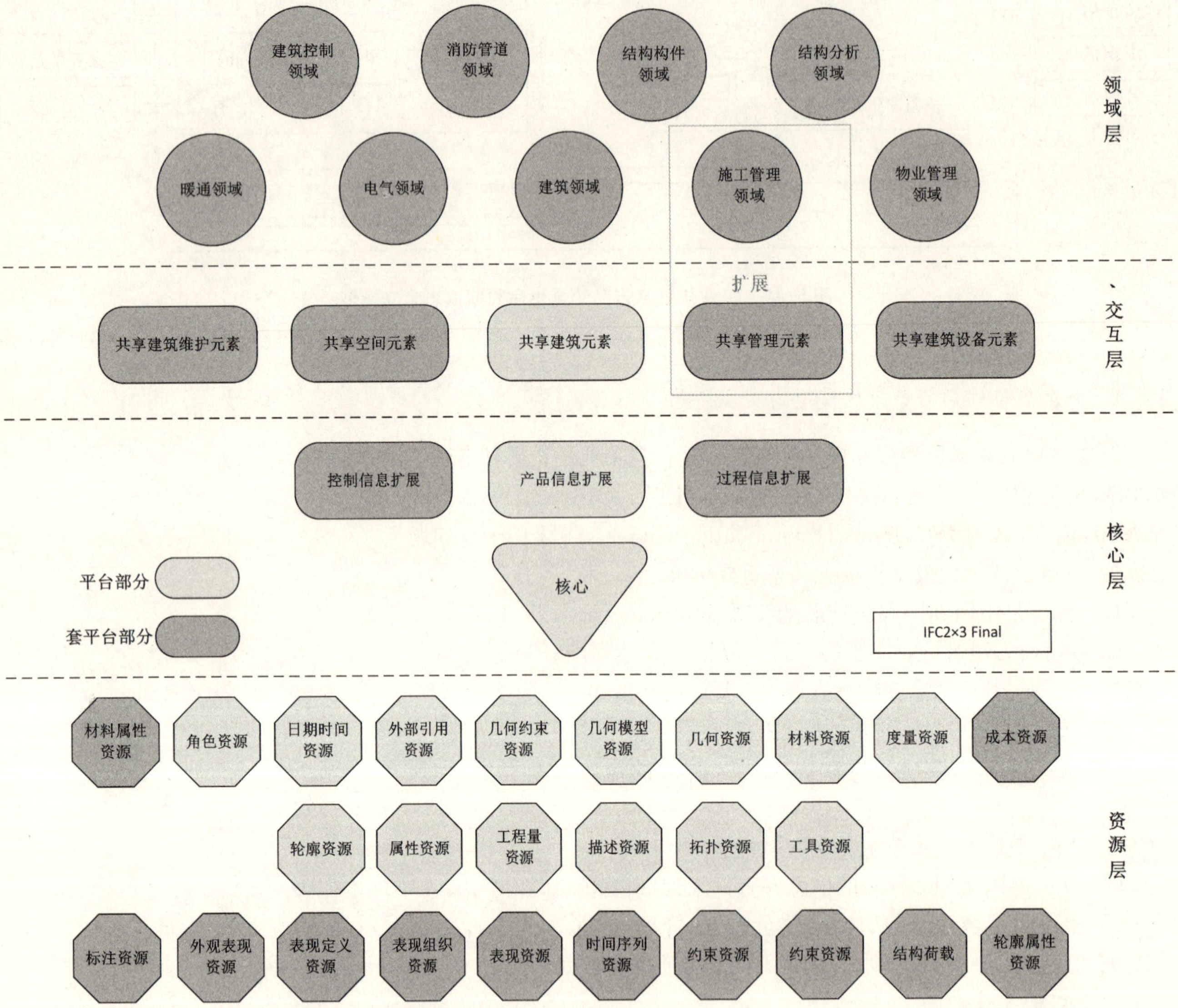

图 5-19 IFC 模型架构

图片来源:http://blog.163.com/antufme@126/blog/static/1404924922014039l316837/

1) 资源层

资源层主要内容包括:资源利用(IFC Utility Resource)、标注资源(IFC Measure Resource)、几何资源(IFC Geometry Resource)、财产类型资源(IFC Property Type Resource)和财产资源(IFC Property Resource)。资源利用包括一些项目管理使用的概念类:标识符、所有权、历史记录、注册表。标注资源采用 ISO 10303 第 41 部分度量类,列出数量的单位和度量标准。几何资源规定了产品形状的几何和拓扑描述资源,这些资源部分由 ISO 10303 第 42 部分(集成通用资源:几何与拓扑表达)改写过来(IAI 1997b:4-40)。财产类型资源定义了对象和关系的各种各样的特性，它由人员、分类等级、造价、材料、日期和时间等类组成。子类“材料”是各种各样的材料表。

2）核心层

核心层分别由核心（Kernel）和核心扩展（Core Extensions）两部分组成。IFC 核心提供了 IFC 模型所要求的所有基本概念，它是一种为所有模型扩展提供平台的重要模型（IAI 1997a：6）。核心类有 IFC 物品（IFC Object）、IFC 关系（IFC Relationship）和 IFC 辅助建模（IFC Modeling Aid）。

核心扩展层包含核心类的扩展类：IFC 产品（IFC Product），IFC 过程（IFC Process），IFC 文件（IFC Document）和 IFC 辅助建模（IFC Modeling Aid）。核心扩展是为建筑工业和设备制造工业领域在核心里定义的类的特例，产品信息扩展（IFC Product-Extension）定义如元素、空间、场地、建筑和建筑楼层等概念。过程信息扩展（IFC Process Extension）有子类，它是为了掌握关于生产产品的工作信息，在这些类里尽可能定义工作任务和资源。子类 IFC 文件信息扩展是在建设建筑中使用的典型文件类型的信息内容的详细说明，目前只包含造价表。IFC 辅助建模信息扩展（IFC Modeling Aid Extension）包含帮助项目模型开发的子类，如 IFC 设计网格（IFC Design Grid）和 IFC 基准点（IFC Reference Point）。

3）交互层

这层包含了在许多建筑施工和设备管理应用软件之间使用和共享的实体类。因此，共享建筑元素（Shared Building Elements）模块有梁、柱、墙、门等实体定义；共享建筑维护元素（Shared Building Services Elements）模块有流体、流体控制、流体属性、声音属性等实体定义；共享设备元素（Shared Facilities Elements）模块有资产、所有者和设备类型等实体定义。在这一层中定义了大多数普通建筑实体。

4）领域层

领域层包含了为独立的专业领域的概念定义的实体，例如建筑、结构工程、设备管理等。它是 IFC 模型的最高级别层。它包括建筑的空间顺序，结构工程的基础、桩、板实体，采暖和通风的加热炉、空调等备注；在 IFC 模型的结构图中，浅灰阴影表示的模块是 ISO/PAS 16739 的一部分，这些模型已经达到一定的质量控制标准且经 ISO 鉴定合格。

- All major BIM applications (geometric)
  - Autodesk ADT
  - Autodesk Revit
  - Bentley Architecture
  - Informatix microGDS
  - Graphisoft Archicad
  - Nemetschek Allplan
- Structural
  - Arche, Advance, Effel (Graitec)
  - BDP (Inféo)
  - Bocad
  - CSI
  - Dlubal
  - Friedrich & Lochner
  - Tekla
  - RIB
  - Robobat
  - Sofistik
  - Strusoft
  - InterCAD
  - RIB
  - …
- Building Services
  - DDS
  - Granlund
  - Lawrence Berkeley
  - A-NULL
  - Climawin
  - elcoCAD
  - RoCAD
  - Klima2000
  - CONTAMW
  - …
- Viewers
  - NavisWorks
  - Octaga
  - DDS
  - TNO
  - Univ. Karlsruhe
  - NavisWorks
  - …
- Database
  - EPM Technology
  - Oracle CBIM
  - Secom
  - Eurostep
  - STEP Tools
- Dictionary
  - STABU
  - Byggforsk
  - CSI
- FM
  - Vizelia
  - COBIE
  - …
- Costing
  - Focus
  - Tocoman
  - Timberline
  - Cadquant
  - Sumitomo
  - Kajima
- Building Codes
  - Fornax
  - PNNL
  - Solibri
- Early Design
  - Facility Composer
  - dRofus

图 5-20 IFC 认证的软件清单

图片来源：Building SMART

由此可见，IFC2×3 较 IFC2×2 的架构更为成熟，涉及全生命周期信息集成，包含了运营维护阶段信息，同时信息分解更为详细，细到记录一个构件的属性。

在使用 BIM 的时候，除了软件自己的数据模型格式外，还有个基于对象的、公开的数据模型格式 IFC，且数据模型间不能直接转换的时候，IFC 便是数据交换的标准格式。在使用 BIM 的时候，要清楚软件是否支持 IFC 标准，图 5-20 为 IFC 认证的软件清单。

3. IFC 模型的应用

当前软件开发商已不再将研究重心集中在单一功能的应用软件的开发上，如 Autodesk 公司，目前主要开发的是建筑设计套件，将建筑设计、结构设计和给排水设计功能集成一体。这说明软件商逐渐认识到建筑信息共享与转换的重要性。

国外已将 BIM 的研究中心从单一软件开发转移到了 BIM 协同平台的开发研究上，如加拿大基础设施研究中心（Centre for Sustainable Infrastructure Research）的穆罕默德・M. R. 哈尔法威（Mahmoud M. R. Halfawy）等人开发完成的基于 BIM 技术建筑集成平台。通过 BIM 协同平台，可以将不同的工作集合在一起，实现协同工作。然而目前我国缺乏对 BIM 技术协同平台的研究。

数据库存储技术是当前计算机应用中发展较为成熟、应用较为广泛的信息技术，可以解决 BIM 技术发展所存在的问题。同时 BIM 数据库可与 GIS（Geographic Information System，地理信息系统）、交通信息等技术相结合，真正实现数字城市的构建。由于 BIM 涉及面广，需要大量相关专业软件，如光照计算、结构性能计算软件等，因此 BIM 的应用软件还需开发。同时基于 BIM 技术建筑协同平台，对人员需进行合理权限分配，对全过程各专业软件有效管理，对信息内容合理分配，才能发挥平台的优势。同时在 BIM 数据库基础上开发输入、输出、查询等功能接口，详见第五章第三节提出的基于 BIM 的信息系统集成架构。

BIM 数据库的构建要符合 IFC 标准，从而保证建筑信息模型在数据库输入和输出数据的正确性和完整性。目前，BIM 应用软件存在三个问题：① BIM 应用软件未基于 BIM 数据库，造成 IFC 模型输入输出过程中信息传递缺失、错误等。② 除了建筑设计软件外，其他 BIM 专业应用软件十分稀缺。③ 由于 BIM 的开发作业量大，还有很长的一段路要走。因此，BIM 应用软件需要经历三个阶段。

1）IFC 数据转换阶段

在 BIM 应用软件开发阶段，不能忽略现有的应用十分成熟的模型软件，如 Autocad、SketchUp 应用软件等，BIM 的实现不能忽略现有技术，有研究者甚至建议 CAD 开发商在开发新的产品之前应充分发挥 2DCAD 技术，即发挥 2D 更大的价值[9]。因此，该阶段充分开发建筑信息模型的转换功能，实现 IFC 模型与非 BIM 软件模型的数据转换，从而实现对非 BIM 软件的数据设计和计算。

IFC 为不同软件提供了互操作标准，是不同类型信息集成的基础。在具体实现方法上，使用 IFC 模型服务器将与 IFC 相容软件的数据直接与全生命周期数据库相连接。而与 IFC 不相容的软件则通过适配器进行数据转换，转换后的数据集成至数据库（图 5-21）。这一方法可以有效地解决信息数据丢失、错误等问题。

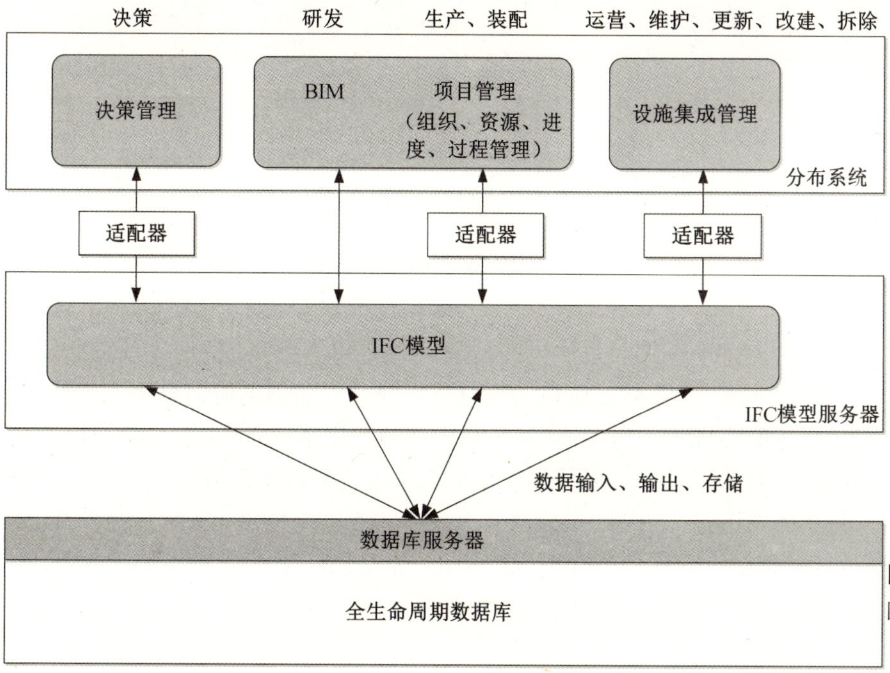

图 5-21　IFC 数据转换阶段模型

图片来源：作者自绘

2）IFC 数据存储阶段

随着 BIM 的发展，将来所有的应用软件都会支持 IFC 数据的输入和输出，各部门各专业之间通过 IFC 模型实现建筑信息模型的转换和共享，这一阶段不需要通过适配器进行非 IFC 数据的转换，可将全生命周期的 BIM 应用软件直接与 BIM 数据库相结合，从而实现建筑信息模型的共享和转换（图 5-22）。

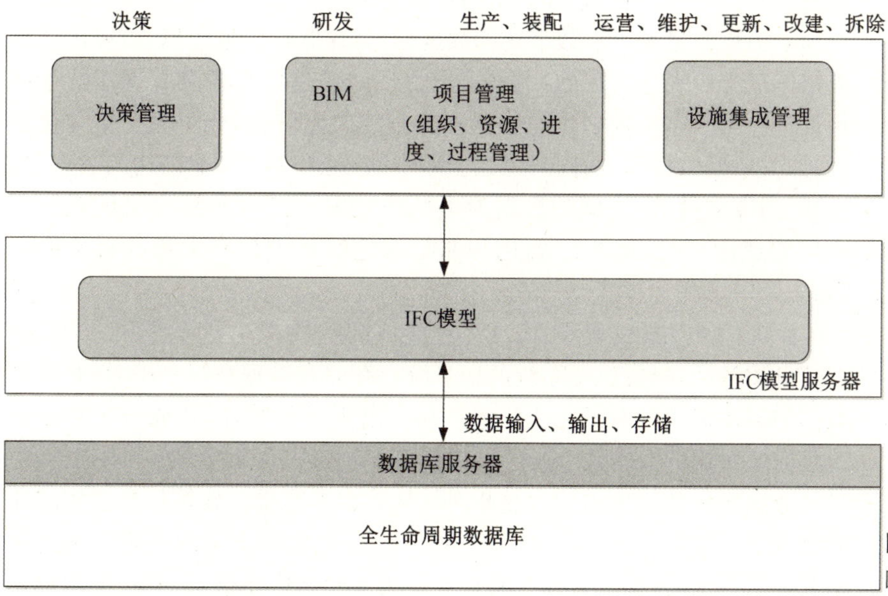

图 5-22　IFC 数据存储阶段模型

图片来源：作者自绘

3）基于 BIM 数据库的应用阶段

随着 BIM 技术的逐渐成熟和完善，在 BIM 数据库上开发的建筑应用软件内的建筑信息模型数据都将保存在同一个 BIM 数据库中，从而实现真正的建筑信息模型的共享和转换（图 5-23）。

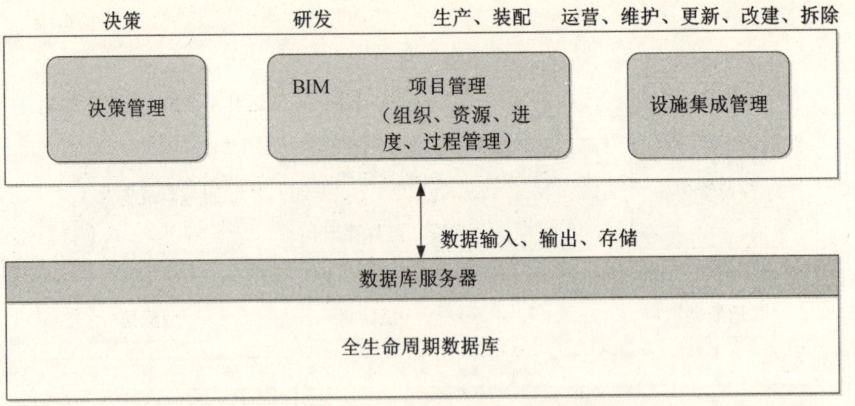

图 5-23　基于 BIM 数据库的应用阶段模型

图片来源：作者自绘

以上讨论了工业化住宅产品全生命周期信息集成的方法，包括研发阶段的 BIM、生产装配阶段的项目模型和全生命周期的信息集成模型，以及相应的实现方法，这些模型从最底层的数据集成，证实了全生命周期信息集成的可行性。针对信息孤岛进行系统集成的实现方法将在第三节进行具体阐述，如异构数据信息集成、分布式系统集成、数据安全、协同工作、工业化住宅产品系统集成的架构、工业化住宅产品系统模块及功能、BIM 的管理信息系统的运行等问题的分析与研究。

第三节　工业化住宅全生命周期系统集成

一、工业化住宅产品系统集成的要求

工业化住宅全生命周期系统充斥着各种各样的信息流，这些信息可以分为两类：结构化信息和非结构化信息。

结构化信息是可以数字化的数据信息，存储在数据库里，可以用二维表结构来逻辑表达实现的数据，可以方便地通过计算机和数据库技术进行管理。无法完全数字化的信息称为非结构化信息，介于完全结构化数据（如关系型数据库、面向对象数据库中的数据）和完全非结构的数据（如声音、图像文件等）之间的数据为半结构数据。其中非结构化信息正以成倍的速度增长，且半结构化和非结构化信息中拥有大量的有价值的信息。

因为信息系统的复杂性，在系统集成的时候要充分考虑不同子系统的信息的特征，对集成子系统的信息统一存储和管理在统一平台，并提供数据访问接口。针对工业化住宅产品全过程信息特征，首先分析数据系统集成应考虑的要求。

非结构化数据所占的比重相对结构化数据要重。建筑信息模型的建立转变了传统图形表达方式，IFC 等标准有效地减少了图像等非结构化信息。从目前看，IFC 等标准能有效地减少非结构化信息，并在逐步成熟中[6]。当然，IFC 并不能覆盖所有的信息，大量的文档等信息还需通过其他方式集成。系统集成应考虑以下几点要求：

(1) 信息的共享：不同层次组织之间，研发部门与装配组织不同部门之间，以及业主与不同企业之间的信息交流非常重要，将信息作为一种新型资源与他人分享，才可以达到合理资源配置、节约成本，达到组织间共

同协同创造价值的目的。信息共享的缺失会对建筑技术的进步、科研成果的需求产生极大的阻碍。

(2) 知识管理、数据挖掘：信息共享的最终目的是为实现知识管理，更好地指导其他项目。工业化住宅全生命周期知识管理包括决策知识、研发知识与经验、生产装配知识与经验、项目管理知识与经验、资源管理知识与经验管理等，在全过程知识共享的基础上挖掘所需的关键数据，数据更新后形成新的知识平台，加强协同。

(3) 信息的处理效率：项目管理系统和设施管理系统数据非常复杂，信息量巨大，信息格式多样化，其中既包含了 CAD、Revit 等产生的二维图形信息，还有工业化住宅产品的建筑装配技术信息、项目管理方面的进度管理系统、投资控制系统等产生的管理信息以及合同系统产生的商业信息等。由此可见，信息量十分巨大，对硬件的要求很高，同时对传输的速度及系统运行的稳定性也提出了较高的要求。因此，在系统集成中不仅应充分考虑信息的多样性特征，还应考虑软硬件资源情况和网络等基础设施的现状。

(4) 子系统相对独立性：子系统的相对独立性使子系统的功能、信息的凝聚力相对较好，有助于减少不必要的信息沟通和信息联系，将系统内联系紧密的功能模块相对集中，使数据冗余较少又能加强必要的联系，同时便于以后的搜索、查询。

(5) 数据的扩展性、灵活性：数据系统的设置需要考虑今后扩展的需要。信息系统的可扩展性不是简单地复制数据分布到多个存储节点，而是保证信息系统的节点出现故障后的恢复时间、信息系统的自动化程度和系统扩展的灵活性等。只有保证系统扩展性和灵活性，才能适用复杂的大规模的数据管理。

(6) 数据的安全性：决策者的投资计划、技术人员的专利、管理人员的项目管理文件等牵涉不同层次人员的利益，因此在实现数据共享这一高度协同的基础上保证数据信息的安全是很关键的，是系统集成的设计要求。其中包括防止不法入侵、身份认证、权限控制、网络安全、成果维护、历史记录管理等。目的是防止数据泄露、更改和破坏，保证信息的安全性。

信息在全生命周期中发挥着重要的作用，信息不仅仅局限于存储管理，更重要的是如何挖掘和提取关键数据以很好地利用信息实现业务目标和更好地导向项目决策方面。因此系统的集成必须实现信息的全过程管理，即信息生命周期管理。

ILM(Information Lifecycle Management)是目前存储业界的热点话题。ILM 应该包括贯穿各种存储技术的内容分类，如备份与恢复、复制、归档、数据移植、数据分发等，同时具有强大的索引和搜索功能，实现信息资产管理[38]。

协同工作方式包括点对点沟通方式和中央集中共享沟通方式，其中点对点沟通实现两点或多点之间的相互交流。集中共享沟通方式由数据库或文件管理系统实现。如适用于企业内部存储的 FTP(File Transfer Protocol，文件传输协议)，文件管理系统登录其自带服务器下载所需文件。大型数据库系统有 SQL Server、Oracle、DB2 等，中小型数据库系统有 Foxpro、Access、MySQL。

系统集成要实现的是从非结构化到半结构化、从半结构化到结构化、从结构化到关联数据体系、从关联数据体系到数据挖掘、从数据挖掘到故事化呈现，从故事化呈现到决策导向[39]。系统集成的关键是数据库系统的建立，通过数据模型来存放和管理数据。目前关系型数据库包含了相互联系的数据集合(数据库)和存储这些数据的一套程序(数据库管理系统软件)。

关系型数据库管理系统(Relational Database Management Systems, RDBMS)通过数据、关系及对数据的约束三者组成的数据模型来存放和管理数据，其作用就是数据管理和访问。目前业界普遍使用的关系型数据库管理系统产品有 DB2、Oracle、Informix 及 SQL Server 等。RDBMS 在存储和查询高度结构化信息时十分有效[40]。关系型数据库适用于结构化信息的表示，而文档数据库则能有效处理对非结构化信息的处理[41]。

二、工业化住宅产品系统集成的架构与功能

基于 BIM 的工业化住宅产品系统集成能够在信息平台的基础上保持信息及时更新，并提供查询、增加、变更、删除等操作，使产品开发工程师、产品技术员、业主、总承包商、供应商、业主及最终用户等所有产品相关人员可以清晰全面地了解项目状况，促使加快决策进度、提高决策质量、降低项目全过程成本。

(一) 工业化住宅产品系统集成的架构

系统采用 B/S(Browser/Server)结构，即浏览器和服务器结构。它是随着 Internet 技术的兴起，对 C/S(客户机和服务器)结构的一种变化或者改进的结构[42]。

B/S 结构是一次性到位的开发，能实现不同的人员从不同的地点以不同的接入方式(比如 LAN、WAN、Internet 等)访问和操作共同的数据库；它能有效地保护数据平台和管理访问权限，服务器数据库也很安全。用户工作界面是通过 Web 浏览器访问共享信息来实现的，主要事务逻辑是在服务器(Server)实现，极少事务是在前端(Browser)实现。

系统整合组织内和组织外的信息，通过共享，使不同组织成员能够通过统一的渠道获取需要的信息，实现资源共享，集成和优化信息管理。采取多样式的系统应用部署方式，既可以实现企业内的集中式应用，虚拟组织集中或分布部署应用，甚至可以实现跨区域企业的分布式部署的系统应用(图 5-24)。

第一层是操作层，也叫用户界面，针对的是终端用户群，终端用户群包括政府、咨询公司、业主、总承包商、研发团队、总装团队、模块供应商、监理单位、运营单位等全过程参与方，通过 PC、笔记本、PDA、手机、IPAD 等登录网络浏览器，用户群在网络许可的范围，如 LAN(Local Area Network，局域网)、VPN(虚拟专用网络)、WAN(Wide Area Network，广域网)，通过 Http 网络协议，经过身份识别，并进行相应操作权限赋权后进入系统，进行相关操作。

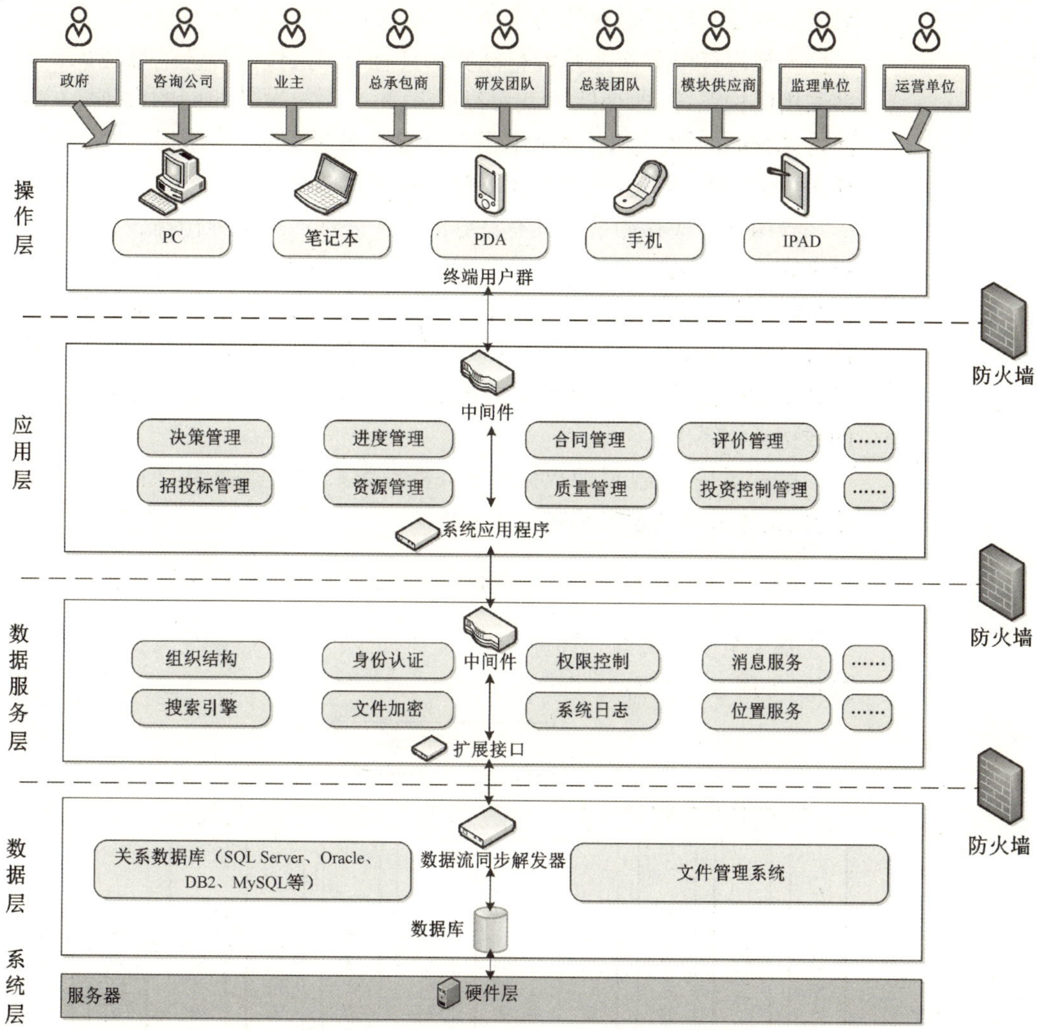

图 5-24 工业化住宅产品系统集成的架构

图片来源：作者自绘

第二层是应用层，是信息传送和反馈系统。将管理信息系统的应用程序加载应用至服务器上，通过中间件接受用户访问指令，再将结果反馈给用户。信息系统的功能模块管理交互的应用模式将人员工作基于Internet的虚拟办公室形成紧密协作的价值共同体，消除信息孤岛。功能模块包括项目管理、流程管理、知识管理、资源管理、会议记录等。

第三层是数据服务层。通过中间件的连接，负责对涉及数据处理的指令进行翻译和处理，如读取、查询、删除、新增等操作。统一的身份认证管理，实现同一套系统为终端用户、企业管理层、供应商及合作伙伴等提供不同的定制化的访问内容和管理平台。同时，系统通过多重数据加密和角色分配、权限控制、操作日志等安全机制保证数据的机密性和安全性，保障数据和知识资源安全。

第四层是数据层。数据流同步触发器是一个实现 BIM 的重要组件。在系统数据库进行实现的时候，该触发器是加载在数据库所有数据表空间上的一个应用程序。利用该组件，前端应用程序发出任何操作指令（如检索、增加、删除等），同步触发器就可以将各数据库进行集成后，反馈给相应操作用户[43]。

采用文档管理服务器和关系型数据库进行数据管理，文档管理系统和关系型数据库分别适用于非结构化数据和结构化数据的存储。异构型分布式数据存储系统相比传统集中的存储服务器更能满足工业化住宅产品全过程庞大的信息存储的需要。

大规模存储分布式系统存储要求具有可扩展性。传统的数据库扩容多采用同构系统，即存储节点为若干组，每一个组服务相同的数据。但是同构系统的问题在于增加副本需要迁移的数量太大，且迁移一次需要消耗大量的时间，因此，不适用大规模分布式存储系统。

异构分布式存储系统具有良好的可扩展性。所谓异构指的是存储节点之间是异构的。即先将数据划分为很多大小接近的分片，每个分片的多个副本分布到任何一个存储节点，如果一个节点发生故障，则由整个集群节点来恢复，而不是如同构系统是由几个固定的存储节点来恢复，保证了系统的灵活性和可扩展性，也节省了节点故障恢复的时间，适用于复杂的数据存储系统。

第五层是系统层，即数据库服务器操作系统，是系统集成的基础架构平台，具体事务性逻辑都在这里实现。

（二）工业化住宅产品系统模块及功能

基于全生命周期管理理念，工业化住宅产品管理系统共分为十一大模块，如图 5-25 所示。

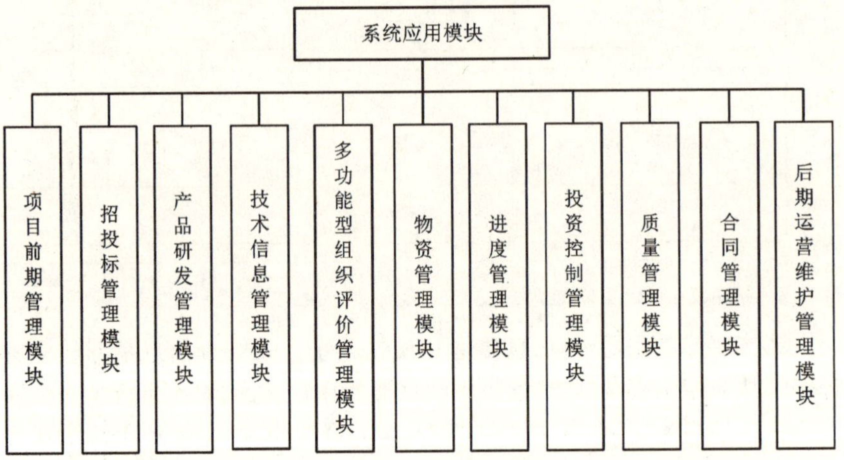

图 5-25　系统的十一大模块

图片来源：作者自绘

（1）项目前期管理模块：对前期决策形成的文件进行保存和维护，并提供查询功能。

（2）招投标管理模块：招标投标过程只需依照相关的法律法规即可，对该过程中产生的文件及相关资料、投标资格等审查并管理。

（3）产品研发管理模块：包括概念方案、系统设计、深化设计、工程设计过程管理。核心是 WBS 体系和编码体系的建立。编码体系贯穿整个生命周期，每项工作的编码都是唯一的，如每一构件都有唯一的标准件编码，此外还有基于编码的建筑信息模型数据的存储、分析和统计，可以说编码体系对整个系统管理的运行起到至关重要的作用(图 5-26)。

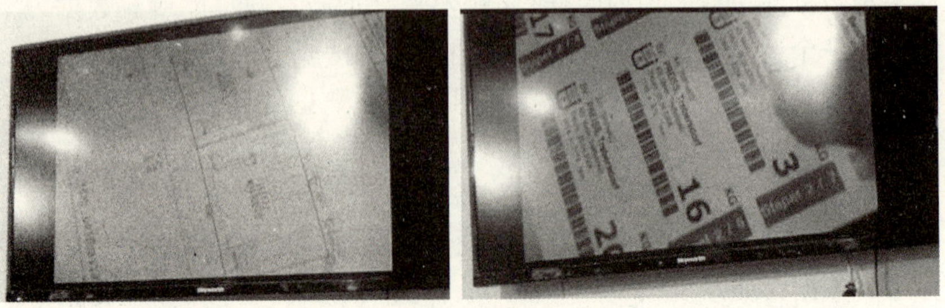

图 5-26　江苏元大建筑科技有限公司混凝土预制构件编码系统

图片来源：江苏元大建筑科技有限公司博览会视频

(4) 技术信息管理模块：核心是产品技术信息变更管理。环境因素的变化、生产条件的不确定、装配组织的协调、装配技术的变更，都会影响产品信息的变更，该模块需要及时更新产品技术文件。

(5) 多功能型组织评价管理模块(包括会议纪要、修改意见、经验总结等)：多功能型组织由各专业的专家、供应商、总承包商、运营单位等组成，对过程关键节点评价、分析、总结。该模块的管理内容是对各阶段关键节点的会议纪要及时上传和更新，方便依据纪要内容、各节点环节的知识、经验总结对下次活动进行安排、改进和调整。

(6) 物资管理模块：针对各阶段所需的物资的不同，根据资源计划对具体的模块供应、材料供应、工装租用、机械设备供应等及时做调整，对过程进行输入输出物料调用管理，包含材料清单、库存统计等。

(7) 进度管理模块：该模块的组成部分有工期目标、研发进度目标、装配进度计划、月作业计划，甚至落实至周作业计划、日作业计划。模块还提供进度控制方法，如关键路径法、网络计划方法等。

(8) 投资控制管理模块：确认项目总投资，编辑设计概算、施工预算，确定投资计划，在项目运行过程中，控制每个项目、每个阶段的投资支出。投资控制管理模块的主要目的是将实际投资和计划投资进行动态比较，为项目决策提供依据。

(9) 质量管理模块：质量管理包括研发质量、模块供应质量、设备质量、装配质量，通过阶段质量审核和装配质量验收来规范质量管理。这个过程通过质量文档分类来实现，通过记录和查询文档来管理产品质量信息。

(10) 合同管理模块：合同管理是对过程中产生的相关责任、义务、变更及争议事宜解决的管理。涵盖的内容涉及工期、价款、酬金、违约责任、风险分担、争议解决、履行的义务等，可通过该模块进行相应的管理操作。

(11) 后期运营维护管理模块：汇总项目全过程的管理工作数据，基于数据对运营的状况进行管理工作，为其他项目管理提供总结数据，在运营数据的统计基础上对其他项目的决策起到导向作用。

(三) 基于 BIM 的管理信息系统的运行

由点对点沟通转变为集成管理信息系统。传统的点对点沟通局限于任意两用户之间的信息交换，无法实现信息共享。基于 BIM 模型的集中管理系统是通过计算机、网络等先进技术平台，向系统服务器发送如信息变更、信息查询、信息录入等请求，由系统根据用户操作权限，从系统数据库调用所需相关信息。所有用户间的信息沟通都要通过集成信息系统进行相关操作，集中反馈给用户，供用户进行相关操作，如图 5-27 所示。

1. 产品前期决策、研发阶段

此阶段主要利用项目前期管理模块、产品研发管理模块，可以在系统内形成建筑信息模型，进行部品试验对模型不断地修改完善，利于可行性研究分析。由于数据的集成共享，最终得出具有装配性、可实施性的产品模型、产品平面图及产品装配节点图等成果。

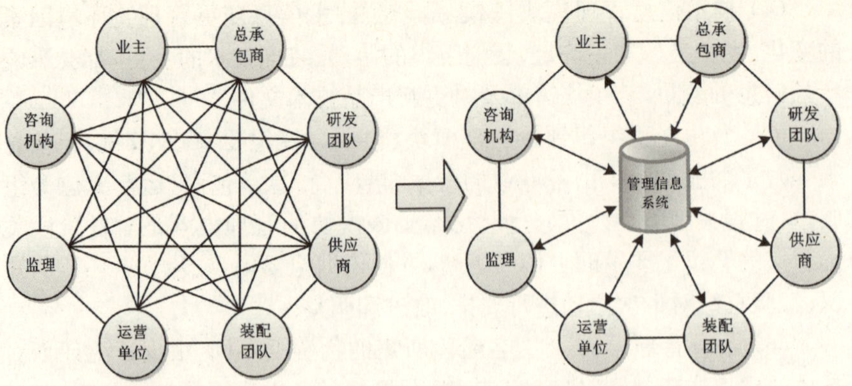

图 5-27 信息沟通方式的转变

图片来源：作者自绘

2. 招投标阶段

此阶段利用招标投标管理模块，拟定标书，并组织公开招投标。将前期部分成果适度公开，使招标单位在一定程度上可以从集成文件中做出合理的标案，有助于减少投标单位对标书的错误理解造成的时间、费用的损失，并基于公正合理的平台竞标。在工业化住宅产品招投标阶段主要产生总承包等一系列合同文件。

3. 产品生产装配阶段

数字化工地管理信息系统又简称"数字工地"，是基于"数字地球"这一背景下新兴的概念。该系统通过运用现代化信息采集、传输、处理技术和自动化控制技术，对施工技术、工程质量、安全生产、文明施工等管理进行动态、实时的监控，在此基础上对各个管理对象的信息进行数字化处理和存档，以此促进工作效率和管理水平的提高[44]。

同时，通过计算机、网络等先进技术平台，实现远程监控管理，真正实现建设主管部门、业主、设计、监理，对工程施工全方位、全过程、全天候、多视点、多角度、多层面的实时监控，使各部门管理者对工程建设中出现的各种问题做到"第一时间发现，第一时间处置，第一时间解决"[45]。

该阶段利用技术信息管理、物资管理、进度管理、投资控制、质量管理、合同管理模块，过程中将产生各种合同文件、物资记录、设计变更记录、生产装配进度、投资分析图等一系列的系统文件。根据组织人员身份验证，可以随时查看系统文件，避免信息传递延迟或信息传递不准确、信息不对称的情况发生。

4. 运营维护阶段

该阶段利用运营维护管理模块。文件集成主要包括住宅产品使用情况、入驻维修记录、财务状况等信息。系统实时更新提供的数据，为用户提供准确的运营决策，为其他项目提供项目决策依据，提高决策效率。其中多功能型组织评价管理模块贯穿整个生命周期。

本章小结

工业化住宅产品不同阶段的信息创建方式、信息管理方式和共享方式均不相同，本章根据全生命周期各阶段信息特征，构建三个信息模型：工业化住宅产品信息集成模型——BIM、工业化住宅过程信息集成项目管理模型、工业化住宅全生命周期信息集成模型。

工业化住宅全生命周期系统集成架构，由五层结构组成：操作层、应用层、数据服务层、数据层和系统层。提出工业化住宅产品系统模块及功能，得出系统的十一大模块及构建了基于 BIM 模型的集中信息管理系统。

注释

[1] Haifawy M M R, Forese T M. Component-based framework for implementing integrated architectural/engineering/construction project Systems[J]. Journal of Computing in Civil Engineering, 21(6): 441-452

[2] Davis D. Lean, geen and seen: the issue of societal needs, business drivers and conberging technologies are making BIM an inevitable method of delivery and management of the built environment[J]. Journal of Building Information Modeling (JBIM), 2007

[3] 庄霁芳. Computer integrated construction 的概念及其系统的研究[D]. 上海：同济大学，2001

[4] Simoff S J, Maller M L. Ontology-based multimedia data mining for design information retrieval[J]. American Society of Givil Engineers, 2010: 212-223

[5] Kurt L. Change and exchange: electronic document management in building design[J]. Royal Institute of Teehnology, 1998

[6] 李永奎. 建设工程生命周期信息管理(BLM)的理论与实现方法研究——组织、过程、信息与系统集成[D]. 上海：同济大学，2007

[7] Eastman C M. Life cycle requirements for building product models[EB/OL]. (1993-02). http://itc. scix. net/paperw78-1993-2-369. content

[8] Fischer M, Kunz J. The circle: architecture for integrating software[J]. Journal of Computing in Civil Engineering, 1995, 9(2): 122-133

[9] Laiserin J. Laiserin's lemma TM-an orange by any other name[EB/OL]. (2006-05-01). http://www. laiserin. com/features/issuel6/feature03

[10] 麦克格雷·希尔建筑信息公司在中国发布首份关于 BIM 的中文调研报告，建筑信息模型：Smart Market Report-Building Information Modeling, 2009

[11] 美国国家 BIM 标准第一版第一部分：National Institute of Buiding Sciences, United States National Building Information Modeling Standard, Version1-Part1

[12] 何关培. BIM 总论[M]. 北京：中国建筑工业出版社，2011

[13] 何关培，李刚. 那个叫 BIM 的东西究竟是什么[M]. 北京：中国建筑工业出版社，2011

[14] Bernstein P G, Pittman J H. Barriers to the adoption of building information modeling in the building industry[M]. Autodesk, 2004

[15] 何关培. BIM 内省（五）：制造业给我们的启示[EB/OL]. (2013-02-17). http://blog. sina. com. cn/s/blog_620be62e01016xox. html

[16] BuildingSMART 国际组织网站. http://buildingsmart. be. no:8080/buildingsmart. com. 日本分会

[17] BuildingSMART 国际组织网站. http://buildingsmart. be. no:8080/buildingsmart. com. 欧洲分会

[18] BuildingSMART 国际组织网站. http:// buildingsmart. be. no:8080/buildingsmart. com. 韩国分会

[19] 何清华，钱丽丽，段运峰，等. BIM 在国内外应用的现状及障碍研究[J]. 工程管理学报，2012，26(1): 16-20

[20] Dawson A. Computerisation of achitectural practices in Victoria, Australia[D]. Melbourne: Deakin University, 1996

[21] Ghanbari A, Froese T. Product modeling for construction management[EB/OL]. Paper w78-1999-2747. content

[22] Howell I, Batcheler B. Building information modeling two years later-huge potential, some success and several Limitations[EB/OL]. (2006-03-17). http://www. laiserin. com/features/bim/newform_bim. pdf

[23] Bentley Architecture Introduction[EB/OL]. http://3y. uu456. com/bp-1sedfc66fs33sa8102d220c6-1. html

[24] Application Engineer-Bing Chen. Bentley BIM 解决方案——建筑设计软件(Bentley Architecture)介绍，技术文档。

[25] 方立新，周琦，董卫. 基于 IFC 标准的建筑全息模型[J]. 建筑技术开发，2005(2): 98-99

[26] 何关培. BIM 应用最好的信息交换方法是不交换[EB/OL]. (2015-04-30). http://blog. sina. com. cn/s/blog_620be62e0102w5ck. html

[27] Thomas F. Models of construction process information[J]. Joumal of Computing in Civil Engineering, 1996, 10(3): 183

-193
[28] AIA. Report on Integrated Practice[EB/OL]. (2006-09-01). http://www. aia. org/ip_default
[29] Fischer M. 从基于信息化建筑模型(BIM)的建设项目生命周期管理(BLM)中获得效益[J]. Autodesk 在中国,2005(1):12
[30] 王成恩. 产品生命周期建模与管理[M]. 北京:科学出版社,2006
[31] Jeng T S. Design transactional flow management: structuring design processes for CAD frameworks[D]. Atlanta: Georgia Institute of Technology, 1998
[32] Kimmance A G, Anumba D B, Baldwin A N. The application of an integrated information modeling systerm for the construction industry, eWork and eBusiness in architecture, engineering and construction[M]. Lisse: Swets & Zeitinger, 2002
[33] 建筑信息模型(BIM)与 IFC 标准[EB/OL]. (2007-11-01). http://blog. vsharing. com/project2007/A620543. html
[34] Bos J N W. Software analysis of a flexible object-oriented facility management information system[M]//Schere R J. Product and process modelling in the building industry. Rotterdam: Balkema, 1995:379-385
[35] Cheng F F, Patel P, Bancroft S. Development of an integrated facilities management information system based on STEP: a generic product data model[J]. International Journal of Construction Information Technology, 1996, 4(2):1-13
[36] 何关培. 实现 BIM 价值的三大支柱——IFC/IDM/IFD[EB/OL]. (2010-09-30). http://blog. sina. com. cn/s/blog_620be62e0100 m1sd. html
[37] IFC 格式简介,FME——专业化的空间数据服务实践者[EB/OL]. (2014-01-03) http://blog. 163. com/antufme@126/blog/static/140492492201403913l6837
[38] 纵观 ILM 发展前景[EB/OL]. (2006-02-20). http://tech. watchstor. com/tech-21219. htm
[39] 整合需求和挑战:驾驭非结构化信息[J]. 中国制造业信息化,2006 (24):31-32
[40] 刘会. 使用 ICI 实现 Informix, DB2, Oracle 等关系型数据库的内容集成[EB/OL]. (2009-08-12). http://blog. itpub. net/15082138/viewspace-611983/
[41] 卢勇. 基于互联网的工程建设远程协作的研究[D]. 上海:同济大学,2004
[42] 高慧. C/S 到 B/S 模式转换的技术研究[D]. 青岛:中国海洋大学. 2009
[43] 丰亮,陆惠民. 基于 BIM 的工程项目管理信息系统设计构想[J]. 建筑管理现代化,2009,23(4):90-94
[44] 住房和城乡建设部科技与产业化发展中心. 产业化加速,你准备好了吗? [EB/OL]. (2013-11). http://www. chinahouse. gov. cn/news/hqjj/2013116215807. htm
[45] 付琴,邹宛伶,雷雪莲. 建筑工程施工中数字化技术应用及发展研究[J]. 四川建材,2014(2):5-6

第六章　案例实施研究

自 2011 年，东南大学建筑学院建筑技术与科学研究所以轻型结构建造为主要研究对象，对铝合金建筑产品展开深入研究工作，取得一定的成果(图 6-1)。可移动铝合金建筑产品在集成产业联盟协同工作的组织模式下，建立全过程信息模型，运用标准化、模块化的研发设计方法，通过工厂化生产制造、集装箱式的运输物流系统、现场总装的施工方式，将传统粗放型生产方式转变为制造业精益化生产方式。

图 6-1　工业化组装式住宅产品
图片来源:作者自摄(张宏教授工作室)

图 6-2　第一代轻型结构铝合金建筑产品
图片来源:作者自摄(张宏教授工作室)

铝合金建筑产品主要由结构体、围护体、内外分隔体、设备体四大功能模块构成。每一功能模块又由若干标准构件、配套部品组装而成。迄今为止，东南大学建筑学院建筑技术与科学研究所已陆续研发生产出四代轻型结构产品。第一代铝合金建筑产品研发，主要通过基本单元为 2.9 m×2.3 m×2.8 m的小尺寸产品，来对基本功能模块进行深入研究，积累研发、生产、组装实践经验，通过模块拆解确立建构逻辑，为第二代铝合金建筑产品的研发奠定基础。第一代产品主要是由主体单元、基座单元和太阳能光电单元构成，提出了用千斤顶作为调节基础支撑框架梁的想法，并实现太阳能光电板的完全供能(图 6-2)。第二代轻型结构多功能可移动住宅产品在第一代产品结构框架的基础上，连续水平组装 12 个尺寸为 6 m×2.9 m×3 m 的标准箱体，实现空间的延伸及功能的转变，从单一空间转变为模块拼接大跨度大尺度空间，根据对空间需求的不同，可以在此基础上实现内部空间划分(图 6-3)。第三代轻型结构建筑产品主要面向小型居住住宅产品，模块细化完善功能，为重型结构住宅产品的研究奠定基础。该小型住宅产品是由 6 m×2.9 m×3 m 和 6 m×2.1 m×3 m 的两个不同尺度的箱体单元与基础单元、太阳能光伏单元组合拼装而成，其中主体单元模块拥有独立结构体、独立围护体和独立空间体三大独立体，可以单独在工厂生产，现场组装。产品增加了内部装饰装修模块，集成了太阳能板光电光热系统、整体厨卫、智能家居系统、可变家具系统、分散式小型污水生物处理系统等，使建筑产品具备了绿色、零能耗等绿色建筑特性，实现自保障零能耗(图 6-4)。

图 6-3　第二代轻型结构多功能可移动住宅产品

图片来源：作者自摄(张宏教授工作室)

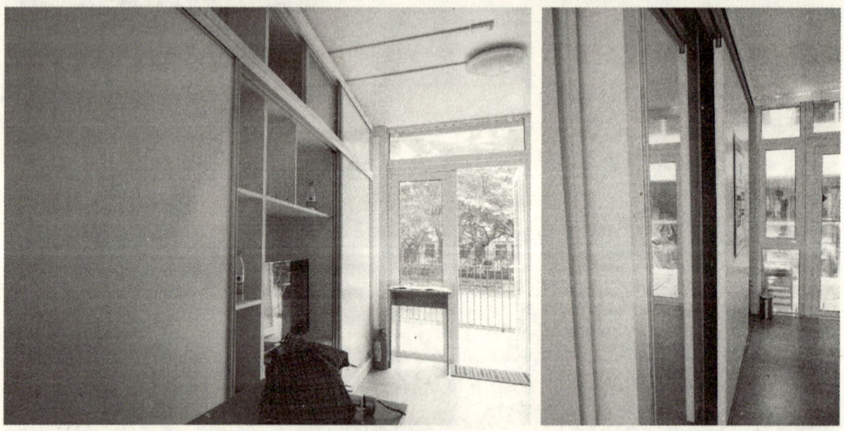

图 6-4　第三代轻型结构小型居住住宅产品

图片来源：作者自摄(张宏教授工作室)

图 6-5　第四代工业化组装式住宅产品“梦想居”

图片来源：作者自摄(张宏教授工作室)

第四代轻型房屋系统是江苏绿色博览园“梦想居”项目(图 6-5)，“梦想居”四合院的设计技术及性能如下：其性能使用年限为 50 年；可重复拆装 30 次以上无损坏、无材料增减；达到用电自给，生活污水通过生物降解处理，达到国家一级 A 排放要求；集建筑装修一体化快速完成体系；不受地域和地面基础条件限制的模块化超快速组装建筑;可以不受施工用电和电路交通限制,在十天内完成四合院组装;建筑使用控制智能化,建造管理信息化。"梦想居"在前几代轻型结构住宅产品研发经验的积累上,主体由展览教学模块、青年旅社模块、应急救灾模块和廊道模块组合而成。展览教学模块内部近 60 m^2 的大空间和灵活多变的家具共同形成多种使用功能,如展览模式、教学模式、会议模式和研讨模式。青年旅社模块通过家具的组合,可以满足不同人类的居住需求,可转换成双床模式、餐厅模式和咨询模式。应急救灾模块满足极端条件下的应急救灾需求,可形成夜间睡眠空间、日间起居空间、日间就诊空间和日间活动空间。从研发设计、材料构件加工、构件装配到现场吊装,均全面实现了工业化、装备化和机械化(图 6-6)。可周转重复使用 30 次以上,在全生命周期内降低资源和能源消耗,全面采用低排放建材,材料约 100%回收,在工业化建筑装配体系的基础上,长寿命建筑具有低碳性。除了四大模块之外,该建筑也是有文化特色的房子。利用水缸等室外家具模块在有限的内部庭院空间做出古典意趣,采用"岁寒三友"强化庭院主题。用天然石材堆砌假山和植物在庭院创造宛自天开的景观效果。

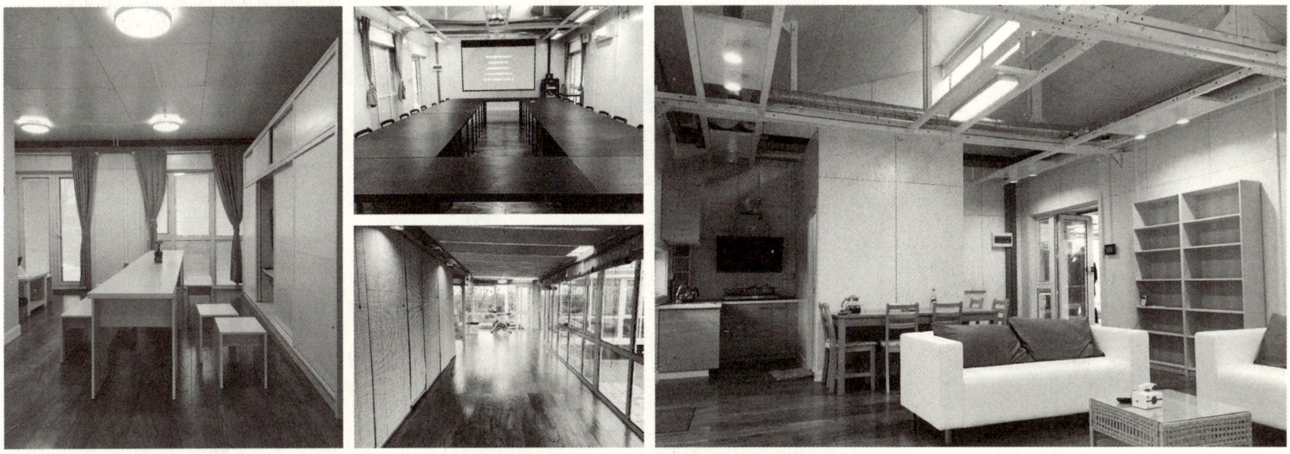

图 6-6 "梦想居"四大主体模块:展览教学模块、青年旅社模块、应急救灾模块、廊道模块

图片来源:张宏教授工作室

可移动轻型结构建筑产品基本实现了独立式小住宅、公寓宿舍、社会保障性住房等用于居住领域的基本功能,具有建造速度快、可周转重复使用、多功能使用、模块化组合使用、适用性强的特点,对工业化住宅产品应用具有一定的基础性研究意义,除了满足居住功能,其应用前景还包括应急救灾、临时候车、景观建筑、保护生态环境中的建筑、临时建筑改造、极地科考建筑等。

在四代轻型结构多功能型建筑产品研发的基础上,相继进行了重型结构住宅产品的实验和建造。在常州武进江苏绿色博览园成功展示了重型结构建筑产品——"忆徽堂"和"揽青斋",二者分别为中国式被动节能绿色建筑、钢筋混凝土现浇工法工业化建造及预制装配外墙构件的绿色建筑。忆徽堂采用了竖向热环境被动式设计,内部设置拔风天井,并配合智能电动高窗,根据季节和天气变化采用不同的自然通风策略(图 6-7)。在技术方面,采用了次结构预制装配系统,实现减少搬运、安全操作、避免损耗、节约环保和精准快速施工等特点,而外墙保温装饰工程采用的是 NK

尼彩外墙保温装饰系统，是一种集保温和装饰于一体的新型高效保温装饰材料，自重轻、保温性能好，且施工方便。外墙板是尼高预制装配外墙板系统，采用轻质复合夹芯板作为主体材料制备的模块化外墙体系，包括普通模块、转角模块、窗口模块等，满足装配式安装。内墙板是尼高内墙板系统，质轻高强，适用于新建或改造的公共建筑和住建建筑的隔墙。建筑采用产品化设计，建筑构件基本采用既有产品，质量更有保障，同时建筑模块可横向和纵向叠加，变成独栋别墅和多层建筑，适用于多种形式的建筑。

图 6-7　竖向热环境被动式设计

图片来源：作者自摄(张宏教授工作室)

揽青斋是东南大学建筑学院建筑技术与科学研究所致力于重型工业化建筑研发的代表，主要针对的是钢筋混凝土结构体系，逐步改变现有的手工操作模式。东南大学及其合作团队目前研发出一套以方管架为核心的钢筋混凝土柱、梁、板、墙结构构件成型和定位装备系统，简称钢筋混凝土模架装备系统(图 6-8)，能够在执行现行高层现浇钢筋混凝土结构规范下，用工业化模式高效地建造钢筋混凝土结构高层建筑，同时还研发出一套预制混凝土外挂板高性能围护结构。这两套系统配套使用，可以将高层钢筋混凝土结构房屋 75%～80%的工程量在工业化建造模式下用低碳节能的方式完成，节能率 20%以上，节水 20%以上，粉尘下降 30%以上，且减少现场工人 50%以上，综合缩短工期 20%以上，减少高空作业工作量 50%以上。通过新型设计建造模式的引入，为使用者提供了一套完备的居住使用系统，具有高度灵活性和可维护维修性。

图 6-8 揽青斋航拍图及钢筋混凝土模架装备系统

图片来源：张宏教授工作室

以上研究成果必将对我国新型建筑工业化起到变革和推动作用。不仅促进了轻型可移动建造领域的技术创新，也促进了混凝土建筑建造领域的技术创新，推动传统建筑行业在工业化建造模式下的升级转型，从而推动城乡建设可持续发展的进程。

第一节 轻型结构工业化住宅产品组织集成案例

工业化组装式住宅也叫预制装配式住宅，指的是 Prefabricated 住宅，即在工厂里做好住宅各部分后，在建筑现场组装。

以第三代轻型结构组装式住宅产品为例（图 6-9），第三代住宅产品在第一代、第二代住宅产品研究的基础上加入了 3 m×6 m 的智能家居与 2 m×6 m 的厨卫功能模块，形成完整的铝合金活动房的功能系统。“尤其是与产业化相关的构件、配件，要满足产业化的市场发展，这样开发商在选取产业化装配建筑材料时，才有选择的余地。”研究住宅产业化十几年的中海地产呼和浩特分公司设计师吴晓君说。第三代住宅产品的制造、生产集聚了多个工业化住宅产品相关的生产厂家的力量，并帮助相关企业改进组件、构配件生产供应，东南大学研发团队与其构建了紧密的伙伴关系，组建产业联盟，共同致力于产品研发建造工作。

图 6-9 第三代轻型结构组装式住宅产品模型

图片来源：张宏教授工作室

一、建设产业链组织

住宅产业现代化除了生产方式产业化之外，还应具备装修一体化、部品模数化、产品集成化的特征。整个工业化住宅产业链条上的企业，包括开发机构、构件生产企业、配套部品企业、内装设计企业，与传统企业有很大区别。

（一）建设产业链合作企业——科逸

科逸一直在不断强化工业化配套部品认知度，这是因为其研发的整体卫浴产品与传统卫生间有很大的差异，包括很多人及一些开发企业对其不了解。科逸企业的工业化组装模式与可移动住宅产品不谋而合。短短四小时可以让一个卫生间从无到有，这是工业化生产和快速组装的结果，一体化设计并经过工厂标准生产出防水底盘、壁板、顶板三大主体，配套卫浴设施及上下水系统、电路系统，再由专业人员现场快捷组装，组装成果就是一个成品，对住宅产品而言是一个必要的功能体模块。

科逸整体浴室是用防水底盘、墙板、天花板构成的整体框架，配上各种洁具形成的独立卫生单元，具有淋浴、洗漱、便溺三大功能或这些功能任意组合，以使最小的空间内达到最佳的整体效果。整体卫浴的优势在于质量稳定、安装速度快、滴水不漏、省心、综合成本低，适宜工业化对速度、质量的要求。

科逸厂家作为产业联盟一员，积极配合东南大学研发团队，加强和促进产业化发展，根据工业化住宅产品功能体部分空间大小量身定制相应的成品，产品型号为 BUL1217，产品实际预留尺寸为 1 400 mm×1 920 mm×2 364 mm，安装尺寸为 1 350 mm×1 850 mm×2 360 mm，内控尺寸为 1 200 mm×1 700 mm×2 160 mm。

表 6-1 是 BUL1217 科逸整体浴室配置清单列表，其中除防霉密封胶与换气扇分别从 GE、金羚购入外，其余均由科逸自行研发生产。整体浴室的主体材料为 SMC(Sheet Molding Compound，片状膜塑料)，性能方面耐腐蚀性好，质轻，且工程设计容易，低收缩率，20 年使用寿命，且容易更换，在飞机制造业应用成熟，是很好的飞机内仓材质。将该材料运用于工业化产品非常有利于快捷安装、后期产品维护，便于及时更新产品且质量有保证，完全区别于传统找坡、防水处理的耗时的手工作业方法，通过金属螺钉找平支撑整个卫浴，专用的橡胶卡件通过锤子敲击嵌入加固连接，防水防渗，减少连接对胶水的依赖性，实现干作业操作。一套浴室总

表 6-1　BUL1217 科逸整体浴室配置清单

类型		序号	部件名称	品牌	型号规格	单位	数量	备注
主体		1	SMC 模压防水底盘	科逸	1 200 mm×1 700 mm	套	1	石纹咖啡色，湿区下沉
		2	SMC 模压墙板	科逸	H=2 000 mm	套	1	拼块纹洞石色
		3	SMC 拱形天花	科逸	1 200 mm×1 700 mm	套	1	浴室内净最高点为 2 100 mm
		4	浴室专用防湿平开门	科逸	700 mm×2 000 mm	套	1	外开门，ABS 执手锁
		5	整体浴室专用地漏	科逸	直排	套	1	—
内部配件	洗漱	6	SMC 模压洗面台	科逸	P 形，L=1 023 mm	套	1	—
		7	组合水嘴	科逸	淋浴、面盆两用	套	1	—
		8	毛巾架	科逸	不锈钢杆 ABS 座	套	1	—
		9	化妆镜	科逸	500 mm×800 mm	套	1	—
	如厕	10	分体坐便器	科逸	C710	套	1	—
		11	外挂卷纸器	科逸	ABS	套	1	—
	洗浴	12	一字形浴帘	科逸	L=1 200 mm	套	1	含浴帘杆、支座、木瓜条纹带铅坠，1 900 mm×1 800 mm
		13	浴巾架	科逸	不锈钢杆 ABS 座	套	1	—
		14	三角置物架	科逸	ABS	套	1	—
	电器	15	灯	科逸	镜前柱状	套	1	含节能灯管
		16	换气扇	金羚	—	套	1	含排气软管
安装辅料		17	防霉密封胶	GE	白色	套	0.5	—
		18	成套安装紧固件	科逸	—	套	1	—
		19	面盆排水总成	科逸	U-PVC	套	1	—
		20	冷热水给水管件	科逸	P-PR	套	1	高出墙板面 150 mm

重不到 200 kg，独立结构设计不与建筑墙体连接，不受建筑结构热胀冷缩、干缩湿胀等因素影响导致变形，结构稳定，走坡平缓，且高分子材料无微孔，不滋生细菌，不积水不吸潮(图 6-10)。产品的性能特点与工业化住宅产品所需模块要求及装配目标一致。

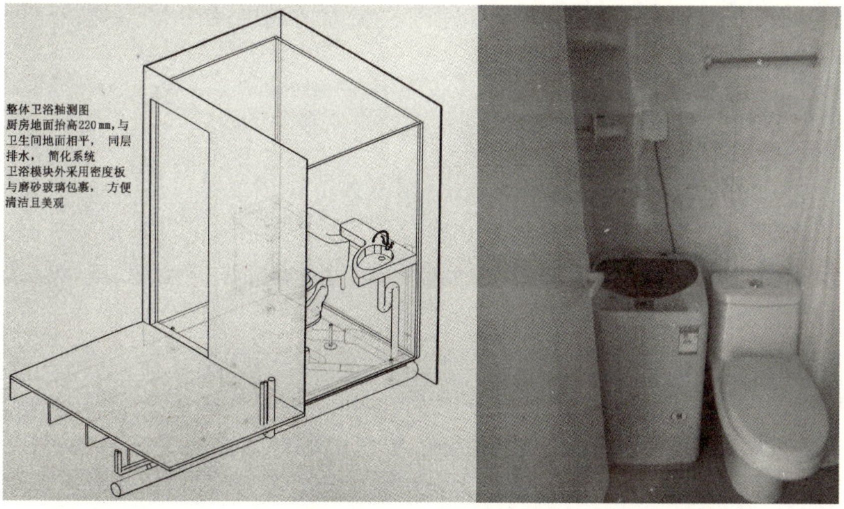

图 6-10 科逸整体卫浴

图片来源：作者自摄(张宏教授工作室)

通过和科逸整体卫浴的合作，东南大学研发团队帮助模块供应厂商发现了一些需要改进的地方。例如，根据客户需求，科逸整体卫浴可以将内部材质模拟成大理石、马赛克、绿墙等不同材质，但目前来说只是纹理上模仿，质感上仍有欠缺。这与整体卫浴未在建筑市场实现规模量产有关，该缺陷是科逸厂家需要改进的，东南大学研究团队也会帮助合作企业不断发现问题和解决问题，共同提高整体卫浴、工业化住宅产品这两个新品类的市场认知度。

表 6-2 功能体设备模块清单

<table>
<tr><td>电器设备</td><td>序号</td><td>品牌</td><td>型号</td><td>功率(W)</td><td>尺寸(mm×mm×mm)</td><td>单位</td><td>数量</td><td>价格(元)</td></tr>
<tr><td>冰箱</td><td>1</td><td>美的</td><td>BCD-86 cm(E)86L</td><td>—</td><td>534×470×852</td><td>件</td><td>1</td><td>900</td></tr>
<tr><td>抽烟机</td><td>2</td><td>美的</td><td>CXW-180-DS20</td><td>照明 25×2，电机 180</td><td>720×510×407</td><td>件</td><td>1</td><td>500</td></tr>
<tr><td>电热水壶</td><td>3</td><td>奥克斯</td><td>(AUX)hx-15a12 1.5L</td><td>1 500</td><td>220×180×210</td><td>件</td><td>1</td><td>50</td></tr>
<tr><td>电磁炉</td><td>4</td><td>美的</td><td>WK2102</td><td>2 100</td><td>360×370×430</td><td>件</td><td>1</td><td>200</td></tr>
<tr><td>微波炉</td><td>5</td><td>美的</td><td>721NG1-PW211</td><td>700</td><td>461×361×289</td><td>件</td><td>1</td><td>300</td></tr>
<tr><td>电压力锅</td><td>6</td><td>美的</td><td>MY-12CH502E</td><td>900</td><td>370×370×485</td><td>件</td><td>1</td><td>270</td></tr>
<tr><td>煤气灶</td><td>7</td><td>帅康</td><td>QAS-98-K3</td><td>—</td><td>720×400×130</td><td>件</td><td>1</td><td>800</td></tr>
<tr><td>洁具</td><td>序号</td><td>品牌</td><td>型号</td><td>尺寸(mm)</td><td>单位</td><td>数量</td><td>价格</td><td rowspan="8">—</td></tr>
<tr><td>水槽</td><td>1</td><td>樱花美迪</td><td>洗碗池单槽 YH500</td><td>水槽 520×380，开口 500×360</td><td>件</td><td>1</td><td>260</td></tr>
<tr><td>沥水篮</td><td>2</td><td>巢屋居</td><td>不锈钢水槽适合内径
32～40 cm ZWL-1</td><td>(340～420)×240×120</td><td>件</td><td>1</td><td>50</td></tr>
<tr><td>电气设备</td><td>序号</td><td>品牌</td><td>型号</td><td>尺寸(mm)</td><td>单位</td><td>数量</td><td>价格</td></tr>
<tr><td>顶灯</td><td>1</td><td>欧睿</td><td>MQ125-Y21W</td><td>200×200×65，开孔 170×170</td><td>件</td><td>1</td><td>55</td></tr>
<tr><td>插座</td><td>2</td><td>施耐德</td><td>如意 EV426/
10A 250V 三级五孔</td><td>86×86</td><td>件</td><td>1</td><td>12</td></tr>
<tr><td>三联开关</td><td>3</td><td>施耐德</td><td>如意 EV53
10A 250V 单控开关</td><td>86×86</td><td>件</td><td>1</td><td>18</td></tr>
</table>

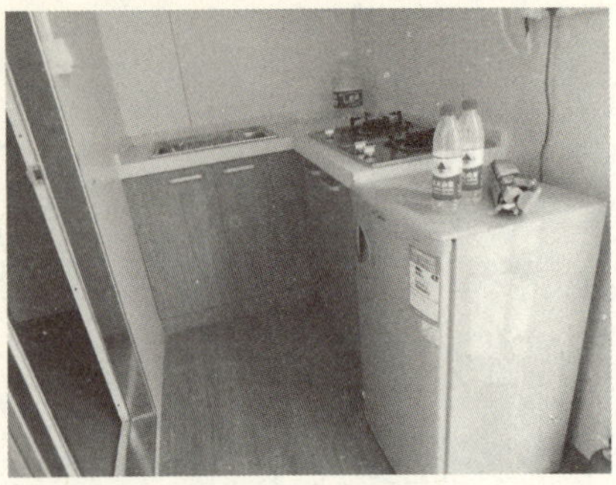

图 6-11　整体橱柜模块

图片来源：作者自摄(张宏教授工作室)

除了与大型模块供应商合作外，铝合金可移动住宅产品内的功能体设备模块采购了不同品牌的小型生活设备。设备模块主要用于完善整体橱柜系统，共分为三类：电器设备、洁具和电气设备。产品供应商有美的、奥克斯、帅康、樱花美迪、巢屋居、欧睿、施耐德厂家(表 6-2)。在功能体整体橱柜模块中，橱柜底部贴有锡箔作为防水防潮层，厨房安装则由密度板现场拼装(图 6-11)。

(二) 建设产业链合作企业——皇明太阳能

在产品功能的不断完善过程中，东南大学建筑技术与科学研究所竭力寻找可靠的合作伙伴，构建产业联盟，实现长期合作，共同发展，互利互赢。例如，在第三代住宅产品建造过程中，与皇明太阳能企业、施耐德企业建立起良好的协作关系。

在决定与皇明太阳能协作之前，首先对该公司现场进行了调研。皇明太阳能公司展示了产品实施案例及产品介绍，如高层住宅屋架结构用太阳能电板、高层住宅太阳能帧面板、喷泉能源用太阳能、闪电栏杆用太阳能能源、皇明太阳能公司总部大楼用太阳能屋顶、三层建筑南边屋顶用器热板太阳能、办公建筑装饰太阳能板、皇明太阳能职能控制系统、皇明热水器等。产品运用较为广泛，技术相对成熟。最后决定选用皇明太阳能板，搭建在铝合金住宅屋顶框架上(图 6-12)。其太阳能板是由集热器

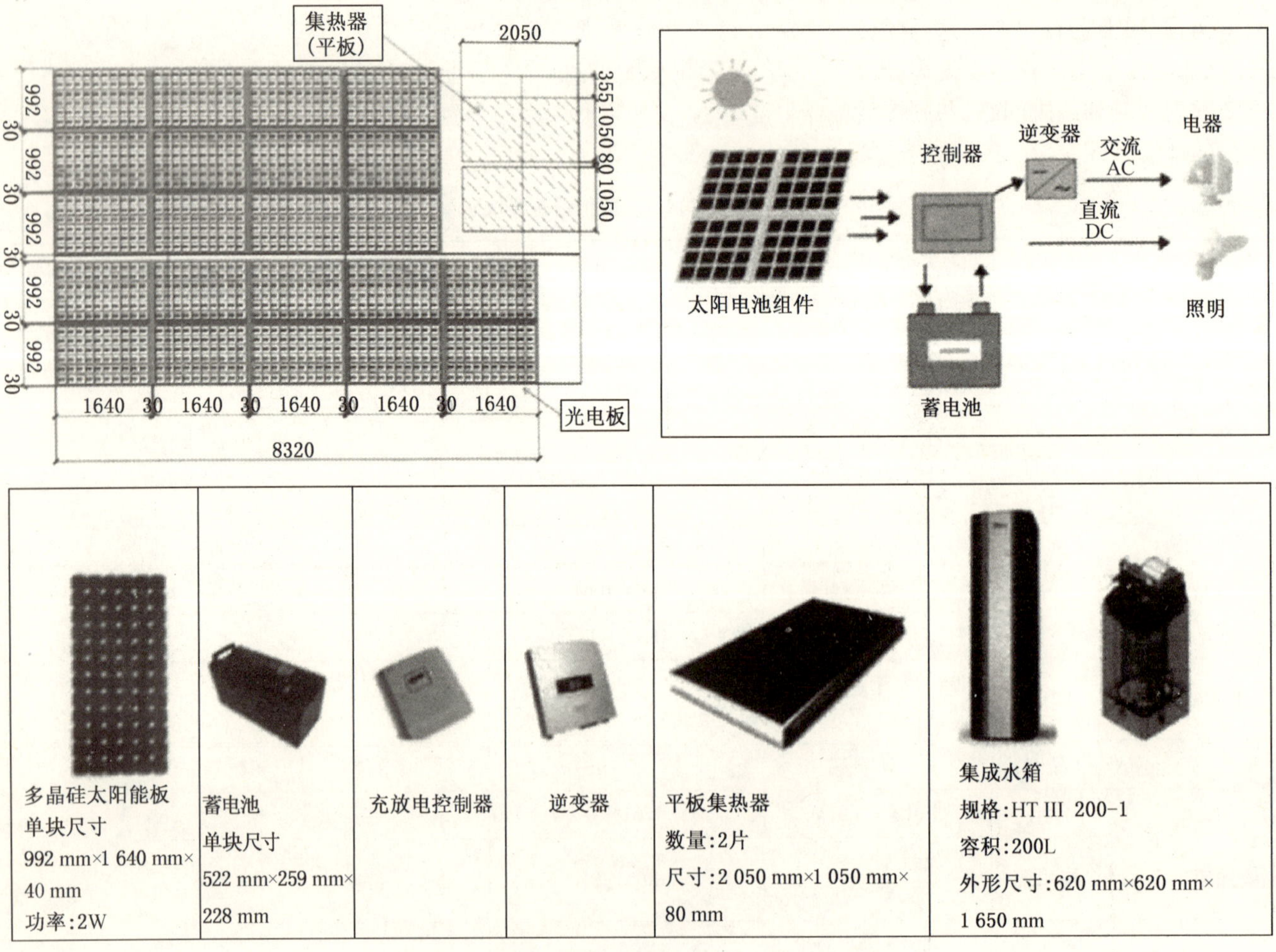

图 6-12　第三代住宅产品所采用的皇明太阳能板

图片来源：张宏教授工作室

和光电板组成，具体组件配有蓄电池、充放电控制器、逆变器、平板集热器、集成水箱，光电板采用多晶硅太阳能板，单块尺寸为 992 mm×1 640 mm×40 mm。其中平板集热器共两块，尺寸为 2 050 mm×1 050 mm×80 mm，在太阳能的热利用中，将太阳的辐射能转换为热能，用于产生热水。

通过计算得出，一家三口全年总用电量等于电器用电＋制冷用电＋制热用电，算出全年总用电量为 2 914 kW·h，按照面积为 45 m^2 的太阳能板，转换效率 80%，倾角为 8.5°，计算得出全年发电量为 5 090 kW·h，满足一年一家三口的用电需求（图 6-13）。

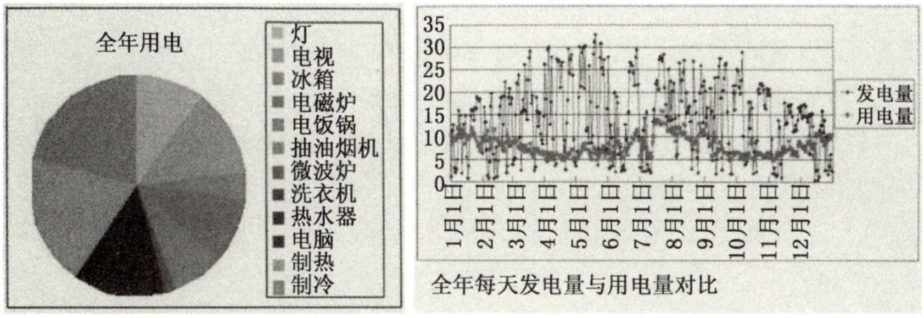

图 6-13 全年发电量与用电量及各用电设备所占用电量比例

图片来源：张宏教授工作室

铝合金住宅产品外围护体的玻璃窗模块也与皇明太阳能厂家合作，采用了皇明太阳能厂家的温屏节能玻璃。温屏节能玻璃是皇明太阳能厂家新开发的产品，温屏节能玻璃结构中的温屏膜是国际专利技术。温屏，即温度的屏障，是具有自主知识产权的新一代超低辐射镀膜中空玻璃，超越传统节能概念，重新定义节能高度，独有专利"三超"膜，颠覆传统节能概念，比普通中空玻璃节能 50%，比普通单片玻璃节能 75%，比 LOW-E 中空节能 15%～20%。重新定义使用寿命，突破了传统节能玻璃稳定性、使用寿命方面的不足，先进的生产工艺、超国标检测实现了温屏节能玻璃超长使用寿命、超强稳定性。

皇明太阳能温屏节能玻璃结构由六个部分组成：① 原片玻璃：汽车级浮法；② 温屏膜：国际专利技术；③ 分子筛：环球 3A 分子筛；④ 铝隔条：李赛克自动折弯；⑤ 密封胶：美国道康宁；⑥ 中空层：90%氩气填充 。铝合金住宅产品围护体模块的玻璃总面积为 18.77 m^2，玻璃类型 A 面积为 5.88 m^2，玻璃类型 B 面积为 5.35 m^2，玻璃类型 C 面积为 1.66 m^2（图 6-14）。

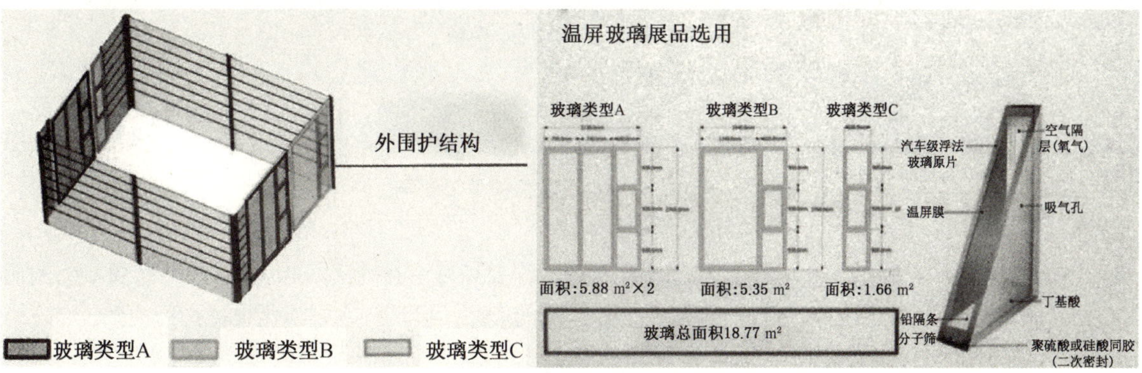

图 6-14 皇明太阳能温屏节能玻璃结构

图片来源：张宏教授工作室

与具有共同创新追求的先进企业合作研制新产品，将新技术超前试验并运用于新产品上，历经几代产品的更新，使产品技术不断进步，也有利于团队不断挖掘潜力，鼓励创新，在以往经验积累的基础上总结新技术的不足，研发出更成熟的产品投产并运用，进而达到产业联盟的共同进步、共同发展。

（三）建设产业链合作企业——鑫霸铝业

在第三代住宅产品研发过程中，鑫霸铝业参与了整个研发、生产制造全过程，是东南大学建筑技术与科学研究所长期的合作伙伴，不仅为产品研发提供了及时的产品组件供应，更对我们的产品研发提供了强有力的技术支撑，共同对第三代住宅产品各模块到基本构配件细节进行了深入研究，并对新部件实施实验验证，达成整个团队共识后投入生产。

轻型结构预制构件是东南大学建筑技术与科学研究所推进住宅产业化的一大体系，目前由鑫霸铝业提供的三代产品的铝合金组件达到了一定的技术要求，产品的预制比例可以达到95%以上，保证了产品质量。且构件工厂的生产存放不会因为现场的自然环境改变而改变，脏乱差的现场已不复存在，住宅产品的铝合金结构均在工厂组装完毕，在现场直接拼装，缩短工期。同时，鑫霸铝业与设计团队共同完善轻型结构住宅工业化研发体系、制造体系、装配体系、材料体系与产品模块体系。目前鑫霸铝业给予几代产品基座导轨设计非常有价值的建议。东南大学帮助鑫霸铝业从单一的铝材供应商转变为模块供应商，从材料生产转变为生产商、制造商，成为从单一的生产模式转变为集生产、组装制造为一体的先进企业。

在第一代铝合金住宅产品的设计研究中，装配式多功能铝合金活动房的基础支座平面尺寸为 8 400 mm×2 300 mm，共 8 个基脚点。基座框架是由标准的 80 mm×80 mm 的铝型材，型号为 APS-8-8080 工厂工地车间装配而成，并配有 80 mm×80 mm 强力角件、T 形螺栓等标准构配件。为了使基座稳固，构配件统一规格，基脚材料轻便，易于固定和运输装配，特对其深化设计，经反复推敲，鑫霸铝业配合东南大学确定了基脚最终方案(图 6-15)。

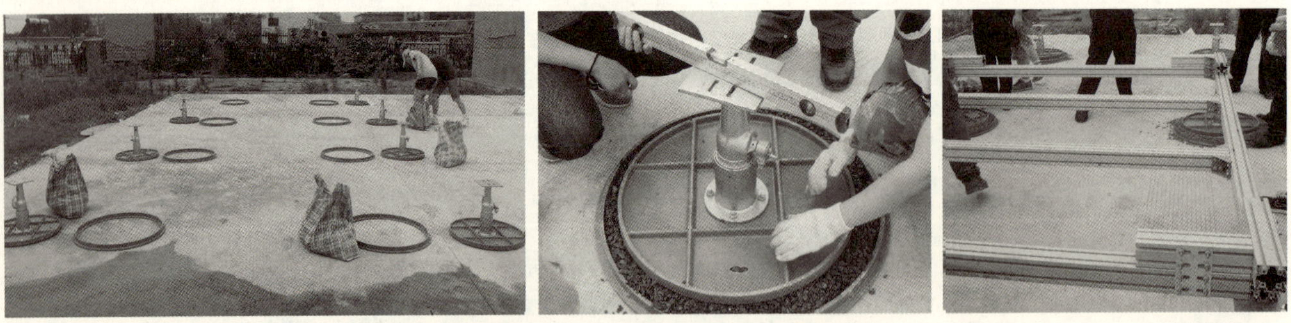

图 6-15 装配式多功能铝合金活动房的基础支座

图片来源：作者自摄(张宏教授工作室)

任何产品的深化设计都需要经过不断的实践和完善，与生产商不断沟通实验才能成为最终实际运用的产品。以基脚方案深化设计过程为例。

1. 基脚方案深化设计

深化设计的过程是一个反复推敲的过程。以下是深化设计中思考的三个方案。

方案一：钢板连接体用于连接基脚与整体框架，千斤顶与其焊接，空心钢罐可注入黄沙以加重来抗风拔，塑料底座适用于松软地质条件下的基脚。

缺点：钢板连接体过于复杂，制作繁琐，钢板薄弱易断裂。空心钢罐不好制作，填入黄沙不均也会导致基脚倾覆，塑料底盘太轻，难以找平。

方案二：钢板连接体用于连接基脚与整体框架，千斤顶依然与其焊接。加高钢管补充基础高度，钢板底座加重基脚重量，以起到抗风拔作用。

缺点：钢板连接体采用工字钢但连接依然过于复杂。基脚重量加上钢板底座之后难以运输，并且价格昂贵。

方案三：去掉钢板连接体，只用钢托盘进行连接，采用“柱顶梁再架房”的模式，底座采用复合树脂井盖，并加上固定钢杆。

钢托盘的设计从简易安装的角度出发，便于固定铝合金主体结构，使托盘与框架的连接较为简便，易操作。复合树脂井盖具有强度高、质量轻和价格低的优点，井盖自带孔洞可打入钢杆以抗风拔(图 6-16)。由于主体型材及连接件由鑫霸厂商供应，因此在过程中鑫霸铝业共同参与并研究了基脚解决方案，提供了相应的改进建议。

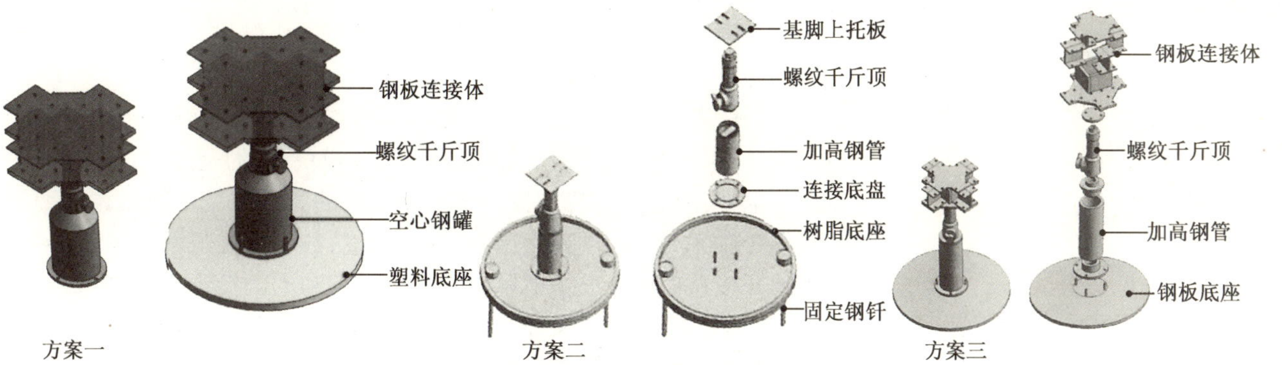

图 6-16　基脚方案深化设计

图片来源：张宏教授工作室

2. *基脚最终方案*

最终方案选择去掉钢板连接体，仅用钢托盘进行连接的另一个原因是由铝型材的特性所决定的。多功能铝合金活动房的主体模块的框架结构采用的是特殊定制的 80 mm×80 mm 的铝型材，钢托盘与主体模块的框架结构的连接件用的是标准的铝型材螺栓。这样既减少了连接件规格，标准了构配件，同时也方便人员操作。最终在鑫霸铝业工厂进行部品试装、实验和确定产品基脚最终方案(图 6-17)。

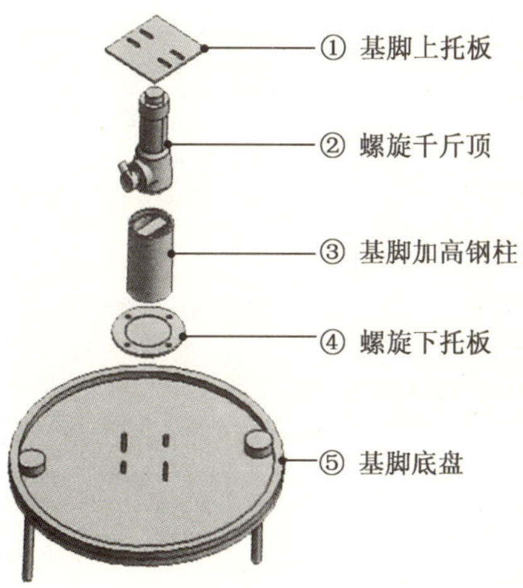

图 6-17　千斤顶基脚分解轴测示意图

图片来源：张宏教授工作室

3. *基脚方案详解*

基脚由五个主要部分构成，如下：

(1) 基脚上托板：工厂定制的钢托，尺寸 160 mm×160 mm，钢托上共有四个槽位。

(2) 螺旋千斤顶：螺旋千斤顶是由三个部位构成的，即伸长钢柱、铸铁外壳和旋转扳手。旋转扳手用于调节螺旋千斤顶的高度。实际案例中采用了 3.2 t 的螺旋千斤顶，其可伸长高度 100 mm。在其未伸长的情况下高度值为 200 mm。

(3) 基脚加高钢柱：由焊接钢片、加高钢管两个部位构成。直径为 100 mm，高度为 135 mm。

(4) 螺旋下托板：直径为 160 mm 的圆形，设计有四个圆槽，用以加固钢杆。

(5) 基脚底盘：材质为复合树脂井盖，两边各一个固定钢杆，用以固定底盘，并与硬土层很好地连接，稳定基座。

基脚的树脂底座放置对象是自然的浮土层，较松软。基础结构必须找平，方案中我们考虑用箍圈在平底围合，内填不含泥土的碎石对其找平。找平层平整后再放置树脂底座，底座对主体框架模块的高度在现场调节(图 6-18)。

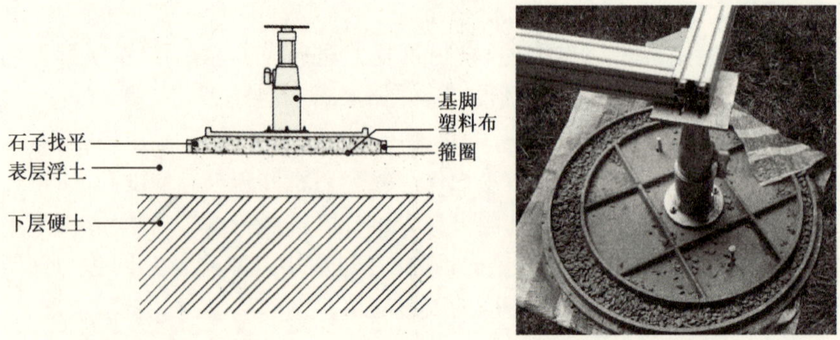

图 6-18 基脚节点构造
图片来源：张宏教授工作室

此后，鑫霸铝业还参与了几代住宅产品的主体结构、功能部分与居住部分的导轨连接件等研发和生产工作。

根据住宅产品功能的不断扩展，大型供应商也不断涌入产业联盟团队，如第三代住宅产品引入了智能家居功能模块，目的是通过智能家居的全套技术，实现电器的智能控制和家庭氛围的智能改变。施耐德厂商针对铝合金住宅产品提供智能照明、综合布线、数字自控等解决方案，室内电器的开关和功率能根据房屋中的环境因素和人的活动自动调节，节省能源，也方便使用者，带来舒适生活，与东南大学研发团队共同致力于打造绿色建筑产品。除了智能家居功能模块，新增设的导轨移门系统、橱柜壁床系统、便携家居系统分别与相应厂家取得联系，由厂家根据深化设计方案定制所需产品，以下是第三代铝合金住宅产品合作厂家列表(表 6-3)。

表 6-3 合作厂家列表

一级模块	二级模块	三级模块	基本组件、构配件	合作厂家
主体单元	结构体	单元体结构框架	型材备料	鑫霸铝业
	围护体	单元体地面	地面备料	鑫霸铝业
		屋面板	屋面铝板加工	鑫霸铝业
		外墙围护体	墙体挂板	金邦板
		外墙围护体	门窗定制加工	皇明太阳能
		外墙围护体	保温内胆	实施工厂定制
		外遮阳模块	—	皇明太阳能
		天花装配	铝板加工	鑫霸铝业
	交通体	木基座	平台地板备料	鑫霸铝业
		台阶踏步	台阶踏步定制	鑫霸铝业
装饰装修模块	内装体	导轨移门系统	居住部分、功能部分导轨连接件	鑫霸铝业
		导轨移门系统	居住部分、功能部分导轨内滑轮	活动屏风导轨厂家
		导轨移门系统	移门定制	活动屏风厂家定制
		橱柜壁床系统	橱柜定制	IKEA 定制
		便携家居系统	—	实施工厂定制
		智能家居系统	—	施耐德智能家居

续表 6-3

<table>
<tr><th colspan="2">一级模块</th><th>二级模块</th><th>三级模块</th><th>基本组件、构配件</th><th>合作厂家</th></tr>
<tr><td colspan="2" rowspan="16">内外功能体</td><td rowspan="14">—</td><td>整体橱柜</td><td>五金和橱柜面板定制</td><td>柏方高科</td></tr>
<tr><td>整体卫浴</td><td>部件定制</td><td>科逸</td></tr>
<tr><td>电器设备</td><td>冰箱</td><td>美的</td></tr>
<tr><td>电器设备</td><td>抽烟机</td><td>美的</td></tr>
<tr><td>电器设备</td><td>电热水壶</td><td>奥克斯</td></tr>
<tr><td>电器设备</td><td>电磁炉</td><td>美的</td></tr>
<tr><td>电器设备</td><td>微波炉</td><td>美的</td></tr>
<tr><td>电器设备</td><td>电压力锅</td><td>美的</td></tr>
<tr><td>电器设备</td><td>煤气灶</td><td>帅康</td></tr>
<tr><td>洁具</td><td>水槽</td><td>樱花美迪</td></tr>
<tr><td>洁具</td><td>沥水篮</td><td>巢屋居</td></tr>
<tr><td>电气设备</td><td>顶灯</td><td>欧睿</td></tr>
<tr><td>电气设备</td><td>插座</td><td>施耐德</td></tr>
<tr><td>电气设备</td><td>三联开关</td><td>施耐德</td></tr>
<tr><td rowspan="2">太阳能模块</td><td>设备、管网总布</td><td>—</td><td>皇明太阳能</td></tr>
<tr><td>太阳能光电板、光热管</td><td>太阳能设备订货</td><td>皇明太阳能</td></tr>
<tr><td rowspan="3">基础单元</td><td rowspan="2">工厂基座</td><td rowspan="2">基础结构</td><td>基础结构框架</td><td>型材备料</td><td>鑫霸铝业</td></tr>
<tr><td>滑轨</td><td>滑轨订购</td><td>鑫霸铝业</td></tr>
<tr><td>现场基础</td><td>基础基脚</td><td>基础装配</td><td>可调基脚加工</td><td>鑫霸铝业</td></tr>
<tr><td colspan="2">柔性空间</td><td>廊架</td><td>廊架结构</td><td>型材备料</td><td>鑫霸铝业</td></tr>
</table>

工业化住宅产业链合作产业联盟旨在该领域形成强大的合力，寻求新的规模、标准和定位，互相协作、资源整合，应对竞争者，也有助于协作企业专注自身核心业务的开拓。第三代铝合金住宅产品主要的产业链协作企业如图 6-19 所示。

图 6-19　第三代铝合金住宅产品主要的产业链协作企业

图片来源：张宏教授工作室

二、工业化住宅产品管理职能分工表

在产业联盟中，业主方不但与各企业形成合作伙伴战略联盟，还需要明确企业或单位内部具体工作的权责，明确人员角色，通过责任矩阵可以很清楚地看出每一成员在执行活动中所承担的责任，建立人与事的关联。如在第二代轻型结构住宅产品全过程活动中，横向根据活动主办方、合作企业的组织分类可分为东南大学、鑫霸铝业、运输吊装公司。竖向根据活动过程分解为产品研发、工厂制造、运输、现场建造和管理内容。

在过程导向型组织中，项目经理由东南大学博士生丛勐担任，负责设计和改进过程中的工作步骤，审核过程中的工作计划和预算，负责全过程活动的协调管理(表 6-4)。那么项目经理的职能主要集中在监督和控制上。不同的责任可以用不同的符号来表示，责任矩阵中规定了 P—规划，E—决策，D—执行，C—检查，Ke—了解，B—顾问。项目具体任务分配具体到个人，充分考虑执行人员的工作经验、兴趣爱好等，确保合适的人做适合的事情。而合作企业和主办方成员构建多功能型组织，深入了解研发过程，生产中积极配合研发人员完成材料采购、模块装配、现场组装等各项关键节点活动。

表 6-4　第二代轻型结构住宅产品管理职能分工表

P—规划 E—决策 D—执行 C—检查 Ke—了解 B—顾问 工作任务				东南大学																	鑫霸铝业				
				张宏教授	总负责人	王海宁	毕懋阳	王玉	金星	王钦玉	景立	艾智靖	冯世虎	刘聪	千申启	吴文慧	董凌	李永辉	蒋博雅	徐杨	韦总	负责人：韦林	制造负责人：王工	安装负责人：刘工	运输吊装公司
产品研发	产品设计	基座	绘制基础图纸	P/E	C	D															Ke	B	B	B	
		主体单元	绘制主体单元图纸	P/E	C		D														Ke	B	B	B	
		水电	绘制水电图纸	P/E	C			D																	
		设备	绘制设备图纸	P/E	C				D																
		家具	绘制家居设计图纸	P/E	C					D	D														
		生产制造、采购清单	绘制生产制造清单	P/E	C	D															Ke	B			
	装配建造深化设计	主体单元装配设计	绘制主体单元装配工序图及辅助工装机具图	P/E	C		D														Ke	B			
		工厂生产场地设计	绘制工厂生产场地设计图	P/E	C					D		D									Ke	B			
		施工场地设计	绘制施工场地设计图	P/E	C							D	D								Ke	B			
		地基施工设计	绘制地基施工工序图	P/E	C							D	D												
		放线、基座装配设计	绘制放线、基础装配工序图	P/E	C							D	D												
		运输吊装设计	绘制运输工序图及辅助工装机具图	P/E	C									D	D										
		主体拼装设计	绘制主体拼装工序图及辅助工装机具图	P/E	C	D										D					Ke	B			
		水电施工设计	绘制水电施工工序图	P/E	C			D																	
		设备安装设计	绘制设备安装工序图	P/E	C				D																
工厂制造	材料、零部件采购	地基、基座部分	对接千斤顶、基脚加工	E	C	D															Ke	D			
			对接滑轨采购、加工	E	C												D				Ke	D			
		主体部分	对接主体材料、零部件采购	E/C	D	D															Ke	D			
			对接胶条加工、采购	E	C												D				Ke	D			
		水电部分	对接水电材料采购，制定用料清单	E	C			D										D			Ke	B			
		设备部分	对接设备采购，制定设备清单	E	C				D												Ke	B			
		工具、机具	对接紧线器采购	E/C	D																Ke	D			
			对接全站仪采购或租借	E	C							D									Ke	D			
	生产制造	生产场地搭建	对接工厂生产场地搭建	E	C					D		D									Ke	C	D		
		基座部分	对接基脚、基础框架装配	E	C	D															Ke	C	D		
		主体单元	对接装配工序、板材加工	E/C	D		D														Ke	C	D		
			胶条安装	E	C												D				Ke	C	D		
		辅助工装部分	对接工装机具加工	E/C	D																Ke	C	D		
运输		运输	制订运输吊装方案	E	C									D	D						Ke	C			B
			对接运输吊装公司	E	C									D	D						Ke	C			Ke
现场	建造	地基施工	现场参与、指导施工	E	C							D	D								Ke	C		D	
		放线、基座装配	现场施工	E	C		D					D	D				D				Ke	C		D	
		主体单元拼装	现场对接、参与、指导施工	E	C	D	D										D				Ke	C		D	
		水电施工	现场对接、指导施工	E	C			D										C				B			
		设备安装	现场对接、指导施工	E	C				D									C				B			
管理			流程管理	E	C														D	D					

第二节　轻型结构工业化住宅产品过程集成案例

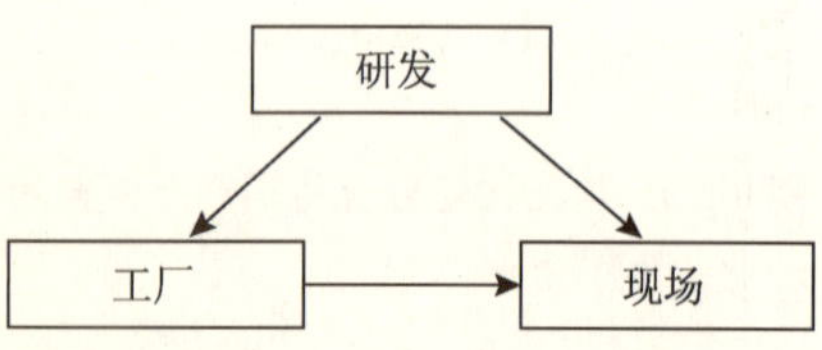

图 6-20　研发、工厂、现场三角关系

图片来源：作者自绘

以第二代轻型结构住宅产品为例，这是铝合金结构产品的第二次实验，将模块组团式排列，产生开阔连续大空间，可作为组装式住宅或办公空间等用途。区别于传统的作品模式，作品模式下是缺乏有效的工厂制造环节的，此次铝合金房子可以看成线性的由研发到工厂再到工地的生产作业方式，是复杂的高层工业化住宅的生产作业方式，即实现工厂制造、组装现场装配的组装式住宅产品。可以看出，研发、工厂、现场三个环节既是相互独立又是高度协调的三角关系（图 6-20）。其实，工业化组装式住宅的概念最先在日本提出，并实现产品的预制装配，最早的工业化组装住宅是1959年由大和住宅工业株式会社推出的。第1号是1959年销售的"小型住宅"工业化组装式住宅也叫预制装配式住宅，面积约为9.9 m^2 和7.4 m^2，它是为院子中的简易书房而开发的，建筑所需时间只要3 h。

从手工模式转变为工业化模式，是工业化住宅产品的典型特征，使其具有与工业产品的相似性和差异性。相比轮船、汽车工业产品，差异性表现在：工业化住宅产品不能脱离施工现场完全在工厂完成。同时建筑相比汽车、轮船尺寸巨大，需装配形成整体，且高层工业化住宅产品的使用主体不止一个，因此高层工业化住宅产品的研发、生产乃至运营维护修缮都要比工业产品复杂得多。

基于过程管理强调输入、过程处理和输出成果控制的实施思想，铝合金住宅产品集成模型节点包含五要素：功能框符、输入、输出、控制和机制，按照IDEF0功能模型从上至下、逐层分解的原则，得出部分装配系统的功能模型层次分解图(图6-21)。

我们对铝合金住宅产品进行了层级划分，根据模块功能的不同，分为基础模块、标准单元模块、装饰装修模块、内外功能体模块。依照7号标准单元体与8号标准单元体的装配顺序，建立了部分过程的IDEF0过程模型。模型分别设标准单元工厂装配、安装准备、货车进场、现场基脚安置、基础框架安装、7号标准单元体放置、8号标准单元体放置、安装紧线器和工装框架、拉紧8号标准单元体、货车离场、拼缝处理、内分隔体与内装模块、内/外功能体模块全过程中的活动或过程任务。此过程表示为A0图，A1、A2、A3……是对A0图中的模块的拆分分解(图6-22)。

控制包含了每一活动变换的条件或环境，即约束。铝合金住宅活动中的约束来源有设计要求文件、资源计划、装配计划。

机制是用以支撑活动所需的条件。铝合金住宅活动所需条件一般为设备、组织和技术。铝合金住宅产品的设备以机具为主，机具分为安装工具和工装机具。安装工具包括卷尺、全站仪、扭力扳手、铁锤、手电钻等工具，以辅助构件与连接件的组装，工装机具是为辅助装配现场或为产业工人操作而搭设的设备，包括脚手架、切割机、钢尺、滚刷等机具。组织可以具体到个人，铝合金住宅产品的全过程的组装是由产业工人和东南大学建筑技术与科学研究所的师生负责指导实施的，过程中的材料及模块主要由鑫霸铝业厂商提供装配。每一活动都对应具体的负责人、指导人员及产业工人人数，具体活动落实到个人。

装配过程信息集成为BIM，所有的装配活动实质是BIM虚拟建造的现实装配生产制造过程。BIM技术主要用于尖端作品模式，用以支持和指导实际的装配活动，即用以建造和管理的数字化方法，支持整个铝合金产品建造的集成管理环节，提高装配效率，减少风险。

数字化平台用以支持所需相关项目或相关技术、相关管理的知识、经验查询平台，也是组织间进行文件共享、协作交流的平台。

输入表示在铝合金住宅产品全过程中所产生的或活动所需的资源，在该过程中包括基本构件和连接件。每一层级的活动都可直接对应所需资源，利于资源优化管理。

输出表示执行工业化产品活动时产生的信息、服务或真实对象，同时会对其他活动产生信息反馈。此过程输出的费用信息包含材料费、工具租赁及

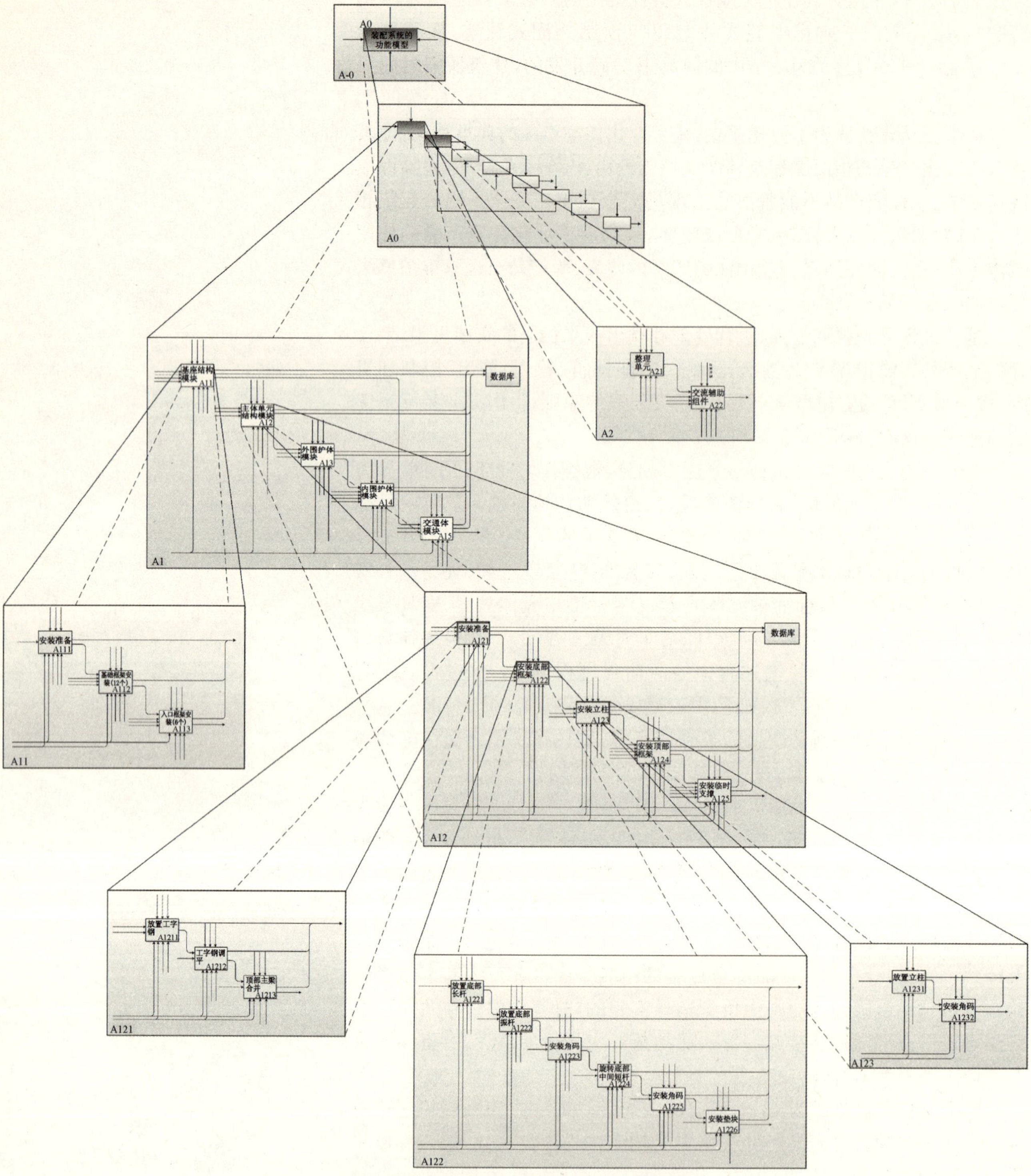

图 6-21　装配系统的功能模型层次分解图

图片来源:作者自绘

购买费、人工费。其中人工费包含具体的人数和工时。费用信息集成生成清单列表,以控制全过程成本。输出的宝贵知识和经验存储于数据库。

标准单元模块又分解为基座结构模块、主体单元结构模块、外围护体模块、内围护体模块和交通体模块(图 6-23)。活动按照 WBS 的分解方法可以依次分解至最小单元,如主体单元模块可细分至铝合金立柱及角码的安装(图 6-24)。

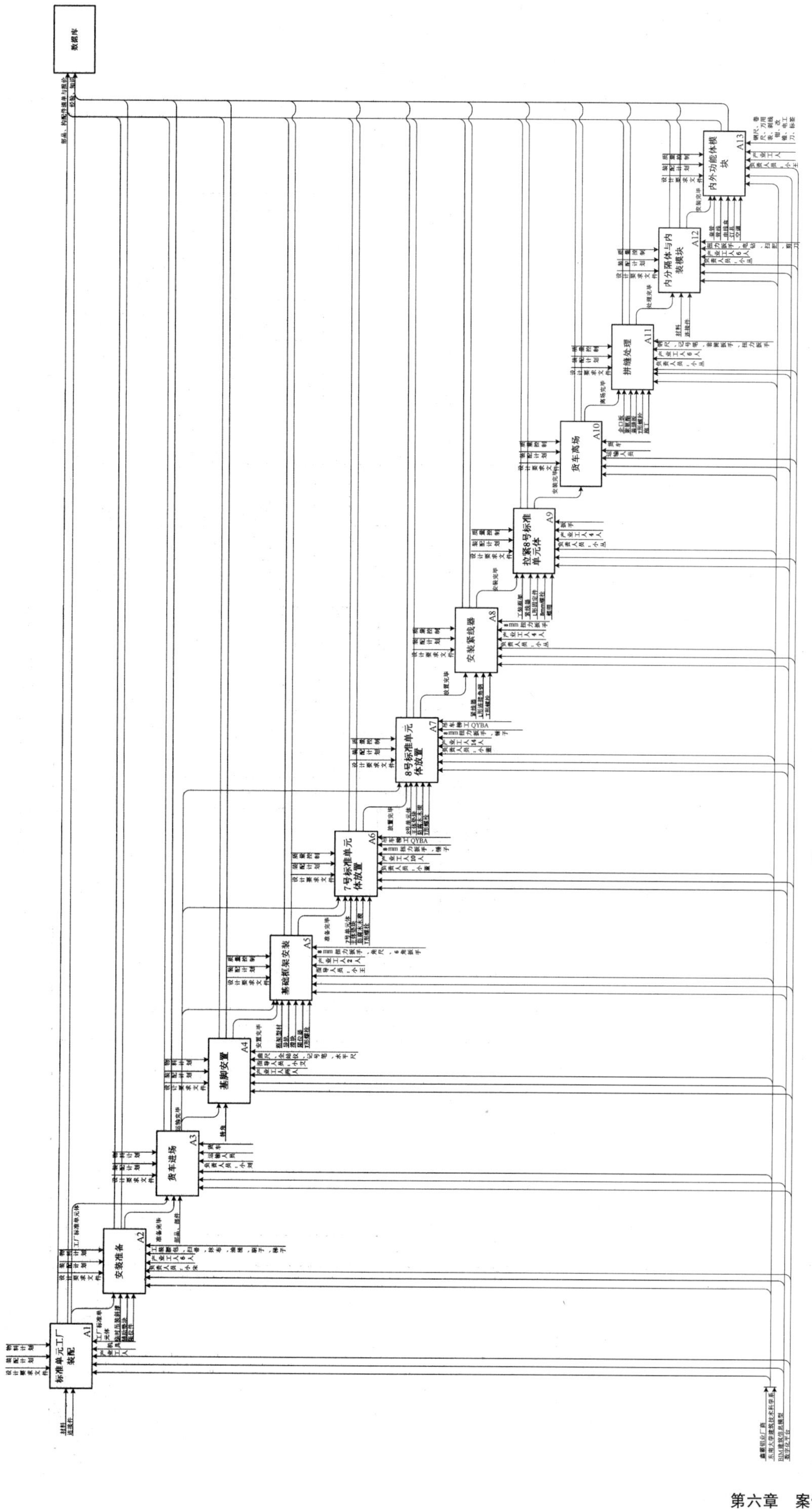

图 6-22 A0 标准单元现场拼装

图片来源：作者自绘

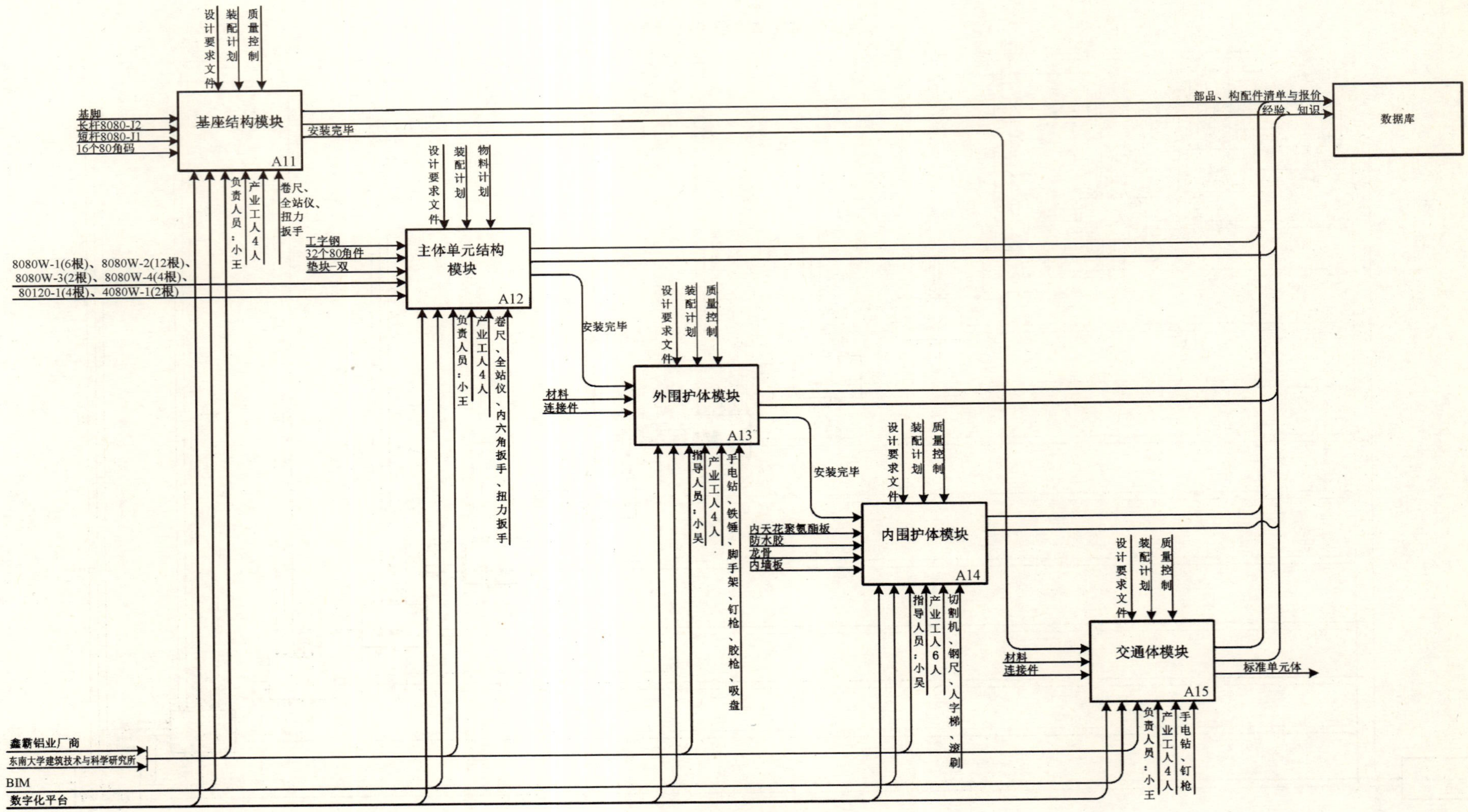

图 6-23　A1 标准单元工厂组装

图片来源：作者自绘

图 6-24　标准单元模块的分解

图片来源：作者自摄（张宏教授工作室）

铝合金质轻、密度低，但强度接近或超过优质钢，具有很强的可塑性，可以制成各种所需型材，且耐腐蚀性好，可以作为理想的建筑材料、结构材料，在机械制造、航空工业领域已普遍使用，可以大大地减轻结构重量，便于运输。可以说，在可移动住宅产品轻型结构材料的选择中，铝合金是非常合适的有色金属结构材料，在第二代产品研发案例中，不仅采用标准铝型材作为构配件、基本构件，外墙板及内墙板也采用了标准规格铝型板材，内填充聚氨酯以改善铝型材导热性强的特性，同时简化装配方法，易于组合拼装。12 个尺寸为 6 m×2.9 m×3 m 的标准箱体连续水平组装仅在一天内完成全部装配工作，充分达到了敏捷生产的目标。

生产装配全过程分别在工厂和现场完成，以 7 号及 8 号两个标准单元体拼装为例，在运往现场总装前进行安装准备工作。首先 2 名工人检查内部墙板、地板安装可靠性，2 名工人检查外部墙板、屋顶及吊装斜撑、胶条的连接可靠性，无质量问题后，清理单元体内垃圾，将外露型材擦拭干净，单元体整理完毕。为了辅助单元体吊装，增加必要的辅助组件。2 名工人安装临时吊装斜撑，增加吊装辅助垫块，通过连接件与框架型材固定连接，另 2 名工人在单元拼接一侧胶粘 20 mm 限位件（图 6-25）。

标准单元的主体拼装在工厂完成后用货车运输至现场总装。因此，主体单元拼装完成时间、货车进场时间在进度计划中明确说明，以保证活动间的连续性，减少等待时间的浪费。货车进场将安装好吊装斜撑的标准单元吊装到货车上，依照产品深化设计文件说明安全运输产品，驶入现场。

基脚安置和基础框架的安装是在现场进行总装前的基础准备工作，与工厂标准单元拼装活动并行。基脚安装活动包括基脚放线和基脚调平，用曲尺、记号笔放线并将基脚安置就位，用全站仪和水平尺调平基脚（图 6-26）。基脚安置完毕，首先在基脚上安装框架型材，在框架固定位

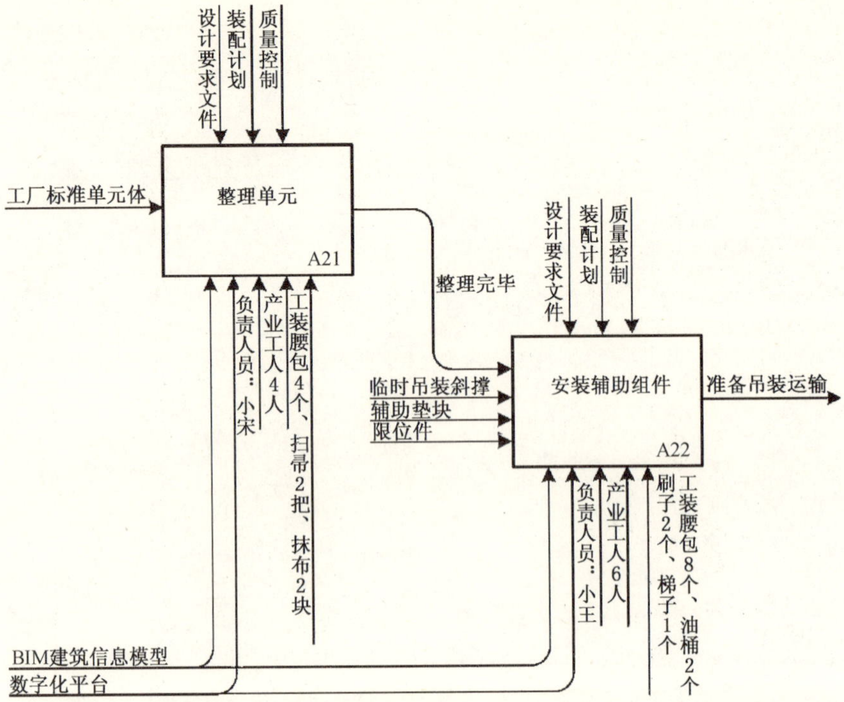

图 6-25　A2 安装准备

图片来源：作者自绘

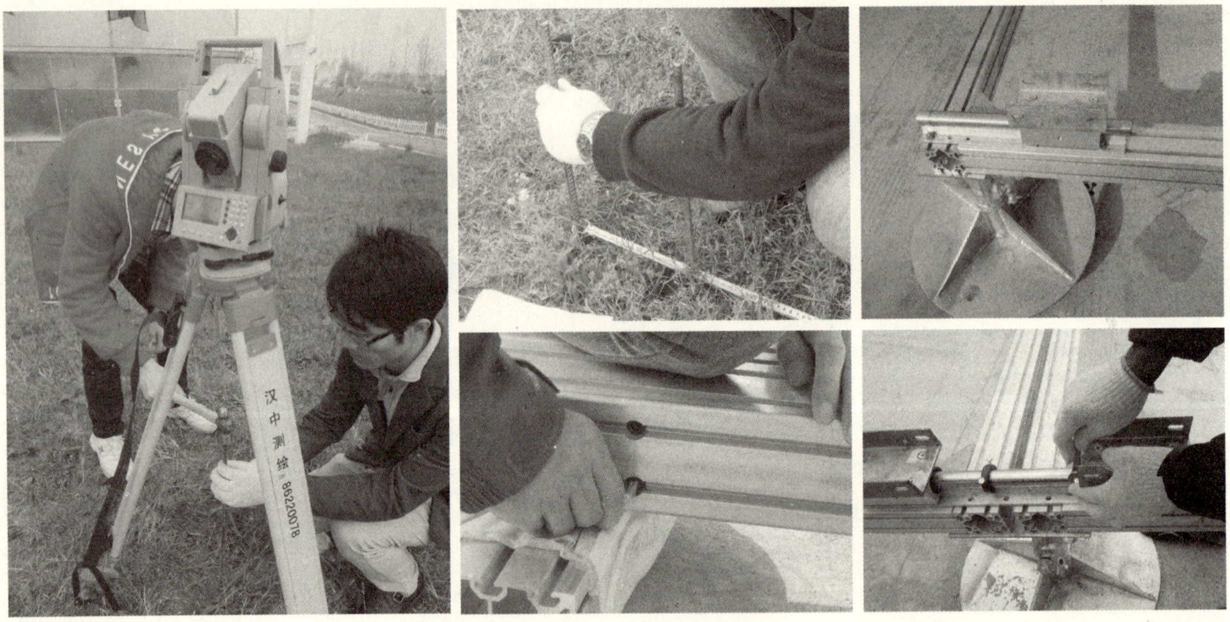

图 6-26　基脚与基础框架的安装

图片来源：作者自摄（张宏教授工作室）

置安装导轨，导轨上放置滑块，从导轨两侧用 T 形螺栓固定限位器在滑块边缘，等待 7 号标准单元体就位（图 6-27）。

7 号标准单元体运输至现场后，关键活动是将单元体吊装放置就位，吊车吊具需调整吊带长度以保证单元平衡，起吊过程中 4 名产业工人观察单元四角垫块，保证垫块外边缘与基础框架边缘对齐，放置单元就位。主体垫块与滑轨上的槽钢链接，在辅助垫块上塞入防腐木楔，防止主体底部框架梁中部悬空于基础框架梁。随后的 8 号标准单元体与 7 号标准单元体放置操作方法相同。

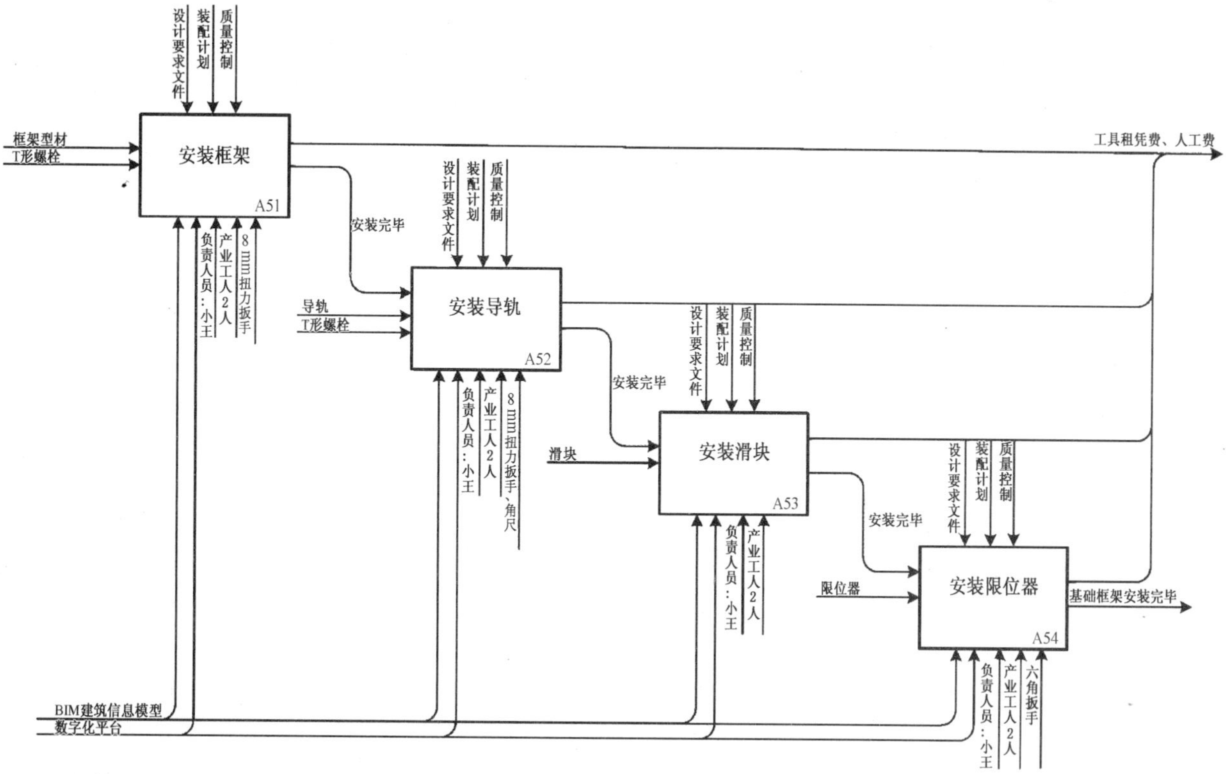

图 6-27　A5 基础框架安装

图片来源：作者自绘

两单元放置后，安装紧线器组件，下方紧线器分别拴在两单元相邻吊装杆件上，上方索具用角码连接于吊装立柱上，再将紧线器两端分别系于索具与吊装杆上。两名产业工人试推单元体至上下缝隙均匀，同时拉紧上下紧线器至一单元框架紧贴另一侧框架上胶粘的 20 mm 限位件，分别用 T 形螺栓将外墙面、屋顶、地板间连接件锁紧，即两单元连接固定完成。此后的 10 个单元体拼装都依此方法进行装配(图 6-28)。

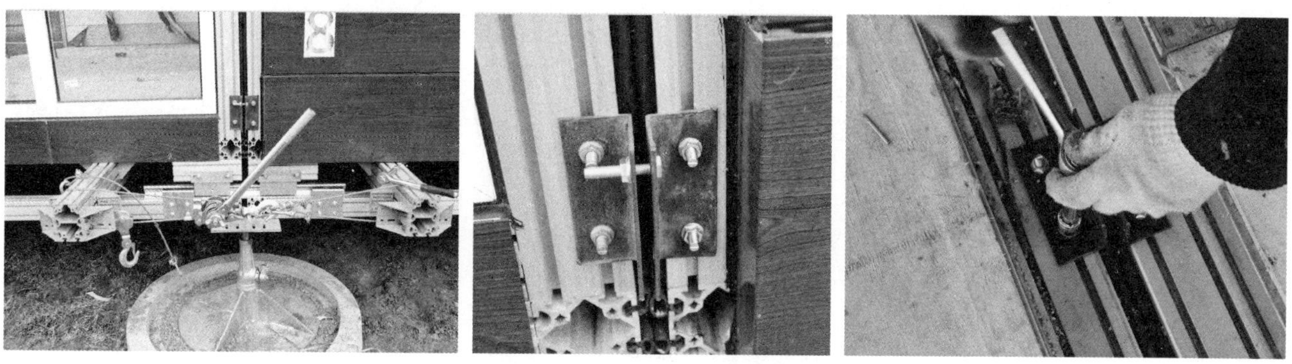

图 6-28　两标准单元连接固定

图片来源：作者自摄(张宏教授工作室)

两侧各 2 名产业工人将吊装斜撑从两单元中拆除，以备循环使用，货车携带拆除的吊装辅助斜撑，返回工厂。

安装单元体外墙盖缝企口板，用 T 形螺栓将外墙企口板与立柱型材连接。内外墙侧各 2 名工人首先在连接件之间填入聚氨酯板，后在连接件位置填充发泡聚氨酯。屋顶内外侧各 2 名工人填充发泡聚氨酯，地板内侧 2 名工人填充发泡聚氨酯。内外墙板、屋顶内外侧各 2 名工人通过铆钉将盖缝板分别与企口板、檐口板相连。最后是内分隔体与内装模块、内外功能体模块的拼装，单元体的总装工作完毕。

A11、A12……将A1图中表示的模块再进行细分，对A1图表示的标准单元工厂组装模块进一步拆分分析，分解为基础结构模块、主体单元结构模块、外围护体模块、内围护体模块、交通体模块。

基座结构模块装配分解为安装准备、基础框架安装和入口框架安装三个活动。首先将6个基脚按照轴线距离2 900 mm×2 960 mm放置，6个基脚的托板调到同一水平高度。在调平的基脚上方放置铝合金长杆和短杆，用8个80角码连接形成基础框架，并堆放至工厂空地处，入口框架依照同样方式安装到位，堆放一起(图6-29)。

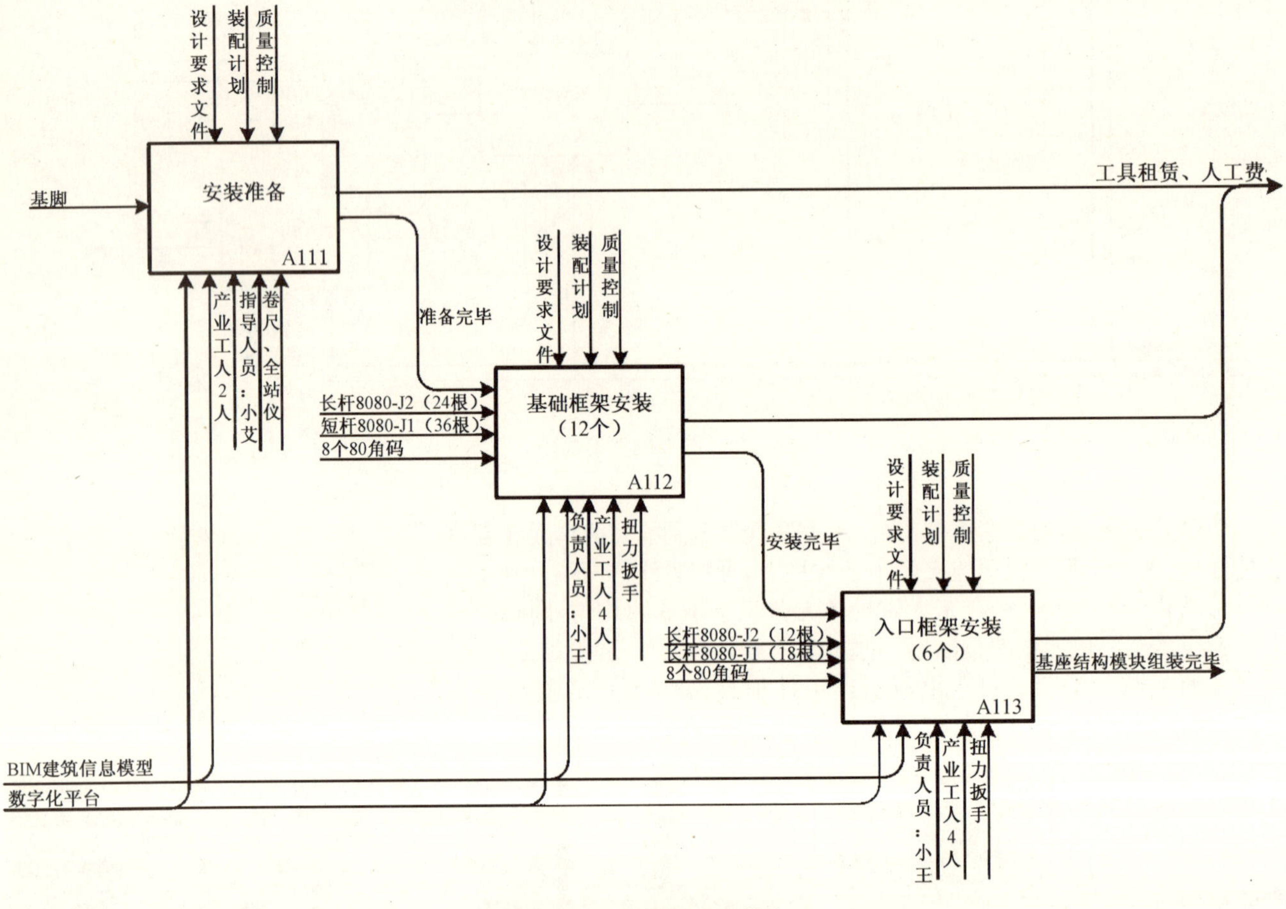

图6-29 A11基座结构模块

图片来源：作者自绘

主体单元结构模块组装过程由安装准备、安装底部框架、安装立柱、安装顶部框架、安装临时支撑5个活动组成。按照4 000 mm间距放置工字钢，调平水平面，将4根8080W-2铝型材组成2个顶部主梁。底部框架的安装是将2根8080W-2与工字钢垂直放置，2根80120-2与8080W-2连接，安装4个80角码连接型材，再放置中间短杆，即3根8080W-1放置到位并安装12个角码，再安装好4个垫块。在底部框架组装完成的基础上，放置4根80120-1铝合金立柱，8个80角码安装到位。顶部框架的装配方法与底部框架相似，先放置顶部主梁，角码安装完成后，放置端头和中间次梁，后放置辅助次梁，将角码安装到位，结构框架装配基本完成。为了减少吊装吊具对主体结构的影响，在主体结构上增加了临时支撑体系，需放置临时中柱，角码连接固定所有构件，放置斜支撑并安装斜撑连接件后，主体结构装配完毕(图6-30～图6-35)。

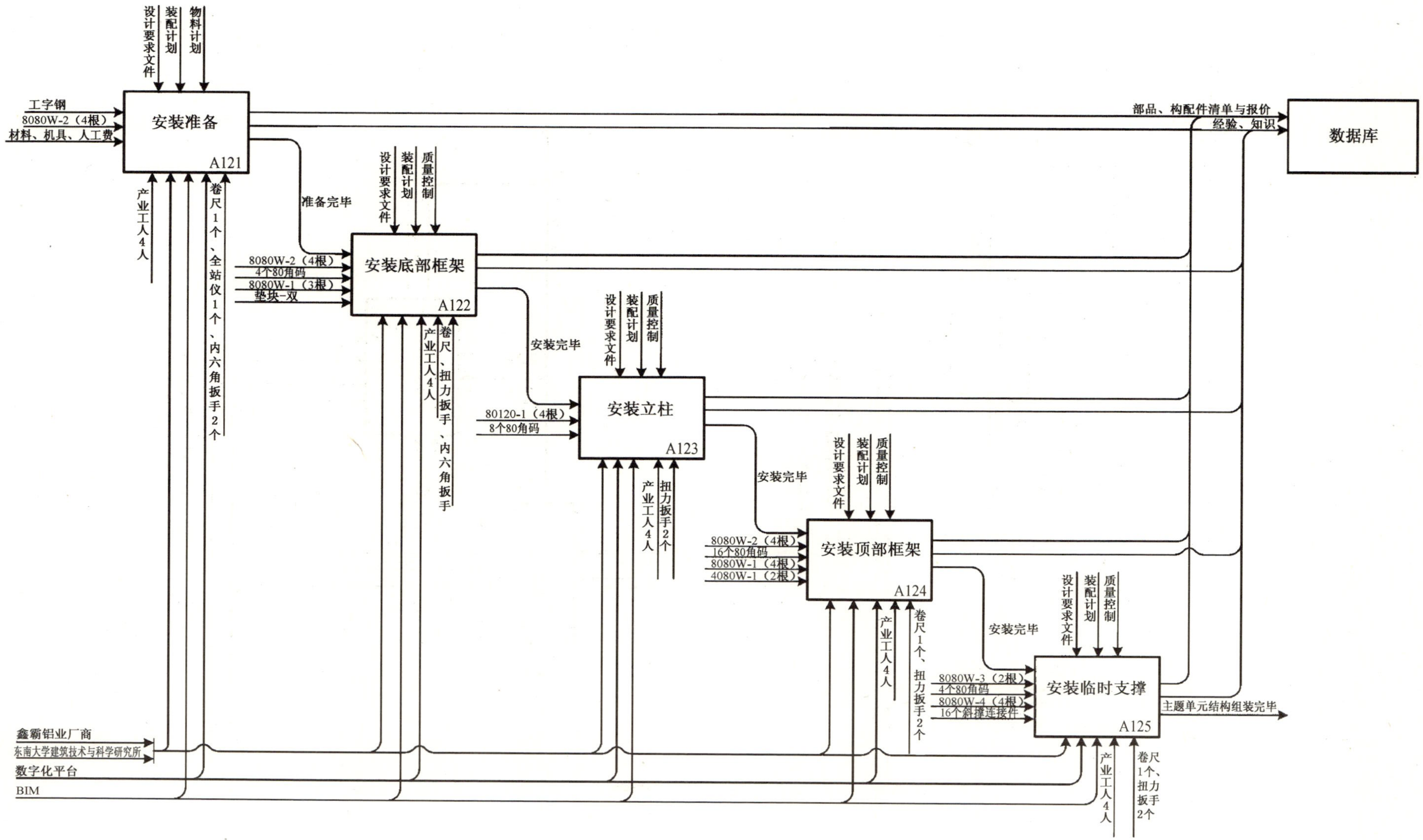

图 6-30　A12 主体单元结构模块

图片来源：作者自绘

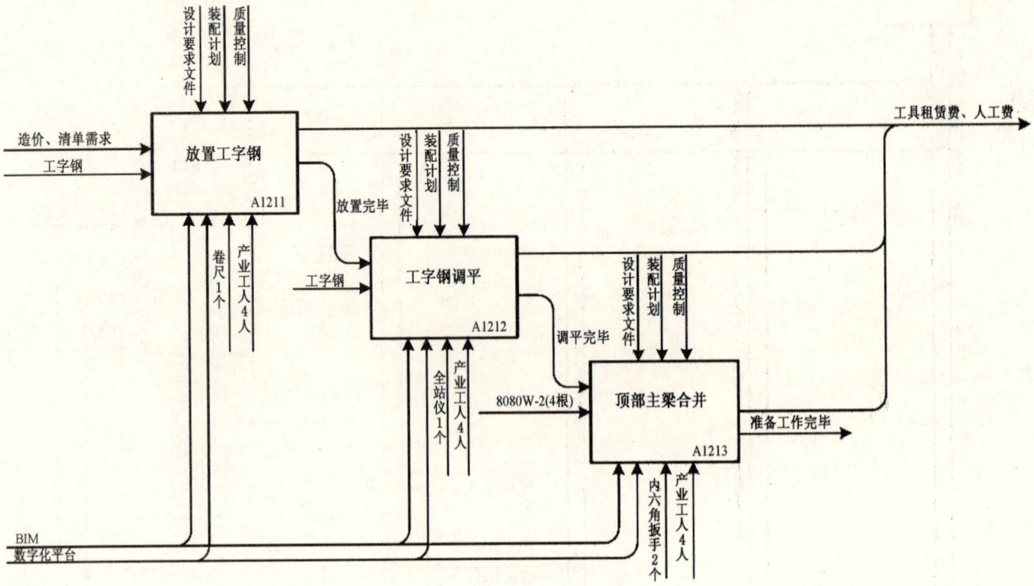

图 6-31　A121 安装准备

图片来源:作者自绘

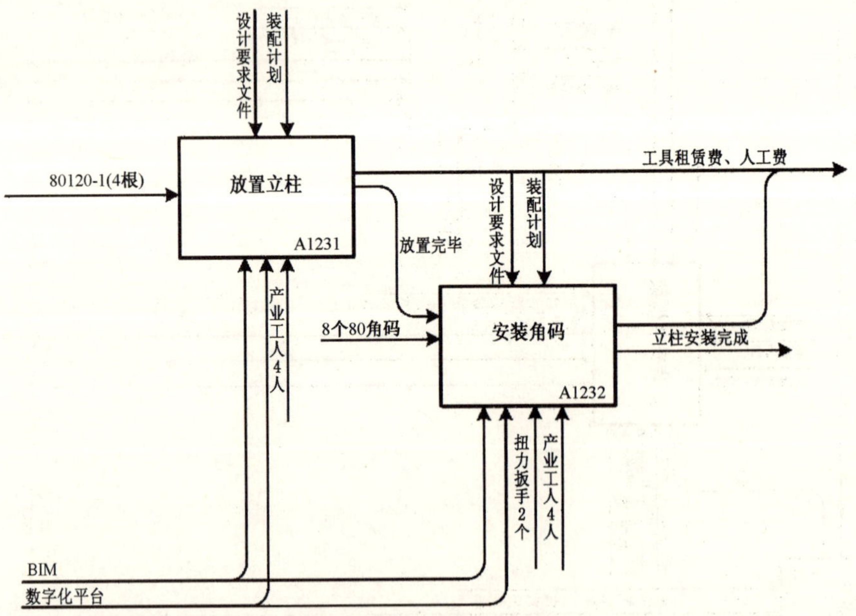

图 6-32　A123 安装立柱

图片来源:作者自绘

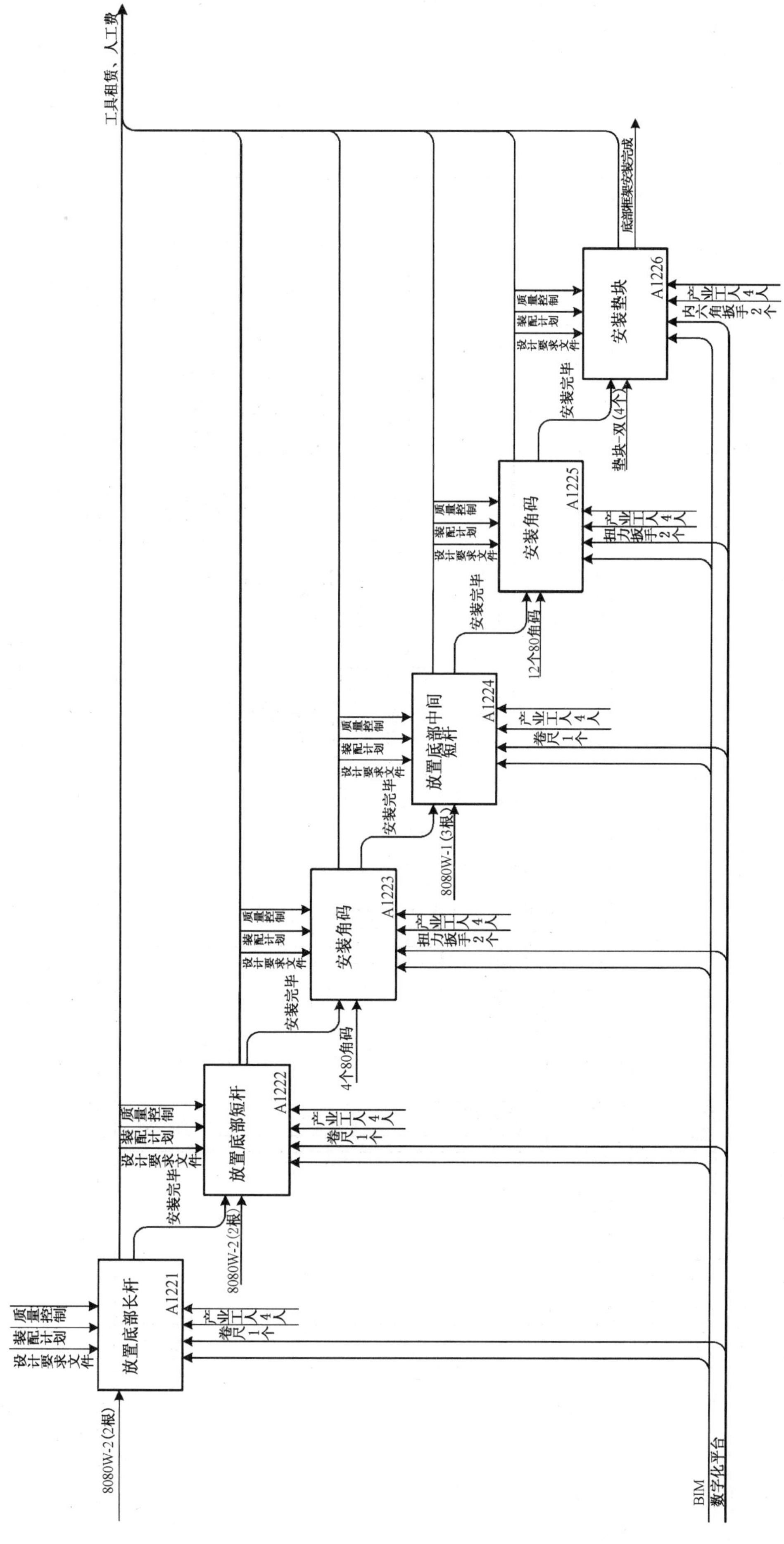

图 6-33 122 安装底部框架

图片来源:作者自绘

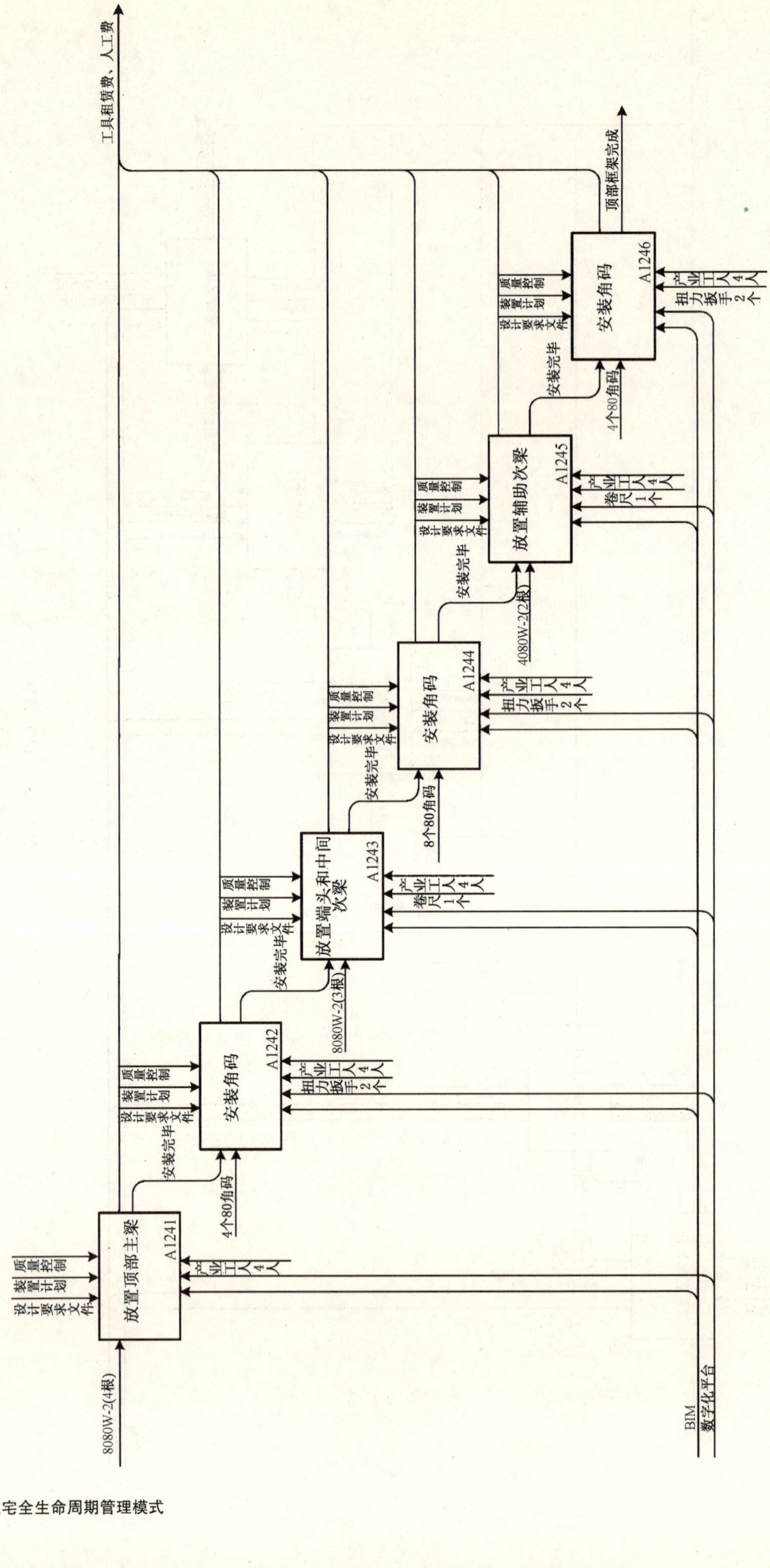

图 6-34 A124 安装顶部框架

图片来源：作者自绘

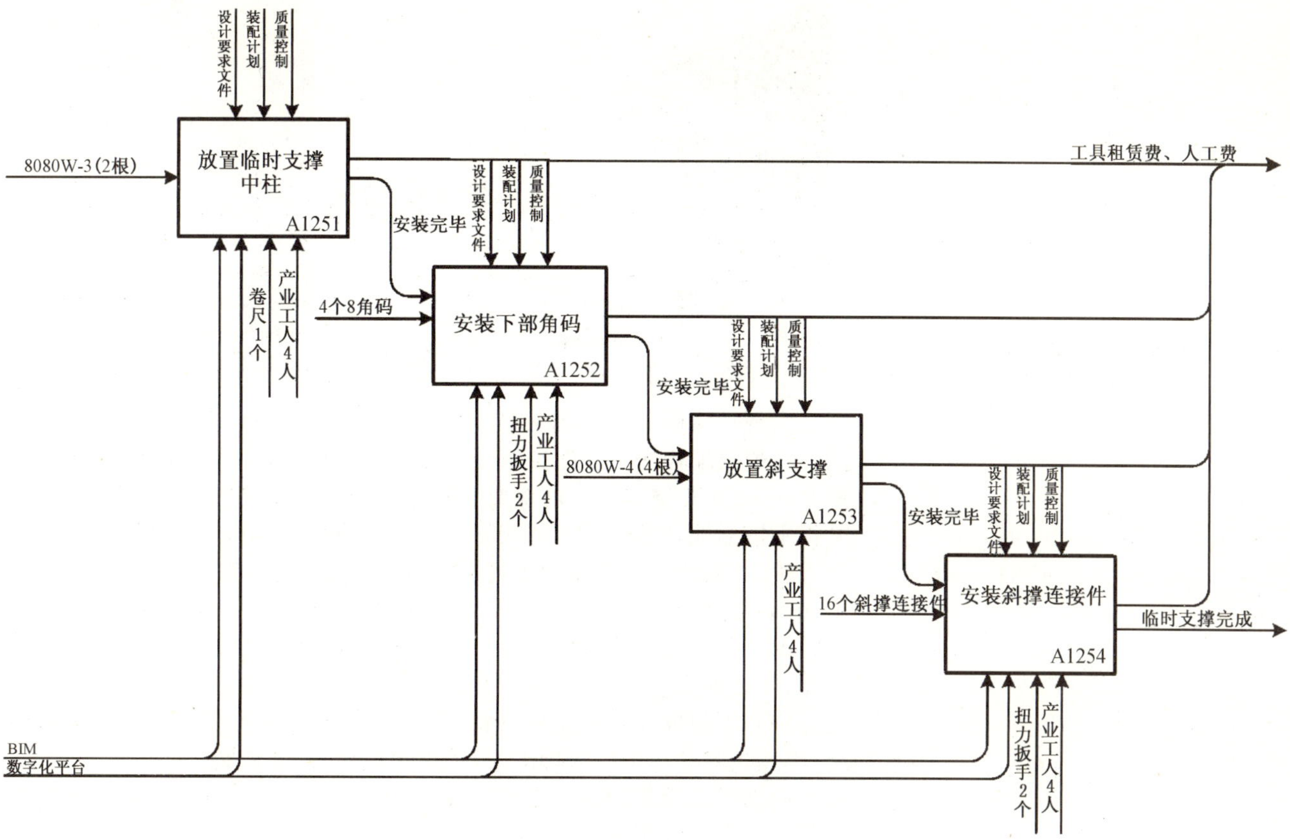

图 6-35　A125 安装临时支撑

图片来源:作者自绘

围护体模块包括外围护体模块和内围护体模块。外围护体模块依照功能划分为地板建造、外墙体建造、门窗建造、屋顶建造。铝型材无机保温板依次铺于底部框架之上,板间缝隙通过"7"形条填充,端头板通过 L 形连接件与底部梁连接。将木工板平铺于保温板之上。地板铺设完毕(图6-36)。

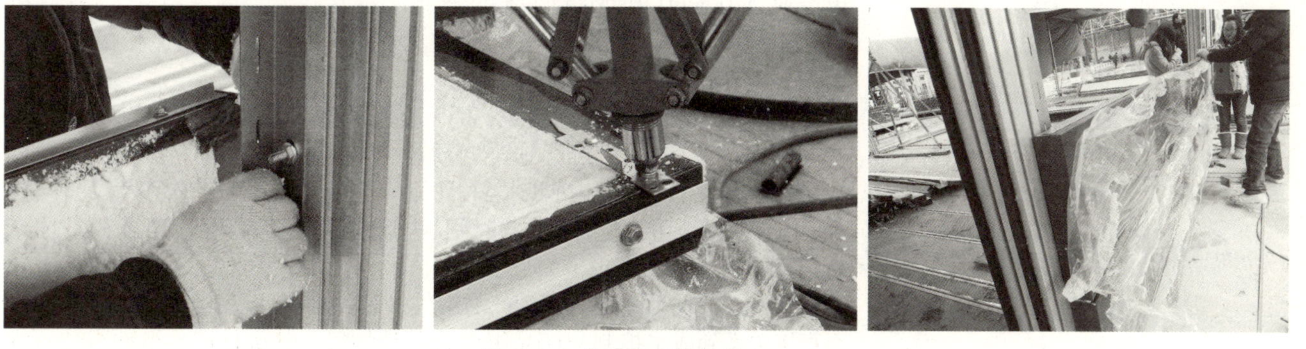

图 6-36　外墙板外挂构造

图片来源:作者自摄(张宏教授工作室)

外墙体的建造先固定好外墙板龙骨,龙骨通过螺栓与立柱框架相连。外墙板包边铝片钻孔,通过螺钉连接卡扣,后通过卡扣将板挂至龙骨上,在墙板间填充耐候胶(图 6-37)。

门窗建造先用螺钉将门窗框架与立柱型材固定,将玻璃装入框架内,安装玻璃固定件,用吸盘调整玻璃位置,使其在门窗框架内平整。通过玻璃胶将玻璃与玻璃固定件固定。

装配屋顶板,板间用胶枪填充耐候胶,通过双面胶将预制铝板与屋面板黏结,沿铝板边缘用耐候胶将铝板与屋面板间缝隙密实。

图 6-37　铝型材无机保温板
图片来源:作者自摄(张宏教授工作室)

内围护体模块包括内天花聚氨酯建造和内墙体建造两个部分的活动。将聚氨酯板按照屋面图纸要求切割,将刷胶后的聚氨酯板填入屋顶梁 80 mm 框架空腔内。再将聚氨酯板按照图纸要求切割,切割好的聚氨酯板平铺场地,刷防水胶,将聚氨酯板填充入框架 80 mm 空腔内,在立柱上通过 T 形螺栓固定内墙板龙骨,内墙板包边铝片钻孔,通过螺钉连接卡扣,后通过卡扣将板挂至龙骨上。内围护体模块装配完毕。

内分隔体与内装模块组装包括装配内隔墙体、铺设复合木地板、安装天花、安装窗帘盒嵌板、安装门廊、安装木平台。4 名工人在单元体就位后分别卸下斜撑并安装立柱,吊装结束后 2 名工人安装单元的内隔墙骨架,隔墙板安装完毕后清理地面,铺设垫层后,安装地板。

内饰天花的装配需要先安装窗帘盒嵌板,装完后再在骨架已装配好的基础上安装天花板。

门廊的安装基于平台基脚固定型材,再将门廊立柱与平台固定,在立柱上安装屋顶型材。

2 名工人将木龙骨与铝合金型材固定,通过连接件将第二层龙骨与第一层龙骨连接,将防腐木固定在龙骨上。内分隔体与内装模块装配完毕(图 6-38)。

IDEF0 输出的除了产品、知识经验外,还要输出重要的造价统计清单。通过 IDEF0 模型帮助我们清晰地了解每一活动的资源输入情况、机具使用情况和劳动力分配情况,最终得到我们所需的每项造价的统计清单列表(表 6-5)。

造价总表由两个部分组成:生产场地准备阶段和产品实施阶段的造价表。在该案例中,生产场地准备阶段主要任务是为工厂组装产品各模块搭建临时工棚,工棚由脚手架和防雨布搭建而成,相应的型号、尺寸、数量、单价、总价、生产厂家、采购时间、进场时间、加工内容根据工棚具体产品信息键入表格。

产品实施阶段主要内容为产品组件等相关信息,产品组件信息的正确与否直接关系到成本控制与产品组件采购计划等。其次是产品组件组装所需的机具,部品从工厂运输至现场所需的起重、运输相关设备,以及根据活动所分配劳动力的统计,这些都将组成整个装配过程的成本清单列表。

产品组件造价等相关信息与传统的建筑项目分类方法有所区别,在铝合金住宅产品 WBS 体系基础上,产品组件造价的相关信息也是根据产品模块的分类来统计材料、构配件等造价信息的,在该表格中划分为四个组成部分,即地基、基座、主体和内外功能体。所有都统计至最小不可再分的组件及连接件。表单元分类至标准构配件、具体工具工装需求,对应需求标明各部件所属工位及所属部件,并包含相应的数量、单价及总价,标明外购、自制或购入加工等采购方式以及产品和工器具的制作方式、采购需求日期、构配件等进场时间等,以利于造价统计、进度安排等管理。

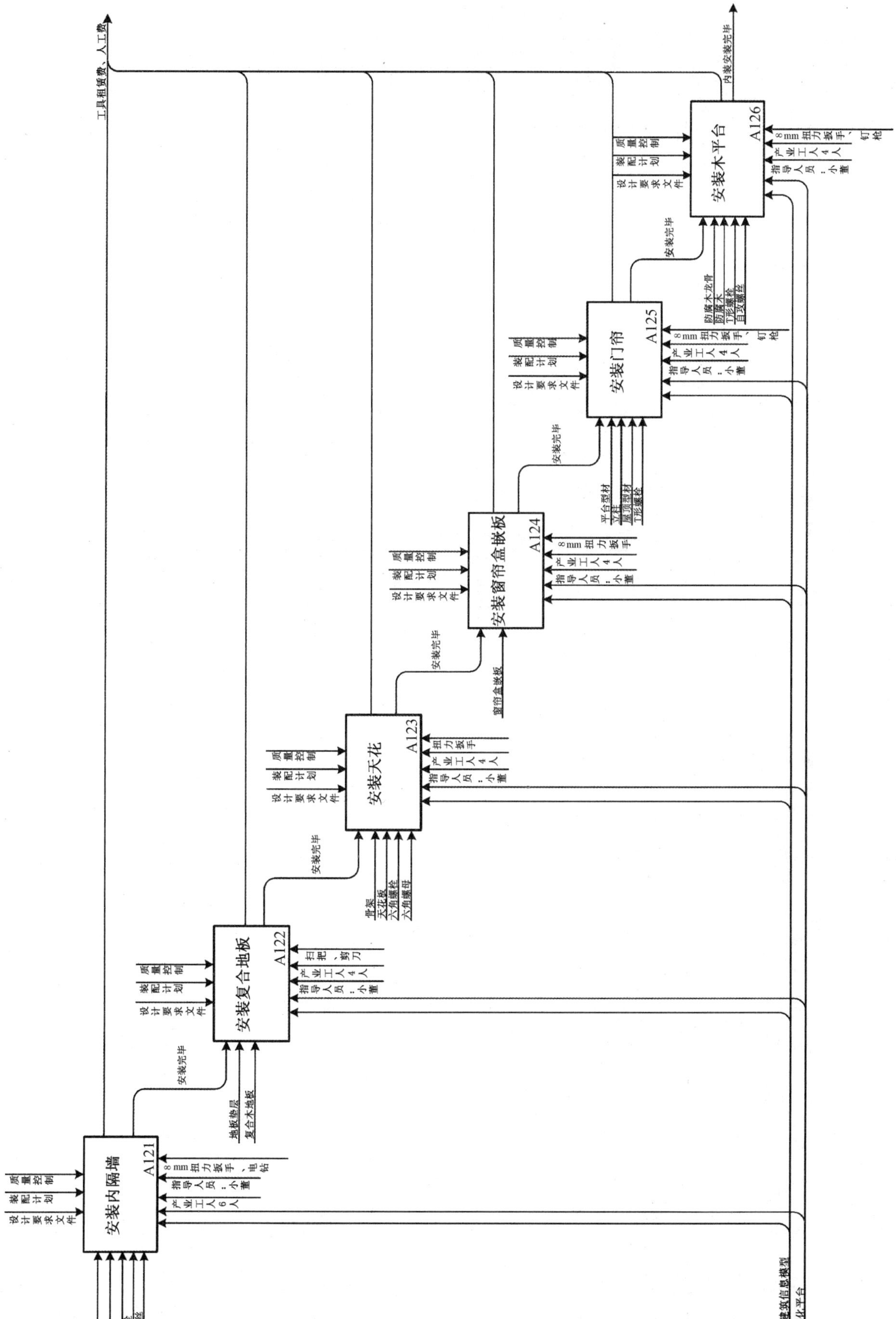

图 6-38　A12 内分隔体与内装装配表

图片来源：作者自绘

表 6-5 统计清单列表

生产场地准备													
分项	序号	名称		型号规格		数量	单位	单价	总价(元)	生产厂家	采购时间	进场时间	加工
工棚	1	脚手架-1		6 000mm		72	根				2012/11/5	2012/11/10	
		脚手架-2		3 000mm		72	根				2012/11/5	2012/11/10	
		防雨布		10 000mm×12 000mm		6	块			润泰市场C1厅	2012/11/5	2012/11/9	
建造材料、构配件													
分项	序号	名称		型号规格		数量	单位	单价(元/个)	总价(元)	生产厂家	采购时间	进场时间	加工
地基	2	碎石									2012/11/10	2012/11/10	
		砖									2012/11/10	2012/11/10	
基座	3	基脚单	千斤顶			10	个	300	3 000	鑫霸	2012/11/9	2012/11/27	
			钢管										
			钢板										
		基脚双	千斤顶			37	个	300	11 100	鑫霸	2012/11/9	2012/11/27	
			钢管										
			钢板										
		滑轨单	槽钢			4	个			鑫霸	2012/11/9	2012/11/27	
			滑块										
			轨道	400mm									
			限位件										
		滑轨双	槽钢			22	个			鑫霸	2012/11/9	2012/11/27	
			滑块										
			轨道	780mm									
			限位件										
		基座结构框架	铝合金结构型材	8080W-J1	2 740 mm	36	根	125.98	12 426.6672	恒丰铝业	2012/10/26	2012/11/27	型材长度不等，进行精确切割
				8080W-J2	6 000 mm	24	根	125.98	18 141.12		2012/10/26	2012/11/27	
				8080-J1	2 740 mm	18	根	120.45	5 940.594		2012/10/26	2012/11/27	
				8080-J1	2 000 mm	12	根	120.45	2 890.8		2012/10/26	2012/11/27	
			强力角件	78 mm×78 mm×78 mm		264	根	17	4 488		2012/10/26		
		基座框架连接板	对缝连接板	500 mm×160 mm×80 mm		24	根				2012/11/3		
			立面连接板	160 mm×80 mm×4 mm		30	根				2012/11/3		
			平面连接板	180 mm×80 mm×4 mm		36	根				2012/11/3		
建造材料、构配件													
分项	序号	名称		型号规格		数量	单位	单价(元/根)	总价(元)	生产厂家	采购时间	进场时间	加工
主体	4	主体结构框架	铝合金结构型材	80120-1	2 760 mm	48	根	178.64	23 666.2272	恒丰铝业	2012/10/26	2012/11/16	型材长度不等，均偏大，进行精确切割
				80120-2	2 740 mm	24	根	178.64	11 747.3664		2012/10/26	2012/11/16	
				8080W-1	2 740 mm	84	根	125.98	28 995.5568		2012/10/26	2012/11/16	
				8080W-2	6 000 mm	72	根	125.98	54 423.36		2012/10/26	2012/11/16	
				8080W-3	2 760 mm	15	根	125.98	5 215.572		2012/10/26	2012/11/16	
				8080W-4	3 960 mm	26	根	125.98	12 970.9008	恒丰铝业	2012/10/26	2012/11/16	
				4080W-1	2 740 mm	20	根	85.86	4 705.128		2012/10/26	2012/11/16	
				4080W-2	3 975 mm	4	根	85.86	1 365.174		2012/10/26	2012/11/16	
				垫块8080W-1	500 mm	4	个		63		2012/10/26	2012/11/16	
				垫块8080W-2	260 mm	44	个	125.98	1 441.2112		2012/10/26	2012/11/16	
				垫块80120	260 mm	24	个				2012/10/26	2012/11/16	
			大角件	78 mm×78 mm×78 mm		512	个		17		2012/10/26		
			顶部斜撑连接件1	43.5°		8	个				2012/10/26		
			顶部斜撑连接件2	46.4°		8	个				2012/10/26		
			顶部斜撑连接件1	44.1°		48	个				2012/10/26		
			顶部斜撑连接件2	45.8°		48	个				2012/10/26		
			T形螺栓				个				2012/10/26		
			螺母				个				2012/10/26		
		拼缝材料构件	单元拼接连接件								2012/10/26		
			拼缝胶条								2012/10/26	2012/11/18	
			聚氨酯发泡剂								2012/10/26		
			硅酮耐候胶								2012/10/26		
	5	屋面	1号屋面板						587.28		2012/11/3	2012/12/2	
			2号屋面板						589.56		2012/11/3	2012/12/2	
			3号屋面板						607.74		2012/11/3	2012/12/2	
			4号屋面板								2012/11/3	2012/12/2	
			屋面板连接件								2012/11/3		
			单元拼接屋顶盖缝板								2012/11/3		
			屋面盖缝企口板大样								2012/11/3		
			中间单元屋面檐口盖板1								2012/11/3		
			中间单元屋面檐口盖板2								2012/11/3		
			中间单元屋面檐口盖板3								2012/11/3		
	6	外墙	A1外墙板	2 782 mm×300 mm×50 mm		85			136.74		2012/11/3	2012/11/28	
			A2外墙板	2 782 mm×100 mm×50 mm		20			136.74		2012/11/3	2012/11/28	
			B1外墙板	2 891 mm×300 mm×50 mm		17			68.7		2012/11/3	2012/11/28	
			B2外墙板	2 891 mm×100 mm×50 mm		4					2012/11/3	2012/11/28	
			C1外墙板	6 000 mm×300 mm×50 mm		17					2012/11/3	2012/11/28	
			C2外墙板	6 000 mm×100 mm×50 mm		4					2012/11/3	2012/11/28	
			A1a外墙板	2 782 mm×300 mm×50 mm		5					2012/11/3	2012/11/28	
			B1a外墙板	2 891 mm×300 mm×50 mm		1					2012/11/3	2012/11/28	
			C1a外墙板	6 000 mm×300 mm×50 mm		1					2012/11/3	2012/11/28	
			龙骨1	规格为左右镜像两种							2012/11/3	2012/11/27	打孔
			龙骨2	规格为左右镜像两种							2012/11/3	2012/11/27	

续表 6-5

建造材料、构配件												
分项	序号	名称		型号规格	数量	单位	单价	总价(元)	生产厂家	采购时间	进场时间	加工
主体	6	外墙	龙骨3	规格为左右镜像两种						2012/11/3	2012/11/27	打孔
			龙骨4	规格为左右镜像两种						2012/11/3	2012/11/27	
			龙骨5	规格为左右镜像两种						2012/11/3	2012/11/27	
			外墙板角码							2012/11/3		
			外墙盖缝企口板1							2012/11/3		
			外墙盖缝企口板2							2012/11/3		
			单元拼接外墙盖缝板							2012/11/3		
			外墙转角盖缝板1							2012/11/3		
			外墙转角盖缝板2							2012/11/3		
	7	门窗	外墙中空玻璃窗	2 760 mm×2 740 mm	10					2012/10/31		
			外墙中空玻璃门连窗	2 760 mm×2 740 mm	2					2012/10/31		
			室内门连窗	2 680 mm×1 360 mm	1					2012/10/31		
	8	地板	地板D1	5 840 mm×300 mm×50 mm	8			134.02		2012/10/30	2012/11/28	
			地板D2	5 840 mm×150 mm×50 mm	1			96.01		2012/10/30	2012/11/28	
			地板D3	5 840 mm×100 mm×50 mm	1			83.34		2012/10/30	2012/11/28	
			地板连接件	125 mm×80 mm×40 mm	72					2012/10/30	2012/11/28	
			木工板M1	2 440 mm×1220 mm×10 mm	4					2012/10/30		
			木工板M2	297 mm×1220 mm×10 mm	4					2012/10/30		
			木工板M3	2 440 mm×948 mm×10 mm	1					2012/10/30		
			木工板M4	297 mm×948 mm×10 mm	1					2012/10/30		
	9	内墙	内墙板Q1	2 732 mm×300 mm	102			42.84		2012/10/30		
			内墙板Q1a	2 732 mm×300 mm	6			42.84		2012/10/30		
			内墙板Q2	5 764 mm×300 mm	17					2012/10/30		
			内墙板Q2a	5 764 mm×300 mm	1					2012/10/30		
			内墙板Q3	4 374 mm×300 mm	9					2012/10/30		
			内墙板Q4	4 430 mm×300 mm	9					2012/10/30		
			内墙龙骨1	2 660 mm×35 mm×35 mm	24					2012/10/30		
			内墙龙骨2	2 450 mm×35 mm×35 mm	6					2012/10/30		
			内墙龙骨3	2 450 mm×35 mm×35 mm	2					2012/10/30		
			内墙龙骨4	2 590 mm×35 mm×62 mm	1					2012/10/30		
			内墙龙骨5	2 590 mm×35 mm×35 mm	3					2012/10/30		
			内墙盖缝企口板							2012/10/30		
			单元拼接内墙盖缝板							2012/10/30		
	10	天花										
水电	11											

施工工具、机具												
分项	序号	名称		型号规格	数量	单位	单价	总价	生产厂家	采购时间	进场时间	加工
施工工具、机具	12	工装框架	型材4080-1	5 840 mm	2							
			型材4080-2	2 750 mm	2							
			型材4080-3	2 140 mm	1							
			型材4080-4	450 mm	2							
			型材8080	300 mm	6							
			框架与垫块间连接板									
			工装框架转角连接板									
		索具连接件	连接件1		2					2012/10/26	2012/11/11	
			连接件2		4					2012/10/26	2012/11/11	
		紧线器			4					2012/10/26		
		钢丝绳								2012/11/9	2012/11/12	
		卸扣								2012/10/26	2012/11/11	
		全站仪								2012/10/26	2012/11/8	
		移动式脚手架								2012/10/26	2012/11/17	
		人字梯								2012/10/26	2012/11/17	
		套筒扳手								2012/10/26	2012/11/11	
		活动扳手								2012/10/26	2012/11/11	
		电钻								2012/10/26	2012/11/17	
		长线电源转接器								2012/10/26		
		防爆泛光工作灯								2012/10/26		
		安全帽								2012/10/26		

起重、运输												
分项	序号	名称		型号规格	数量	单位	单价	总价	生产厂家	采购时间	进场时间	加工
起重、运输	13	吊装构件	铝型材吊装构件	2 060 mm	48							
			吊装构件角钢连接件	80 mm×80 mm	144							
		吊车										
		运输货车										
		叉车										

劳动力配备											
分项	序号	名称	型号规格	数量	单位	单价	总价	生产厂家	采购时间	进场时间	加工
劳动力配备	14	产业工人-脚手架	2							2012/11/11	
		产业工人-主体	6							2012/11/17	
		油漆工								2012/11/17	
		辅助工								2012/11/17	
		起重工								2012/11/17	

第三节 轻型结构与重型结构工业化住宅产品信息集成案例

一、Revit Architecture与模块化部品信息的构建

信息化系统控制轻型结构住宅工业化全过程，包含的主要内容如下：

研发阶段是信息产生的最初阶段也是最重要的阶段，直接决定了后期建造环节的顺利实施。信息内容包含：设定研发目标、产品功能要求，建立建筑信息模型，进行结构实验、性能测试，生成图纸和工法，确定工程设计（装配流程设计）及完善部品信息并导入工业化住宅信息化数据库。生产、运输、吊装、组装各阶段参与人员在各自权限范围内对相应数据进行访问。

工厂阶段根据研发阶段产品数据信息进行装配工艺设计，依照组装示例文件组装部件。信息系统包含进度计划、采购计划、生产计划、部件存储运输计划，信息实时录入数据库。

在部件运往现场装配阶段，有些大的部品在工地车间组装成成品。根据信息化系统中的设定，该过程由安装技术人员通过扫取部品编号后连接数据库来确定大件的安装步骤和注意要点，并根据系统的要求来复核组装结果达标与否。

总装阶段通过信息化的应用达到工序的合理搭接，减少闲置时间，制订装配计划，控制相关物料精确定量及进场时间。工程进度与数据库相连，实时更新，以便相关组织管理人员根据最新情况调整和规划后续进度。

轻型结构工业化住宅的前期阶段是全过程信息管理的基础。数据库是所有信息整合和信息实时反馈的技术支撑。辅助手段如无线射频识别、GIS定位系统等。

前期阶段的建筑信息模型是基于工业化住宅模块化层级体系，以最终总装为目的而建立的。通过不同品类信息属性与部品参数化信息关联，以此内在逻辑串联各个部位的部品，形成住宅产品。Revit Architecture的族参数可以帮我们实现这一关联。同时，可以根据管理者需要及时生成采购清单列表。

依照三级工厂化装配，Revit族依次设置为一级工厂化、二级工厂化和三级工厂化。以工作室第三代住宅产品BIM为例，在Revit Architecture软件中，采用的是族嵌族的建模模式，一级工厂化是最小不可再分部件。三级族模型都是一系列产品数据信息以装配顺序整合而成的，完全以最终现场装配为目标建立工业化住宅产品BIM，条理清晰且直观。

在实例参数中对当前构件参数属性进行设定，参数属性可以根据自己的需要自行添加。在该项目中，除了定义部品对象的产品信息属性外，如重量、尺寸参数外，对其进度参数、场地参数、资源参数等也进行了定义。当然，组织人员、产业工人、技术人员、工装机具等参数也可以添加。以太阳能板为例，太阳能板属于一级工厂化阶段。设定参数

类型具体有：重量、起始时间、结束时间、现场、材料、工序、尺寸、名称、价格、ID(编码)(图 6-39)。其中工序指的是该阶段的装配工序，该阶段组件整合对应的装配对象为太阳能模块，是对太阳能模块装配过程的拆解，太阳能板安装是组装成太阳能模块中的第二个工序，该实例属性是对太阳能模块最小构件(不可拆分对象)的参数说明。基于实例参数将产品数据信息与过程管理信息相关联，实现了项目实施阶段的信息集成。

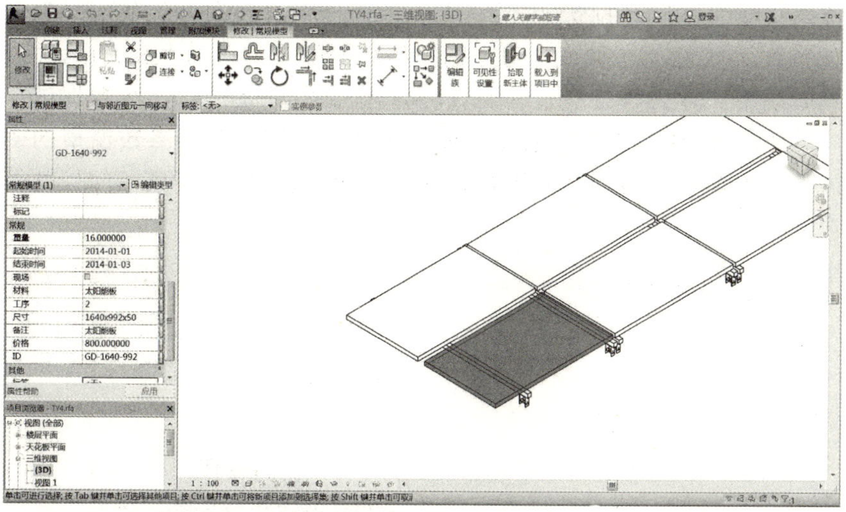

图 6-39　太阳能板实例参数设定 1
图片来源：张宏教授工作室

太阳能模块所属二级工厂化阶段，该阶段还包含屋顶面板模块、屋顶结构模块。该阶段组件整合对应的装配对象为第四个屋面模块，是对第四个屋面模块装配过程的拆解，太阳能模块是屋面模块拼装的第五个工序，该实例属性是对太阳能模块的参数说明。包含的参数数据类型有重量、起始时间、结束时间、场地、材料、工序、尺寸、价格、ID(编码)。编码是由拼音的大写字母组成，易于识别，方便管理(图 6-40)。

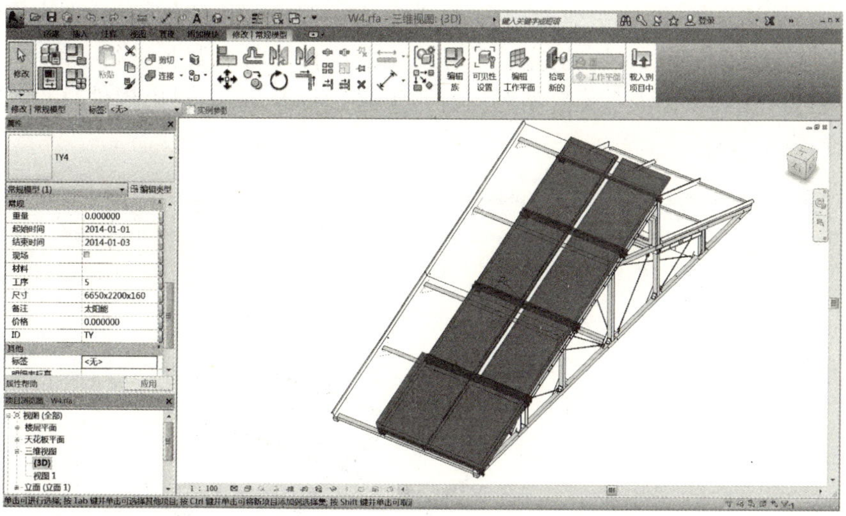

图 6-40　太阳能模块实例参数设定 2
图片来源：张宏教授工作室

通过对一级工厂化和二级工厂化数据信息的集成，形成三级工厂化数据信息，也为最后的现场总装过程的创建集成了基础数据。屋面四模块实例参数类型与前面两个阶段的设置一样，工序为屋面模块装配的第四个工序，与其余三块屋面模块构成屋面模块整体。

屋面模块与主体单元的四个单元体及基础模块现场总装成工业化住

宅成品，集成了所有阶段我们设定的产品数据信息和项目管理信息。这只是初步建立的建筑信息模型(图 6-41)，这些数据集成目的是为了更好地实现投资控制、进度控制、质量控制。如何运用专业软件在数据集成的基础上更好实现项目管理、运营管理还有待深入研究。

Revit Architecture 当中的模型图元与明细表是实时相互关联的。运用强大的族功能构建基本构件，再将构件族导入后组装建立项目模型。在该模型中，族参数与明细表定义是相互影响的，族参数的变化直接导致明细表参数的变化，反之亦然。并且明细表自身关联不同类型族参数，可以根据不同专业对不同类型数据的需要自动生成表格，并对数据使用计算公式让它自动计算，不需要我们手动对每一个数据进行校对和修改，减少了大量的无价值人工劳作。同时基于参数模型的明细表的生成可以帮助我们进行材料等资源的统计、投资成本的控制等管理工作。

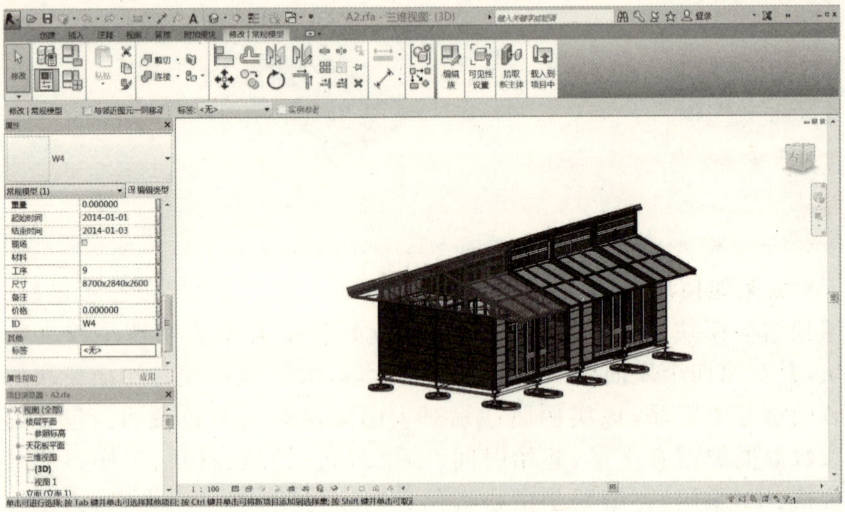

图 6-41　建筑信息模型
图片来源：张宏教授工作室

如图 6-42 所示，以铝型材构件明细表为例，导入不同参数的族构件构建结构框架，运用明细表功能，自动生成铝型材构件明细表，分别定义了基础数据信息，对长度、宽度、高度，以及构件单价和数量进行了统计，通过计算公式让表系统自动对已有数据进行计算，最后得出构件总价数据(图 6-43)。

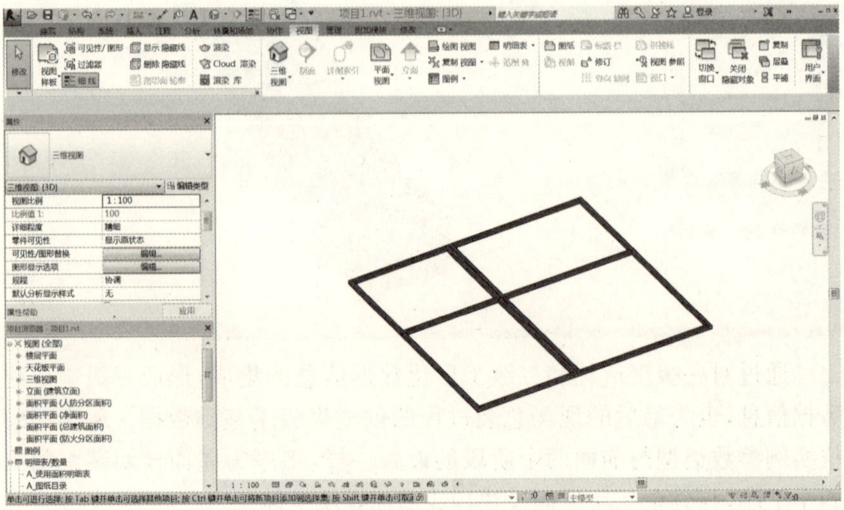

图 6-42　铝型材构件族模型
图片来源：张宏教授工作室

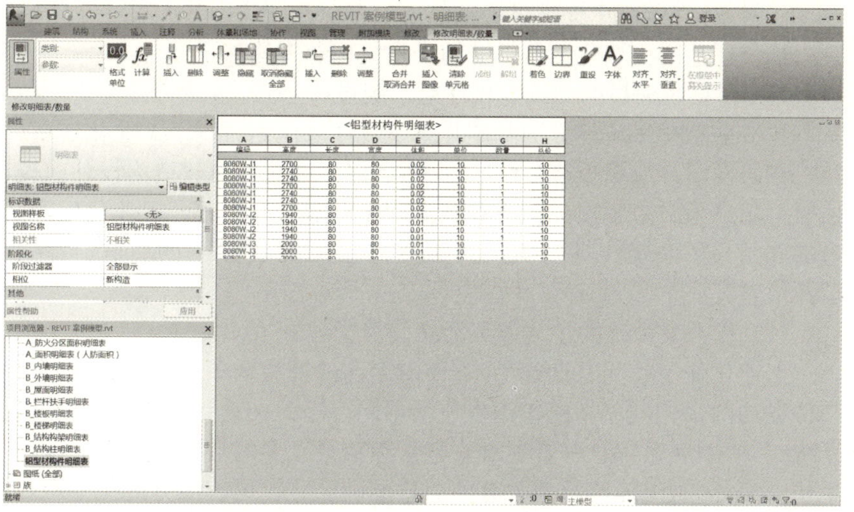

图 6-43　铝型材构件明细表

图片来源：张宏教授工作室

二、基于表系统的产品动态管理模式

在导师的带领下，笔者参加了“十二五”国家科技支撑计划重大项目课题：保障性住房新型工业化建造施工技术研发与应用示范，对工业化建筑的深化设计、工程设计、生产装配过程和生产装配技术有了一定的了解，由此初步建立了工业化设计思维、管理思维。随后，在该课题的参与过程中，深入学习了轻型工业化住宅结构体系，确立了工业化住宅产品的研究思维方法。

工业化住宅产品的研发、生产过程是一个可持续、不断更新的过程。在开展新项目时，如果管理系统能够很快进行相应的支撑，就可以节省大量的资金和时间。在第二代轻型结构工业化多功能可移动住宅产品全过程研发设计中，将设计中、未来生产和制造过程中已产生或将产生的活动、具体数据、图片集成一个表系统，在表系统的基础上建立信息平台业务。在下次产品开发的时候，一部分功能在原有开发的功能上复用就可以了，更易于快速开发。

表系统共分为三个层次：设计层面虚拟表系统的层级构建、建造层面实际表系统的层级构建以及安装工法表。表系统辅助管理人员实现产品信息模型数据与过程信息关联，是非常直观的表达方式。

（1）设计层面虚拟表系统的层级构建。为了更好地指导施工实际表系统的构建，在设计阶段绘制虚拟的表系统，控制好整个项目的实施时间。内容包含全过程设计进度表、工程设计流程表两个方面，其中工程设计流程包含进度、预计建造时间、预计组织人数、流程分解说明、机具、图索引等，是以建造时间为轴心的模拟建造工序的表达，能够更好地指导后期产品建造施工。

（2）建造层面实际表系统的层级构建。实际表系统又可称为总控制表，基于设计阶段虚拟表系统构建基础之上，对建造阶段的费用、进度等分层实施控制管理。例如，主体单元的表系统大致分为现场建造进度表、装配流程表两个部分，两者相互关联，共同构成表系统，对工厂建造时间进行把握和控制。

（3）安装工法表。安装工法表是工业化建造系统的核心，内容包含标准模块编号、装配顺序、现场准备和实际吊装安装步骤。目的是以图示的方法指导操作工人的实际现场操作。改变了传统建造的图纸出图方式，建立起图纸和工法一体化的工业化住宅建造核心设计方法，不但使人、机、料紧密结合，更提高了现场作业效率。

基于建造的模块化信息系统的表系统构建方法如下：

(1) 以总装为目的的工业化住宅系统设计

建造信息化系统建立的基础是系统设计层面是否基于工业化建造思路。在研发设计层面摒弃传统手工模式，以工业化快速建造为设计前提，依照第四章第二节提出的工业化住宅 WBS 体系构建适合工业化生产制造的部品分类框架，以利于在生产、运输、组装、总装等各个层面的信息管理及信息集成。

(2) 基于表系统的住宅数字部品分类管理方法

工业化住宅作为复杂产品，不仅内部部件种类众多，甚至同一种类不同位置的两个相同零件的作用也完全不同。因此在设计阶段构筑信息化系统时，使用表系统这一直观方式来管理数量众多的数字部品零件，降低了错误率，同时保障部品相关数字信息准确、高效、可控地分配在生产、运输、拼接、吊装、总装的各个阶段。

(3) 表系统关联住宅产品数据信息与过程信息

表系统是 BIM(建筑信息模型)中的数据信息与过程信息相互关联的直观表达，通过对应部品品类，依照模型映射方法(第五章第二节)将虚拟数字化部品的数据信息与过程管理模型中输入和输出的资源信息、过程进度计划、组织团队、工具及设备等过程信息相互关联。不仅为模块供应商提供准确的模块需求信息，同时帮助工厂建立材料需求计划等。

(4) 图表一体化技术

设计阶段通过数字模型来控制建造的顺利进行，但是随着工业化产品复杂程度的加深以及工业化住宅对于精细化装配甚至精准到一个配件的控制要求的提高，成千上万张相关图纸会从设计方传递到施工方，但是面对每步具体的装配步骤，相关人员仅需对具体步骤相关的信息进行获取，传统的图纸仅以二维图像呈现，图纸中仅以尺寸这一符号表达建造对象，且图纸分类过于单一不能满足产业工人直观了解装配步骤的要求。因此表系统的绘制致力于将部品参数化表格与相对应图纸建立数字联系，将以往的线性人工查询方式升级为双效搜索式数字查阅显示方式。

(一) 全过程设计进度表

以第二代组装式工业化住宅产品为例，对其进行以装配为目的的系统层次化系统设计。在系统设计的基础上，进行进度计划控制表设计。进度表分为两大类：项目进度控制表和现场总装控制表。经过论证过的项目进度计划、装配进度计划在具体实施过程中会遇到突发情况，必须留有时间余量来保证原定计划有效的实施，适应各种情况的发生，以保证有时间弥补和修正错误，完成原定建造目标。

全过程项目进度控制表对象共由 4 个部分组成：设计、工厂、运输和现场(图 6-44)。

设计模块中将产品系统品类分类为：基座模块、主体单元模块、水电模块、设备模块、家具模块。在此基础上详细制订了设计过程进度控制计划，细化至每一个模块的进度控制。除了深化设计过程计划安排，同时制订了工程设计计划安排，即建造装配过程时间进度设计。依照装配顺序将装配过程依次分解为：主体单元装配设计、工厂生产场地设计、施工场地设计、地基施工设计、放线和基座装配设计、运输吊装设计、主体拼装设计、水电施工设计、设备安装设计。时间持续 3 个月左右，两者实现并行工程设计。

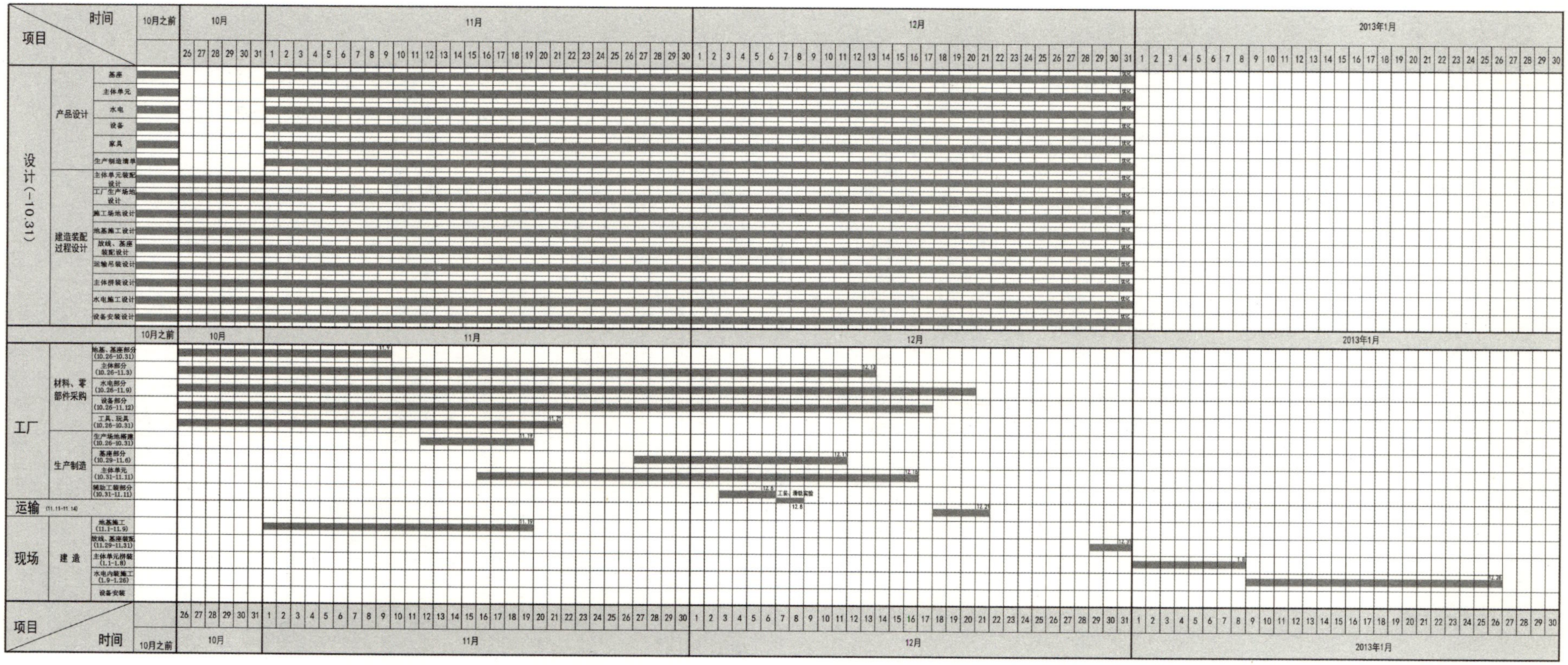

图 6-44　项目进度控制表

图片来源：张宏教授工作室

工厂模块包括材料、零部件采购以及生产制造两个部分。材料、零部件采购依照产品系统分解为地基、基座部分、主体部分、水电部分、设备部分和工具、机具部分。生产制造包含生产场地、基座部分、主体单元和辅助工装四大部分，除了具备产品本身具备的实体元素，还涵盖了过程管理要素，如工具、机具等。工厂活动在研发活动展开的过程中就可以并行介入研发阶段，共同展开新产品的研制工作，计划时长不到 3 个月，并在现场装配活动开始前完成工厂制造工作。

运输工作基本在工厂制造开始后根据现场装配进度实时送达。

现场模块给出了总体大致的进度时间安排，分为地基施工、放线及基座装配、主体单元拼装、水电内装施工、设备安装五个活动步骤。其中地基施工活动可以并行研发、生产制造环节展开。由于现场不进行湿作业，总装耗时较研发和工厂制造时间短，计划不到 1 个月的时间完成所有装配任务。

现场总装进度控制表是针对项目进度表现场装配部分列出的更为详细的进度计划。依照装配顺序依次分解为主体单元总装准备、单元拼接、屋面盖缝处理、外墙盖缝处理、地面盖缝处理、内墙盖缝处理、内隔墙安装、平台和门廊框架安装、地板铺装、布线和插座开关安装、天花盖缝处理、天花吊顶安装、灯具安装、室外平台地板安装、台阶踏步制造安装、水安装、空调安装、家具安装布置。其中主体单元总装准备活动中可细分为人员组织分工安排、零配件及工具准备、运输吊装工序准备、主体单元总装工序准备。因为此次拼装共有 12 个标准单元体组装成通透大空间，出于技术上的考虑，有明确的装配顺序，依次安装 7 号单元、8 号单元、6 号单元、9 号单元、5 号单元、10 号单元、4 号单元、11 号单元、3 号单元、2 号单元、1 号单元和 12 号单元，每一单元的时间进度计划如图 6-45 所示。

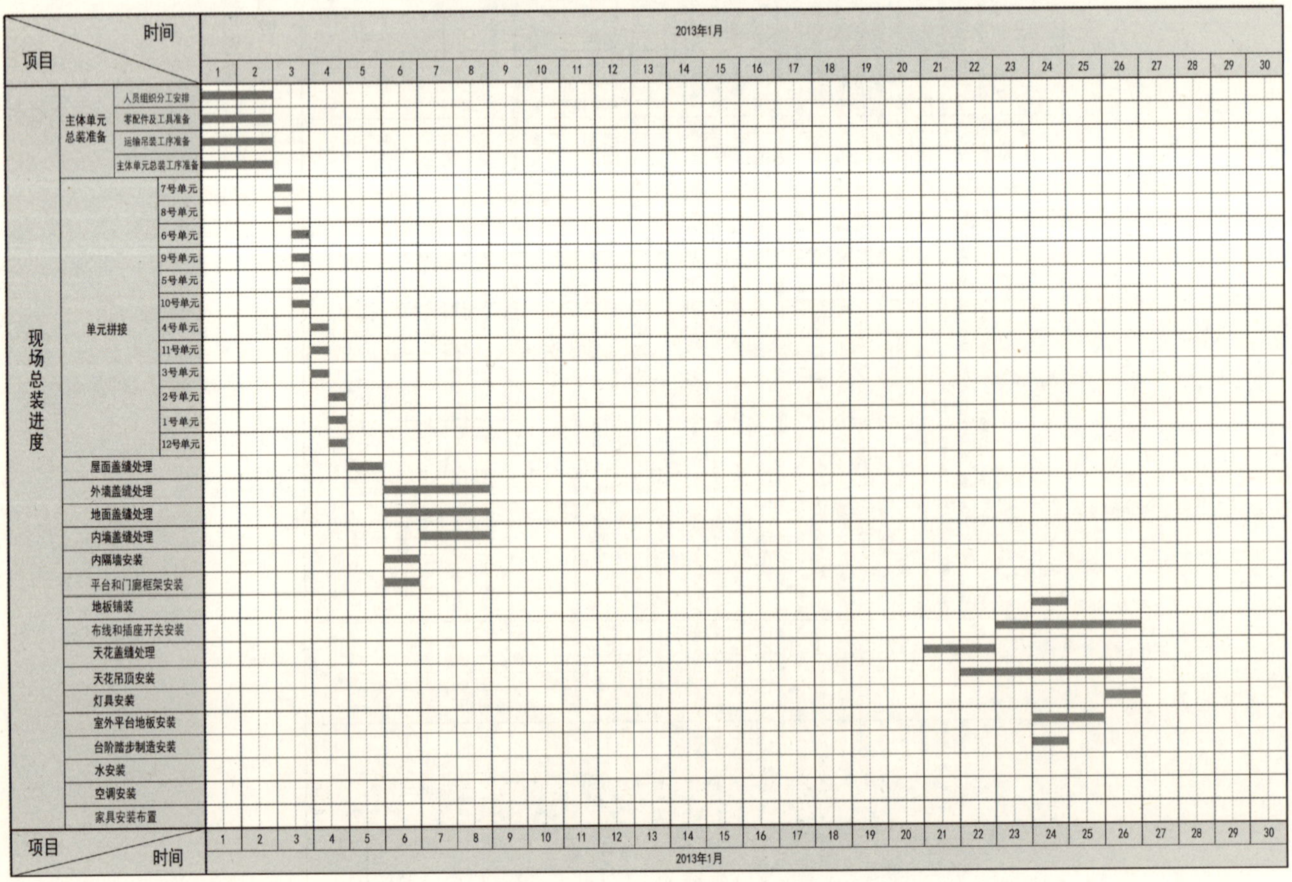

图 6-45　现场总装进度控制表

图片来源：张宏教授工作室

（二）工程设计流程表

流程表实质上是将产品数据信息与过程管理信息、项目管理信息相互关联。在确定产品部品具体数据信息的基础上，增加了相应的过程步骤信息和项目管理信息。以基脚装配流程为例，安装准备活动包含了放置基脚、基脚调平两个装配步骤。在这个活动过程中除了固有的产品信息如长度、宽度、高度、重量等基础数据信息之外，相应增加了该阶段活动机制，即用以支撑活动所需的条件。如参与这个步骤的组织信息：负责人、指导人员和产业工人，以及活动步骤中人员所用的工具、机具信息。在此流程中使用机具包括安装工具和工装机具，分别是卷尺和全站仪。同时也相应增加了活动过程进度控制，分为总时间控制和分步骤时间控制。在该过程中输入和输出的资源包括材料、资金等。输出的采购清单可以帮助我们很精确地查看每一步骤的具体开销，包含材料、工具和人工费用，帮助管理者和投资者进行投资成本控制。

轻型结构铝合金工业化住宅产品表系统以最终装配为目的分解为几个分表：基础结构模块装配表、主体单元结构模块装配表、围护体模块装配表、运输吊装表、主体单元装配表、内分隔体与内装装配表、电装配表。

基础结构模块按照装配步骤依次分解为：安装准备、基础框架安装、入口框架安装（表 6-6）。

主体单元结构模块按照装配步骤依次分解为：安装准备、安装底部框架、安装立柱、安装顶部框架、安装临时支撑（表 6-7）。

围护体模块分解为外围护体模块和内围护模块，外围护体模块按照装配步骤依次分解为：地板建造、外墙体建造、门窗建造、屋顶建造。内围护体模块按照装配步骤依次分解为：天花聚氨酯建造、内墙体建造（表 6-8）。

吊装运输模块分为工厂和现场两个地点的单元体吊装。过程机制部分增加了机具设施，包含吊车、运输车和吊具三种机具，分别配以车辆型号、几何尺寸和重量相关说明（表 6-9）。

7 号标准单元体与 8 号标准单元体拼装模块，依照吊装和装配顺序依次将过程分解为基脚安置、基础框架安装、7 号标准单元体放置、8 号标准单元体放置、安装紧线器和工装框架、拉紧 8 号标准单元体（表 6-10）。

内分隔体与内装装配模块依照装配顺序可分解为：安装内隔墙、安装复合木地板、安装天花、安装窗帘盒嵌板、安装门廊、安装木平台。安装地点均在现场（表 6-11）。

电装配模块依照装配顺序可分解为：空调设备管线开洞、室外引线开洞、室外壁灯墙板开洞、内隔墙开洞、布置套管、穿空调线、强电布线、弱电布线、布置强电线盒（包括配电箱、开关、插座）、布置弱电线盒（壁龛接线器、信息插座、电话插座）、布置强电线槽、布置弱电线槽、空调安装、灯具安装（表 6-12）。

工业化住宅装配流程设计部分既可以用表系统来进行流程分析也可以用过程模型来进行过程管理，但表系统倾向更详细的具体的流程分析，而过程模型倾向把握大体过程。进度计划往往和两者结合起来考虑。

表 6-6 基础结构模块装配表

总时间/min	步骤名称	步骤时间/min	工作地点	人员·负责人	人员·指导人员	人员·工人	流程·工法·分解流程名称	流程·工法·工法说明	流程·工法·时间/min	流程记录·分项时间/min	流程记录·一致	图例	机具·连接件·名称	机具·连接件·数量	机具·安装工具·名称	机具·安装工具·数量	机具·工装机具·名称	机具·工装机具·数量	机具·工具记录	安全保障·安全要求	安全保障·安全记录	费用·材料·材料名称	费用·材料·单价	费用·材料·数量	费用·材料·总价	费用·工具(租/买)·工具名称	费用·工具(租/买)·单价	费用·工具(租/买)·数量	费用·工具(租/买)·总价	费用·人工费·单价	费用·人工费·人数	费用·人工费·工时	费用·人工费·总价	费用·合计	备注
870	安装准备	60	工厂	王海宁	艾智靖	2	放置基脚	将6个基脚-单按照轴线距离2 900×2 960放置	30	30					卷尺	1				注意基脚手动过程中双脚部和小腿的碰撞						基脚单	300	6	1 800	25	2	0.5	25		
			工厂		艾智靖	2	基脚调平	6个基脚的托板调到同一水平高度	30	30					全站仪	1				注意保护全站仪										25	2	0.5	25		
	基础框架安装(×12)	540	工厂		无	4	方置长杆	将2根8080W-J2纵向放置在托板上,角点各偏离托板中线纵向40 mm,横向40 mm	120	10										注意型材端部金属倒刺,及磕碰到其他工人		8080W-J1	345	3	1 036	电动扳手	1			25	4	2	200		
			工厂		无	4	安装短杆	将3根8080W-J1横向放置在8080W-J2的两侧和中点	180	15										注意型材端部金属倒刺,及磕碰到其他工人		8080W-J2	756	2	1 512	扭力扳手	2			25	4	3	300		
			工厂		无	4	安装角码	将8个80角码安装到位	180	15			80角码	8	扭力扳手	2						80角码	8	17	136	水平尺	2			25	4	3	300		
			工厂		无	4	框架堆放	将安装好的基础框架堆放到别处(最后一个框架保留)	60	5										注意搬运过程中磕碰到其他工人		T形螺栓	64	1.2	76.8	卷尺	1			25	4	1	100		
	入口框架安装(×6)	270	工厂		无	4	放置长杆	将2根8080-J2放置在事先保留的基础框架长边的一段	60	10										注意型材端部金属倒刺,及磕碰到其他工人		8080-J1	330	2	660	电动扳手	1			25	4	1	100		
			工厂		无	4	安装短杆	将3根8080-J1垂直放置在8080-J2的一端、中点和距离一端160 mm处	90	15										注意型材端部金属倒刺,及磕碰到其他工人		8080-J2	241	3	723	扭力扳手	2			25	4	1.5	150		
			工厂		无	4	安装角码	将8个80角码安装到位	90	15			80角码	8	扭力扳手	2						80角码	12	17	204	水平尺	2			25	4	1.5	150		
			工厂		无	4	框架堆放	将安装好的入口框架堆放到别处	30	5										注意型材端部金属倒刺,及磕碰到其他工人		T形螺栓	96	1.2	115	卷尺	1			25	4	0.5	50		

表 6-7　主体单元结构模块装配表

步骤名称：总时间/min	步骤名称：步骤	步骤名称：步骤时间/min	工作地点	人员：负责人	人员：指导人员	人员：工人	流程：工法：分解流程名称	流程：工法：工法说明	流程：工法：时间/min	流程记录：分项时间/min	流程记录：一致性	图例	机具：连接件：名称	机具：连接件：数量	机具：安装工具：名称	机具：安装工具：数量	机具：工装机具：名称	机具：工装机具：数量	工具记录	安全保障：安全要求	安全保障：安全记录	费用：材料：材料名称	费用：材料：单价	费用：材料：数量	费用：材料：总价	费用：工具(租/买)：工具名称	费用：工具(租/买)：单价	费用：工具(租/买)：数量	费用：工具(租/买)：总价	费用：人工费：单价	费用：人工费：人数	费用：人工费：工时	费用：人工费：总价	费用合计	备注
主体单元结构 430	安装准备	50	工厂	王海宁	无	4	放置工字钢	按照 4 000 mm 间距放置工字钢	20						卷尺	1				注意基脚搬运过程中对脚部和小腿的碰撞										25	4	0.33	33.3		
			工厂		无	4	工字钢调平	调平水平面	10						全站仪	1														25	4	0.17	16.7		
			工厂		无	4	顶部主梁合并	将 4 个 8080W-2 组成的 2 个顶部主梁	20						内六角扳手	2				注意保护全站仪										25	4	0.33	33.3		
	安装底部框架	120	工厂	王海宁	无	4	放置底部长杆	将 2 根 8080W-2 与工字钢垂直放置，2 根之间垂直放置	15						卷尺	1				注意搬运过程中磕碰到其他工人		8080W-2	756	2	1 512					25	4	0.25	25		
			工厂		无	4	放置底部短杆	将 2 根 80120-2 与 8080W-2 连接	15						卷尺	1				注意搬运过程中磕碰到其他人		80 120-2	489	2	979					25	4	0.25	25		
			工厂		无	4	安装角码	将 4 个 80 角码安装到位	10				80 角码	4	扭力扳手	2						80 角码	26.2	4	105					25	4	0.17	16.7		
			工厂		无	4	放置底部中间短杆	将 3 根 8080W-1 放置到位	20						卷尺	1				注意搬运过程中磕碰到其他人		8080W-1	345	3	1 036					25	4	0.33	33.3		
			工厂		无	4	安装角码	将 12 个 80 角码安装到位	30				80 角码	12	扭力扳手	2						80 角码	26.2	12	314					25	4	0.5	50		
			工厂		无	4	安装垫块	将 4 个垫块-双安装到位	30						内六角扳手	2						垫款-双	32.8	4	131					25	4	0.5	50		
	安装立柱	40	工厂	王海宁	无	4	放置立柱	将 4 根 80120-1 放置到位	20											注意型材端部金属倒刺，及磕碰到其他人		80120-1	330	4	1 320					25	4	0.33	33.3		
			工厂		无	4	安装角码	将 8 个 80 角码安装到位	20				80 角码	8								80 角码	26.2	6	210					25	4	0.33	33.3		
	安装顶部框架	140	工厂	王海宁	无	4	放置顶部主梁	将 4 根 8080W-2 组成的 2 个顶部主梁放置到位	30											注意搬运过程中磕碰到其他人工人		8080W-2	756	4	3 024					25	4	0.5	50		
			工厂		无	4	安装角码	将 4 个 80 角码安装到位	20				80 角码	4	扭力扳手	2						80 角码	26.2	4	105					25	4	0.33	33.3		
			工厂		无	4	放置端头和中间次	将 3 根 8080W-1 与主梁垂直方向放置在两端和中间	30						卷尺	1				注意搬运过程中磕碰到其他工人		8080W-1	345	3	1 036					25	4	0.5	50		
			工厂		无	4	安装角码	将 8 个 80 角码安装到位	30				80 角码	8	扭力扳手	2						80 角码	26.2	8	210					25	4	0.5	50		
			工厂		无	4	旋转辅助次梁	将 2 根 4080W-1 放置在次梁之间等分的位置	15						卷尺	1				注意搬运过程中磕碰到其他工人		4080W-1	341	2	683					25	4	0.25	25		
			工厂		无	4	安装角码	将 4 个 80 角码安装到位	15				80 角码	4	扭力扳手	2						80 角码	26.2	4	105					25	4	0.25	25		
	安装临时支撑	80	工厂	王海宁	无	4	放置临时支撑中柱	将 2 根 8080W-3 放置到位	20						卷尺	1				注意型材端部金属倒刺，及磕碰到其他工人		8080W-3	343	2	695					25	4	0.33	33.3		
			工厂		无	4	安装下部角码	将 4 个 80 角码安装到位	10				80 角码	4	扭力扳手	2						80 角码	26.2	4	105					25	4	0.17	16.7		
			工厂		无	4	放置斜支撑	将 4 根 8080W-4 放置到位	30											注意型材端金属倒刺，及磕碰到其他工人		8080W-4	499	4	1 996					25	4	0.5	50		
			工厂		无	4	安装斜撑连接件连接件	将 16 个斜撑连接件安装到位	20				斜撑连接件	16	扭力扳手	2						斜撑连接件	16	16	256					25	4	0.33	33.3		

表 6-8 围护体模块装配表

步骤名称				工作地点	人员			流程						机具							安全保障		费用													备注
总时间/min		步骤	步骤时间/min		负责人	指导人员	工人	工法		流程记录			图例	连接件		安装工具		工装机具		工具记录	安全要求	安全记录	材料				工具(租/买)				人工费				费用合计	
								分解流程名称	工法说明	时间/min	分项时间/min	现场与设计一致性		名称	数量	名称	数量	名称	数量				材料名称	单价	数量	总价	工具名称	单价	数量	总价	单价	人数	工时	总价		
外围护体模块	500	地板建造	25	工厂	吴文慧	吴文慧	2	无机保温板	将无机保温板依次铺于底部框架之上，板间缝隙通过"7"形条填充，端板通过L形连接件与底部梁连接	10	6			L形连接件	12	手电钻	2	无	无		电钻安装连接件时注意手部安全		地板 D1	164.02	8	1 312.16										
																							地板 D2	111.01	1	111.01										
																							地板 D3	93.34	1	93.34										
																							地板连接件	4	22	88										
																							7 形铝条	20	9	180										
				工厂		吴文慧	2	木工板	将木工板平铺于保温板之上	20	15			铁钉	若干	铁锤	2	无	无		锤钉过程中注意安装人员的手部安全		木工板 M1	60	1	60										
																							木工板 M2	7.3	1	7.3										
																							木工板 M3	46.62	1	46.62										
																							木工板 M4	5.68	1	5.68										
		外墙体建造	225	工厂		吴文慧	2	固定龙骨	外墙板龙骨通过螺栓与立柱框架相连	15	15			M8 法兰螺栓	10	手电钻	2	脚手架	1		使用电钻注意手部安全，脚手架上下注意自身及下部人员安全		外墙固定龙骨	8.28	2	16.56										
				工厂		吴文慧	2	挂外墙板	外墙板包边铝片钻孔，通过螺钉连接卡扣，后通过卡扣将板挂至龙骨上	15×11=165	16×11=176			卡扣	22	手电钻	1	脚手架	1		脚手架上下注意安全，配备1名辅助工人，尽量保证其下方无人员，以防工具零件掉落伤人(佩戴安全帽)		外墙板 A1	136.74	9	1 230.66										
																钉枪	1						外墙板 A2	68.7	2	137.4										
				工厂		吴文慧	2	填充耐候胶	在墙板间填充耐候胶	5×11=55	3×11=33			无	无	胶枪	1	脚手架	1		脚手架上下注意安全，配备1名辅助工人，尽量保证其下方无人员，以防工具零件掉落伤人(佩戴安全帽)		耐候胶	0.5	250	125										
		门窗建造	90	工厂		吴文慧	2	安装门窗框架	用螺钉将门窗框架与立柱型材固定	10	6			螺钉	16	手电钻	1	脚手架	1		脚手架上下注意安全，配备1名辅助工人，尽量保证其下方无人员，以防工具零件掉落伤人(佩戴安全帽)		中空玻璃窗	3 892.32	1	3 892.32										
				工厂		吴文慧	2	安装玻璃	将玻璃装入框架内	5×3=15	8×3=24			无	无	无	无	无	无		注意人员配合防止抬运玻璃过程中的摔裂可能															
				工厂		吴文慧	2	玻璃固定件	将玻璃固定件嵌入框架	5×3=15	2×3=6			无	无	无	无	脚手架	1		脚手架上下注意安全，配备1名辅助工人，尽量保证其下方无人员，以防工具零件掉落伤人(佩戴安全帽)															
				工厂		吴文慧	2	调整玻璃	用吸盘调整玻璃位置，使其在门窗框架内平整	5×3=15	5×3=15			无	无	吸盘	1	脚手架	1		脚手架上下注意安全，配备1名辅助工人，尽量保证其下方无人员，以防工具零件掉落伤人(佩戴安全帽)															
				工厂		吴文慧	2	填充玻璃耐候胶	通过玻璃胶将玻璃与玻璃固定件牢固	10×3=30	12×3=36			无	无	胶枪	1	脚手架	1		脚手架上下注意安全，配备1名辅助工人，尽量保证其下方无人员，以防工具零件掉落伤人(佩戴安全帽)															
		屋顶建造	160	工厂		吴文慧	2	装配屋顶板	将屋顶铝板按图纸要求	20×1=20	20×4=80			屋顶连接	32	手电钻	2	脚手架	1		脚手架上下注意安全，配备1名辅助工人，尽量保证其下方无人员，以防工具零件掉落伤人(佩戴安全帽)		屋面板 W1	587.26	1	587.26										
																							屋面板 W2	689.56	2	1 179.12										
				工厂		吴文慧	2	板间填充耐候胶	板间用胶枪填充耐候胶	5×3=15	8×3=24			无	无	胶枪	1	脚手架	1		脚手架上下注意安全，配备1名辅助工人，尽量保证其下方无人员，以防工具零件掉落伤人(佩戴安全帽)		耐候胶	0.5	250	125										
				工厂		吴文慧	2	铝板盖板间缝	通过双面胶将预制铝板与屋面板黏接，沿铝板边缘用耐候胶将铝板与屋面板间缝隙密实	20×3=60	15×3=45			无	无	无	无	脚手架	1		脚手架上下注意安全，配备1名辅助工人，尽量保证其下方无人员，以防工具零件掉落伤人(佩戴安全帽)															
内围护体模块	155	天花聚氨酯建造	15	工厂		吴文慧	2	聚氨酯板切割	将聚氨酯板按照屋面图纸要求切割	15	10			无	无	无	无	切割机	1		使用切割机注意人员手部安全															
				工厂		吴文慧	4	内天花聚氨酯板填充	将刷胶后的聚氨酯板填入屋顶梁80 mm框架空腔内	5	3			无	无	无	无	人字梯	1		脚手架上下注意安全，配备1名辅助工人，尽量保证其下方无人员，以防工具零件掉落伤人(佩戴安全帽)		聚氨酯板	75	3	225										
		内墙体建造	140	工厂		吴文慧	2	聚氨酯板切割	将聚氨酯板按照图纸要求切割	15	10			无	无	无	无	切割机	1		使用切割机注意人员手部安全															
				工厂		吴文慧	2	聚氨酯板刷胶	切割好的聚氨酯板平铺场地，刷防水胶	20	18			无	无	无	无	滚刷	1		防止刷胶过程中粘连及刷胶过后立即踩踏															
				工厂		吴文慧	4	填充聚氨酯板	将聚氨酯板填充入框架80 mm空腔内	10	15			无	无	无	无	人字梯	1		脚手架上下注意安全，配备1名辅助工人，尽量保证其下方无人员，以防工具零件掉落伤人(佩戴安全帽)		聚氨酯板	75	6	450										
				工厂		吴文慧	2	固定龙骨	在立柱上通过T形螺栓固定内墙板龙骨	15	14			M8 法兰螺栓	10	手电钻	2	人字梯	1		脚手架上下注意安全，配备1名辅助工人，尽量保证其下方无人员，以防工具零件掉落伤人(佩戴安全帽)		内墙固定龙骨	8.28	2	16.56										
				工厂		吴文慧	2	挂内墙板	内墙板包边铝片钻孔，通过螺钉连接卡扣，后通过卡扣将板挂至龙骨上	10×9=90	8×9=72			卡扣	18	手电钻 钉枪	1	人字梯	1		脚手架上下注意安全，配备1名辅助工人，尽量保证其下方无人员，以防工具零件掉落伤人(佩戴安全帽)		内墙板 Q1	42.84	9	385.56										

表 6-9　运输吊装表

步骤名称	总时间/min	平均每个单元体完成时间(min)	平均时间(min)	工作地点	机具设施 吊车			运输车		吊具	人员 负责人	工人	流程 分解流程名称	工法说明	工装步骤要点说明	图例	时间记录 2013年1月3日 吊装内容	开始时间	结束时间	耗时/min	总耗时/min	2013年1月4日 吊装内容	开始时间	结束时间	耗时/min	总耗时/min	安全保障 安全要求	安全记录	费用 工具(租/买):包含人工费 工具名称	单价	数量	总价/元	费用合计/元
单元体吊装	585	45	22	工厂	型号	柳工 QY8E		型号	凯马		刘聪	4	吊装前准备	1. 安装单元体吊具	在钢扁担靠近单元体墙体侧，安装卸扣，以保持前后平衡		7#	10:14	11:06	52(其中找扶梯25 min)	191	4#	10:06	10:22	16	99	戴安全帽和手套防护		吊车柳工QY8YE	1 500元/d	1	3 000	8 000
												2		2. 在单元体两侧安装吊装斜撑			12#归位	12:20	12:35	15(其中换吊具5 min)		11#	11:02	11:31	29		防止错位和夹伤						
					几何尺寸	外形尺寸(长×宽×高)	8.9 m×2.4 m×3.2 m	货箱长度	6.210 m	7.0 m×0.094 m×0.18 m		1	起吊	3. 试吊	检查单元体重心是否与吊具一致		8#	12:35	13:12	37(其中换吊具10 min)		3#	12:40	12:59	19		人员不得站在吊物下方，并应保持相应距离		凯马货运车	1 000元/d	1	2 000	
						支腿横向跨距	4.1 m	货箱宽度	2.330 m			1		4. 起吊			6#	13:46	14:05	19(其中装斜撑15 min)		2#	13:54	14:02	8		戴安全帽和手套防护						
						主臂长	7 017.2 m	货箱高度	0.55 m			1	落位	5. 落位至运输车	编号朝向车尾		基础框架	14:46	15:02	16		1#	14:34	14:49	15		信号指挥，信号不明不得落位，防止手臂夹伤						
					重量	最大额定起重量	8 t	额定载重	11.5t	175 kg		4		6. 固定单元体	用两组麻绳，分别将两端与运输车固定		9#	15:31	15:47	16		12#	15:25	15:40	12		戴安全帽和手套防护						
												1		7. 吊具与吊钩脱离	登高爬梯上到屋面		5#	16:16	16:29	11							做好登高防护，防止高空跌落						
												4		8. 固定吊具，运至现场			10#	17:07	17:32	25(其中找螺栓15 min)							戴安全帽和手套防护						
			23	现场	型号	柳工 QY8A		型号	凯马		刘聪	2	吊装前准备	1. 安装单元体吊具	在钢扁担靠近单元体墙体侧，安装卸扣，以保持前后平衡		7#	11:15	11:48	33	149	4#	10:29	10:57	28	146	戴安全帽和手套防护		吊车柳工QY8E	1 500元/d	1	3 000	
					几何尺寸	外形尺寸(长×宽×高)	9.93 m×2.42 m×3.3 m	货箱长度	6.210 m	7.0 m×0.094 m×0.18 m		1	起吊	2. 起吊	与吊车司机沟通		8#	13:22	13:40	18		11#	11:38	11:55	17		人员不得站在吊物下方，并应保持相应距离						
						支腿横向跨距	4.25 m	货箱宽度	2.330 m			1	落位	3. 落位至滑块	编号朝向道路		6#	14:13	14:38	25		3#	13:06	13:47	41		口头信号指挥，信号不明不得落位防止手臂夹伤						
						主臂长	8.0～24.2 m	货箱高度	0.55 m			2	拆卸吊具	4. 吊装支撑拆卸			基础框架	15:09	15:24	15		2#	14:10	14:27	17		防止手臂夹伤						
												1		5. 吊具与吊钩脱离	登高爬梯上到屋面		9#	15:54	16:12	18		1#	14:56	15:22	26		做好登高防护，防止高空遗失落						
					重量	最大额定起重量	8.0 t	额定载重	11.5 t	175 kg		1		6. 抓卸吊具，随运输车返回工厂			5#	16:37	17:00	23		12#	15:48	16:05	17		注意交通安全						
																	10#	17:38	17:55	17													

表 6-10　7 号标准单元体与 8 号标准单元体拼装表

步骤名称			工作地点	人员			流程					机具							安全保障		备注	费用													备注
总时间/min		步骤时间/min		负责人	指导人员	工人	分解工序	工法	流程记录		图例	安装工具		连接件		工装机具		工具记录	安全要求	安全记录		材料				工具(租/买)				人工费				合计	
									分项时间	一致性		名称	数量	名称	数量	名称	数量					材料名称	单价	数量	总价	工具名称	单价	数量	总价	单价	人数	工时	总价		
145	基脚安置	60	鑫霸	艾智敬	艾智敬	2	椅角放线	用曲尺、记号笔放线并将椅角安置就位	30	一致		曲尺 记号笔	1 1									基脚单	300	9	2 700	全站仪 水平尺				25	2	0.5	25		
							椅角调平	用全站仪和水平尺调平椅角	30	一致		全站仪 水平尺	1 1													曲尺 几号笔									
	基础框架安装	85	鑫霸	王海宁	王海宁	2	安装框架	2 名工人在椅角上安装框架型材	40	一致		8 mm扭力扳手	2	T形螺栓	若干							8080W-J1 8080W-J2 80 角码	345 756 8	4 6 16	1 380 4 536 128	扭力扳手		2		25	2	0.7	35		
							安装导轨	在框架固定位置安装导轨	30	一致		8 mm扭力扳手 角尺	2 1	4	T形螺栓	若干						T形螺栓 导轨-单 导轨-双	1.2 157 310	64 4 2	77 628 620	扭力扳手		2		25	2	0.5	25		
							安装滑块	在导轨上放置滑块	5	一致												T形螺栓 滑块	1.2 110	24 6	29 660					25	2	0.2	8		
							安装限位器	从导轨两侧固定限位器	10	一致		6 角扳手	2									限位件	3.12	12	37	6 角扳手		2		25	2	0.2	8		
55	7 号标准单元体放置	55	鑫霸	董凌	董凌(站在单元北侧) 王海宁(站在单元南侧)	4	单元放置就位	4 名工人分别观察单元四角 4 个垫块，保证垫块外边缘与基础框架边缘对齐，放置单元就位	40	由于吊件设计的问题，第一次起吊安置耗时较长	（工法图例）								2 名辅助工人观察吊车行动，及时通知就位工人，避免工人在吊装时手被夹伤(佩戴安全帽)											25	4	0	3	3	
					董凌	4	主体垫块槽钢连接	4 名工人各自用 T 形螺栓将主体垫块与滑轨上的槽钢连接	10	一致	（工法图例）	8 mm扭力扳手	4	T形螺栓	16							T形螺栓	1.2	16	19	扭力扳手		4		25	4	0.1	6	25.2	
					董凌	2	塞防腐木木楔	2 名工人在辅助垫块上塞入防腐木木楔，防止主体底部框架梁中部悬空于基础框架梁	5	一致	（工法图例）	锤子	2	楔形防腐木块	2							楔形防腐木块	1	2	2	锤子		1		25	2	0	1.5 0	3.5	
20	8 号标准单元体放置	20	鑫霸	董凌	董凌(站在单元北侧) 王海宁(站在单元南侧)	4	单元放置就位	4 名工人分别观察单元四角 4 个垫块，保证垫块外中间与滑块中间基本对齐，放置单元就位	12	吊车吊臂距离限制，两次起吊才完成就位	（工法图例）								2 名辅助工人观察吊车行动，及时通知就位工人，避免工人在吊装时手被夹伤(佩戴安全帽)											25	4	0	3	3	
					董凌	4	主体垫块槽钢连接	4 名工人将 4 个限位件用 T 形螺栓固定在滑块边缘	4	一致	（工法图例）	8 mm扭力扳手	4	T形螺栓	16							T形螺栓	1.2	16	19	扭力扳手		4		25	4	0.1	6 0	25.2	
					董凌	2	塞防腐木木楔	2 名工人在辅助垫块上塞入防腐木木楔，防止主体底部框架梁中部悬空于基础框架梁	2	一致	（工法图例）	锤子	2	楔形防腐木块	2							楔形防腐木块	1	2	2	锤子		1		25	2	0	1.5 0	3.5	
					董凌	4	松开 8 号单元两侧就位	4 名工人各自松开 4 个角的限位件	2	一致	（工法图例）	8 mm扭力扳手	4													扭力扳手		4		25	4	0	3	3	
20	安装紧线器和工装框架	20	鑫霸	从猛	从猛	4	安装紧线器	在 7 号和 11 号单元体两侧安装紧线器	10	一致		8 mm扭力扳手	4	T形螺栓	若干						紧线器安装位置可以继续优化	紧线器 T形螺栓	200 1.2	4 16	800 19	扭力扳手		4	25	2	0.2	8			
							安装工装框架	在 7 号和 11 号单元体侧面安装工装框架	10	紧线器较重，由原来的人工安装变为											工装框架过于复杂，需要优化	4080W-T1 4080W-T3	3 2	249 598	747 1 196	吊车				25 25	2 2	0.2 0.1	8 4		
30	拉紧 8 号标准单元体	30	鑫霸	从猛	从猛	4	拉紧紧线器	在两侧分别拉紧紧线器滑动 11 号单元体	5	挤压时发现缝隙大小不一致						紧线器	2				椅角调平了，但是轨道没有调平														
							拉紧工装框架	在两侧分别拉紧工装框架滑动 11 号单元体	5	挤压过程中出现 7 号单元滑动问题						工装框架	1				原有的紧限位器需要重新设计									25	2	0.1	4		
							安装 L 形固定件	完成拉紧后安装 L 形固定件	20	螺栓过长，安装时比较费力		扳手	2	8 mm螺栓 螺帽	若干 若干							六角螺栓 L形连接件	1 4	6 12	6 48	扳手		2		25	2	0.3	16.5		

表 6-11　内分隔体与内装装配表

总时间/min	步骤名称	步骤时间/min	工作地点	人员：负责人	人员：指导人员	人员：工人	流程：分解工序	流程：工法	流程记录：分项时间/min	流程记录：现场与设计一致性	图例	机具：安装工具名称	安装工具数量	连接件名称	连接件数量	工装机具名称	工装机具数量	工具记录	安全保障：安全要求	安全记录	备注	费用：材料名称	材料单价	材料数量	材料总价	工具(租/买)：工具名称	工具单价	工具数量	工具总价	人工费：单价	人数	工时	人工总价	合计	备注
1 670	安装内隔墙	140	现场	董凌	董凌	2	安装3、4号单元立柱	4名工人将在3、4号单元就位后分别卸下斜撑并安装立柱	20	一致		8 mm扭力扳手	4	T形螺栓	32							T形螺栓	1.2	48	57.6	扭力扳手		4					0	57.6	
																						自攻螺丝	0.4	50	20	电钻		1					0	20	
						4	安装骨架	吊装结束后2名工人安装3、4号单元间的内隔墙骨架	60	一致		8 mm扭力扳手	2	T形螺栓	16							内墙骨架	8.28	2	12.6	扭力扳手		4		25	2	1	50	62.56	
							安装墙板	2名工人安装隔墙板	60	一致		电钻	1	自攻螺丝	若干							内墙板	42.84	9	386					25	2	1	50	435.6	
	安装复合木地板	810	现场	董凌	董凌	2	清理地面	吊装结束后2名工人清理地面	30	一致		扫把	2													扫把		2		25	2	0.5	25	25	
							铺设垫层	2名工人铺设地板垫层	60	一致		剪刀	2	垫层	若干（长度）							地垫室	1	200	200	剪刀		2		25	2	0.5	25	225	
							铺设地板	2名工人铺设复合木地板	720	一致												复合木地板	80	200	1 600					0	2	12	0	1 600	
	安装天花	660	现场	董凌	董凌	2	安装骨架	2名工人安装天花骨架	180	一致		扳手	2	6角螺栓	720							6角螺栓、螺母	0.8	720	576	电钻		2					0	576	
														6角螺母	720							天花龙骨	8.28	60	497					25	2	3	150	646.8	
							安装天花板	2名工人安装天花板	480	天花安装完后又拆下来重装，主要是因为增加了窗帘												天花板	42.84	132	5 655					25	2	8	400	6 055	
	安装窗帘盒嵌板	60	现场	董凌	董凌	2	安装窗帘盒嵌板	2名工人在玻璃窗后安装窗帘盒嵌板	60	为安装窗帘盒增加的构造		电钻	1	自攻螺丝	96							自攻螺丝	0.4	96	38.4	电钻		2						38.4	
																						窗帘盒	20	12	240					25	2	1	50	290	
290	安装门廊	55 ×2	现场	董凌	董凌	2	安装门廊平台	2名工人在平台基角上固定平台型材	10	一致		8 mm扭力扳手	2	T形螺栓	若干				安装门廊屋顶为高空作业，需要做好防坠落安全保护			T形螺栓/角件	1.2/17	512/64	1 720	扭力扳手		4						1 702	
							安装门廊立柱	2名工人将立柱与平台固定	20	一致												框架平台型材	330.03/240.9	/3/3	1 713					25	2	1	50	1 763	
							安装门廊屋顶	2名工人在立柱上安装屋顶型材	25	一致												门廊型材	212/469/249/252	4/8/4/2	723					25	2	1	50	14 733	
	安装木平台	90 ×2	现场	董凌	董凌	2	安装防腐木龙骨	2名工人将木龙骨与铝合金型材固定	30	一致		8 mm扭力扳手	2	T形螺栓	若干																				
							安装第二层龙骨	2名工人通过连接件将第二层龙骨与第一层龙骨连接	30	一致		钉枪	2	自攻螺丝	若干																				
							安装防腐木平台	2名工人将木平台固定在龙骨上	30	一致																									

表 6-12 电装配表

步骤		工作地点	负责人	人员		流程				流程记录		机具						工具记录	安全保障		备注	费用												合计
							工法					安装工具		连接件		工装机具						材料				工具(租/买)				人工费				
步骤名称	总时间			指导人员	工人	分解工序名称	时间/min	工法	图例	分项时间/min	现场与设计一致性	名称	数量	名称	数量	名称	数量		安全要求	安全记录		材料名称	单价	数量	总价	工具名称	单价	数量	总价	单价	人数	工时	总价	
内外墙板开洞		工厂	王玉	王玉、董凌	2组×2	空调设备管线开洞	2×6=12	每个模块需1名工人用钢尺定位，1名工人用电钻开洞，共6个洞(分别是1、3、5、7、9、11号模块)，开洞需要同时打穿3层墙板	(工法图例)	12	一致	钢尺、卷尺、记号笔、电钻	各1					添加人字梯	防止摔倒							钢尺 卷尺				25	4	0.2	20	
				王玉	2	室外引线开洞	2	1名工人用钢尺定位，1名工人用电钻开洞30×30(位于12号模块的入口处)，开洞需要同时打穿3层墙板	(工法图例)	2	工作地点，现场															记号笔 电钻				25	2	0.03	1.5	
				王玉、董凌	2	室外壁灯墙板开洞	2×6=12	每个模块需1名工人用钢尺定位，1名工人用电钻开洞，共6个洞(2、10号模块开洞2个；4、12号模块开洞1个)，开洞需要同时打穿3层墙板	(工法图例)	12	工作地点，现场																			25	2	0.2	10	
				王玉	2	内隔墙开洞	2×3=6	1名工人用钢尺定位，1名工人用电钻开洞，共3个洞(顶部1个，下部2个)	(工法图例)	6	1. 工作地点，现场；2. 增加空调线套管(2根)																			25	2	0.1	5	
布置空调线管		现场	王玉	王玉	电工2	布置套管	60	按模块单元宽度截取空调套管长度，并装于吊顶中	(工法图例)	60	这段步骤先前设计未考虑	钢尺、卷尺、记号笔、电钻	各1					添加人字梯	防止摔倒			PVC电工套管	1.5元/m	30×3=90 m	136元	电钻				25	2	1	50	
				王玉	电工2	穿空调线	60	将空调线穿越套管，2名工人在套管两端一伸一拉，在过盖缝板弯曲空调线暂时固定于盖缝板下缘，最后将穿有空调线的套管塞进吊顶中	(工法图例)	60												空调线BV1×4	3 000元/卷	2卷	600元	卷尺				25	2	1	50	
布线		现场	王玉	王玉	电工2	强电布线	120	用卷尺对强电线的布置高度进行测量，依强电走线布置(包括室内外)	(工法图例)	120	布线这一步骤应调到布置线盒和线槽之后，同时布线结束后盖线盒面板	钢尺、卷尺、万用表、剥线钳、改锥、电工刀、标签	各1	绝缘胶布、透明胶、玻璃胶	各1			添加人字梯	防止漏电			强电线BV1×2.5	200元/卷	1卷(100)	200元	记号笔				25	2	2	100	
				董凌	电工2	弱电布线	60	用卷尺对强电线的布置高度进行测量，依弱电走线布置(包括室内外)	(工法图例)	60												弱电线BV1×2.5	200元/卷	1卷(100)	200元					25	2	1	50	
布置线盒		现场	王玉	王玉、董凌	电工2	布置强电线盒(包括配电箱、开关、插座)	2×3个×12模块=72	用卷尺对线盒的安装高度和距离进行测量、安装	(工法图例)	72	北面墙：1个空调插座、2个强电插座、1个弱电插座；南面墙：1个开关插座、2个强电插座、1个弱电插座；先安装线盒背板	钢尺、卷尺、标签	各1	双面胶	各1			添加人字梯	防止漏电			线盒(开关、插座) 自攻螺丝	15元/个 0.4元/个	26个 120个	390元 48元	电钻 记号笔				25	2	1.2	60	
				王玉、董凌	电工2	布置弱电线盒(壁龛接线器、信息插座、电话插座)	2×1个×12模块=24	用卷尺对线盒的安装高度和距离进行测量、安装	(工法图例)	24												配电箱 壁龛接线器	70元/个 250元/个	1个 1个	70元 250元	老虎钳				25	2	0.4	20	
布置线槽		现场	王玉	王玉、董凌	电工2	布置强电线槽	2×3个×12模块=72	用卷尺对线盒的安装高度和长度进行测量，依强电走线布置、安装(胶粘)	(工法图例)	72	先安装线槽背板，布线结束后盖面板	线槽剪、钢卷尺(3 m)、电钻、冲子、锤子	各1	双面胶	各1			添加切割机(铝合金线槽)、人字梯	防止漏电			铝合金方形线槽	5元/m	70 m	350元	电钻				25	2	1.2	60	
				王玉、董凌	电工2	布置弱电线槽	2×1个×12模块=24	用卷尺对线盒的安装高度和长度进行测量，依弱电走线布置、安装(胶粘)	(工法图例)	24									防止切割机伤手			自攻螺丝	0.4元/个	250个	100元	记号笔				25	2	0.4	20	
安装设备		现场	王玉	王玉、董凌	专业厂家工种2	空调安装	20×6=120	依图纸位置确定高度、距离安装室内机、室外机	(工法图例)	120	未完成	电动曲线锯、手锯、直尺、锤子、螺丝刀、钳子	各1	螺钉、铁钉、铆钉和黏结剂等				添加人字梯	防止摔倒			铝制格栅吊线式荧光灯	60元/个	170个	10 200元	电钻				25	2	2	100	
				王玉、董凌	电工2	灯具安装	20×10=200	依图纸位置确定高度、距离安装筒灯、荧光灯、声控壁灯	(工法图例)	200												筒灯 声控壁灯	24元/个 4元/个	45个 150个	1 080元 600元	卷尺 记号笔				25	2	3.3	165	

（三）安装工法表

工法是在工业化住宅研发阶段需要深入考虑和确定的，是对不同构件组的物理定位方法，是协同工作和设计的重要环节，也是统筹人工、机械和物料的组织步骤。它的关键点在于将传统的图纸出图方式转变为图纸和工法结合的出图方式，通过工法将图和设计、建造联系起来，指导现场装配阶段操作工人作业。因此，工业化住宅建造的核心内容是图、工法一体化，即构件的成形和定位。

结合第二代铝合金轻型结构组装式住宅产品 8 号标准单元体现场吊装装配情况，从图纸和现场情况两个方面考虑，总结了一套较为完整的安装工法，纵向分为主体单元编号、装配顺序、现场准备及单元体起吊安装就位。在现场装配记录中设定了三次定位，即一次定位、二次定位和三次定位。通过辅助定位措施实现构件快速、安全的定位，提高吊车的利用率，进而节约时间，减少人力成本。因此工法要同装备的研究同步进行。工法表系统横向分为主工序、分部工序、分项工序、图示、辅助工具、工人建议和安全保障七个部分。通过工法表的制作动态指导装配活动的展开。

图纸编号主要是对主体单元的 12 个标准单元体依次自左向右进行编号，对应的滑块编号根据所属单元体进行排列，即 1 号标准单元体对应的分别为 1-A 和 1-B 滑块。装配顺序部分依照单元体具体装配顺序进行排列，共列为 12 个步骤，其中还详细罗列了单元体装配的准备工作工序，即就位件的装配顺序。现场准备部分主要描述了具体步骤的工具准备，如 8 号标准单元体装配前的工具准备包括手套、扳手、柳工 QY8E、凯马、钢扁担、紧线器、限位件。单元体吊装安装就位部分对 8 号标准单元体现场施工进行了图示详解，共分解为一次定位准备、一次定位、二次定位、三次定位准备、三次定位几个部分，并对每个部分以图示加文字说明具体操作步骤，方便操作人员快速理解如何组装，并配以安全保障说明，保障施工安全(表6-13)。

表 6-13　8 号标准单元体安装工法

标准单元体安装工法						
主工序	分部工序	分项工序	图示	辅助工具	工人建议	安全保障
Ⅰ主体单元编号	对 12 个单元体编号	主体单元自左向右依次为 1-12 编号				
		每个主体单元左侧下方对应左侧滑块为“单元编号-A”，右侧滑块“单元编号-B”	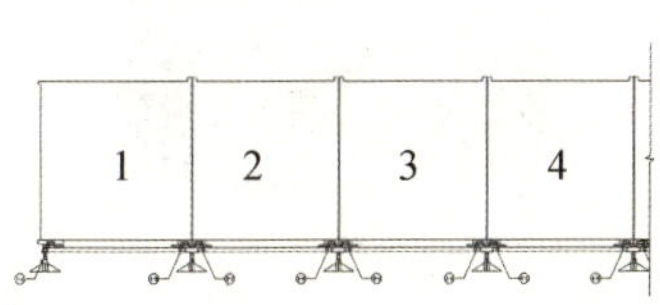			

续表 6-13

标准单元体安装工法						
主工序	分部工序	分项工序	图示	辅助工具	工人建议	安全保障
Ⅱ装配顺序	按照12个安装步骤装配12个标准单元体	先安装7、8号两个标准单元体，从两侧依次向中间拉紧单元体	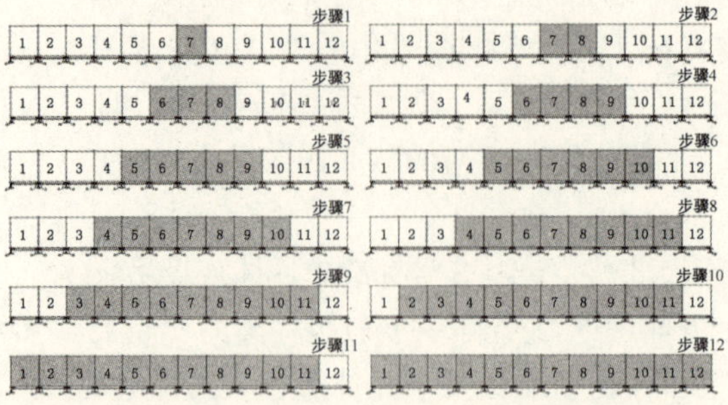			
		就位件装配顺序	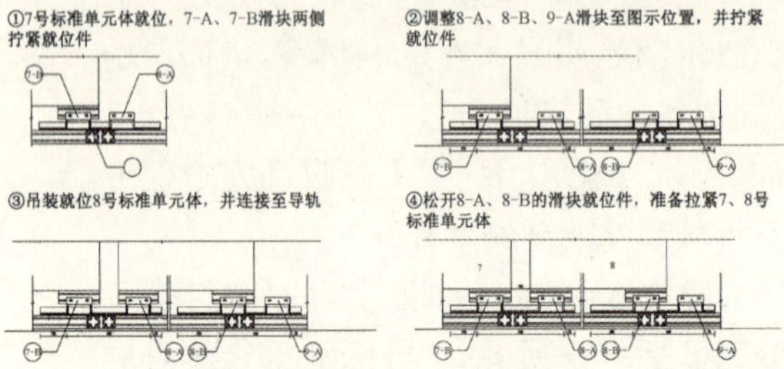			
Ⅲ现场准备	工具准备	手套、扳手、柳工QY8E、凯马、钢扁担、紧线器、限位件	    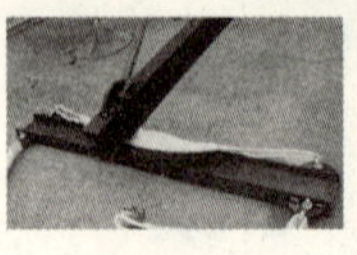  			
Ⅳ单元体起吊安装就位	8号标准单元体起吊安装定位	一次定位准备	调整8-A、8-B、9-A滑块至图示位置，并拧紧就位件 	 		
		一次定位	4名工人分别观察单元四角4个垫块，保证垫块外边缘与基础框架边缘对齐，放置单元体就位 	   		2名辅助工人观察吊车行动，及时通知就位工人，避免工人在吊装时手被夹伤（佩戴安全帽）

续表 6-13

标准单元体安装工法						
主工序	分部工序	分项工序	图示	辅助工具	工人建议	安全保障
Ⅳ单元体起吊安装就位	8号标准单元体起吊安装定位	二次定位（主体垫块槽钢连接）	4名工人各自用T形螺栓将主体垫块与滑轨上的槽钢连接，松开就位件 	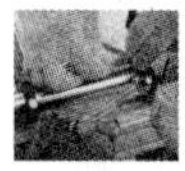 		
		三次定位准备	在7号和8号标准单元体两侧安装紧线器 	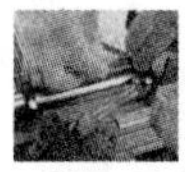 		
		三次定位	拉紧紧线器和工装框架滑动8号标准单元体 	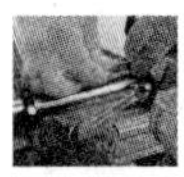 		
			完成拉紧后安装L形固定件 	 		

在江苏武进举办的第八届国际绿色建筑大会中，东南大学建筑学院建筑技术与科学研究所展示了三栋绿色建筑，其中忆徽堂展示了在轻型结构的安装工法表研究的基础上，对结构预制装配系统也绘制了相应的安装工法，也是对重型结构住宅产品系统的首次试制并成功完成了整个产品的建造，项目中加入了传统的徽派建筑特色——马头墙，既采用了工业化建造方式，又不失当地建筑中蕴含的文化韵味。以尼高外墙板构件安装工法为例，通过工法将图和设计、建造联系起来，是工业化中国式被动节能建筑建造的核心（表6-14）。

表 6-14　尼高外墙板构件安装工法

主工序	分部工序	分项工序	图示
Ⅰ 尼高外墙板构件编号	1. 尼高外墙板按照施工顺序编号	西面排列顺序	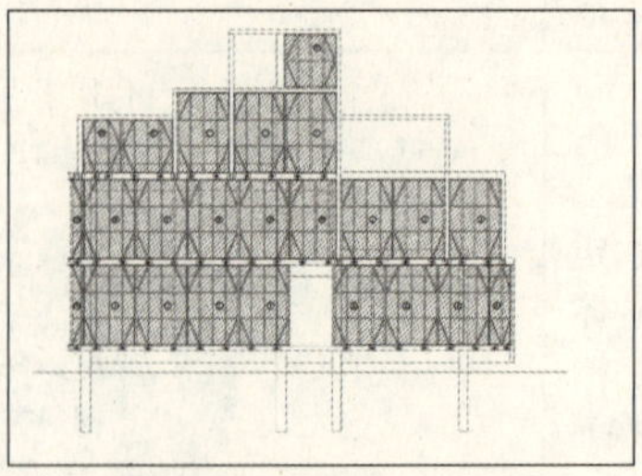
		东面排列顺序	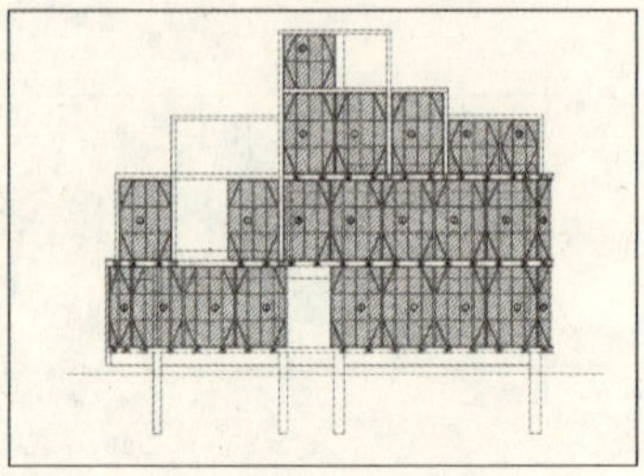
		北面排列顺序	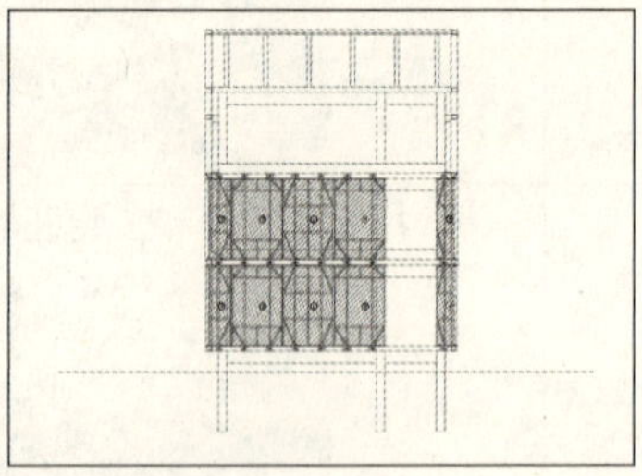
Ⅱ 施工顺序	2. 按顺序准备墙板	西面一层安装顺序	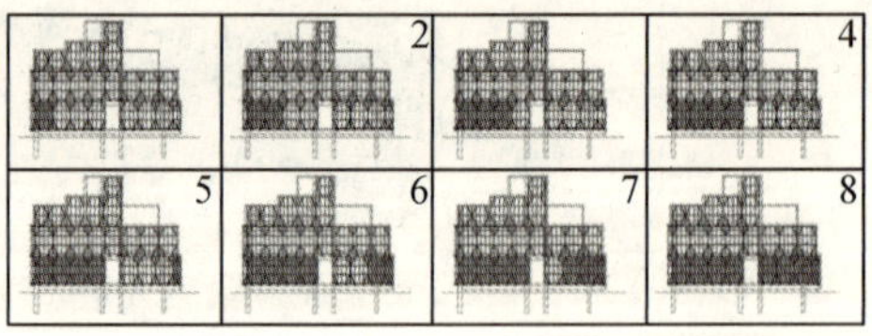
		东面一层安装顺序	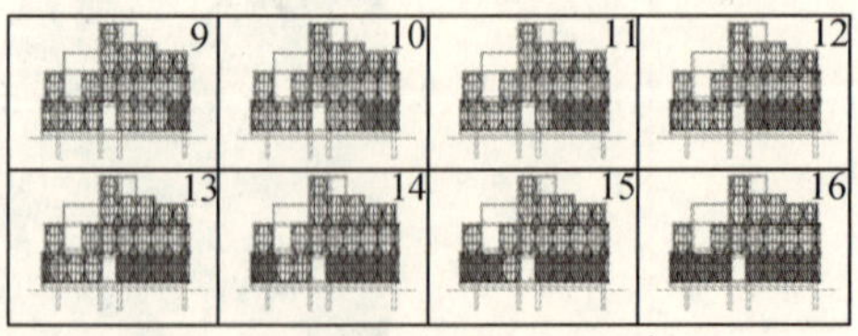
		北面一层安装顺序	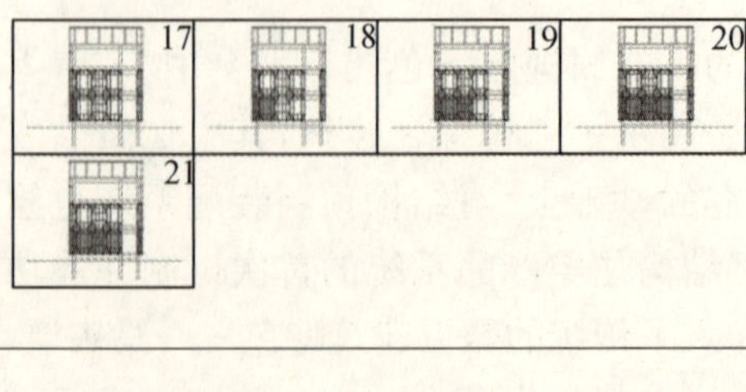

续表 6-14

主工序	分部工序	分项工序	图示
Ⅲ 现场准备	3. 工具准备	准备妥当一切工具，重点如下：2 t起重葫芦，25 t吊车，尼龙绳，扳手若干，安全绳	    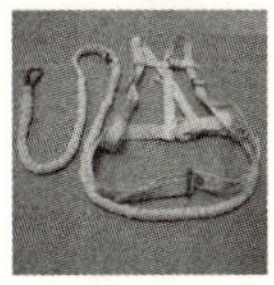 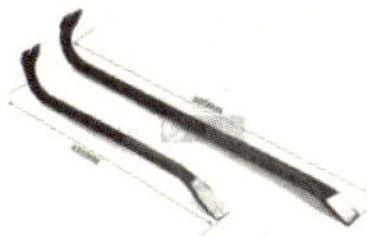
	4. 板准备，核查数据	安装限位连接件	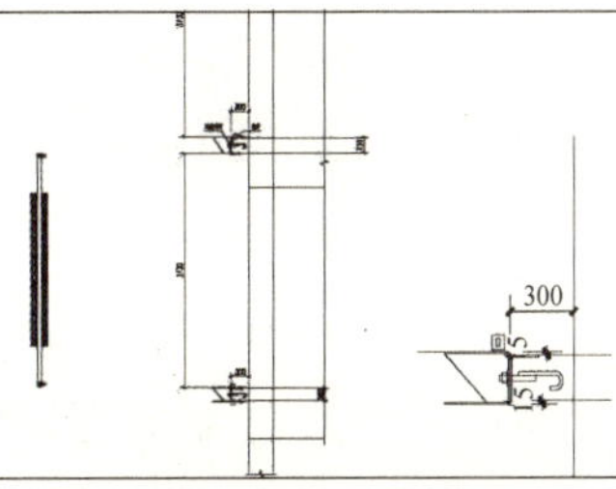
Ⅳ. 板起吊，安装定位	5. 板起吊，安装定位	一次定位	吊锤同时连接钢丝绳和 2 t 手拉葫芦，均与墙板连接，将板运送到安装工位附近 
		二次定位	手拉葫芦拉紧上劲，吊车钢丝绳稍松，利用手拉葫芦微调，同时配合绳索和撬棒将板送到预设位置 
		三次定位	拧螺丝彻底固定，松吊车连接 

第七章　结论与展望

1. 结论

本书针对我国工业化住宅建设领域引入集成管理模式而展开深入研究。主要研究结论如下：

(1) 在现有的集成管理理念、工程管理模式理论、制造业的精益理论、系统理论、戴明质量管理理念等相关理论综述的基础之上，对工业化住宅全生命周期管理模式的概念及其内涵、特征等做了较全面和深入的解析和比较，为进一步展开研究打下良好的基础。

(2) 以全生命周期集成化管理的思想将工业化住宅产品从决策到运营阶段全过程信息有机进行集成，实现组织、过程、信息和系统集成，目的是为实现整体利益最大化，达到保值增值的目标。

(3) 保障工业化住宅建设系统有效运行：全生命周期组织集成，这是工业化住宅集成管理模式关键基础之一，通过基于过程管理思想的工业化住宅产品组织结构的构建，合理定义管理职能分工可以有效地管理组织界面，并通过虚拟组织协同工作建立集成组织来保证系统的有效运行。

(4) 达成工业化住宅建设系统的长期盈利期望：过程集成，是工业化住宅集成管理模式关键基础。以过程改进管理思想对工业化住宅全过程进行了改进，建立工业化住宅全生命周期过程模型，包括工业化住宅全生命周期总体模型、顶级层级分解模型、二级层级分解模型和三级层级分解模型。

(5) 信息集成目的是实现工业化住宅建设系统信息沟通，系统集成是帮助实现工业化住宅建设系统整合的有力技术手段。信息集成为不同组织间无障碍沟通提供最基本的保障，同时通过信息技术可以准确定义建筑信息模型、过程模型、项目管理模型、运营管理模型的相互关联关系，最终达成系统集成。

2. 展望

迄今为止，国内工业化建设领域仍以设计—招标—建造传统组织管理模式为主，总承包组织管理模式接受度不高，而虚拟组织模式、Partering 模式这两种先进的组织协作模式出现时间不长，引入国内时间短。国内学者对工业化住宅全生命周期管理模式的探讨很缺乏，再加上国内建设领域能承担工业化建设的管理企业少之又少，拥有综合性能力的总承包企业稀缺，所以要在我国建设领域不断完善和发展工业化住宅系统管理模式还需很长的路要走，制造业管理思想在具体实施过程中的应用成效还有待认证，更重要的是需亲自参与学习，进一步加强研究适合工业化建筑产品的有效可行的管理模式。

参考文献

一、中文著作

1. 建设部. 中国建筑业改革与发展研究报告(2005)[M]. 北京:中国建筑工业出版社,2005
2. 中国社会科学院语言研究所词典编辑室. 现代汉语词典[M]. 5 版. 北京:商务印书馆,2005
3. 陈世清. 老子的管理智慧[M]. 北京:中国经济出版社,2011
4. [日]中野明. 图解高德拉特约束理论[M]. 吴麒,译. 北京:中国人民大学出版社,2008
5. 李宝山. 集成管理——高科技时代的管理创新[M]. 北京:中国人民大学出版社,1998
6. 海峰. 管理集成论[M]. 北京:经济管理出版社,2003
7. L 贝塔朗菲. 一般系统论[M]. 袁嘉新,译. 北京:社会科学文献出版社,1987
8. 谢芝馨. 工业化住宅系统工程[M]. 北京:中国建筑工业出版社,2003
9. 庆华,何玉琳. CIMS 中的系统集成和信息集成[M]. 北京:电子工业出版社,1997
10. [美]杰弗瑞・莱克. 丰田模式:精益制造的 14 项管理原则[M]. 李芳龄,译. 北京:机械工业出版社,2011
11. 何清华,罗岚. 大型复杂工程项目群管理协同与组织集成[M]. 北京:科学出版社,2014
12. 丁士昭. 工程项目管理[M]. 北京:中国建筑工业出版社,2006
13. 赵玉林. 高技术产业化界面管理[M]. 北京:中国经济出版社,2004
14. 陈剑,冯蔚东. 虚拟企业构建与管理[M]. 北京:清华大学出版社,2002
15. 陈禹六. IDEF 建模分析和设计方法[M]. 北京:清华大学出版社,1999
16. [美]James Martin. 战略数据规划方法学[M]. 耿继秀,译. 北京:清华大学出版社,1994
17. 祝颂和,曾明,陈建明,等. 离散数学[M]. 西安:西安交通大学出版社,1996
18. 今井正明. 改善——日本企业成功的奥秘[M]. 北京:机械工业出版社,2010
19. 丁家云,谭艳华. 管理学理论、方法与实践[M]. 合肥:中国科学技术大学出版社,2010
20. 何关培. BIM 总论[M]. 北京:中国建筑工业出版社,2011
21. 何关培,李刚. 那个叫 BIM 的东西究竟是什么[M]. 北京:中国建筑工业出版社,2011
22. 王成恩. 产品生命周期建模与管理[M]. 北京:科学出版社,2006
23. [美]W 爱德华兹. 戴明论质量管理[M]. 海口:海南出版社,2003
24. [日]佐治泰次. 最新建筑构筑法[M]. 李政隆,译. 台湾大佳出版社,1986
25. 尹衍梁. 殊道共筑——尹衍梁土木文集[M]. 北京:人民交通出版社,2005

二、外文文献

1. Kieran S, Timberlake J. Refabricating architecture: how manufacturing methodologies are poised to transform building construction[M]. Columbus:McGraw-Hill Professional,2003
2. Pries F, Doree A. A century of innovation in the Dutch construction industry[J]. Construction Management and Economics, 2011, 23:561-564
3. Lean C B. Product development:making waste transparent[D]. Cambridge:Massachusetts Institute of Technology,2004
4. Lean M E. Enterprise value[M]. New York:Palgrave Press,2002
5. Egan J. Rethinking construction: the report of the construction task force. Municipal Engineer, 1998,127(4):199-203
6. Larson E. Project partnering: results of study of 280 construction projects[J]. Journal of Management in Engineering, 1995,11(2):30-35

7. Anumba C J, Nosa F O. Concurrent engineering in design-build projects[J]. Construction Management and Economics, 1997, 15(3):271-281
8. Khalfan M M, Anumba C J, Siemieniuch C E, et al. Readiness assessment of the constructing supply chain for concurrent engineering[J]. European Journal of Purchasing & Supply Chain, 2001 (7): 141-153
9. Arbulu R J, Tommelein I D. Alternative supplychain configurations for engineered or catalogued made-to-order components: case study on pipe supports used in power plants[R]. Proceedings 10th Annual Conference International Group for Lean Construction, Brazil, 2002
10. Slack R A. The application of lean principles to the military aerospace product development process[D]. Cambridge: Massachusetts institute of Technology, 1998
11. Thomas H R, Riley D R, Sanvido V E. Loss of labor productivity due to delivery methods and weather[J]. Journal of Construction Engineering and Management, 1999, 125(1):39-46
12. Everett J G, Frank R B. Costs of accidents and injuries to the construction industry[J]. Journal of Construction Engineering and Management, 1996, 122(2):158-164
13. Lester D H. Critical success factors for new product development[J]. Research Technology Management, 1998, 41(1):36-43
14. Pavitt T C, Gibb A G F. Interface management within construction: in particular, building facade[J]. Journal of Construction Engineering and Management, 2003, 129(1):8-15
15. Chua D K, Godinot M. Use of a WBS matrix to improve interface management in projects[J]. Journal of Construction Engineering and Management, 2006, 132(1):67-79
16. Black C, Akintoye A, Fitzgerald E. An analysis of success factors and benefits of partnering in construction[J]. International Journal of Project Management, 2000, 18(6):423-434
17. Ljungberg A. Rrocess measurement[J]. International Journal of Physical Distribution & Losgistics Management, 2002, 32(4): 254-287
18. Elzinga D J, Horak T, Lee C Y, et al. Business process management: survey and methodology[J]. IEEE Transactions on Engineering Management, 1995, 42(2):119-128
19. Anumba C J, Baugh C, Khalfan M M A. Organisational structure to support concurrent engineering in construction[J]. Industrial Management & Data Systems, 2002, 102(5):260-270
20. Workflow Management Coalition. Interface 1: Process definition interchange-Q&A and examples (WfMC TC-1016-X) [EB/OL]. (1999-02-18). http://www.aiim.org/wfmc/
21. Fischer M, Kunz J. The circle: architecture for integrating software[J]. Journal of Computing in Civil Engineering, 1995, 9(2):122-133
22. Laiserin J. Laiserin's Lemma TM: an orange by any other name[EB/OL]. (2006-05-01). http://www.laiserin.com/features/issuel6/feature03
23. Social Analysis System. Guiding principles of process management[EB/OL]. (2006-10-06). http://www.sas-pm.com/SAS/sas process manager.htm
24. BuildingSMART 国际组织网站[EB/OL]. http://buildingsmart.be.no:8080/buildingsmart.com 日本分会
25. BuildingSMART 国际组织网站[EB/OL]. http://buildingsmart.be.no:8080/buildingsmart.com 欧洲分会
26. BuildingSMART 国际组织网站[EB/OL]. http://buildingsmart.be.no:8080/buildingsmart.com 韩国分会
27. Dawson A. Computerisation of achitectural practices in Victoria, Australia[D]. Melbourne: Deakin University, 1996
28. Bentley Architecture Introduction[EB/OL]. http://3y.uu456.com/bp-1sedfc66fs33sa8102d220c6-1.html
29. AIA. Report on Integrated Practice[EB/OL]. (2006-09-01). http://www.aia.org/ip_default
30. Thomas F. Models of construction process information[J]. Journal of Computing in Civil Engineering, 1996, 10(3):183-193
31. Jeng T S. Design transactional flow management: structuring design processes for CAD frameworks[D]. Atlanta: Georgia Institute of Technology, 1998
32. Cheng F F, Patel P, Bancroft S. Development of an integrated facilities management information system based on STEP: a generic product data model[J]. International Journal of Construction Information Technology, 1996, 4(2):1-13
33. Halfawy M M R, Froese T M. Component-based framework for implementing integrated architectural/engineering/construction project systems[J]. Journal of Computing in Civil Engineering, 2007(21):441-452

三、期刊

1. 蒋博雅. 新型建筑工业化——城乡可持续发展转型的要求[J]. 建筑技术,2015,46(3):238-239
2. 王放伟,冯凯. 论工程项目集成管理及其经济效益[J]. 建筑管理现代化,2005,12(5):26-28
3. 蒋博雅. 我国住宅产业标准化体系现状和问题[J]. 建筑与文化,2015(1):163-164
4. 邹晓周,曲菲. 绿色节能主义之低碳建筑[J]. 建筑节能,2009,38(218):75-76
5. 周笑绿. 循环经济与中国建筑垃圾管理[J]. 建筑经济,2005(6):14-16
6. 郭戈. 面向先进制造业的工业化住宅初探[J]. 住宅科技,2009(11):11-17
7. 赵明桥,王小凡. 集成建筑——一种工业化住宅建筑体系[J]. 南方建筑,2001(2):18-20
8. 周静敏,苗青,司红松,等. 住宅产业化视角下的中国住宅装修发展与内装产业化前景研究[J]. 建筑学报,2014(7):1-9
9. 刘东卫,周静敏,邵磊. 新中国成立以来住宅工业化及其技术发展[J]. 北京规划建设,2009(6):34-42
10. 叶昆山,胡耀峰. 浅谈我国建筑行业的供应链管理[J]. 商场现代化,2009(03):100-101
11. 季生平. 总承包管理的内涵分析及其组织构架攻略[J]. 建筑施工,2015,29(1):79-82
12. 张永光,张佳音. 如何控制工程的费用[J]. 低温建筑技术,2008(3):150-151
13. 何清华,陈发标. 建设项目全寿命周期集成化管理模式的研究[J]. 重庆建筑大学学报,2001(4):77-82
14. 刘斌. 集成管理模式的探讨[J]. 中国石化,2006(12):27-28
15. 孙忠誉. 浅谈系统集成工程项目的成本控制[J]. 财经界,2010(12):248-249
16. 王华,尹贻林,吕文学. 现代建设项目全寿命周期组织集成的实现问题[J]. 工业工程,2005(2):40-43
17. 肖良丽,吴子昊,方婉蓉,等. BIM 理念在建筑绿色节能中的研究和应用[J]. 工程建设与设计,2013(3):106-109
18. 陈建国,周兴. 基于 BIM 的建设工程多维集成管理的实现基础[J]. 科技进步与对策,2008,25(10):155-158
19. 田帅,徐蓉,王旭峰. BIM 在工程造价管理中的应用[J]. 施工技术,2014(4):104-105
20. 刘照球,李云贵. 建筑信息模型的发展及其在设计中的应用[J]. 同济大学学报(自然科学版),2010,38(7)
21. 何清华,韩翔宇. 基于 BIM 的进度管理系统框架构建和流程设计[J]. 项目管理技术,2011(9)
22. 何清华,钱丽丽,段运峰,等. BIM 在国内外应用的现状及障碍研究[J]. 工程管理学报,2012,26(1)
23. 费奇,余明晖. 信息系统集成的现状与未来[J]. 系统工程理论与实践,2001(3):76-79
24. 韩宗海,刘振元,包晓春. 项目管理信息系统集成及其发展趋势[J]. 计算机科学,2006(11):113-117
25. 王婧斐. 浅谈精益管理[J]. 经营管理者,2011(9):104
26. 杨青,邱菀华,张静. 精益项目研发过程中的非增值活动分析[J]. 工业工程与管理,2007(1):98-102
27. 杨青,邱菀华. 精益价值管理的基本原理与方法研究[J]. 科研管理,2007(4):151-156
28. 王伟. 供应链概念的起源和发展研究[J]. 中国市场,2015(2):78-80
29. 王要武,薛小龙. 供应链管理在建筑业的应用研究[J]. 土木工程学报,2004,37(9):88-93
30. 温冉. 基于代建方的工程项目组织界面管理[J]. 项目管理技术,2009,7(3):17-21
31. 郭琦,杨国亮,高海曼. EPC 总承包模式下项目界面分析[J]. 项目管理技术,2014,12(3):45-49
32. 邢以群,郑心怡. 一种新的多项目管理模式——流程导向型组织结构模式探讨[J]. 管理科学,2003,17(4):43-46
33. 赵斌,吕西林,刘丽珍. 全装配式预制混凝土结构梁柱组合件抗震性能试验研究[J]. 地震工程与工程振动,2005,25(1):82-88
34. 林宗凡. 装配式抗震框架延性节点的研究[J]. 同济大学学报(自然科学版),1998,26(2):134-138
35. 范力,吕西林,赵斌. 预制混凝土框架结构抗震性能研究综述[J]. 结构工程师,2007,23(4):94-101
36. 赵瑞东,陆晶,时燕. 工作流与工作流管理技术综述[J]. 科技信息,2007(8):107-109
37. 卢勇. 工程项目的建设过程重组[J]. 基建管理优化,2003,15(4):17-20
38. 刘焕新. 过程管理方法在企业中的应用[J]. 企业家天地,2008(4):144-145
39. 郭春明,韩之俊. 基于 IDEF0 的产品生命周期过程建模[J]. 机械制造,2005(10):29-32
40. 乔非,吴启迪,沈荣芳. 面向企业过程重建的事务流程模型研究与应用[J]. 系统工程理论与实践,1999,19(1):39-46
41. 牛军钰,赵宏,赵大哲. 基于 Petri 网的工作流建模方法[J]. 控制与决策,1999,14(增刊):521-525
42. 何清华,钱丽丽,段运峰,等. BIM 在国内外应用的现状及障碍研究[J]. 工程管理学报,2012,26(1):16-20
43. 罗振壁,莫如虎,罗杰,等. 精益生产与管理(一):学习与应用精益生产与管理的十问[J]. 世界制造技术与装备市场,2007(3):81-87
44. 贾兰举. 浅谈建设工程投资控制[J]. 合作经济与科技,2015(13):76-77
45. 方立新,周琦,董卫. 基于 IFC 标准的建筑全息模型[J]. 建筑技术开发,2005(2):98-99

46. 整合需求和挑战：驾驭非结构化信息[J]. 中国制造业信息化，2006(24)：31-32
47. 丰亮，陆惠民. 基于BIM的工程项目管理信息系统设计构想[J]. 建筑管理现代化，2009，23(4)：90-94
48. 付琴，邹宛伶，雷雪莲. 建筑工程施工中数字化技术应用及发展研究[J]. 四川建材，2014(2)：5-6
49. 顾威，赵宇. PC技术在公共建筑中的应用探析——以“十二运”安全保卫指挥中心为例[J]. 建筑设计管理，2013(1)：74-76
50. 范红伟. 信息不对称下的建设项目组织界面管理[J]. 重庆科技学院学报(社会科学版)，2010(1)：106-108
51. 戴彬. 项目信息门户与工程建设过程重组[J]. 基建优化，2005(3)：3-5
52. Fischer M. 从基于信息化建筑模型(BIM)的建设项目生命周期管理(BLM)中获得效益[J]. Autodesk在中国，2005(1)：12

四、论文

1. 高颖. 住宅产业化——住宅部品体系集成化技术及策略研究[D]. 上海：同济大学，2006
2. 潘声平. 基于精益思想的产品研发项目管理方式研究[D]. 山东：山东大学，2012
3. 姜保平. 我国工程建设领域Partnering模式研究[D]. 上海：同济大学，2008
4. 周全. PC结构住宅工业化模板体系研究[D]. 上海：同济大学，2009
5. 王慧英. 预制混凝土工业化住宅结构体系研究[D]. 广州：广州大学，2007
6. 封浩. 工业化住宅技术体系研究——基于“万科”装配式住宅设计[D]. 上海：同济大学，2009
7. 蔡玉春. 面向产业化的钢结构住宅工程管理模式研究[D]. 武汉：武汉理工大学，2010
8. 付道春. 建筑业企业项目群管理模式研究[D]. 上海：同济大学，2006
9. 李永奎. 建设工程生命周期信息管理(BLM)的理论与实现方法研究——组织、过程、信息与系统集成[D]. 上海：同济大学，2007
10. 吴子燕. 项目驱动下建筑产品并行设计关键技术研究[D]. 西安：西北工业大学，2006
11. 蔡莉霞. PDM中BOM多视图的研究与实现[D]. 上海：上海交通大学，2008
12. 许隽. 基于PDM的项目管理技术研究与实现[D]. 北京：清华大学，2004
13. 卢勇. 基于互联网的工程建设远程协作的研究[D]. 上海：同济大学，2004
14. 聂柯渐. 界面管理理论研究[D]. 福州：福州大学，2006
15. 黎庆. 南京地铁建设项目界面管理研究[D]. 南京：东南大学，2007
16. 李建新. 对基于项目的市场和组织关系的分析研究[D]. 上海：上海交通大学，2003
17. 庄霁芳. Computer Integrated Construction的概念及其系统的研究[D]. 上海：同济大学，2001
18. 杨洪涛. 业务过程管理实施方法理论及应用的研究[D]. 杭州：浙江大学，2004
19. 高慧. C/S到B/S模式转换的技术研究[D]. 青岛：中国海洋大学，2009

五、报纸

1. 文林峰. 再辩“住宅产业化”——关于住宅产业现代化与建筑工业化概念的内涵与外延的思考[N]. 中国建设报，2013-11-18
2. 钱颜文，孙林颜. 论管理理论和管理模式的演进[N]. 管理工程学报，2005-12-16
3. 钢结构最适合建筑工业化[N]. 中国建设报，2015-05-06

六、网站

1. 建筑工业化，再也不能只喊口号[EB/OL]. (2013-11-05). http://cppcc. people. com. cn/n/2013/1105/c34948-23429870. html
2. 什么是住宅工业化？其建造方式和应用发展解析[EB/OL]. (2012-08-04). http://newhouse. nanjing. fang. com/house/2012-08-24/8419793. htm
3. 钢结构工业化住宅代表未来方向[EB/OL]. (2011-06-30). http://www. ccmsa. com. cn/show/40199. html
4. 楚先锋. 国内外工业化住宅的发展历程(4) 欧美篇：美国[EB/OL]. (2012-09-18). http://precast. com. cn/index. php/news_detail-id-148-page-1. html
5. DB总承包模式(之一)[EB/OL]. (2012-06-27). http://www. cpmchina. com/html/1618/66723. html
6. 丁士昭. 国际建筑业发展战略和大陆建筑业发展关系的思考，PPT，1998
7. 黄铁苗，曹睁. 决策失误造成的浪费最大[N/OL]. (2006-07-18). http://finance. sina. com. cn/review/20041104/13461132145. shtml
8. 陈永霞. 三维视角PBS、WBS、OBS的关系[EB/OL]. (2014-11-14). http://blog. sina. com. cn/s/blog_4a6beae30102v65h. html
9. 马洪波. 大数据研究：设计行业发展九大趋势[EB/OL]. (2015-04-15). http://www. aiweibang. com/yuedu/24342117. html
10. 业务流程管理基本概念(七)：BPM与工作流管理的区别与联系 [EB/OL]. CTI论坛

11. 何关培. BIM 内省(五):制造业给我们的启示[EB/OL]. (2013-02-17). http://blog. sina. com. cn/s/blog_620be62e01016xox. html
12. WBS,工作分解结构[EB/OL]. http://baike. baidu. com
13. 何关培. BIM 应用最好的信息交换方法是不交换[EB/OL]. (2015-04-30). http://blog. sina. com. cn/s/blog_620be62e0102w5ck. html
14. 何关培. 实现 BIM 价值的三大支柱——IFC/IDM/IFD[EB/OL]. (2010-09-30). http://blog. sina. com. cn/s/blog_620be62e0100 m1sd. html
15. IFC 格式简介,FME——专业化的空间数据服务实践者[EB/OL]. (2014-01-03). http://blog. 163. com/antufme@126/blog/static/14049249220140391316837
16. 纵观 ILM 发展前景[EB/OL]. (2016-02-20). http://tech. watchstor. com/tech-21219. htm
17. 刘会. 使用 ICI 实现 Informix,DB2,Oracle 等关系型数据库的内容集成[EB/OL]. (2009-08-12). http://blog. itpub. net/15082138/viewspace-611983/
18. 住房和城乡建设部科技与产业化发展中心. 产业化加速,你准备好了吗?[EB/OL]. (2013-11). http://www. chinahouse. gov. cn/news/hqjj/2013116215807. htm